5 월 문 학 총 서 · 4

5월문학총서·4

평론

5월문학총서간행위원회 엮음

문학들

책을 펴내며

5월문학의 내일을 위하여

고은(시인·5월문학총서간행위원장)

올해로 5·18항쟁 33주년을 맞이했다. 돌이켜 보면 1980년 5월 18일부터 1990년대 중반을 넘어설 때까지 5월항쟁은 계속되었다. 남녘의 도시 광주에서 촉발된 항쟁은 들불처럼 서울·부산 등 전국적으로 번져 나갔다. 그 싸움은 15년 동안 그침이 없었다. 신군부는 광주에서의 학살로 정권을 탈취했으나 주모자인 전직 두 대통령은 '세기의 재판'을 통해 나란히 법정에 섰으며 역사적 단죄를 받기에 이르렀던 것이다.

지난한 싸움 속에서 5월 그날의 사람들이 이 땅에 되새겨준 것은 크게 짚어서 오월에서 민주주의로, 오월에서 대동정신으로, 오월에서 사람생명 존중으로, 오월에서 평화와 통일로, 오월에서 모두 함께하는 세상으로 가자는 것이었다. 수많은 사람들이 죽고, 갇히고, 끌려갔지만 하늘을 배반한 폭력집단은 '오월, 민주주의의 깃발' 앞에 무릎을 꿇은 것이다. 그 결과 한국은 훌쩍 큰 나라가 될 수 있었던 것이 아닌가.

그렇다면 문학은, 작가들은, 그동안 어떤 모습으로 정치적 상황 못지않게 문학적 상황에 대처하며 동시대의 사람들 속으로 들어가 현현하였을까. 생각하건대 적어도 '5월문학'에 있어서만은 작가들이 모두 한결같은 생각을 가지고 있었다는 사실이다. 많은 작가들이 문학의 역사성·운동성·실천성에 기저한 작품을 생산하거나 행동을 하다가 불의의 집단에 붙들려가 오랫동안 곤욕을 치른 것을 우리는 알고 있다.

적어도 5월항쟁의 문학은 순결하였고 민주주의와 생명, 인권과 정의와 평화를 지키기 위해 작가들이 대다수 민중의 편에 서서 문학적 순정을 잃지 않고 싸웠다는 것을 기억해야 하리라. 작가들은 역사와 현실에 도저한 생명을 불어넣어 주었는데 그것은 1980년대 한국문학의 영혼을 의미한다. 따라서 인류문명의 마지막 수공업자인 그리고 남북으로 갈라진 이 땅에서의 작가들이 모국어를 가지고 펼쳐나가는 문학의 힘을 믿는다. 이들이 추구하는 것이 아름다운 나라일 것이라고 감히 선언한다.

5·18항쟁 32주년과 5·18기념재단 창립 18주년을 기념하여 기획, 출판된 『5월문학총서』는 여러모로 감회가 깊다. 지난해의 경우 1차분으로 시와 소설을 간행했으며, 올해는 2차분으로 평론과 희곡부문을 간행함으로써 그 완간을 보게 되었다. 평론은 새롭게 집필된 강형철, 김소연, 김형수, 황현산의 글과 함께 기존에 집필된 고은, 김형중, 방민호, 이강은, 이성욱, 이은봉, 이황직, 정명중, 황정현 등 총 13편이, 희곡은 연극(기국서, 박효선, 임철우, 윤정환, 정경진), 마당극(놀이패 신명, 박강의), 노래극(황석영 외), 시극(하종오), 판소리(임진택), 영화(이정국), 뮤지컬(김정숙) 등 대표작을 망라했다.

『5월문학총서』 간행에 참여해주신 작가들과 관계자 여러분께 감사말씀 드린다. 이제 5·18은 30년을 넘어섰다. 그러나 오월의 정신은 사라지지 않고 다음에 오는 작가들의 작품에서도 여전히 '빛나는 모국어'를 보여줄 것이며 많은 사람들이 찾게 될 것이다.

2013년 5월을 앞두고…

차례

책을 펴내며 4

제1부

흩어진 '중심'의 향기 · 김형수 11

광주 5월 시의 문학사적 위상 · 황현산 31

혁명을 향한 문학 · 강형철 51

'5월 시'의 사회적 형성 · 이황직 79

광주민주화운동 시의 현황과 과제 · 이은봉 117

광주5월민중항쟁 이후의 문학 · 고은 143

5월 문학 총서 · 4

제 2부

1980년대 소설론 · 황정현 179

광주민중항쟁에 대한 소시민적 문학관을 비판한다 · 이강은 217

광주항쟁의 소설화, 미완의 탑 · 방민호 237

『봄날』 이후 · 김형중 261

'5월'의 재구성과 의미화 방식에 대한 연구 · 정명중 285

오래 지속될 미래, 단절되지 않는 '광주'의 꿈 · 이성욱 333

아직 채우지 못한 재현의 빈자리 · 김소연 357

편집자의 말 380

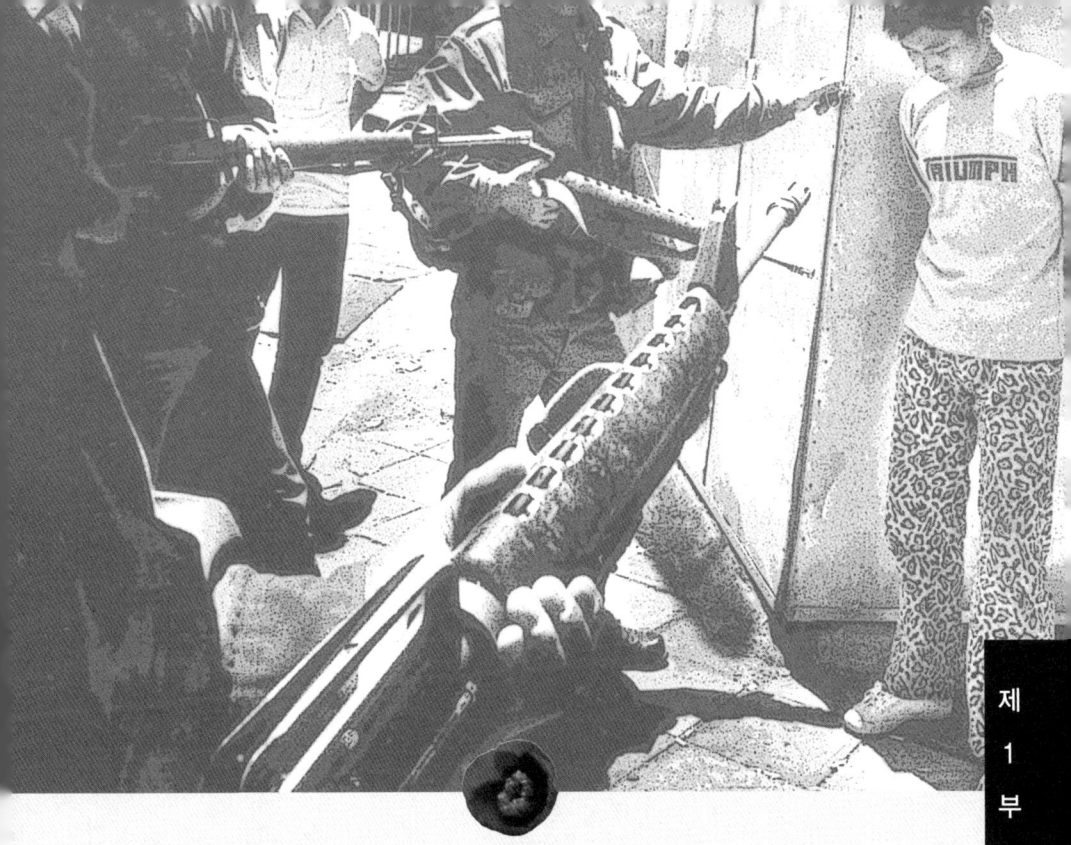

제 1 부

김형수 흩어진 '중심'의 향기

황현산 광주 5월 시의 문학사적 위상

강형철 혁명을 향한 문학

이황직 '5월 시'의 사회적 형성

이은봉 광주민주화운동 시의 현황과 과제

고 은 광주5월민중항쟁 이후의 문학

흩어진 '중심'의 향기
— 5·18 정신의 문학적 궤적

김형수

1. 들어가면서

한국 현대문학사에서 '1980년대 정신'이라 지칭된 현상만큼 문제적인 개념어는 없을 것이다. 그것은 문학을 비롯한 예술의 영역에서 한 세대를 통째로 하나의 '이념적 결사체'로 만들었던 시대의식의 광학光學에 속한다. 1980년대 세대는 이 용어 하나로 이데올로기의 결사체이자 가치지향성의 결사체로서 당대의 문학을 소수 엘리트보다 공동체의 열정 속으로 끌고 들어가, 문학의 존재방식을 실험하고 시대적 윤리를 고민하게 했으며 근대적 가치관의 기본형을 구획 지었다. 그리하여 그들은 '전후세대'의 실존주의를 방불케 하는 무거운 그림자를 후속 세대에게 드리우고 떠나갔지만, 그것이 미친 영향에 의해 한국문학은 비로소 미학적 유파의 기원을 자신에게 둘 수 있는 하나의 독자성을 얻는다. 이 글은 그 궤적을 살피기 위해 준비된 것이다. 나는 그 시대의 가치관에 참여했던 한 체험자로서 되도록 목격담을 중심으로 이야기를 펼치고자 한다.

2. 불씨

5·18 때 나는 스물두 살이었다. 돌이켜 보면 그해에 한국전쟁은 30주년을, 4·19는 20주년을 맞고 있었다. 그때까지 수많은 역사의 마디들을 통과했지만 그것들은 내게 놀라울 만큼 흔적을 남기지 않았다. 5·18 이전의 시간들은 '자아'의 선사시대에 속하는지 모른다. 편린으로야 나도 가끔 반공 글짓기에서 상을 받았다. 교련복을 입고 목총을 멘 채 무등산까지 행군한 적도 있고, 학도호국단의 일원으로 휴전선과 땅굴을 시찰한 기억도 있다. 하지만 그때는 세상의 불행을 인지할 주체가 없었다.

어떤 거대한 흐름 속에서 개별 영혼의 동작을 놓치는 버릇이 우리에게 있다. 개체의 영혼에 파문을 남기는 체험이 한 존재를 어떻게 비애에 빠트리는지를 김소월의 「옛 이야기」는 탁월하게 포착한다.

> 그런데 우리 님이 가신 뒤에는
> 아주 저를 버리고 가신 뒤에는
> 전날에 제게 있던 모든 것들이
> 가지가지 없어지고 말았습니다.

온 세상이 슬퍼서 하염없이 우는 영혼에게도 언젠가는 슬프지 않았던 시절이 있었다. 그것은 마치 비애가 하나의 미적 태도이며, 그러한 미적 태도는 반드시 어떤 계기와 함께 태어난다는 사실을 역설한다. 가령, 열두 살 때 스스럼없이 아홉 살 시절을 추억하던 사람이 스물두 살 때는 지난날을 결코 웃으면서 회고할 수 없는 지점에 이르는 것처럼 모든 변화는 한 사건에 의해서 비롯된다. 인용된 구절(제3연)에 의하면 시적 화자도 누군가를 좋아했으나 그것을 잃고 보니, 정작 소멸된 것이 단지 '누군가'가 아니라 바로 자신의 본체였음을 깨닫게 된다. 그래서 제4연은 자신의 온전함이 사라진 이후에 대한 술회가 되는 것이다. 돌아보면 누구에게나 이런 운명적인 시간들이 있다. 그것은 '상처 없는 영혼이 어디 있으랴'는 말처럼 흔하게 세상 모두에게 간직되어 있겠지만 그렇다고 누구나 이해 받을 수 있는 것은 아니다. 이해 받지 못하는 상처는 존재를 얼마나 위태롭게 하는가. 나는 5·18을 겪고 나서 비로소, 정작 소멸된 것이 단지 '누군가'가 아니라 바로 자신의 본체였음을 깨닫게 되었다.

  1980년대 정신을 이야기할 때 중요한 점은 '옛 이야기'의 경험자가 한 개인이 아니라 지역과 세대를 겹친 '집단'이라는 점이다. 광주가 5·18을 겪게 된 이유는, 그곳이 산업화시대에도 여전히 강력한 공동체적 연대 틀을 가졌다는 데 있었다. 5·18의 양대 정신으로 평가되는 '불의에 대한 저항'과 '대동 세상'은 1980년 5월 어느 날 불쑥 태어난 것이 아니라 그 이전에 한 도시의 지성과 문화의 양식으로 존재했던 것이다. 그것은 매우 특이한 전통이었다. 광주는 급격한 산업화 단계에 돌입한 도회지였고, 그 속의 인간은 문명이 발전할수록 스스로 고립감 속에 놓인다. 세월이 이미 검증했듯이, 정보통신 기술의 발달에 의해 정치와 경제, 사상과 문화에 이르기까지 온 인류가 국경을 초월해서 한덩어리가 되면 모두가 첨단 기술과 커뮤니케이션으로 촘촘하게 연결되는 것처럼 보이지만, 사실은 그렇지 않다. 자기 속에 자기를 중심으로 모든 것을 재단하는 자아가 있다면 타자 속에도 동일한 자아가 있다. 그리하여 모든 존재가 독립되면 사회는 종잡을 수 없는 '자아들만의 무리'가 된다. 그리고 각각의 자아가 제멋대로 세계상을 그리면서 자기와 타자의 공존을 성립할 수 없게 한다. 그럼 어떻게 해야 서로 연결되는 '회로'를 되살릴 수 있을까? 거기에 필요한 모럴과 태도는 무엇일까?

나는 기억한다. 이 도시에는 자아와 세계의 분열을 겪는 '배타적 자아들의 집단'이 없었다. 결코 외롭고 싶지 않은 모든 생명의 항구적·실존적 갈망이 거대 마을공화국을 이루고 있었다. 예컨대 1975년이었을 것이다. 지역사회의 어느 고등학교 야구팀이 '황금사자기'에서 우승하였다. 사람들이 너나없이 거리로 나와 통금通禁이 지났는데 귀가하지 않았다. 도청 앞 금남로와 충장로 우체국, 광주공원 앞에도 축제 인파들이 있었다. 다들 기뻐하는 소리, 술 취한 〈목포의 눈물〉과 관제官製 〈도민의 노래〉와…….

5·18이 내게서 앗아간 것은 이런 '마을의 온기'이다. 살육이 진행되고, 소위 폭도(?)가 점령한 거리에도 마을의 온기는 아직 남아 있었다. 그 마지막 밤, 5월 26일 새벽이 지나고, 대한민국 군대가 도청을 침공한다. 무장한 정규군과 시민의 전투는 결말이 뻔했다. 날이 밝자 아주 말끔하게, 거리의 부랑아·잡상인·산책자·장애인들이 청소된 후, 그 자리에 불청객처럼, 아니 도둑처럼 제5공화국이 끼어든다. 내게는 그것이 '옛 이야기'의 끝이었다.

3. 정신의 탄생

 지당한 이야기이지만 1980년대 정신은 이 같은 5·18의 비애를 토대로 형성된 것이다. 나는 기억한다. 그 와중에, "대지의 나무들이 선 채로 죽어 있는 것 같은", "100년이 한순간에 흘러가 버린 것 같은" 납득 불가능한 세계, 해명 불가능한 세계와 씨름이 시작되었다. 분단의 아수라, 자본주의의 아수라, 냉전체제의 말기에 드러난 제국주의적 각축의 아수라… 이것들이 쉼 없이 개인의 운명을 파괴해 올 때, 마을이 더 이상 '마을'일 수 없으며 '이웃'이 더 이상 이웃일 수 없는 '환멸'을 경험한다는 것은 고통스러운 일이다. 세상의 곤혹과 딜레마를 알면서도 해결할 길이 없는 곳에서의 삶이란 무엇일까? 매순간 존재의 한계를 넘는 것이 생명의 본질이다. 나는 이 같은 상황이 매우 완강한 미적 태도를 탄생시키는 과정을 꽤 긴 시간 동안 지켜보았다.

 현실을 인정할 수도 없고 인정하지 않을 수도 없을 때 '혐오'라는 감정이 발생된다. 그것이 지성을 얻는 순간 즉각 탐미주의가 가장된 비정치주의와 대척하는 정신이 날을 세울 수밖에 없다. '지금 이곳'이 극악한 곳이라고 해서 종교를 택하는 것은 현실 밖으로 도피하는 것이요, 반대로 혐오스러운 현실에 대해 폭력을 가하는 것은 테러와 같이 현실 안으로의 도피가 된다. 그리하여 모두 산 채로 죽어 있는 도시, 삶이 가짜이고 죽음이 진실일 수 있는 부조리한 세계의 실존을 견뎌야 하는 자리에 하나의 강고한 시대정신이 구축되었다. 1980년대 정신이 현실세계에 착지한 것이다. 그리고 그것은 들어서자마자 마치 괴테가 "모든 이론은 회색이요 영원한 것은 오직 푸른 생명의 나무이다."라고 말한 거대한 '생명의 나무'처럼 위용을 얻었다.

어찌 잊겠는가

그 속에 경악한 너의

아름다운 눈물을 그 눈물이

세상보다 넓게 번져

세상보다 넓은 세상의

중심으로 육화되는 것을

— 김정환 「피살被殺」 전문

 분노의 자식을 천사로 여기는 사람은 없을 것이다. 5월의 전율과 슬픔에 갇힌 세상에서 삶의 편에 속하는 것은 아무것도 신성하지 않았다. 살아남은 자에게도 용기가 있는가? 양심이 있는가? 진정성이 있는가? 이렇게 존재의 밑바닥을 무참할 만큼 환하게 밝혀버린 '금남로의 판타지' 때문에 온전한 사람이 없었다. 다들 겸허해야 했다. 출세의 꿈을 접고 낙향한 학우, 무장봉기를 역설하던 선배, 지하신문을 내자던 후배, 학살자를 야유하던 행인, 밤 새워 「일어서라 꽃들아」 라고 쓰던 친구…. 무엇이 이런 겸허를 만들었을까?
 5·18정신의 동력이 완력이 아니라 헌신성으로 시작되었다는 덕목을 사후 평가자들은 너무 쉽게 잊는다. 다들 5·18 이전에도 위대한 문학정신들이 있다는 것을 알았지만, 역사에 대한 실감이 달랐다. 하늘에는 김지하 같은 별이 빛나고 지상은 날마다 시궁창인데, 죽은 자들이 자꾸 호명해 부른다. 세상은 이미 5·18을 지닌 자와 지니지 않은 자로 거침없이 양분되었다. 가슴에 5·18을 지닌 자는 적어도 두 가지에서 다르다. 하나, 역사가 어떻게 민중의 것인가를 안다. 총을 들지 않은 선각자들이 언어로 열심히 세상을 구원해도 전혀 위안 받을 기색들이 없었다. 앞으로는 상처당

한 자도, 극복해 갈 자도, 먼훗날 화해와 용서를 베풀 자도 민중이다. 주체의 재발견이었다. 둘, 미국의 민주주의 의지를 믿지 않는다. 지상의 수많은 국가들이 맺고 있는 다양한 관계들이 탐색되었다. 자아와 세계의 관계방식에 얼마나 박식해 졌는가? 한반도에서도 제3세계적 지식인의 씨앗들이 나고 자라서 새롭게 변증법을 학습하고, 의식화로 조직화하며, 피아의 전망을 재설정한다.

문청文靑들이 문학주의를 혐오하는 것도 처음 겪는 사변이었다. 전성기의 고은, 이문구보다 동시대 민중에게 감동하는 날들이 시작된다. 아프리카에서 노벨문학상 수상자가 수 명씩 배출되는 동안 아프리카의 토착 언어가 대량으로 소멸되었던 사실과 비교해 보라. 1980년대 문학은 기층 민중의 모국어 체계를 살리는 화로였다. 그로부터 삶의 현장과 호흡을 함께 하는 동인지 '오월시', '시와 경제', '삶의 문학', '분단시대' 들이 우후죽순 등장한다. 신춘문예 같은 것은 쳐다볼 틈조차 없었다. 풋내나는 문사들이 훈련병 시절도 없이 전쟁터로 배속된 신병들처럼 곧장 전투에 참가했다. 이게 그 세대가 등장하던 풍경이다. 기성 문단의 어떤 기득권도 달가워하지 않았다. 대부분 훈련되지 않고, 선별 당하지 않으며, 축복 받지 못했다. 안정된 매체도, 혈연 학연 지연에 의존하는 위계도 없었다. 그러나 머리에 얹힌 짐은 무겁다. 자, 그들의 궤적을 어떻게 읽어야 할 것인가?

4. 궤적

한국문학의 현장은 한국사였다. 크게 보면 모국어 문화는 모국어의 운명과 더불어 성장할 수밖에 없다. 고은은 시를 '역사의 음악'이라고 했다. 사람의 신체에 탄성歎聲이 나오는 부위가 있듯이 세상의 몸에도 '관능'의 부위가 있을 것이다. 그것이 문학의 감동을 낳고 기르고 소멸시키는 시대정신을 낳는다. 당연히, 시대의 변천은 당대 문학의 내용과 형식, 정신과 주역을 모두 바꾼다. 그래서 문학사에는 모국어 공동체가 겪는 집단의 서사가 반영되게 마련이다. 일본의 가라따니 고진은 "동북아 5개 국가 중 시민에 의한 민주주의의 획득이란 경험을 가진 나라는 한국이 유일하다"고 했다. 한국의 사회학자들도, 건국과 함께 위로부터 주어진 민주주의는 4·19혁명부터 자발적 참여와 저항 속에서 아래로부터 다시 채워지면서 마침내 광주민중항쟁을 겪고 6월항쟁에 이른다고 말한다. 1980년대 정신이 그 중심에 있었다는 사실을 아무도 부정할 수 없을 것이다. 그 경로를 세 토막으로 나누면 이렇다.

1) 입구

한국의 민족문학 운동이 이루고자 한 것은 자주적 근대문학의 확립이었다. 문학을 국가적·민족사적 내홍 속에서 사유해야 하는 것은 운명이었다. 한국어 문학은, 식민지 체험을 겪은 이래 '주체 상실의 문학사에 참眞자아를 심으려는 노력(일제하 문학운동)'에 이어서, '정치적 속박에서 문학의 자율성을 되찾으려는 노력(순수·참여 논쟁)'을 겪고 있었다. 그래서 문단은 언제나 민족의 독립, 혹은 민주주의의 실현이라는 정치적 지평선을 시야에 두고 있었다. 작가 개인도 그 안에서 약진한다. 가난과 반공, 동구 밖의 서낭당 고개를 칭송하는 문예주의, 한자문화권의 그늘에서 하층민의 문자로 방치된 한글의 허약한 서술 기능, 어떤 종류의 지적 발호도 개입할 수 없는 무기력한 신파 시대와 결별한 것은 김수영이었다. 그는 재래주의자들이 전통이라고 오도한 한국문학의 기본형을 수정했다. 뒤이어 4·19세대가 그때까지 풍미하던, 문화적 토양과 문학적 뿌리를 알 수 없는 소속 불명, 정체불명의 관념적 세계문학에서 독립하여 때로는 권력과, 때로는 외래 유행사조들과 싸우며 자아를 탐사한다. 고통의 담지자이자 해방의 주체로서의 피억압 대중을 하나의 범주로 읽는 일이 문학적 지성의 과제였다.

2) 극장

1970년대 세대가 각고의 노력을 쏟았음에도 불구하고, 1980년대를 맞을 때 한국사회는 분단과 전쟁, 근대화와 독재의 압박 속에서 낱낱의 개인들이 모두 원자화되고 분절되어 있었다. 하나의 사회가 공동체적 연대감을 얻기 위해 필요했던 집단주의적 재구성의 문제는 5·18을 겪자 더욱 절실해진다. (다음 문장은 굵은 글씨로 쓰고 싶다. 민중은 인민의 번역어가 아니다.) 급속한 산업화 과정을 겪으면서 농경적인 전통사회가 깨지자 파편화된 개인들은 공동체적 삶의 양식이 해체되는 것에 저항하여 '민중'이라는 개념을 확보한다. 5·18 때 전면에 등장한 사람들, 바로 민중이 정치적으로, 또 문화적으로 발언대를 만든다. 문학도 그들에 의해 움직이는 시대가 되었다. 이전까지 어떤 문인도 문예지와 문단 바깥에서 대중적 영향력을 행사한 바가 없는데, 얼굴도 모르는 노동자의 시가 평자들을 사로잡고, 노보나 투쟁속보에 실린 박노해의 시가 대중적 영향력을 행사한다. 전업 작가들도 동인 운동이나 무크지, 지역 문화운동을 통해 민중의 벗이 되고자 했고, 다투듯 나서서 '미학적 난장이들'을 문학적 창조와 향유의 주체로 성장시킨다. 자본주의 사회의 모순, 민중이 문학으로부터 소외되고 문학이 민중으로부터 소외되는 현상도 극복되기 시작한다. 채광석 등의 민중문학론이 실천론(삶의 글쓰기, 공동창작론, 장르확산론 등)을 이끌었다. 민중을 위하는 문학을 넘어서 민중에 의한 문학이 필요하다는 주장은 창작주체 논쟁으로 비화되고, 작가들도 '소시민적 민족문학'을 극복하기 위해 지식인문학과 대치한다. '오월시', '시와경제' 등 동인지 시대에 이어서 민중적 민족문학론, 노동해방문학론, 민족해방문학론 등 보다 높은 차원의 정치성을 얻으려는 이념비평의 활거, 김남주, 박노해, 조정래, 방현석 등 변혁적 전망이 확고한 작가들의 활약, 민족문학작가회의를 비롯한 각지의 문인조직, 대중을 문학의 주체로 내세우는 대중문예조직, '노해문'이나 '노문연'을 지향하는 정파 조직들로 확장된다. 민중의 생활현장에서 터져 나온 자주적 문예운동은 예술 활동과 계급계층운동을 결합하여 당대 운동의 주류를 점한다. 이렇게 민중주체 문제, 제3세계 연대와 확장의 문제, 리얼리즘 문제, 전망의 문제가 쉼 없이 밀려오던 중에 과녁은 쓰러졌다. 5·18의 가해자들이 심판되는 지점에 이르는 것이다.

3) 출구

날이 밝으면 별은 보이지 않게 된다. 사적 체험이지만 1980년 겨울에 어느 비합법 모임에서 참가자들이 책임자 구속까지 30년쯤 걸리리라 토의했었다. 그러나 십 년도 되지 않아 터널이 끝났다. 이 고강도, 고속도, 고밀도 서사가 5·18의 것이다. 낡은 것과 새것, 옛날과 지금, 전통과 혁신의 논쟁은 언제나 전자의 참혹한 패배로 종결된다. 미학적 보수주의는 기본적으로 반反전통의 '외침外侵'에 의해 침몰되는 법이다. 강력한 1980년대 정신의 무기도 반전통이었다. 관용에 의지하는 약자의 구호로는 피지배자의 지위를 변화시킬 수 없다. '치열한 불온성'은 전 국면의 조화로운 발전을 통찰할 수 없게 하지만, 고립된 병사가 적진에 깊숙이 들어가는 것처럼 돌파지점을 찾게 하는 초능력을 갖는다. 이것이 급진적이게 되는 이유이다. 막대한 희생 끝에 절차적 민주주의를 하나씩 전리戰利할 때, 주권자들은 그런 일을 할 국회의원으로 학살자 대표와 시민군 대표와 코미디언 대표를 뽑았다. 비극에서 희극으로 다시 희비극으로, 시대가 이렇게 좌충우돌하면서 해체기를 맞는다.

> 어렴풋이 나는 알고 있다
> 여기 홀로 누군가 마지막까지 남아
> 주인 대신 상을 치우고
> 그 모든 걸 기억해 내며 뜨거운 눈물 흘리리란 걸
> (중략)
> 그러나 대체 무슨 상관이란 말인가
>
> — 최영미, 「서른 잔치는 끝났다」 부분

그럼에도 "이념의 대홍수 이후 그것의 범람에 가담했던 세대의 기록"이라는 호평 속에서 5·18 걷어내기가 활발해진다. 마지막 줄에 꽂히는 비수가 너무 아프다. 취지는, 1980년대 세대가 사용한 인식 틀이 근대적 주체의 것이다, 타자를 끝없이 동일자가 되도록 강제했다, 계몽주의가 당대 개인들에게 폭력적이었다는 것이다. 그렇다면 그 말의 결론은 이렇게 된다. 역사의 끝, 이제 그곳에 우리에게 의미 있는 시간은 없다.

5. 사후 논란에 대하여

'민중'이라는 낱말은 이제 사어死語에 가깝다. 그것이 살던 터전도 쓸모없는 텃밭처럼 폐기된 지 오래이다. 그 달인이 집단의 기억에서 잊히는 것은 당연한 일이다. 하지만 그 미학적 전말을 '형식 미학'의 잣대로도 재해석할 여지가 없는 것은 아니다. 실제로 1980년대 미학의 전위에서 토착적 모더니즘의 지평을 확장한 황지우의 빼어난 성과들도 5·18정신의 산물이었다.

러시아 형식주의는 문학의 중심개념을 '낯설게 하기'에 둔다. 첫 번째 입맞춤의 '경이로움'은 천 번째 입맞춤의 낯익음 속에는 없다. 감각이 일상의 묘지에서 부활하는 것, 삶의 동작들이 사물이나 현상의 자동화된 지각에서 해방되는 것(낯설게 하기)은 리얼리스트, 혁명가, 더 급진적인 전사들에게도 꿈이다. 그래서 어떤 문학수단이나 감각방식도 오래 사용하면 활력을 잃으므로 반드시 낯선 문학으로 교체된다. 하지만 그것도 주도적 지위를 차지하면 '관례'가 된다. 익숙해진다는 것은 성공했다는 것을 의미하지만, 곧 낯선 느낌의 상실이라는 위기를 가져온다. 아무리 불온한 정신도 어느 날 새롭게 '유행하는 시선'에 불과해지는 것이 숙명이다. 빛나는 별들이 한꺼번에 낮달 뒤에 묻히는 것을 많이 불평할 필요는 없다. 전통에 대한 반역에서 차츰 전통 속으로 융화되는 것, 이것이 성공한 전위파가 걸어가는 과정이 아닌가? 그리고 전통은 다시 불온한 정신을 소화하는 동시에 반역자에 의해서 개조된다. 철저한 파열과 근본적 변혁을 믿는 극단적인 급진파가 있어야만 비로소 조금도 타협하지 않는 반역자를 영원히 충당하는 전위를 희망할 수 있다.

그래서 반격의 의문은 당연한 것이다. 1980년대를 비판한 것은 전위였는가? '우리 안의 파시즘'과 국가주의, 민족주의를 비판하는 온갖 '탈脫'자 이데올로기들의 유행에 방어적 저항감이 생기는 것은 새로운 불행의 단초가 된다. 그런 '탈脫'자 흐름이 진정하다 하더라도(진정하다 믿었으면 그랬을까마는), 거기에서는 세금으로 조직화된 거대 폭력을 묵과하고 자발적 동력에 불과한 내부의 계몽주의를 공격하는 자기기만이 보인다. 그들의 가치로서 당연해야 할 외국인 노동자, 소수자, 사회적 약자에 대한 연민이 그 반대편의 문학에서 나타나는 건 왜인가? 그래서 다른 진단이 필요해진다. 세계화·정보화가 가속화되면서 간판뿐인 전위들이 대량 유입되었다. 짧은 몇 년 사이에 한국문학은 다시 유럽의 양식 혹은 유파들을 반영하며 독자들을 현혹한다. 인문학적 전망을 내부에서 찾지 못한 자에게 '새로운 이론과 방법'을 빌려오는 것은 '막을 수 없는 유혹'일 것이다. 또 이론적으로는 다원성을 주장하지만 그에 대한 도전과 비판에는 어떻게 대처하는가? 나아가 현실의 예각을 정교하게 피하는 것도 문학이고 정신인가?

그러나 여기서 강조하고자 하는 것은 그런 것이 아니다. 계몽주의와 민족주의에 대한 경고가 타당해지는 지점, "과거에는 식민주의나 파시즘에 대한 저항의 근원이었던 내셔널리즘이 오늘날 국수주의·파시즘적 사상으로 전락해 버린 것은 민족·민중문학론이 '민족'이나 '민중'이라는 개념을 근본적으로 묻지 않고 자기완결적인 것으로 절대화해 왔기 때문"이라는 진단은 내게 5·18정신의 '기원'을 다시 생각하게 한다. 2008년 촛불집회 때 이명박 정부가 배후를 묻던 것과는 다르게, 인간정신의 위대함에 대한 믿음, 열정에 대한 신뢰의 회복, 생명활동의 무한한 가능성을 복구하기 위해서 되물어야 한다. 5·18정신의 배후는 무엇인가?

고은의 『만인보』에 5·18정신의 발화점을 포착한 장면이 있다.

> 윤상원의 총은
> 단 한 발도 쏜 적 없이
> 총탄 장전 그대로
> 방아쇠 당긴 적 없이
> 오는 죽음을 그대로 맞아들였다
>
> —고은, 「바다 파도」 부분

죽을 줄 알면서도 방아쇠를 당길 의도가 없이 도청을 지켰다 한다. 도대체 이를 뭐라 해야 하는가? 자폭이라 할 것인가?

> 세계를 바꿀 수 있다고 믿을 수 있다면, 아무리 곤란해 보여도 그 길의 앞을 바라볼 수만 있다면, 어떻게 자폭 같은 것이 가능하겠는가.

이건 『디아스포라 기행』(서경식)에서 옮겨온 언술인데, 윤상원의 서사는 정반대의 것이라는 데 난관이 있다. 목격자는 오직 제 눈을 믿는다. 예컨대, 군사독재가 어느 도시에 거주하는 8십만 명의 수명을 5년씩 단축시킨다면 4천만 년이 되고, 이를 개인의 생애 70년으로 환산하면 5만 7천 명의 희생이 나온다. 국가폭력이므로 4천만 명의 수명을 5년씩 단축시킨다면 총량은 2억 년이 되고, 다시 개인의 생애 70년으로 나누면 350만 명의 손실을 입는다. 누가 이 같은 상황을 받아들일 것인가? 불행하게도 거의 모든 사람들이 받아들인다. 하지만 전혀 그렇지 못해서 목숨을 내놓는 사람에게 미래란 무엇인가? 이를 경험자에게 물을 수 있다면 좋을 것이다.

    귀족과 노예, 지주와 소작인, 부르주아와 프롤레타리아의 대립구도로 인류사회학을 이해하고, 계급투쟁을 통해 사해해방을 지향하는 것은 가능하지만, 거기에서는 '왜 다른 사람이 아닌 내가 노예여야 하는가?'라는 물음에 대한 답은 나오지 않는다. 왜 검은 피부로 태어났는가? 왜 여자로 태어났는가? 왜 재일조선인으로 태어났는가? '생의 우연성'과 연관되는 이런 물음에 대한 답을 근대 이후의 합리주의적 사상은 갖고 있지 않다. 이런 상황에서 운명의 불연속성을 연속성으로, 우연을 의미 있는 것으로, 세속적으로 변환시키는 일이 필요하게 된다. 그 '변환 장치' 야말로 내셔널리즘이라고 앤더슨은 말하고 있다. / 개인들은 운명의 우연성과 유한성으로부터 도망갈 수가 없다. 종교사상도 이미 의지할 게 못된다면, 인간은 무엇에 의지해 죽음이라는 궁극의 숙명성을 견뎌내야 하는가. 거기서 영원불사의 존재로서의 '국민' 개념이 등장한다.

― 서경식, 「죽음을 생각하는 날」

윤상원이 지킨 것은 영토인가? 국가인가? 민족인가? 아니면, 인류의 보편적 가치인가? 편의상 나눈다면 '실존의 중심'이 있고 '관계에 불과한 중심적 욕망'이 있다. 지엄한 현실 앞에서 전자를 후자로 뒤집는 것은 불안한 논술을 위해 미래의 시간을 불신하는 오류가 된다.

6. 한없이 흩어진 중심의 향기

촛불 1주년 때 '문화적 인간주의'를 말하면서 인간을 숭고하게 하는 것은 '연민'이라는 감정이며, 그것이 마을을 만든다는 주장을 편 적이 있다. 마을이란 어쩌면 꽃밭 같은 것인데, 꽃나무는 싹이 자라서 꽃을 피우고 열매를 맺은 후 시들어간다. 삶에서 죽음으로 가는 경로이다. 그러나 다른 눈으로 보면 한 새싹은 열심히 죽어서 씨앗이 되는 길을 걷는다. 죽음으로 가는 삶의 길, 개체의 소멸이 종에게는 번성이 되는 지점, 여기에서 말하고 싶다. 문학의 궁극을 모럴로 본다면 하나의 문학적 자아, 주체, 인격이 형성하는 문학적 세대는 어떤 모럴을 현현하는가? 그것은 어떻게 죽음으로 가는 듯이 번식하는가? 이 같은 일을 역사하는 '필드'가 문예지이고 그것은 문학에게 마을의 온기이다. 그래서 작가가 꽃이라면 문예지는 꽃밭이다. 문예지가 없는 작가는 꽃밭을 벗어난 꽃처럼 프로구단을 벗어난 선수가 된다. 그는 K리그에서 소외될 것이다.

해방 후 한국문학이 크게 세 갈래로 분화, 발전했다고 말하는 사람은 한국의 문예지가 크게 세 갈래의 미학적 지도력을 발휘했다고 말하는 셈이 된다. 전후세대가 『현대문학』을, 4·19세대가 『창비』와 『문지』를, 세계화세대가 『문학동네』를 일구었다. 그들의 편집권은 창업적 가치관의 연장선에서 과거와 미래를 끝없이 재구성한다. 이때 바로 앞과 그 뒤 세대는 갈등하는 만큼의 변별적 '브랜드'를 얻는데, 1980년대 정신에게 도전해오는 세대는 좋게 말하면 보편성을 욕망했고, 나쁘게 말하면 신자유주의의 물결이었다. 세월이 흘러 지금은 전후 복구 정서와 4·19적 가치, 신자유주의 물결이 전쟁상태도 평화상태도 아니다. 논쟁하거나 합치되지 않은 채 문학 활동의 전체적인 국면 속에서 독립적이면서도 삼투하는 안정적 삼각관계를 유지한다. 아마 공공의 적이 있어서 가능했을 것이다. 그곳에서 5·18세대는 타자의 가치 지향성을 느끼기보다 반대로 그것의 해체를 느낀다. 모두 어디로 갔을까? 그 많은 동인지들, 실천문학과 풀빛과 청사들은 '꽃밭'을 왜 못 만들었는가? 실패했는가? 초극했는가? 나는 후자라고 본다. '오월시'의 김진경, '시와경제'의 김정환의 헌신적 행로가 보여주듯이, 그들에게서 미학적 명망도, 자기 세대의 인프라를 구축하는 일도, 사회적 지위를 얻는 일도 일어나지 못한 것은 분열과 실패 때문이 아니라 그들의 세대를 배후 조종한 주검들이 '자아를 버리는 중심'이 되기를 희망했기 때문이다. 그것은 그냥 사라져 버리는 것이 아니라 드넓게 흩어져서 '중심'의 향기를 뿌린다.

  그래서, 결론은 이렇다.

  1980년 5월 18일, 내가 계림동 헌책방 앞에서 만난 것은 새로 탄생하는 자아의 얼굴이요, 하나로 완료된 사건이 아니라 지속하는 정신의 출발이었다. 그들 소재의 작품이 언제 나오는가? 어제나 오늘 혹은 30년 후에 도청 이야기를 쓰는가 마는가 하는 것은 이 문제의 본질이 아니다. 『임꺽정』은 1930년대의 홍명희가, 『장길산』은 1970년대의 황석영이 썼다. 조정래의 『태백산맥』은 전쟁 전후를 소재로 하지만 그 창작 동기는 5·18정신에 있다는 것을 작가 스스로 여러 번 고백했다. 이후 세월이 흘러 설령 한반도가 대한민국이 아닌 어느 때가 오더라도 누가 '윤상원'을 쓸지 우리는 모른다. 다만 그날의 희생자들을 사다리로 삼아서 높이 올라간 사람들이 그 높은 곳에서 사다리를 차버리는 패덕을 극복해야 한다. 사실, 문학에서 1980년대 정신은 20년 동안이나 '이지메'를 겪었다. 그렇다면, 과거의 가치가 새로운 질곡으로 변질되었다는 주장들은 왜 변질되기 이전의 초심을 재해석하지 않는가? 그들의 해체 정신은 어찌하여 크고 무섭고 구체적인 제도폭력에 관대한가? 1980년대 정신을 넘어서지 않고 절하하며, 기회주의적 차별화로 새것의 가치를 표방하는 기도들이 한시적 유행을 풍미할 수는 있다. 그러나 그것으로 사라지는 것은 아니다. 분단과 반공, 지역주의의 포위 속에서도 인류의 보편적 가치를 지키기 위해 탄환을 격발하지 않았던 정신을 과거완료형으로 암장暗葬할 수 있는 것은 아시아·아프리카의 분쟁지대에서 인간의 나약함과 싸워서 이기는 더 위대한 계승자들뿐이다. 한국문학은 여기에 동의하는가? 그렇다고 답할 수 있을 때 비로소 5·18은 그날의 기억과 열정으로 미래세계의 지평에 복귀할 수 있다. 다음의 조언처럼 말이다.

> 이렇게 해서 어떤 한 시대의 변혁을 중심에서 짊어졌던 '우리'는 해체되고 새로운 시대의 요구에 답할 수 있는 다음의 '우리'가 형성된다. 역동적인 분열과 종합의 과정을 반복하면서, 새로운 시련에 맞서는 새로운 운동과 사상이 단단히 세워질 것이다.
> — 서경식, 「죽음을 생각하는 날」(『디아스포라 기행』 60쪽)

나는 믿는다. 새로 태어난 이들, 새로 태어난 마을이 대동 세상을 획득하면서 지불할 내일의 고통들 앞에 5·18정신은 끝없이 '흩어진 중심의 향기'로 건재해 있을 것이다.

7. 나오면서

고은은 한 일간지에 연재된 좌담에서 우리가 맞닥뜨린 세계의 실감을 '양세기의 달빛'에 비유한다. 20세기의 자궁에서 태어나 21세기의 대륙을 걷는 영혼을 '시간의 양서류'라고도 부른다. 올챙이 시절을 물에서 지내다 개구리가 된 후에 뭍에 오르는, 즉 하나의 척추로 두 개의 존재를 감당하는 곤혹과 딜레마의 시대를 사는 존재라는 것이다. 그런데 정작 인간의 사유는 크고 넓어진 것이 아니라 헤아릴 수 없이 미세해지고 복잡해졌다. 의학은 생애의 대륙을 광활하게 넓혀 놓았으나 문학은 깨알처럼 작은 체험들밖에는 감당하지 못한다. 신체의 수명은 길어지고 인식의 크기는 작아진 것이다. 그럼에도 어쩔 수 없이 인간의 생애가 겪게 되는 적막과 소란, 두려움과 위안, 출생과 이별의 경험이 삶의 본체라는 사실은 부정할 수 없다. 5·18정신은 그 자리에서 두고두고 재해석되고 재창조될 것이다. 그만큼, 1980년 5월의 심연 속에는 아직 소비되지 않은 수많은 인식의 지평들이 거대한 퇴적층을 이룬다. 인간을 위한, 인간성을 위한, 인간사회의 모든 선과 가치를 위한 헌신, 열정, 섬김, 나눔… 이것들은 매순간 모든 곳에서 너무나 구체적이면서 동시에 야만이 될 수 있는 모든 곤혹과 딜레마들로 가득 찬 현실을 변화시킬 '문학의 에너지' 자체이다.

끝으로, 어디에선가, "아프리카의 어느 마을에서는 이야기꾼이 얘기를 끝마칠 때가 되면 땅에다 손바닥을 갖다 대고서, '이제 저는 제 얘기를 여기다 내려놓습니다. 누군가 이어 가도록요.'" 한다는 말을 들었다. 나도 그러고 싶다.

— 『흩어진 중심』(2010년), 2013년 원고 일부 수정

김형수 1959년 전남 함평 출생. 1985년 『민중시 2』로 시 등단. 이후 1996년 『문학동네』로 소설 등단, 1988년 『녹두꽃』을 통해 비평 활동을 시작했다. 시집 『빗방울에 대한 추억』, 장편소설 『조드』(전 2권), 『나의 트로트 시대』, 소설집 『이발소에 두고 온 시』, 평론집 『흩어진 중심』, 『반응할 것인가 저항할 것인가』, 평전으로 『문익환 평전』 등이 있다. 한국작가회의 초대 사무총장 역임. 현재 중앙대 문예창작과 강사.

광주 5월 시의 문학사적 위상

황현산

당신의 살기와 당신의 세례.
당신의 야유와 당신의 사랑.
당신의 치욕과
당신의 무기.

― 김정환, 「철쭉꽃, 오월에」 부분

1. 말머리

 지난 세기에, 5월의 광주가 있기까지 우리가 겪었던 민족사적 사건이라고 한다면, 우선 일제하에서 겪었던 식민지 체험, 조국광복, 남북분단과 한국전쟁, 그리고 사일구를 꼽아야 할 것이다. 광주민주화운동의 장거와 그 처절한 비극은, 20세기에 겪었던 이 민족사적 사건들과 함께, 또는 어느 사건에 못지않게, 한국의 시문학사에 깊고 넓고 긴 선을 그었다. 식민지 시대의 한국시는 억눌린 민족의 언어에 그 정서적 역량을 드높이는 일에 무엇보다도 진력하였다. 주권을 잃은 존재들의 맥없고 주눅든 말들 하나하나에 특별한 모양새를 주어 그것을 공교로운 시 형식 속에 끌어들이는 일 자체가 죽은 듯 침묵하는 삶을 더듬어 민족생명의 가닥을 면면하고 예민하게 풀어내어 보전하는 일이나 같다. 그러나 자신의 미래를 자신이 설계할 수 없는 이 노예의 시대에 시인들의 정체성이 자주 흔들려 시로 역사적 상상력을 소명하는 일에서도, 자아의 실존을 규명하는 일에서도 넘기 어려운 장애를 수없이 겪어야 했던 것이 사실이다. 조국광복은 언어가 해방되는 계기이기도 해서, 억압된 언어가 봇물처럼 쏟아지는 시절이 왔다. 오장환이나 이용악 같은 시인에게서 해방 이전의 시와 이후의 시를 비교해 본다면 민족해방이 어떻게 민족 언어의 해방이었는가를 매우 극적으로 느낄 수 있다. 그러나 불행하게도 이 기간은 짧았다. 분출된 언어를 예민하고 생산적인 미학으로 정리하기도 전에 남북이 분단되고 골육상잔의 전쟁이 터졌다. 분단과 전쟁은 온 겨레의 가슴에 결코 해소될 수 없는 한을 쌓고 깊은 상처를 내었지만, 시가 이 한과 상처를 훌륭하게 통찰하였다고 말하기는 어렵다. 오히려 시의 언어는 그 슬픔에 압도되어 역사적 거리를 확보하지 못했으며, 게다가 냉전체제와 폭압적 권력은 민족의식과 시의식의 중요한 부분을 마비시켰다. 1950년대의 시에 민족전쟁을 소재로 삼은 시들은 적지 않지만, 지금 고찰해 보면 난독증 환자의 독서처럼 역사적으로 통합된 전망도 미학적 균형도 부족하다.[1] 사일구가 왔다. 사일구 혁명은 한국의 현대사에서 민중이 능동적으로 역사에 참여하여 소기의 성공을 거둔 최초의 사건으로 시의 언어에서도 또 한 번의

해방을 불러 왔다. 그러나 거기에 목숨을 걸고 참여하였던 사람들 스스로도 놀란 이 혁명은 관념의 언어를 양산했다. 어쩌면 신화와 전설을 낳게 마련인 미증유의 사건은 그 자체가 관념의 못이라고 말해야 할지도 모르겠다. 신동엽 같은 시인이 "껍데기는 가라"고 외칠 때, 이 껍데기 가운데 가장 먼저 타기해야 할 것은 필경 이 관념이었을 것이다.[2] 게다가 뒤이은 군사독재권력의 등장과 횡포는 이 관념이 육체를 얻을 기회를 철저히 봉쇄하였다.

그리고 5월의 광주가 있다. 5월의 광주와 그에 따른 시의식과 창작상의 변화는 현대 한국시사의 관점에서 볼 때, 민족의 시어를 다져 온 이 역사적 사건들과 동일한 위상으로 나란히 놓이기만 하는 것이 아니다. 광주의 영광과 비극에서 탄생한 시들은 저 좌절된 희망들과 그 슬픔을 계승하였으며, 민족의 운명을 가름하는 사건들에 대해 항상 부족하였던 통찰의 거리를 확보할 수 있는 계기를 마련하였으며, 껍데기로 남아 있던 관념을 현실과 결합시켰으며, 주눅든 시어에 생명을 넣어 그 힘의 깊이와 폭을 넓혔다. 5월의 광주는 민족사의 저 여러 고비에서 시의 언어 앞에 얼핏 내비쳤던 전망들을 한데 아울러 그것들을 새롭고 해석하고 증폭시키고, 어느 정도는 완성하기까지 했다.

---

1) 민족분단, 또는 한국동란과 관련하여 조정래의 『태백산맥』과 같은 대작이 5월의 광주 이후에 출간될 수 있었다는 사실을 염두에 두어야 한다.
2) 신동엽이 '껍데기는 가라./東學年 곰나루의, 그 아우성만 살고/껍데기는 가라'고 말할 때, '동학년 곰나루의 아우성'은 어떤 특정한 역사적 사건만을 가리키지 않는다. 그것은 삶의 직접적인 체험, 그리고 그 분노와 희망을 말한다.

2. 관념적 사고의 지양

　5월 광주의 시가 어떻게 관념의 언어를 극복하였는가를 이해하기 위해서는 그 직전인 유신시대에 어렵게 발표되었던 정치적 성향의 시들에 고개를 돌려보는 것으로 충분할 것이다. 이 군사독재시대에도 정치적 성향의 시를 쓰는 훌륭한 시인들이 있었다. 강력한 국가 공권력 앞에서 신경림, 김지하, 조태일, 고은, 김남주 같은 시인들이 조국의 민주화를 염원하는 시에 자신의 문학적 운명을 걸었다. 그러나 김지하의 풍자시 「오적五賊」은 발간과 동시에 극심한 탄압을 받았다. 조태일의 시집 『국토』는 발간이 중단되었으며, 김남주는 감옥으로 끌려갔다. 이런 탄압은 물론 시인의 각성된 시의식을 민중으로부터 격리시키기 위한 조치였다. 시인들은 역사를 말하면서도 그 역사의 실체인 민중을 만날 수 없었으며, 민중의 준동하는 힘을 확인할 수 없었다. 관념의 언어가 여기서부터 탄생한다. 시에서 관념의 언어란 시인 자신의 각성된 의식을 굳건히 지키면서 동시에 현실의 힘을 회의하는 언어이기 때문이다. 이 관념의 언어 속에 현실이 나타난다고 하면 그것은 절망의 형식을 빌려서이다. 박정희 치하에서 발간된 신경림의 『농무』가 그 좋은 예일 것이다.

　그런데, 절망의 현실 속에서 시인이 자신의 꿈과 각성된 의식을 오래도록 유지한다는 것은 지극히 힘든 일이어서, 어둠 속에 고립된 섬처럼 떠 있는 자신을 그는 불행한 의식이라고 여기게 마련이다. 이 시대에 이 불행한 의식을 위로하고 시인들을 견디게 해 주었던 것은 일종의 섭리에 대한 기대였다. 섭리란 밤이 가고 새벽이 오며, 겨울이 가면 봄이 오듯이, 끝내는 정의가 승리하고 언젠가 좋은 세상이 오도록 이미 정해진 이치라는 뜻 이외에 다른 것이 아니다. 이 시대의 시에 '겨울의 사랑'이라든지

'어둠 속의 약속' 같은 표현들을 자주 발견하는데, 이런 표현들은 본질적으로 은유라기보다는 알레고리에 해당한다. 하나의 체계를 요구하는 은유는 바로 그 요구에 의해 시인의 상상력에 감정적이거나 감각적인 실체를 형성하지만, 알레고리는 생각의 파편을 만들어낸다. 이 파편의 자리가 바로 부재하는 민중의 자리이다. 이 섭리의 알레고리들은 역사적 언어와 사회적 언어가 들어서야 할 자리를 자주 자연순환론으로 대신했다. 그러나 광주는 자연이 피 묻은 칼날에 절단되고, 헛된 말들의 장막이 돌이킬 수 없이 찢어진 자리였다. 김남주는 「학살1」(『나의 칼 나의 피』, 1987)의 마지막 두 연을 다음과 같이 써서 그 정황을 요약한다.

> 밤 12시
> 하늘은 핏빛의 붉은 천이었다
> 밤 12시
> 거리는 한 집 건너 울지 않는 집이 없었고
> 무등산은 그 옷자락을 말아 올려 얼굴을 가려 버렸다
> 밤 12시
> 영산강은 그 호흡을 멈추고 숨을 거둬 버렸다
>
> 아 게르니카의 학살도 이렇게는 처참하지 않았으리
> 아 악마의 음모도 이렇게는 치밀하지 못했으리

광주의 사람들은 역사의 맨얼굴을 보았다. 맨얼굴은 그 맨얼굴의 언어로만 말할 수 있다는 것을 광주는 그때 절감했다. 5월의 광주는 현대시사에서 고립된 관념에 민중적 실체를 마련해 주고, 시의 머리에 현실의 육

체를 달아 준 획기적인 모멘트였다. 광주민주화운동은 한국현대사에, 말의 정확한 의미에서 최초로 각성된 민중이 그 절대적 성원을 구성했던 운동이다. 거기 참여한 것은 학생이나 지식인이나 성직자에 불과한 것이 아니라 도시 전체였다. 그것도 부화뇌동하는 군중으로서가 아니라 죽음의 위협 앞에서 자기 결단을 감행한 시민으로서였다.

 이 처절했던 투쟁은 조국의 민주화를 앞당겼지만 한국시의 의식을 변화시키는 데도 결정적인 이바지를 했다. 이제까지 생각 속에서만 있던 것, 이제까지 말일 뿐이었던 것이 바로 민중들 속에서, 그것도 매우 강력한 형태로 발견되었기 때문이다.

> 구두 닦던 손에는
> 총이 들려 있었다
> 그가 닦아 주던 구두를 신은 사람들이
> 모두 도망가 버리고 없을 때
> 살고 싶었다
> 인간답게 착하고 성실하게
> 무등산에 안개 짙게 드리워져
> 도시는 인적조차 끊기고
> 죽음만 있는 곳
> 아! 그 거리에서 나는
> 도망칠 수가 없었다
> 상처 입고 쓰러져 용기를 잃었을 적에
> 거리의 여자들이 먹을 것을 가져다주었다
> 금남로 거리에서

한 번도 닦아 본 기억이 없는

검은 구두 신은 사람들이

구두통을 무참하게 깨고 지나갔다

박살난 구두통은 이름 없는 팻말이 되고

망월동 망우리 구두를 닦고 있다

『분단시대』 동인지 제1집(1983)에 발표된 김창규의 시 「구두 닦아요」의 전문이다. 이 시가 주는 감동은 한 구두닦이가 5월 광주에서 "구두를 닦던 손"에 총을 잡고 민주화 투쟁에 참여하여 거기에 목숨을 바치게 된 전말을 말해 준다는 데만 있지 않다. 이 거리의 노동자는 그가 "닦아 본 구두"와 "한 번도 닦아 본 기억이 없는" 구두로 사람들의 삶과 그들의 성격을 알아낸다. 그에게 민주주의와 그것을 위한 싸움은 그 노동과 삶의 연장이다. 그에게 잃어버린 용기를 다시 북돋아 주는 것은 "거리의 여자들"이다. 어떤 정치적 이데올로기나 전망이 여자들을 그 자리에 서게 한 것은 아니다. 그러나 이 여자들은 민주주의 같은 말을 최초에 세상에 탄생시킨 열정이 무엇이었는가를 우리에게 알려준다. 그 여자들에게도, 광주의 다른 시민들에게 그렇듯이, 어떤 뜻을 품기 이전에 건강하고 인간다운 삶에 대한 생각이 먼저 있었다. 핍박의 시대에, 특별하다고까지 말해야 할 삶이 자신들의 삶 안에 벌써 웅크리고 있는 것을 발견한 사람들이 죽음의 두려움을 삶의 용기로 바꾼다. 5월의 열정과 희생이 말의 진정한 의미에서의 역사적 생산성을 확보할 수 있게 된 것도 이 때문이다. 이도윤의 시 「오월이 살아」의 뒷부분을 시집 『너는 꽃이다』(1993)에서 인용한다.

죽순 같은 어린 눈망울로
우리를 한없이 울렸던 천호도 자라
이제 커다란 오월이 되어가고 있다
광주는 이리도 모질게 살아
종철이가 되고 한열이가 되었다
광주는 순백의 처녀가 되어
백발의 해맑은 노인이 되어
신부가 되어 평양을 다녀오고
오월은 살아 굳센 주먹이 되고
단단한 돌멩이가 되고
이 땅의 뜨거운 함성이 되었다
보아라 사람의 눈물을
보아라 너의 가슴에 움터오는
이 피투성이 오월을.

  정치적 억압도 남북분단도 이제는 더 이상 운명이 아니다. 광주의 5월 이후, 시인들은 섭리를 말하는 대신에 미래에 대한 인간의 계획을 말할 수 있게 되었다. 이제부터 시인들은 자연을 말하는 대신에 역사를 말할 수 있게 되었다. 역사가 바로 그 민중 속에 있었기 때문이며, 시의 언어가 그것을 확인할 수 있었기 때문이다.

3. 언어와 주제의 확장

　관념과 섭리가 민중적 실체와 역사로 바뀐 결과이기도 하지만, 5월의 광주는 한국시어의 운용에도 중대한 변화를 가져왔다.
　한국시어의 형성에는 서양에서 이입된 '포엠'의 개념이 강한 영향을 미쳤다. 일제강점기에는 프랑스의 상징주의적 순수시의 영향이, 광복 이후에는 영미시의 주지주의적 영향이 컸다. 그러나 고립어인 한국어는 서양의 포엠에서와 같은 각운 체계를 사용할 수가 없어 말을 연하고 부드럽게 만들고 주부와 서술부의 균형을 염두에 두어 낭송하기에 쾌적한 박자를 찾아냄으로써 산문과의 구별을 시도했다. 게다가 일제치하에서는 물론 광복 이후에도 지식인 시인들이 민중과 유리되어 자기 정체성을 튼튼하게 붙잡지 못한 가운데, 자신의 꿈과 희망을 민중의식의 발전과 함께 성장시키기보다 현실이 닿지 않는 곳에 보존하려 했기 때문에 언어를 걸머지는 시의 그물이 강력한 힘을 얻지 못했다. 시의 말을 현실의 말과 어렵사리 갈라놓는 이 약한 그물 속에서는 비속한 낱말이나 기술용어가 하나만 들어와도 시가 깨어지게 마련이다. 서정주 같은 시인이 『질마재 신화』(1975)에서 비속한 언어를 많이 사용한 것이 사실이지만, 그것은 시를 산문화시키고 동화적 구조와 장난기 서린 어조로 '신화'를 치장함으로서만 일단의 성공을 얻을 수 있었다는 점이 그 반증이 될 것이다.
　서정의 개념에 대한 혼란도 우리 시를 연약하게 만드는 한 요인이었다. 본래 서정시의 '서정'은 '시'에 붙어 형용사적 기능을 하는 말이다. 그러나 단독으로 명사가 되기도 하고 동사가 되기도 하는 이 말은 '감정을 펼친다'는 본래의 뜻을 넘어서서 '서정'이라는 이름의 특별한 마음의 상태가 따로 존재한다는 생각을 부지불식간에 강요한다. 산업화된 한 사회의 날카로운 물질적 외관을 가볍게 덮어 주기도 하고, 어떤 보편 영혼의 핵처럼 그 외관의 껍질 아래 감추어진 채 존재할 것 같기도 한, 어쩌면 정신 그 자체라고 불러도 좋을 이 특별한 마음의 상태는 그것을 생각하는 것만으로도 어떤 감동과 위안을 준다. 소월 같은 사람이 '시혼' 같은 말에 자신의 문학의 운명을 송두리째 걸었을 때도, 그에게는 이 특별한 감정에 대한 어떤 추측이 있었을 것이다. 번뇌에서 시작하지만 번뇌에서 저만큼 벗어나고, 갈등에서 태어나지만 모든 갈등의 피난처가 되는 이 심정 상태는 한 무더기의 언어를 빛나게 해주기에 충분하고, 그래서 시가 동경하고 천착하여 그 주제로 삼는 것도 권장할 만한 일이 될 수 있다. 그러나 이렇게 독립되어 떠돌아다니던 말이 그 신비롭기도 하고 모호하기도 한 의미를 그대로 지닌 채 다시 '시'에 붙는 형용사가 되어 되돌아오게 되면 그 억압의 폐해는 만만한 것이 아니다. 더구나 극단적 배제의 원리를 지닌 '순수' 같은 말이, 그 원리조차 망각된 채 어떤 막연한 느낌만을 싣고 와서, '서정시'에 모자를 씌운다. 실제로 '순수서정시'가 서정시를, 다시 말해서 시를, 대신하는 말이 되어 거대한 영역을 지닌 한 장르 전체의 성격을 규정하려 드는 사태는 우리에게 낯선 일이 아니었다. 그 협소한 성격 규정과 지시 아래서는 몇 가지 제한된 주제와 손때가 묻은 몇 가지 빈약한 수사법을 이리저리 조합하는 수고 이외에 할 수 있는 일이 별로 없다.

 5월의 광주는 한국의 현대시에서 시가 되는 말과 시가 되지 않는 말의 구분을 없애고 시적 주제의 범위를 넓힘으로써 '서정'에 새로운 깊이를 부여하였다. 총칼 앞에서는 모든 말이 희망의 말이었고 분노의 말이었으며, 죽음 앞에서는 모든 말이 생명의 절규였고 역사적 진실일 수밖에 없다. 그 말들은 어떤 시보다도 더 강한 미학적 감동을 불러일으키게 마련이었다. 광주는 이렇게 긴 정치적 연설을 통해서나 짧은 외마디 비명을 통해서나 일상의 비근한 언어들이 높은 시하詩荷를 지니는 심미적 언어가 되는 체험을 했다. 터져 나온 말들은 시의 약한 그물을 찢고 훨씬 더 튼튼한 새 그물을 형성했다. 이후 한국시는 어떤 비천한 말이 들어와도 찢어지지 않을 수 있었다. 광주민주화운동 직후 이영진은 「단 한 줄의 시도 쓸 수가 없다」(『6·25와 참외씨』, 1985)라는 제목으로 한 편의 시를 썼다. 전반부를 인용한다.

노란 장미여
나는 이제 단 한 줄의 시도 쓸 수가 없다.

도려낸 유방의 그 낭자한 핏구덩을 빨아대며 울부짖는
사내들 앞에서

피에 젖은 쓰레기통, 불에 그을린 시체더미 속에서

얼굴마저 없어진 어린것들의 흩어진 뼛조각을 찾아 헤매는
애처로운 어미들 앞에서

도대체 우리는 무슨 말을 할 수 있는가
써야 될 무슨 진실이 남아 있단 말인가

아, 하늘이여

머뭇거리는 나의 면상 앞으로

기운차게 날아드는 주먹과 돌멩이여

　　　그래도 나는 아직 죽지 않았다고 외쳐야 하는가

　이 역설의 시는 처절한 현실의 모퉁이 하나도 움켜쥐지 못하는 서정의 허약한 그물을 찢고 새로운 언어가 어떻게 분출될 것인가를 암시한다. 그 5월의 피와 분노를 통해 한순간의 외마디소리까지 시의 위의를 얻은 광주의 언어는 그 거친 숨결 속에 통곡의 동굴과도 같은 혼의 깊이를 누리며 곧바로 한국시의 언어가 되었다. 윤재걸의 시 「오월곡五月哭」(『금지곡을 위하여』, 1985)의 중간 부분을 인용한다.

　　　거리거리 저자마다 객지귀신 지천이니
　　　원통타 분통타 개명천지에 이런 변고 어디가 있단 말요
　　　니것 내것 없이 어깨춤 추던 그날 그 시상
　　　우리 살아생전에 꿈만은 아닐 터이니
　　　흙짐일랑 그만 쐬고 장승처럼 곤두서서
　　　말해보소 말해보소 속 시원히 말씀이나 해보시소
　　　당신이 누우신 곳 어데이며 잠드신 곳 어데라요
　　　꽃 됴코 물 좋은 이놈의 새 시상에
　　　오월이 저 혼자만 또 왔으닝께
　　　흙고물 피고물 툭툭 털고 벌떡 일어나
　　　꽃 피고 새 우는 새날 새 시상을
　　　어디 한 번 구경이나 해보시소

시에서 전라도 사투리와 타령조와 낡은 옛글을 무심하게 흉내 내는 말들은 슬픔과 분노의 내면화를 증명하면서 동시에 입에 붙은 말들과 현실의 괴리를 고발한다. "꽃 됴코 물 좋은 이놈의 새 시상"은 죽은 자들이 그 몸으로 이룩한 것이지만, 이제 그들은 "장승처럼 곤두"서지도 못하고, 구경할 눈을 열지도 못한다. 그러나 시는 그들에게 삶과 함께 주어졌던 언어, 삶을 버리면서 완성했던 바로 그 언어로 읊어진다. 장효문은 「몇 가지 속담과 민요로 대신하는 박관현 추모시」(『신의 눈물』, 1985)에서 오래 된 세상의 말로 그 비극을 이야기했다. 역시 중간 부분을 인용한다.

> 우리들은 산길을 오르며
> 우리들은 산길을 내려오며
> 몇 사람이 손을 잡고 얼굴을 부비며
> 저마다 나팔꽃 모양으로 입을 벌려서
> 세상을 향해 나팔을 불었다
> 관현이를 위하여 속담풀이를 하면서
> 거리를 걸었다
> 아니 땐 굴뚝에 연기 날까
> 닭 잡아먹고 오리발 내놓네
> 바늘도둑이 소도둑 된다는데
> 시원찮은 귀신 아이 잡아먹고
> 하룻강아지 범 무서운 줄 몰라
> 콩 심은 데 콩 나고
> 팥 심은 데는 반드시 팥 나는 법
> 콩으로 메주를 쑨다 하여

그 누가 곧이듣겠는가

  광주민주화운동이 일어났던 2년 후, 박관현이 내란중요임무종사 혐의로 체포되어 모진 고문을 받고, 50일간의 옥중 단식투쟁 끝에 세상을 떠난 사실을 우리는 알고 있다. 그 죽음을 애도할 말이 이 세상에는 없다. 어쩌면 그를 애도하는 일 자체가 어떤 식의 독성행위처럼 여겨질 수도 있다. 속담과 민요만이 그 애도의 말을 대신하여 낡은 '서정'을 비웃고, 시를 쓰는 존재의 밑바닥에서 낡은 지혜와 새로운 용기로 역사의 천라지망을 짜는 강력한 마법의 언어를 준비한다.

  지난 1980년대 한국시를 지배하던 언어, 이영진의 시어를 다시 빌리자면 "기운차게 날아드는 주먹과 돌멩이"로 무장했던 언어는 바로 이렇게 광주에서 탄생했다. 군사독재와 맞선 민주화투쟁의 과정에서 여러 편의 서사시가 발표되고, 운문시가 서사성과 산문성을 띠는 새로운 경향이 나타났지만, 그런 작품들이 거두게 되는 일단의 성공은 응축된 감정이 언어를 밀고 터져 나와 그 자체로 시적 감동을 지니게 되는 이 광주의 경험을 그 배경으로 삼았기 때문에 가능한 것이었다. 한국시는 5월의 광주를 시발점으로 삼아, 공교로운 말에 의해서 시적 상태를 창출하는 것이 아니라 마음의 시적 상태를 통해 언어가 시로 바뀌는 창작 실제를 터득하게 되었다.

4. 시적 자아의 정체성

  그해 5월 광주에서는 많은 사람이 피를 흘리고 죽었다. 살아남은 사람들은 죄책감에 시달려야 했으며, 시대의 비극에 책임을 느끼는 여러 시인들이 그 죽음의 의미를 묻고, 사자들과의 대화를 시도했다. 죽음과 대화를 한다는 것은 자기 마음속의 가장 깊은 곳을 들여다보는 일이며, 생명과 물질의 경계에서 진실한 언어를 끌어내는 일이다. 그것은 다시 말해서 국가가 나라고 이름 붙여준 것, 제도가 나라고 틀 잡아 놓은 것, 문화가 나의 얼굴이라고 정해준 것, 이런 사회적·문화적 자아의 뒤에 숨어 있는 것, 흔히 자아 속의 타자라고 부르는 것과의 소통을 시도한다는 것이다. 한 사회에 모욕 받고 착취당하는 사람들이 있는 것과 마찬가지로 한 개인 안에도 모욕 받고 억압당하는 부분이 있다. 한 개인의 억압받는 부분과 사회적으로 억압받는 계층들은 그 크기가 다를 뿐 그 질과 형식은 동일하다. 광주에서 죽은 자들은 시인들에게 삶 너머에서의 대화를 통해 시인들에게 그 자아의 가장 깊은 부분이 어떻게 사회적 타자들과 동일한 것인가를 가르쳤다. 광주의 시는 우리들에게 이렇게 시인의 정체성을 자아와 사회의 타자들 속에서 확인할 수 있는 길을 열었다. 한 시인이 광주의 영령들을 어디에 모실까를 물으면서 자신의 '육체 속에'라고 자답했을 때, 그는 바로 이 교훈을 되새겼던 것이라고 말해야 할 것이다.

    그러나 죽은 자들과의 대화는 먼저 호곡으로 시작하는 것이 마땅했다. 고정희의 장시 「넋이여, 망월동에 잠든 넋이여」(『저 무덤 위에 푸른 잔디』, 1989)에서 "누가 그날을 모른다 말하리"의 부분을 옮겨 적는다.

    넋이여
    망월동에 잠든 넋이여
    하늘이 푸르러 눈물이 나네
    산꽃 들꽃 피어나니 눈물이 나네

누가 그날을 잊었다 말하리
누가 그날을 모른다 말하리
가슴과 가슴에서 되살아나는 넋
칼바람 세월 속에 우뚝 솟은 너

진달래 온 산에 붉게 물들어
그날의 피눈물 산천에 물들어
꽃울음 가슴에 문지르는 어머니
그대 이름 호명하며 눈물이 나네

목숨 바친 역사 뒤에 자유는 남는 것
시대는 사라져도 민주꽃 만발하리
너 떠난 길 위에 통일의 바람 부니
겨레해방 봄소식 눈물이 나네

이것은 단순한 진혼가가 아니다. 시는 무가의 형식을 빌려 잠든 넋의 고통과 노래하는 넋의 슬픔이 다시 합해지는 자리, 아니 처음부터 분리되지 않는 자리, 그래서 한恨이 무한無限의 힘으로 무한無恨이 되는 자리를 찾으려 한다. 무한無限도 무한無恨도 역사의 다른 이름이다. 정의의 이름과 얼굴을 둘러쓴 불의에 의해 희생된 목숨은 역사에 의해서만 두 개의 무한을 쟁취할 수 있다. 고정희의 "민주꽃"도 "겨레해방 봄소식"도 그 두 무한의 알레고리이다. 그러나 민주주의의 꽃은 만발하였는가, 겨레는 해방되었는가. 두 개의 무한은 살아남은 자들의 죄책감으로만 그 전망을 유지하게 되는 것이 당연하다.

그렇다고 광주의 민주화운동 뒤에 살아남은 사람들이 죽은 자들에 대한 죄책감에만 시달렸던 것은 물론 아니다. 그들은 수배를 당하고 체포되었으며 극심한 고문을 받았다. 그들은 발가벗겨지고 성적인 모욕을 당하고 손톱이 뽑히면서, 저 권력의 하수인들 앞에 인간의 가장 부끄러운 부분을 드러내야 했다. 평소에서라면 누구라도 인간의 위엄을 어렵지 않게 지킬 수 있겠지만, 고문당하는 과정에서라면 인간의 조건이 무엇인가를, 한 인간이 어디까지 견뎌낼 수 있는가를 묻지 않을 수 없었다. 고문당하는 자들이 이 처참한 고통을 당하면서 지키려고 애썼던 것은 자기 자신이 아니라 다른 사람들이었다. 이 점은 운동에 적극 참여하여 붙잡혀 간 사람들에게만 해당되는 것은 아니라, 가슴속에 분노와 슬픔만을 안고 속병을 앓던 사람들도 자신이 그 지경에 처한다면 어떻게 행동할 것인가를 스스로 묻지 않을 수 없었을 것이다. 산문으로밖에는 쓸 수 없었던 이중기의 「악성무좀」(『식민지 농민』, 1992)은 이 점에서 가장 처절한 광주시편 속에 들어가야 한다.

그해 오월, 제대를 엿새 남겨두고 갑자기 비상이 걸렸다. 비상? 호루라기 소리 들리고, 웬일이냐? 느닷없이 귀대한 휴가병들. 비 내리는 철원평야 가로질러 진지로 떠나며 자꾸만 께름칙해지는 엿새 후가 판독이 안 되는 암호문 같아 견딜 수 없었다. 숨어 듣는 라디오는 뉴스 속보를 전해주어도 엿새 후의 상황은 타진해주지 않았다. 빗물에 젖은 발가락이 불편했지만 엿새 후의 걱정보다 한결 나아 참을 만했다.
빗장 걸린 엿새 후를 숨어보는 가늠구멍 속으로 나는 호남 쪽을 향해 빈총이나 쏘면서 조금씩 발가락이 가려워오는 것을 느꼈다. 발가락이 젖은 채 날이 저물고, 속수무책의 날이 밝았다가 저물고, 간신히 견딜만한 고통으로 날이 밝았다가 저물고…… 전방은 무사했다. 내 발가락만 이상조짐을 보였고 전방은 아무 이상 없었다.

발가락만 가려워지면 생각나는 그해 오월
PM으로도 지우지 못한 악성무좀 몇 뿌리

발가락의 "악성무좀"은 그해 오월에 "호남 쪽을 향해 빈총이나" 쏠 수밖에 없었던 시인의 회한이다. 발가락의 고통은 전역에 대한 걱정, 곧 "엿새 후의 걱정보다 한결 나아 참을 만했"지만, 그가 평생 동안 떨쳐버릴 수 없는 고황이 된다. 이 무좀은 지울 수 없다. 나는 그날 어디에서 무엇을 했던가를 민주주의의 꽃이 만발하고 겨레가 해방될 때까지, 죽음에 이르기까지 물어야 한다. 내가 늘어놓는 말들이 성실한 것인지, 내 결심이 항상 유효한 것인지, 내가 쓰는 글이 진실한 것인지, 내 삶이 진실로 삶이라고 부를 만한 것인지 시인은 몽매에도 물어야 한다. 이렇게 5월의 광주를 통해 우리의 시인들은 인간조건의 한계를 체험하였으며, 이 체험은 곧바로 한국 시의 새로운 힘이 되었다. 시는 존재의 극한에서 울려나오기 시작했다. 우대식은 「5월」(『늙은 의자에 앉아 바다를 보다』, 2003)이라는 제목으로 이렇게 썼다.

오월의 세상은 나의 약藥이다
탄약가루처럼 날리는 송홧가루도,
오월의 어느 날 밤
추적대는 빗소리도 내겐 중한 약이다

그 비가 산성이라면
나는 알칼리성의 덩어리가 되어
저 비는 내게 약물이다.
오월의
저 산은 내겐 약산藥山이다
저 강은 내겐 약강藥江이다
저 아침도, 저 밤들도
잠 깨어 두드리는 허무의 문짝도
저 날들에 모두 약이다
라일락 꽃나무가 꺾여
내 등판을 찍어 내리는
5월은 나의 약이다
5월은 내 푸른 죽음이다

  5월의 광주는 처참한 살육과 처절한 투쟁의 현장만은 아니었다. 광주는 좁은 울타리에 갇혀 있었고 그 생명이 짧았지만 엄연한 해방구였다. 사람들은 손에 무기를 들었지만, 그 한 사람 한 사람이 저 자신을 다스리는 정부였다. 사람들은 제 죽음을 두려워하지 않으면서 다른 사람의 죽음에 피눈물을 흘렸다. 5월의 광주는 그 희생적 투쟁으로 우리에게 자신의 삶을 성찰하는 "약"이 되었지만, 또한 자유롭고 평등한 삶의 한 모범이 되고 미래 사회의 기초가 됨으로써 이 강산을 의미와 약속으로 가득 차게 하는 "약"이 되었다. 이 약이 있는 곳에, 이 약속을 상기하는 시간에 허무는 없다. 그러나 이 약은 "라일락 꽃나무가 꺾여/내 등판을 찍어 내리는" 방식으로 우리에게 오는 약이다. 늘 경각하는 자만이 미래의 기초와 손가락을 걸고 약속할 수 있다. 너는 지금 무엇을 하는 누구인지 5월의 광주는 쉬지 않고 묻는다. 질문을 받는 자는 제 생명 전체를 걸고, "푸른 죽음"을 걸고 대답해야 한다.

  광주는 불행하였다. 그러나 이 불행이 아름다운 말로 지시되는 모든 것은 마음속에만 있다고 믿는 불행한 의식으로부터 한국시를 해방시켰다. 광주는 세상으로부터 단절되어 풍편으로만 소식을 전하는 폐쇄된 울타리였지만, 우리 시대가 요구하는 온갖 말들을 그 안에 끌어모아 확대 재생산하였다. 정치적으로건 미학적으로건 두려움을 모르는 한국 시의 언어가 그 튼튼한 체력을 그 죽음과 삶의 경계에서 얻었다. 광주 이후 한국 땅에서 시를 쓰는 사람들은, 그가 민중시인이건 탐미주의자이건 간에, 사실주의자이건 모더니스트이건 간에, 시 쓰는 자아의 정체성과 인간의 한계에 대한 예민한 질문에서 결코 자유로울 수 없었다. 시인들은 역사 속에서 시적 자아의 자리를 정립해야 했으며, 한 사회의 가장 깊은 곳과 자아의 가장 내밀한 곳이 어떤 목소리를 지녔는가를 끊임없이 물어야 했다. 그리고 이 질문은 여전히 계속된다.

– 미발표 신작 원고(2013년)

■ **황현산** 1945년 전남 목포 출생. 고려대 문학박사. 평론집 및 연구서로 『잘 표현된 불행』, 『얼굴 없는 희망』, 『말과 시간의 깊이』, 『아폴리네르 "알코올"의 시 세계』, 『말라르메의 "시집"에 대한 주석적 연구』 등. 역서로 디드로의 『라모의 조카』, 말라르메의 『시집』, 아폴리네르의 『알코올』, 『프랑스 19세기 문학』(공역), 『프랑스 19세기 시』(공역) 등이 있다. 한국번역비평학회 초대 회장 역임. 현재 고려대 불어불문학과 명예교수.

혁명을 향한 문학
− 김남주론

강형철

 1980년 오월의 민주화운동은 여전히 계속되고 있다. 그날 도청을 사수하며 장전된 총을 발사하지 않은 윤상원의 총은 민주주의 세상을 독촉하며 아직은 미완의 혁명을 향해 순정의 마음으로 가라고 채근하고 있다. 어디 윤상원뿐이랴. 흉측한 얼굴로 무너지기까지 그날 거리에서 맞아 죽고 총 맞아 죽은 그러나 아직까지 그 이름들이 역사 앞에 굵게 호명되지 못한 수많은 사람들 또한 우리에게 어떻게 사는 것이 잘 사는 길인가를 묻고 있다.
 1980년 오월 이후 30여 년이 경과하면서 폭동 내란의 의미규정을 넘어 민주화운동으로 평가된 것은 민족·민중의 투쟁과 죽음을 불사한 진실 세우기를 통해서였다. 또한 그 역량은 아직 충분히 개화하지는 않았지만 참된 민주의 세상을 향해 여전히 진행 중이라고 생각한다. 정치·경제·사회·문화 영역에서 앞으로도 지속적인 평가와 이를 바탕으로 한 새로운 전망을 찾아나가는 것은 무엇보다 중요한 일일 터이다. 그동안의 연구는 여러 방면으로 이루어져 많은 축적을 이루고 있는데 필자에게 특히 눈에 띈 것은 일반적인 사회과학적 범주를 뛰어넘어 제기한 서승의 논문이다.

서승은 1980년 오월을 '중대한 인권침해 회복운동'의 측면에서 5·18을 세계인권운동사의 한 전범으로 평가하는데 그 평가의 축을 국가테러리즘(state terrism or state sponsored terrism violence)에 대한 대응 양상에 둔다. 그는 5·18과 그 이후의 광주학살 사건의 명예회복 및 배상이 이루어진 것을 처음으로 냉전 분단체제의 극복에 커다란 돌파구를 열었다는 점에서 적극적으로 평가하고 있다. 그는 5·18과 그 이후의 처리가 가진 의미를 "국내의 수많은 국가 테러리즘 범죄사건의 해결을 위해 선도역할을 했을 뿐 아니라, 세계의 국가테러리즘 범죄사건의 해결에서도 매우 훌륭한 수준을 달성했으며, 그것이 이때까지 인권문제의 사각지대가 되어왔던 동아시아에서 이루어졌다는 사실은 동아시아가 세계인권운동사의 지평에 분명히 떠오르게 되었다는 점"[1]에 있다고 평가한다.

또한 그는 "5·18은 그 실천을 통하여, 서구에서 태어난 인권 개념의 지평을 지구 규모로 확대, 보편화하는데 결정적인 기여를 했으며, 새로운 세기를 향하여 인권 개념이 동아시아에서 풍부화되고 실질화되어서 발신될 수 있는 가능성을 연 것"[2]이라 규정한다. 그리고 그는 5·18과 그 이후의 대응사례는 "냉전시대라는 20세기 후반을 지배해 온 세계패권시대의 구조에 대한 항거이자, 서구 중심의 인권의 축을 아시아로 끌어당기는 커다란 구실을 했다고 할 수 있으며, 세계적인 패권에 의한 지역질서의 파

---

1) 서승, 「세계인권운동사에서 본 5·18」, 『5·18 민중항쟁사』, 광주광역시 5·18사료편찬위원회, 923쪽.
2) 같은 책, 924쪽.

괴와 21세기의 참된 자유와 평등의 지평을 열 수 있는 가능성을 제시한 인권운동"[3]이라고 의미를 부여하고 있다.

이렇게 5·18의 의미를 일국의 차원으로부터 전체적인 조망을 하면서 떠오르는 것은 시인 김남주가 이룩한 세계혁명문학사에서의 위치이다. 모든 일에 겸허함은 언제나 미덕일 수 있지만 우리 역사상 그 어떤 이보다 순결하게 그리고 모든 것을 다 바쳐 사회의 변혁에 기여한 김남주에 대한 평가는 너무나 소홀한 것은 아닌가 생각된다.

물론 그간 김남주에 대한 적극적인 평가가 없었던 것은 아니다. 그에 대한 평가는 이미 한 권의 책을 넘을 만큼 많이 이루어진 바 있다.[4] 그러나 이 책은 김남주가 세상을 뜬 후에 이를 정리하는 차원에서 이루어졌고 그 이후에는 정말로 믿어지지 않을 만큼 냉혹하게 그에 대한 논의는 자취를 감추고 말았다.

이에 대한 논의가 사라진 것은 우리의 변혁운동 전체의 행보와 궤를 같이하는 것이겠지만 그가 이루려고 했고 이룩한 성과는 너무나 탁월한 것이라 판단되는데 그에 대한 논의는 실종상태나 다름없어 그가 문학적 행동으로 우리 문학 전체에 제기한 문제는 용도폐기된 것은 아닌가 생각될 정도이다. 실로 어이가 없다. 그가 우리의 시문학에 나아가 우리의 변혁운동에 직접 기여한 것을 제대로 평가하지 않고 어떻게 우리에게 진정한 미래가 있을 수 있을까?

그런 사실을 엄정하게 인정하면서도 본고 또한 그런 몫을 감당하겠다는 당찬 생각은 없다. 대신 본고는 그동안 김남주에 대한 평가를 전체적

---

[3] 같은 책, 935쪽.
[4] 『피여 꽃이여 이름이여』, 시와사회사편집위원회 엮음, 시와사회사, 1994.

으로 살펴보면서 김남주가 우리 전체 변혁운동에 기여한 바를 정당하게 평가할 수 있는 길은 어디에 있는지 모색하는데 나름대로 지혜를 모아 보고자 한다.

이를 위해 본고에서는 우선 김남주의 생애를 간단히 살피고 그가 시로써 이룩한 성과를 집중적으로 살피되 그것을 문학 내의 영역이 아니라 변혁운동과의 연관성을 모색해 보고자 한다.

1. 김남주의 생애

김남주는 1945년 출생[5]하여 1994년 2월에 타계하였다. 1964년 광주일고에 입학하였으나 이듬해에 자퇴하였다. 검정고시를 거쳐 서울대에 지원하였으나 몇 번 떨어졌고 1969년 전남대 영문과에 입학하였으며 1973년 반유신활동으로 체포되어 투옥되었고 9개월 만에 석방되었다. 1978년 남조선민족해방전선준비위원회(이하 남민전으로 칭한다)에 가입했으며 1979년 남민전 조직원으로 활동 중 체포, 구속 이후 대법원에서 15년 형이 확정되어 복역하였고 1988년 12월 형집행정지로 만 9년 3개월 만에 석방되었다. 석방 이후 오랜 동지인 박광숙 씨와 결혼식을 했고 1994년 2월 췌장암으로 투병하다가 별세했다.

이 중 전남대에 입학한 1969년부터 1972년까지의 행적은 박석무의 "김

---

5) 『피여 꽃이여 이름이여』, 시와사회사편집위원회엮음, 1994. 김준태, 「혁명성·전투성·역동성·순결성」 124쪽. 글 중에 실린 편집자 주에 따르면 1945년 10월 16일 생이라고 김남주 시인의 어머니가 밝히고 있다고 한다.

남주 시인의 데뷔 무렵"[6] 과 이강의 "함성에서 남민전까지"[7]에 비교적 소상하게 적시돼 있다. 박석무에 글에 따르면 김남주는 대학 시절 죽마고우 이강과 함께 '동성연애를 하던 격으로 붙어다' 녔는데 박석무는 김남주를 '과묵하고 자기주장이 없는 청년'으로 기억하고 있다.

1969년 3선개헌이 반대운동에도 불구하고 감행되면서 이후에 이강은 강제징집되었고 1971년 교련반대운동이 한창이던 때에 김남주는 『창작과비평』에 실린 김정한의 소설에 대해 얘기를 나눈 것, 문학 서적 외에도 프란츠 파농이나 루카치도 읽고 있던 것으로 기억하고 있다.

이강은 죽마고우답게 그의 어린 시절은 물론 대학 생활 그리고 대학 제적 후에 남민전에 가입하게 될 때까지의 행적을 밝히고 있다. 지하신문 〈함성〉지를 만들어 배포하던 이야기며 민청학련에 관계되었던 이야기 그리고 남민전에 가입할 때까지의 행적과 내면의 고뇌를 비교적 소상하게 밝히고 있다. 그리고 그는 김남주가 시인으로보다 "해방전사, 혁명전사로 기록되기를 바랐다"고 말하고 있다. "남민전 유인물에 자신의 글이 게재되는 등의 문필활동을 뛰어넘어 조직의 결정에 의한 혜성대 테러활동까지도 마다하지 않"[8]았던 생애를 예로 들고 있다.

남민전에 가입하여 활동한 바를 볼 수 있는 글은 박석률의 「전사, 김남주를 말한다」[9]이다. 1978년에 김남주가 서울로 피신하지 않을 수 없을 때 성공회 주최의 문학낭독의 밤에선가 몇 번 만난다. 박석률은 남민전에

---

6) 같은 책, 22~32쪽.
7) 같은 책, 66~83쪽.
8) 같은 책, 82쪽.
9) 같은 책, 387~403쪽. 이 글은 『정세연구』 1994년 3월호에 게재된 것으로 적시되어 있다.

서 〈민중의 소리〉 창간호에 실을 시작품을 구하던 중 프란츠 파농의『자기의 땅에서 유배당한 자들』을 번역하고 있던 김남주를 기억하고 시를 청탁하면서 본격적인 얘기가 오가게 된다. 당시 김남주가 쓴 시「해방자」에 무척 감격하였고 이후 남민전 전사로서 결의를 함께 하였다고 한다. 당시 세 사람이 같이 결의했는데 한 명은 이재문이었고, 박석률은 남민전 전위대의 부대장이었으며 김남주는 한무성韓武聲이란 이름이었다고 한다.

  이 글에는 남민전에 가입한 이후의 김남주의 활동을 몇 가지 소개하고 있는데 처음에 한 일은 전선의 지하신문 〈민중의 소리〉 원고를 만드는 일이었다. 그는 김남주가 조직원으로서 남달리 시간의식이 철저하고 임무에 충실했음을 밝히고 있다. 박석률은 이 글에서 남민전을 다음과 같이 규정한다.

> 남민전 전위대는 남조선민족해방전선의 정치조직이자 군사조직의 맹아로서 결성된 것이다. 이름하여 정치 군사조직의 맹아로서 전선의 무장력 강화와 무장 선전투쟁의 전개를 촉진시키기 위해 해방전선의 총노선과 주체적 사상을 자기활동의 지침으로 삼는 혁명전사들로 조직된 무장부대였다.[10]

  이를 통해 볼 때 김남주가 남민전에 가입하게 된 것은 한 명의 문필가로서가 아니라 정확하게 한 명의 '혁명전사' 로서였다는 것이다. '남보다도 투철한 해방사상, 혁명사상의 소유자였던 전사 남주' 라는 박석률의 호

---

10) 같은 책, 389쪽.

명은 수사가 아니다.

　이강이나 박석무, 박석률의 글은 남민전 참여 시기까지의 행적을 보여주고 있는데 이와는 별도로 그 과정에 이른 내면의 변화를 김남주가 직접 밝히고 있는 「나는 왜 남민전에 참가했는가」[11]에는 어린 시절의 이야기, 대학에서의 공부, 그리고 남민전에 참가하게 된 경위가 담담하게 토로되어 있다.[12]

　김남주는 이 글에서 초등학교 때 글짓기 붓글씨대회에 나가 상을 많이 받았단 말이 엉터리라고 말한다. 그는 글짓기와 붓글씨대회에는 딱 한 번 나갔고 입상하지 못했으며 글짓기대회에 나가서 쓴 글은 담당선생님에게서 '자연의 아름다움을 더럽혔다'고 지적당해 창피를 당했다고 한다. 다만 국어 자연 산수 등 학과목은 우수했으나 당시 학생의 총수는 60여 명에 지나지 않았다고 밝힌다.

　어린 시절에 김남주는 소를 먹이거나 꼴을 베고, 시간이 나면 나무를 하러 다녀야 했다고 밝히고 있는데 아버지가 공부 대신 일을 심하게 시킨 것만 기억한다고 말한다. 그중 아버지에게 구슬치기를 했다는 이유로 기둥에 새끼로 칭칭 감아 놓고 매질 당한 것을 잊지 못한다고 밝힌다.

　고등학교 3학년 때 데모를 음모하여 학교를 졸업하지 못했고 학교에는 사실 큰 재미가 없었다고 밝힌다. 그 내면에는 이른바 관리 같은 인간형이 마음에 들지 않았던 심리가 작동했을 것이라고 말한다. 그렇지만 아버

---

11) 「나는 왜 남민전에 참가했는가」, 『하나의 불씨가 광야를 태우리라』, 시와사회사편집위원회편, 시와사회사, 1994. 117~123쪽.
12) 이 글은 김남주 시인이 옥중에 있는 동안 부인 박광숙 씨와 동생 김덕종에게 보낸 옥중서신 중에서 김남주 내면적 고백을 편집한 것이라는 점에서 엄밀한 의미에서는 2차 자료이나 전후관계로 보아 신빙성이 있다고 판단된다.

지의 강권에 서울대학교 입시에 몇 번 응시했으나 떨어졌고 전남대 영문과에는 그곳에 전남여고 학생들이 많이 오기 때문에 선택한 것이라고 밝힌다.

대학에 가자마자 1학년 때부터 4학년 때까지 데모를 주동했고 결국 졸업에 즈음한 대학 4학년 때에 감옥에 가게 된다. 김남주는 미국을 생득적으로 싫어했다는 항간의 말을 부정하고 중고등학교 시절에 영어 성적은 1등이었으며 고등학교 때 광주미문화원에서 『들어라 양키들아』를 훔쳐 영어원서로 읽고 미국을 객관적으로 인식하기 시작했다고 밝히고 있다.

> 나는 또한 이 미국을 통해서 레닌을 알고, 메니페스토를 읽고, 모택동을 읽고, 게바라를 알고 했어요, 이강이가 카투사에 있을 때 거기 미군 도서관에서 열심히 훔쳐다 주었지요. (중략) 내가 남민전에 들어간 동기도 이런저런 책에서 얻은 지식 탓이었어요. 특히 체르니세프스키의 『무엇을 할 것인가』, 『레닌의 생애』, 스위즈·휴버만 공저인 『쿠바혁명의 해부』 등의 탓이 컸을 거예요. 한마디로 말해서 "혁명적 조직 없이는 혁명의 성공은 없다"라는 명제를 내 나름으로 가슴 깊이 새겼기 때문일 거예요.[13]

그는 이어서 자신이 남민전에 가입한 또 하나의 동기는 "해방 투쟁의 과정에서는 많은 사람이 죽어갈 것이다. 수천, 수만 명이 죽어갈 것이다. 그리하여 그 수만, 수십만 명의 죽음이 해방의 새날을 가져올 것이다"라

---

13) 같은 책, 122쪽.

는 명제를 실천하기 위해서였다고 밝히고 있다. 그는 남민전에 들어갈 때에 "이름도 없이 죽어가야 한다고 생각했으며 지금 이렇게 살아있는 것을 다행으로 생각하고 있지 않습니다."[14]라고 말하고 있다.

소름이 끼칠 만큼 처연하고 굳센 기상이 느껴지는 말들이다. 그는 남민전에 들어간 것은 자신이 '책에서 읽고 느끼고 생각한 것을 실천하기 위해서'였다라고 간명하게 말하고 또한 '살면서 옳다고 생각하고 느낀 것을 그대로 실천하기 위해서'라고 당당하게 밝히고 있다. 지덕행의 일치, 자신이 옳다고 생각하면 그대로 실천하면서 뒤도 돌아보지 않을 만큼 그 자체에 충실한 인간형이라고 할 수 있겠다.

그는 또 시라는 것을 쓰게 된 것은 "해방투쟁을 이데올로기적으로 준비하기 위해서 그랬어요. 다른 의도는 없었어요. 나의 시는 해방투쟁의 부산물에 다름 아녀요. 나의 시는 해방에, 혁명에 종속되어야 하는 거예요. 혁명에 문학이 종속된다고 해서 문학의 독자성이 훼손된다고는 생각하지 않습니다. 혁명에 봉사함으로써 문학은 보다 풍부해지고 깊어질 것입니다."[15]라고 말하고 있는데 레닌의 문학이론을 그대로 수용하고 있다.

흔히 하는 말로 막연한 죽음의 공포니 자연의 아름다움이니 혹은 선천적인 외로움 등등의 허깨비 같은 의식이 아니라 사회가 압제와 침략에 노정되어 있고 나날의 삶은 계급적 분열로 괴로운 세상을 변혁시켜 그야말로 사람다운 세상에 대한 단순 명쾌한 삶의 지향에 순정하게 투신한 것이다.

이런 명쾌한 인간형, 그리고 그런 마음으로 조직의 사업에 순명하여 이룩한 성과는 어떤 것일까? 남민전이라는 조직의 의미가 무엇인지 거기에

---

14) 같은 책, 123쪽.
15) 같은 책, 123쪽.

'한무성'이라는 이름으로 참여하여 얻은 성과와 한계는 무엇인지 언젠가는 정밀하게 평가되어야 할 것이지만 그런 평가는 여전히 요원한 일이다. 김남주를 언젠가 총체적으로 평가해야 한다면 그의 어린 시절 특히 남민전 활동 또한 객관적으로 심도 깊이 논의되어야 할 것이다. 그의 시와 사상의 모태적 역할을 하고 있는 조직활동이었기 때문이며 그 자신 온 힘을 다해 그리고 순정적으로 그 일에 복무했기 때문이다.

2. 김남주의 문학적 성과와 검토되어야 할 점

김남주는 전남대 학생시절 〈함성〉지 사건과 함께 제적당하고 난 뒤 고향에 내려가 농사를 지으며 농민문제는 물론 사회전반의 문제에 대해 고심하던 중에 『창작과비평』 1974년 여름호에 「진혼가」, 「잿더미」 등 7편의 시로 문단에 데뷔를 한다.

이후 감옥에 수감되어 있는 동안 『진혼가』(청사, 1984) 일본에서 일어판 시집 『농부의 잠』(1987), 『나의 칼 나의 피』(인동, 1987), 『조국은 하나다』(남풍, 1988), 시선집 『사랑의 무기』(창비, 1989)가 나왔고 출옥 이후에는 『솔직히 말하자』(풀빛, 1989), 『사상의 거처』(창비, 1991), 『이 좋은 세상에』(한길사, 1992) 가 출간되었고 타계 이후 유고작 등을 합하여 『나와 함께 모든 노래가 사라진다면』(창비, 1995) 총 일곱 권의 시집을 출간했다. 『농부의 잠』은 초기 시가 광주항쟁 이후 지하로 돌던 것을 낸 것이고 『사랑의 무기』는 시선집이었다.

옥중시전집의 형태로 『저 창살에 햇살이』(1992년)가 두 권으로 나왔으며 염무웅에 의해 시선집『사랑의 무기』가 전면적으로 개편되어『꽃 속에 피가 흐른다』(창비, 2004)가 나왔으며 하이네, 브레히트, 네루다의 시집이 1988년에 남풍에서 나왔다가 1995년에『은박지에 새긴 사랑』(호치민, 네루다, 푸슈킨, 오동예쁘스키, 로르카의 번역시집),『아침저녁으로 읽기 위하여』(하이네, 브레히트, 아라공, 마야코프스키의 번역시집)로 종합되어 나왔다.

이 외에도 박광숙과의 옥중서한집으로『산이라면 넘어주고 강이라면 건너주고』(삼천리, 1989)가 있으며 그의 에세이 모음집 김남주 문학에세이『불씨 하나가 광야를 태우리라』(시와사회사, 1994)가 있고 그에 대한 평론 등을 묶은『피여 꽃이여 이름이여』(시와사회사, 1994)가 있다.

그의 시는 대략 530여 편에 이르고 그가 번역한 시를 더하면 650여 편의 시를 지상에 남겨둔 셈이다.

이들 시들은 대개가 옥중에서 씌였고 이를 반출해오는 과정에서 착오가 적잖이 있었으나 김남주 본인에 의해 옥중시는 정리되었으므로 이를 언젠가는 하나의 전집으로 정리되어 독자들에게 전해져야 할 것으로 본다.[16]

김남주의 문학적 성과는 그동안 많은 이들이 언급하였다. 시집의 해설과 함께 쓰여 해당 시집이 지닌 의미가 무엇이며 그 의미는 어떤 영역까지 미치는 것인지를 논한 것으로부터 김남주 시의 총체적 의미를 짚은 글까지 광범위하다. 이 중 염무웅의 글들[17]은 김남주 시인의 데뷔에 관계한 인연부터 시작해서 가장 최근에 이르기까지 가장 깊이 있고 섬세하게 쓰

---

16) 창비에서 김남주 서거 20주년인 2014년에 전집이 발간될 계획이 있다는 사실을 본고 작성 중에 확인하였다.

여 있다. 또한 김진경은 「예언정신과 선언정신」[18]이란 글을 통해 김남주 시를 1980년대의 현장 속에서 소개하고 그 시정신의 본질을 예언정신과 선언의 정신에서 찾고 있다. 이동순은 「김남주 시와 구체적 싸움의 진정성」이란 글을 통해 김남주 시의 진정성이 어디로부터 연원하며 그의 시가 어떻게 대중에게 설득력을 지니는지 밝히고 있다. 그 외에도 김준태, 최원식, 위기철, 임헌영, 임규찬 등등의 제씨들도 김남주 시가 지닌 혁명적 역동성과 의미 등을 밝히고 있다.

이 중 김형수의 글[19]은 초기의 김남주 시와 중기 이후의 시를 비교 분석하면서 『나의 칼 나의 피』, 『조국은 하나다』, 『솔직히 말하자』 등의 시집이 발행되는 두 번째 시기의 김남주 시는 "분단 이후 민족 해방운동사의 문학 예술적 재부에 그 이상의 봉우리는 없다"고 평가한다. 그리고 그 이후는 완전한 사실주의자가 되는 시기와 절정에 이르는 시기를 구분하여 살피고 있는데 그의 시 속에 형상화된 '서정적 주인공'의 변화를 통해 그리고 그 내용과 형식의 진전 상황을 통해 적실하게 설명하고 있다.

필자는 이들의 평가에 동의하면서 그런 평가의 근본이 되어 있는 문제를 살펴보고자 한다. 그것은 그의 시와 그의 삶이 지니는 관계에 대한 문제이다. 이를 위해 먼저 시와 시인의 구체적 실천과의 변증법적 관계에 대한 논의를 정리하는 일부터 시작하기로 한다.

문학작품과 그 작품을 쓴 당사자의 삶과의 관련성에 대한 문제를 가장

---

17) 염무웅은 「사회인식과 시적 표현의 변증법」, 「순결한 삶, 불꽃 같은 언어」, 「아침 저녁으로 읽기 위하여」와 시선집 『사랑의 무기』와 『꽃 속에 피가 흐른다』에 발문을 쓰고 있다.
18) 김진경의 이 글은 시집 『진혼가』의 해설로 쓰였다.
19) 김형수, 「김남주의 전투적 애국주의를 옹호함」, 『피여 꽃이여 이름이여』, 시와사회사(원래 이 글은 『한길문학』 1990년 5월호에 발표된 것임).

명쾌하게 정돈한 것은 염무웅이다. 염무웅은 윤동주의 시를 평가하면서 시와 행동의 관계를 주밀하게 살핀다. 그리고 이를 정리하면서 다음과 같이 말한다.

> 압박받는 민중 속으로 몸뚱이를 던져 넣어 탄압자에 대한 민중적 투쟁의 대열에 참가하는 것만이 식민지 시대에 있어 지식인의 자기 존재를 가능케 하며, 이러한 진실한 삶만이 위대한 작품을 태어나게 한다는 것을 그것은 가르쳐준다. 물론 위대한 삶이 자동적으로 위대한 작품을, 또 위대한 작품만을 낳는 것은 아니다. 위대한 삶으로부터 위대한 작품에 이르는 글에는 그 나름의 만만치 않은 절차가 놓여 있으나 그것은 위대함을 결정짓는 것과는 다른 차원의 문학내적 문제에 속한다. 그것은 문학만의 문제임에는 틀림없으나 문학의 가장 중요한 문제라고 볼 수는 없을 것이다. 위대한 삶은 위대한 문학만을 낳는 것은 아니고 위대한 사상도 낳을 수 있고 위대한 웅변을 낳을 수도 있다. 그러나 위대하지 않은 삶이 위대한 문학을 낳을 수는 없다. 요컨대 본질적인 것은 어떤 삶을 사느냐하는 것이며, 이 삶의 무게가 작품 속에 올바르게 운반될 때 그것은 작품 자체의 무게로 전화하는 것이다.[20]

요약하면 위대한 삶이 자동적으로 위대한 작품을 보장해 주지는 않지만 위대한 삶이 없이 위대한 작품은 없다고 염무웅은 말한다. 염무웅은

---

[20] 염무웅, 「시와 행동」『민중시대의 문학』, 창작과비평, 1979. 173~174쪽, 방점 원저자.

문학과 문학인의 삶을 별개로 보는 입장과 그 둘을 분리할 수 없는 하나로 보는 입장, 그리고 그 절충의 길로 작품을 보는 입장을 정밀하게 살핀 후에 위대한 삶이 작품 속에 올바르게 전화될 때라는 전제를 달아 위대한 작품에 이르는 길임을 확실하게 천명한다. 그 점에서 생각해 볼 때 김남주는 가장 적확한 사례가 아닐까? 김남주는 위대한 삶을 살아내려고 노력했으며 그 삶의 자리를 죽음에 이르는 날까지 포기하지 않고 밀어붙여 가면서 그의 시를 이룬 것이다. 좋은 시를 쓰기 위해서는 그에 합당한 실천을 전제하는 것이고 변혁운동에 복무하는 강도가 높을수록 그의 작품의 질이 높아진다는 입장을 김남주는 취하고 있는 것이다. 앞서 부인 박광숙에게 보낸 편지에서도 그런 말을 하고 있지만 그는 철저하게 변혁운동에 복무하기 위한 수단으로 시를 선택하고 있다.

> 계급사회에서 시인의 의무란 첫째, 가난하고 착취당한 피지배계급에게 지배계급이 저지른 죄악상을 폭로하는 것이라고 생각합니다. 말하자면 이데올로기의 대중화에 기여해야 한다는 것이지요. 둘째, 폭로에 끝나서는 안 되고 의식화된 대중을 조직으로 묶어 세우는 데까지 기여해야 합니다. 그러므로 시인은 해방전사와 동의어라고 생각해요. 공부하던 시절에 러시아어로 시인은 싸우는 사람과 동음이라는 글을 어디선가 읽었어요. 그런데 시인이 무엇과 싸우는가가 중요합니다. 자신에게 가장 중요한 문제, 부분적인 문제에서 전체적인 문제를 향하는 것이 필요합니다.[21]

---

21) 「시인은 사회변혁의 주체」, 『불씨 하나가 광야를 태우리라』, 시와사회사, 241쪽(이 글은 『사회와사상』 1989년 2월호에 게재되었던 자유기고가 차미례 씨와의 인터뷰 내용임).

김남주의 글 중 시와 삶에 관해 언급하는 순간이면 어김없이 등장하는 말은 시와 시인의 삶이 절대로 분리할 수 없으며 시는 시인의 실천을 통해서 빛이 나고 발전할 수 있다는 신념이다. 김남주의 시 어디를 읽어봐도 그의 이런 모습은 일관되게 관철되고 있으며 그 어떤 시인도 그를 능가할 수 없는 빛나는 그만의 영역이라 할 수 있을 것이다. 다음의 시를 보자.

>그대는 타오르는 불길에
>영혼을 던져보았는가
>그대는 바다의 심연에
>육신을 던져보았는가
>죽음의 불길 속에서
>영혼은 어떻게 꽃을 태우는가
>파도의 심연에서
>육신은 어떻게 피를 흘리는가
>
>　　　　　　　　　　　　　　　　　－「잿더미」 부분

>더 이상 나의 육신을 학대 말라고
>하찮은 것이지만 육신은 나의
>유일의 확실성이라고 나는
>혓바닥을 내밀었다 나는
>무릎을 꿇었다 나는
>손발을 비볐다 나는
>
>　　　　　　　　　　　　　　　　　－「진혼가」 부분

데뷔작인 「진혼가」나 「잿더미」가 발을 디디고 있는 것은 구체적인 실천이다. 한때 유행하던 실존주의 철학의 명제를 떠올릴 만큼 확실하게 움켜쥔 것은 구체적인 체험이다. 그 체험은 "사실은 농부들은 꺼려 하지요/이 문도 이문이지만 정부수매 추곡매상/오복나게 까다롭고 우선 말려야 하는데/깡깡하게 말려야 하는데 이빨 새로 깨물어 톡톡 소리나게 말려야하는데/가을볕 하루볕은 턱도 안 닿고/사나흘볕 땡볕에 쬐야 톡톡 톡톡톡 으깨지는 소리가 납니다/그나 그뿐인가요 치로 부쳐 풍로 부쳐 두 번 세 번 부쳐야 하고/까시락 하나 먼지 하나 없이 깨꼼하게 부쳐야 하고(「잔소리」 중에서)에서 보듯 그 시의 현장에 사는 사람들의 말 즉 이문, 오복나게, 깡깡하게, 까시락, 깨꼼하게 등 등의 어휘에서 보듯 구체적인 생활언어가 구사됨으로써 그 현장성과 생활 밀착성을 드높인다.

이러한 현장성을 바탕에 두고 김남주는 자기 자신의 삶 속에서 부딪치는 모든 문제를 솔직하게 드러내 놓고 까발리면서 동시에 그가 만나는 이른바 민중의 적들의 실체에도 어김없이 그 실체를 폭로한다. 이 모든 것은 그가 일관되게 견지하고 있는 시와 실천의 같은 얼굴들이다.

동시에 이러한 원칙의 지엄한 실천성을 따라가 보면 시의 주체에서 대상 그리고 시 자체가 하나로 통합되어 있다는 점을 알게 하는 것이다. 마치 철학의 인식론이 존재론과 밀접하게 연결되면서 동시에 가치론과도 분리할 수 없는 하나의 전체로 이어졌다는 것을 확인하는 바와 같다.

시적 주체의 존재가 삶의 현장과 실체에서 벗어날 수 없고 당연하게 그 주체의 인식은 그 실체의 현재적 인식론을 가장 실감나게 보여주는 현장언어 속에 용해되어 나타난다. 그 실체가 농민이면 농민의 언어로 그가 빵잽이면 빵잽이의 언어로 지식인이면 지식인의 언어로 적확하게 형상화된다. 또한 그 주체의 실천행위는 그 주체가 이를 수 있는 가장 근원적인 가치의 체계에 잇닿게 된다.

　조국이 외세에 의해 분단되고 민중이 계급에 의해 착취되고 억압되어 있다면 그 외세의 실체는 무엇인지 계급사회란 무엇인지 그 계급사회에서 착취당하는 자와 착취하는 자가 누구인지 명확하게 그려진다. 추호의 망설임이 없다. 거대한 폭포의 물줄기처럼 오연하게 나아간다.

　　모름지기 시인이 다소곳해야 할 것은
　　삶인 것이다
　　파란만장한 삶
　　산전수전 다 겪고
　　이제는 돌아와 마을 어귀 같은 데에
　　늙은 상수리나무로 서 있는
　　주름살과 상처투성이의 기구한 삶 앞에서
　　다소곳하게 서서 귀를 기울여야 하는 것이다
　　그것이 비록 도둑놈의 삶일지라도
　　그것이 비록 패배한 전사의 삶일지라도
　　　　　　　　　　　　　　　　– 「시인은 모름지기」 부분

　　내 시의 기반은 대지다
　　그 위를 찍어 내리는 곡괭이와 삽의 노동이고
　　노동의 열매를 지키기 위한 피투성이의 싸움이다
　　대지 노동 투쟁
　　생활의 이 기반에서 내가 발을 떼면
　　내 시는 깃털 하나 들어 올리지 못한다

보라 노동과 인간의 대지에 뿌리를 내리고
생활의 적과 싸우는 이 사람을
피와 땀과 눈물로 빚어진 이 사람의 얼굴을

- 「다시 시에 대하여」 부분

누가 허리 꺾인 네 상처에
꽃잎 대신 철가시 바늘을 꽂아 놓았느냐
판문점에서 너를 대표한 자 누구이며
도마 위에 너를 올려놓고 초 치고 장 치고 포 치고 차 치고
내 조국의 운명을 요리하는 자 누구냐
입으로는 자유와 평화를 사랑하고
뒷전에서는 원격조종의 끄나풀로 꼭두각시를 앞장세워
제 조국의 해방과 독립을 위해 싸우는 민중들을
계획적으로 학살하는 아메리카여
보아다오, 너희들과 너희들 똘마니들이 저질러 놓은 범죄를
보아다오, 음모와 착취로 뒤덮인 이 땅을
보아다오, 너희들이 팔아먹은 탄환으로 벌집 투성이가 된 내 조국의
심장을

- 「학살 2」 부분

  시인은 모름지기 삶 앞에서 다소곳하게 머리숙여야 하고 시는 대지와 노동과 투쟁에서 이탈하는 순간 그 힘을 잃는 것이라고 시로 말하는가 하면 자신이 선 조국의 실체적 모순을 이루는 것은 그 무엇이든 직절直截적으로 드러내 놓고 이를 극복하자고 말한다. 이 소리는 자신의 심장과 발

이 하나로 통일되어 있을 때만이 나올 수 있으며 그 말이 또한 설득력을 얻는 것이다.

시인은 입으로만 평화를 말하고 투쟁을 말하는 자를 믿지 않으며 믿지 말 것을 주창한다. 그들이야말로 기회주의자이며 민중의 배반자이다. 오직 그 자신이 투쟁의 복판, 삶의 복판에서 있을 때만이 그 시는 대중적 설득력과 힘을 얻어 사회를 변혁하는 물질적 힘으로 전화하는 것이다.

여기에서 우리는 염무웅이 김남주 시의 궁극적 감동의 진원을 규명하는 김진경의 글 「예언정신과 선언정신」이 지닌 한계를 사회학적 설명이라는 용어로 비판하고 있는 지점을 다시 상기할 필요를 느끼게 한다.

염무웅은 사회학적 설명이 지닌 그 의미를 부정하지는 않지만 시가 이루어지는 심층적인 문제를 제기한다. 이른바 사회학적 설명은 의식 주체가 외부의 객관적 상황을 객관적으로 인식하고 이에 따라 반사적으로 반응하는 것은 아닌지를 물으며 예술적 성취의 진정한 역동성을 물으며 난문을 돌파하고자 한다. 그는 이 문제를 김수영을 예로 들으며 그에게 문제인 소시민성을 극복하는 문제를 거론한다.

> 김남주의 초기 시에는 김수영의 낙인이 찍혀 있다. 언어와 운율에 대한 극히 세심한 배려, 이미지의 반복과 대조에 의한 점층적 효과, 반어법 대화체 등의 활용을 통한 소격효과 따위를 용의주도하게 구사할 줄 안다는 점에서 김남주는 김수영문학의 현대성을 전수받고 있으며, 자유 죽음 같은 개념들도 김수영에게서 배운 것이다. 다만 김수영이 끝내 소시민 지식인의 한계 안에서 소시민성을 넘어서려 했다면 생활인으로서의 행보가 훨씬 가벼운 김남주는 자신의 사회적 존재 자체를 전환시킴으로써 그것을 시도했다는 점이 새로운 주목의

대상이다.[22]

이어서 염무웅은 그러한 존재전환의 방법의 하나로 어머니에게 드리는 편지글 형식의 시인 「편지 1」, 「편지 2」의 시를 예로 설명한다. 김남주의 시에 등장하는 혈친의 모습에 존재하는 갈등과 모순적 감정이 이 시에서 전체 민중에 대한 사랑과 조국에 대한 숭고한 존중으로 이어지는 일종의 정서적 연대 혹은 일종의 연합의 모습을 거론한다. 이러한 연대적 결합을 통해 김남주가 이룩한 문학의 진정한 감동과 위대성을 염무웅은 후배시인들이 배워야 한다고 역설하고 있다.

그러나 이러한 문학내적 문제를 거론하며 김남주 문학이 지닌 의미를 규명하는 일도 그 문학이 사회적으로 그 독자를 얻고 그 독자들이 행동에 이르는 과정이 해명되지 않는 한 그것은 문학내적 문제로 국한될 수 있는 것도 현실일 것이다. 김남주는 그 문학의 영역을 넘어 구체적인 힘으로 사회의 변혁에 역동적 역할을 수행했다. 이 문제를 총체적으로 해명하지 않는 한 그에 대한 논의는 늘 미완성일 수밖에 없다.

이러한 문제는 김남주 시인 개인의 문제뿐만 아니라 문학 전체의 수용양상에 대한 연구가 필수적이고 이를 사회과학적 연구 속에 포괄하여 종합할 수 있을 때, 즉 구체적인 문학작품이 대중에게 어떻게 수용되고 수용된 인식은 독자에게 구체적으로 어떤 모습으로 인식되면서 마침내 행동에 이르는가에 대한 정밀한 연구가 시도되어야 하나 그런 연구는 아직 어느 누구도 시도된 바가 없다. 한동안 유행하던 수용미학이론이 이를 수

---

[22] 염무웅, 「사회인식과 시적 표현의 변증법」, 『피여 꽃이여 이름이여』, 시와사회사, 107~108쪽.

행할 수 있는 논거일 수 있는데 말 그대로 수용양상의 연구는 요즈음 보기 드물다. 이런 점에서 이 문제는 어느 개인의 영역이 아니라 장기적이고도 집단적인 과제에 속한다고 판단된다.

그런 점을 전제하고 본고에서는 한 작품이 어떻게 독자에게 수용되는가에 대한 한 사례를 제시하는 것으로 대신한다. 다음의 시를 보자.

밤 12시 나는 보았다
경찰이 전투경찰로 교체되는 것을
밤 12시 나는 보았다
전투경찰이 군인으로 교체되는 것을
밤 12시 나는 보았다
미국 민간인들이 도시를 빠져나가는 것을
밤 12시 나는 보았다
도시로 들어오는 모든 차량들이 차단되는 것을

아 얼마나 음산한 밤 12시였던가
아 얼마나 계획적인 밤 12였던가

오월 어느 날이었다
1980년 오월 어느 날이었다
광주 1980년 오월 어느 날 밤이었다.

밤 12시 나는 보았다
총검으로 무장한 일단의 군인들을

> 밤 12시 나는 보았다
> 야만족의 침략과도 같은 일단의 군인들을
> 밤 12시 나는 보았다
> 야만족의 약탈과도 같은 일군의 군인들을
> 밤 12시 나는 보았다
> 악마의 화신과도 같은 일단의 군인들을
>
> — 「학살 1」 부분

이 시는 김남주 시인이 남민전 사건으로 광주교도소에 수감 중일 때 쓴 시이다. 우윳곽에 못으로 눌러썼을 이 시는 1980년대 내내 많은 사람들에게 '광주 5월'을 일깨워 주었다. '벌집처럼 쑤셔 놓은 심장'과 '용암처럼 흐르는 강', '살해된 처녀의 피 묻은 머리카락'을 흔들면서 '영산강이 그 호흡을 멈추고', '무등산이 그 얼굴을 가'릴 만큼 수치스럽고도, 그리하여 오히려 그에 대해 저항한 민중들의 장엄한 현장을 보여주었다.

김준태 시인이 「아아 광주여! 우리나라의 십자가여!」란 시로 장쾌하게 5·18을 증언하였다면 김남주의 「학살 1」은 그 실체적 진실을 마치 비디오로 확인하는 것 같은 현장감을 더하여 광주 5·18을 전체 민중들에게 보여주었으며 이를 통해 광주는 내내 살아 있는 현장이 되었다.

여기서 생각할 것은 이 시의 진실성이다. 광주 5·18에 그런 일이 대학살극이 벌어졌다는 것은 상식이지만 당시에도 그렇고 그 이후에도 한참 동안 그 현장에 대한 시적 형상화작업은 지난한 일이었다. 물론 많은 시인들이 그 시기의 비극을 시로 형상화하고 있지만 김남주의 이 시만큼 핍진하게 학살의 현장에 데려다 준 시는 없어 보인다.

물론 그러한 직접적인 이유는 김남주 시인이 구체적인 생활의 현장에서 떨어져 있었으며 감옥이라는 극단적인 환경이 오히려 이 시의 핍진성을 배가시켜 주었다고도 말할 수 있지만 그 이유만으로는 부족하다. 또한 이 시의 영향력은 참으로 대단했는데 당시의 상황에선 지하의 형식으로 전파되면서 많은 이들에게 감동을 주었다.

> 당시 필자는 누구나 그러했듯 함께 하지 못해 부끄러웠던 '광주'에 대한 죄책감과 부채의식을 가지고 있으면서도, 한편 현실의 제도적 틀 속에 안주해 버리고 말지도 모를 지경에서 현상유지에 급급하고 있었던 형편이었다. 이즈음에 접하게 된 김남주의 문학은 하나의 신선한 충격이었다. 그는 올바른 과학적 인식을 통해 우리 사회의 변혁적 과제와 이념을 정확히 파악하였으며, 그것을 예술적으로 선취하여 누구보다도 먼저 현실을 향해 가열찬 육성으로 예리하고 강렬하게 노래하였던 것이다.[23]

김남주의 시를 본격적으로 접하게 된 사람의 고백이지만 이 고백은 많은 것을 시사하고 있다. 막연한 부채의식 속에 죄책감을 떨쳐버릴 수도 없고 그렇다고 일상적인 삶에도 정착하지 못하던 많은 사람들에게 김남주는 그 모든 부채의식을 청산하고 그 비극의 실체를 인식하며 자기가 있는 자리에서 변혁운동에 기여할 것을 명령하고 있었다고 읽힌다.
그러나 이시는 일반적인 의미에서 지식인의 범주에 드는 한 개인의 사례로 그 의미의 파장은 멈추어지지 않는다. 이 시는 1980년대 내내 변혁

---

23) 김윤태, 「지혜와 열정의 통일」, 『사상의 거처』, 창비, 1991. 해설 중에서.

운동에 종사하는 사람들에게 광주학살의 현장을 되돌아보게 하였을 뿐만 아니라, 그들에게 끊임없는 자기성찰과 변혁에의 열망을 추동하였을 것이다.

그렇다면 이러한 시적 감동을 받은 사례들을 축적하여 그 시의 위용을 평가할 수 있는 방법이 있다면 우리는 하나의 시편이 어떻게 많은 사람에게 감동을 주며 그 감동이 구체적인 변혁의 동력으로 작동하는지 살펴볼 수 있을 것이다.

그렇지만 필자가 할 수 있는 일은 그런 점을 상상이나 하는 일에 고작 머물고 있다. 그것을 정밀하게 축적하며 평가하는 길은 정녕 없는 것일까? 필자의 질문은 여기에서 길을 잃는다.

이상에서 김남주 시의 성과를 개관하면서 그에 대한 평가의 한 축은 여전히 숙제로 남겨진 점을 확인하였다. 그러나 이외에도 김남주 문학의 성과를 평가하는 데 빠져 있는 부문이 있다. 그것은 김남주의 문학과 밀접한 관련이 있는 이른바 세계적 혁명시인들과의 문제다.

김남주의 문학적 성과에서 네루다나 아라공, 브레히트 등등의 번역작업이다. 그는 그 어려운 환경에서도 세계적인 수준으로 평가되고 있는 여러 혁명시인들에 대해 쓰고 있으며 특히 그의 번역은 문외한의 입장에서 평가의 영역을 넘지만 그 시가 너무도 자연스럽게 읽히고 이해된다는 점에서 새로이 평가해야 한다고 생각한다.

여기서는 번역시집 『아침저녁으로 읽기 위하여』의 해설로 써진 염무웅의 글을 잠깐 거론하는 것으로 대신한다. 이 해설에는 김남주가 어떻게 외국어를 자기 것으로 만들었는가 하는 문제[24], 김남주 시에서 네루다와 하이네, 브레히트의 영향과 이를 극복하여 김남주의 독자적인 시세계를 이룬 점 등등을 정밀하게 추적되고 있는데 염무웅은 그의 시가 이룩한 성과를 다음과 같이 요약하고 있다.

> 그의 헌신적인 활동, 순결한 삶, 불꽃같은 언어는 여전히 힘차게 살아있다. 어떠한 타협주의 기회주의도 용납지 않았던 완강함, 조국과 민중을 향한 사무치는 애정, 그러면서도 순박하고 겸허했던 그의 인품, 무엇보다도 그의 절정에 이른 노래들은 이상적 사회를 지향하는 모든 세대의 사람들에게 영감을 일으키고 힘과 용기를 주는 꺼지지 않는 불길로 영원히 타오를 것이다. 그런 점에서 김남주의 이름은 이미 그의 시의 선배들인 하이네, 브레히트, 마야코프스키, 네루다의 반열에 올라 있다.[25]

3. 남는 문제들 몇 가지

1994년 2월 타계한 김남주 시인을 병원 냉동고에 둔 채로 필자는『실천문학』에 김남주 시인의 죽음에 대해 글을 쓴 바 있다. 왜 죽은 사람이 하필 김남주냐고 세상이 천벌을 받을 것이란 소리를 하면서 위엄 있는 참

---

24) 김남주는 "새로운 언어를 배우기 시작한 초보자는 항상 외국어를 일단 모국어로 번역하지만, 그가 새로운 언어의 정신에 동화되고 그래서 그 언어로 자신을 자유롭게 표현할 수 있게 되는 것은 새 언어를 사용하는데 모국어를 떠올림이 없이 그 언어 속에서 나름대로의 길을 찾고 새로운 언어사용에서 자신의 모국어를 망각하는 경우 뿐이다"라는 마르크스의 말을 인용하며 자신이 그것이 진실임을 확인했다고 말하고 있다.
25) 염무웅,「순결한 삶, 불꽃같은 언어」,『아침저녁으로 읽기 위하여』, 푸른숲, 1995. 304쪽.

인간이 죽었고 인간답게 살자는 소망이 사라졌다고 썼다. 또한 진정한 통일의 일꾼이 사라졌고 우리의 문학이 죽은 것이란 과격한 말도 했다.

그가 쓴 광주 5월에 대한 시편은 물론 그 광주의 비극을 제대로 극복하기 위해 그가 쓴 많은 시편들이야말로 우리 시문학의 최정상의 업적이었으므로 우리의 시문학이 죽은 것이란 표현을 했었다. 그는 우리의 의식 전체에 걸쳐 있는 반통일적이고 반민중적인 것들을 전체적으로 깨우쳐 참세상의 길로 안내하기 위해 몸부림치며 훌륭한 살아 있는 교본을 남겼다.

필자는 그 글에서 김남주 같은 시인은 당분간 고대할 수 없으리라는 말도 했는데 그 말을 수정할 생각이 20년이 지난 지금에도 별로 없다. 그가 광주 5월의 깊은 의미를 좁은 의미의 민족문학이 아니라 세계문학의 지평에 올려놓고 우리에게 자신을 극복할 새롭고도 당찬 문학을 채근하고 있다고 필자는 생각한다.

이 글에서 필자는 그의 문학적 성과를 평가한다기보다는 그에 대한 글들을 종합적으로 정돈하면서 그에 대한 평가가 문학의 내면적 구조 자체에 머물지 말고 더 나아가 사회학적인 검토가 필요하다는 말을 제기하는 일 외에 본고에서 새로이 제기한 것은 거의 없는 것은 아닌가 하는 자괴감이 없지 않다. 그러나 그의 문학이 거둔 성과에 비하면 그의 시는 지금 1980년대의 과거형 시인의 범주에 방치하고 있는 것은 아닌가 하는 안타까움이 있다. 또한 그가 이룩한 성과의 한 측면을 검토하는 데 있어서 네루다나 하이네 등등의 혁명시인들과의 성과와 비교분석도 하면서 김남주가 이룩한 세계문학사적 성과를 제대로 가늠해 보아야 한다는 생각도 있다. 그러나 그런 일은 필자의 능력을 넘는 일이어서 누군가의 노력을 간절하게 바라는 일로 본고의 결론을 대신하면서 그의 시 「혁명의 길」 한 편을 심장의 저편에 새겨 둔다.

시대의 절정에서

대지의 사상에 뿌리를 내리고

새벽을 여는 사람이 있다 어둠의 벽을 밀어

혁명하는 사람이 그 사람이다

굶주림이 낯익은 그의 형제이고

몸에 밴 북풍한설이 그의 이불이다

그리고 얼굴 없는 그림자가 그의 길동무고

(중략)

어려운 것은

지하로 흐르는 물이 되는 것이다 소리도 없이

밤으로 떠도는 별이 되는 것이다 이름도 없이

— 미발표 신작 원고(2013년)

■ **강형철** 1955년 전북 군산 출생. 숭실대 문학박사. 1985년 『민중시 2』로 등단. 시집으로 『해망동 일기』, 『야트막한 사랑』, 『도선장 불빛 아래 서 있다』 등. 평론집으로 『시인의 길 사람의 길』, 『발효의 시학』 등, 편저로 『시가 있는 환한 세상』, 『신동엽 시전집』 등이 있다. 한국문화예술진흥원 사무총장, 한국작가회의 부이사장 역임. 현재 숭의여대 미디어문예창작과 교수.

'5월 시'의 사회적 형성
– 김준태와 황지우의 시를 중심으로

이황직

1. 들어가는 말 – 광주항쟁과 문학

1980년 5월의 광주항쟁이 시사詩史에 미친 영향은 엄청나게 크다. 광주항쟁은 1980년대 시의 르네상스의 출발점이었다.[1] 1981년 들어 김진경, 곽재구, 박몽구, 이영진 등이 주축이 된 젊은 시인들이 '5월시' 동인을 결성하고 첫 작품집을 간행했다. 비슷한 시기 황지우, 김정환, 김사인, 채광석 등에 의해 '시와경제' 동인이 결성되어 주목받았다. 1980년대 이른바 '동인지 시대'를 이끈 이 젊은 시인들에게는 '항쟁 정신의 아들'이라는

---

1) 광주항쟁과 문학에 대한 대표적인 글로 다음을 볼 것. 임헌영, 「5월문학의 역사적 의의」, 『누가 그 대 큰 이름 지우랴』, 문병란·이영진 엮음, 인동, 1987. 김준태, 「5월과 문학」, 『5월과 문학』, 남풍, 1988. 고은, 「광주 5월 민중항쟁 이후의 문학」, 『광주 5월민중항쟁』, 풀빛, 1990.

영예로운 칭호가 붙기도 했다.[2] 이들은 진압군의 무차별한 학살에 충격을 받아 마침내 시의 존재 의미에 대해 고민하였고, 나아가 시의 정치적 효과를 각성하게 되었다.

　이 글은 광주항쟁을 형상화한 시 작품을 다루는데, 그런 작품들을 '5월 시'라고 부르기로 한다. 그런데 이 글의 목적은 단순히 '5월 시'에 대한 비평적 이해를 돕거나 문학사적으로 정리하려는 데에 있지 않다. 이 글은 문학과 사회의 관계에 대한 일련의 진술들 가운데 몇 가지를 '5월 시'의 분석에 적용한다. 특히 바흐친(Mikhail Bakhtin)의 '시의 사회적 형성'이라는 논제에 바탕해서 실제 작품을 분석하는데, 분석의 대상으로는 '5월 시'의 양과 질을 고려하여 가장 큰 성과를 올렸다고 평가되어온 두 시인인 김준태와 황지우를 선택했다. 둘은 여러모로 대조적인 시인이다. 리얼리즘을 견지해 온 김준태는 첫 시집『참깨를 털면서』를 '창작과비평사'(1977)를 통해 선보인 데 반해, 급진적인 형식 파괴 실험으로 주목을 받은 방법적 모더니스트 황지우는 첫 시집『새들도 세상을 뜨는구나』를 '문학과지성사'(1983)에서 냈다. 김준태가 파괴되어 가는 농촌 공동체의 정서를 그렸다면, 황지우는 도시 중산층의 물화된 의식을 비판하는 데에 강조점을 두었다.

　하지만 그들은 해방 후 남한 역사의 질곡 속에서 거의 공통된 체험의 구조를 지녔다. 우선 그들은 똑같이 한반도 남쪽 끝, 그리하여 땅끝土末이라 불리우는 전라남도 해남에서 태어났다. 똑같이 가난한 빈농 태생이었던 그들은 각각 베트남 참전(김준태)과 강제 징집(황지우)이라는, 유신 치하의 지옥 같은 삶을 경험했다는 점에서도 비슷하다. 그리고 1980년 마

---

2) 고은, 앞의 글, 233쪽.

침내 이들은 교사와 대학원생으로 각각 '광주항쟁'을 맞았다. 이때부터 이들 삶의 특징적인 모습들이 발현된다. 첫 시집 『참깨를 털면서』로 이미 민족문학계의 유망한 시인으로 인정받고 있던 김준태는 광주항쟁을 형상화한 최초의 시 「아아 광주여! 우리나라의 십자가여!」를 항쟁 직후 6월 2일자 〈전남매일신문〉에 싣고는 수사기관에 끌려갔다. 총을 잡거나 직접 시위를 주동하는 체질은 아니었지만, 대신 그는 항쟁중에 "삐라들을 모아 쌀독이나 땅에 묻어" 숨겨둘 정도로 치밀한 역사가였다.[3] 같은 시기 갓 등단한 시인인 황지우는 광주의 참상을 전해 듣고 비분하여, 5월 30일 청량리역에서 항쟁의 진실을 알리는 「땅아, 통곡하라」라는 제목의 유인물을 뿌렸다. 물론 바로 검거되었다.[4] 두 시인은 이때 동일한 고문 체험을 겪는다. 항쟁의 진상을 알리기 위한 노력의 대가는 가혹했다. 그 덕분에 '광주'를 시화하려는 노력이 그 어느 시인보다 강했는지도 모른다. 그리고 이들은 각각 1980년대를 대표하는 시인이 되었다.

이처럼 공통된 역사적 공간 속에서 두 시인의 개성적인 행적은 그 자체로 사회사의 중요한 자료가 될 만하다. 그러나 그들의 전기傳記나 행적은 이 논문에서는 부차적인 중요성만 가지고 있다. 그들의 시작詩作 과정과 그 결과물인 시가 연구 대상으로 선택될 뿐이다. 이 연구에서는 두 시인의 시가 '사회적으로 형성'되었음을 밝히려 한다. '시의 사회적 형성'이란 바흐친(Mikhail Bakhtin)이 제시한 개념으로서, 독자적인 예술품으로서의

---

3) 표광소, 「김준태 대담」(『언어세계』, 1996년 봄, 69쪽). 김준태에 관한 자료로는 표광소의 글이 충실하다. 한편 김준태는 『正史 5·18』(사회평론, 1995)을 간행하는 데에 주역을 맡았다.
4) 황지우에 관한 전기로는 임동확, 「솔섬에서 율도국, 화엄에서 진흙밭으로의 시간여행」, 『황지우 문학앨범』, 이경호·이남호 엮음, 웅진출판사, 1995를 볼 것.

시라 할지라도 그것은 사회 체계로부터 영향을 받아 형성된다는 것을 의미한다. 바흐친에게는 미학적 문제와 역사적 사회적 문제가 분리되지 않는다. 「생활 속의 담론과 시 속의 담론」이라는 논문에서 바흐친은, 사회적 환경이 외적으로 예술에 작용할 때의 관계는 어설픈 상호적 관계가 아니라, "하나의 사회적인 형성이 또 다른 사회적 형성에 영향을 미친다"는 일직선적인 관계라는 점을 강조하고 있다.[5] 이 말은 사회적인 것이 예술 작품의 형성 근거라는 점을 분명히 못박은 것이다. 그런데 바흐친의 이 논제를 섣부르게 소재 또는 내용의 차원에서 전개시킨다면 심각한 오해를 불러일으킨다. 사회적 형성이란 단지 사회가 예술의 소재를 제공한다거나 '예술은 이데올로기이다' 라는 식의 설명이 아니다. 작가라는 주체를 통해서 사회적 사실이 가공되고 변형될 때 작가 자신의 예술적 능력이나 의도나 미학과는 별도로 독자들과의 역사적 담론적 공감이 전제된다는 것이다. 곧 "예술적 사실은 작품 내부에 고정된 창조자와 수신자들 사이의 상호관계의 특수한 형식"인 셈이다. 그런 까닭에 바흐친이 주장하는 사회학적 시학은 "예술 작품의 질료 속에 고정되고 실현된 사회적 의사소통의 특수한 이 형식을 이해하는" 것을 목표로 삼게 된다.

바흐친이 든 예는 이러한 사실을 더욱 분명히 한다. 예를 들어 "저것 봐"라는 말을 들었다 치자. 이 말만 가지고는 송신자의 의도가 전해지지 않는다. 그런데 만약 러시아의 5월 어느 날 밤 창밖에 눈이 내리고 있다는 배경임을 수신자가 알고 있다면 이 말은 쉽게 이해된다. 의사소통이 가능하기 위해서는 '공통의 지평(눈이 내린다는 사건)'과 '공통의 지식

---

[5] 바흐친, 「생활 속의 담론과 시 속의 담론」, 『문학사회학과 대화이론』, 토도로프 엮음, 최현무 옮김, 까치, 1986, 162쪽.

'(때는 바야흐로 5월)'과 '공통의 가치 평가(봄까지 계속되는 눈은 지긋지긋하다)'가 전제되어야 한다.[6] 의사소통의 특수한 형식으로서 문학 작품도 공통의 역사적 지평 아래에서만 이해 가능한 것이다. 그러므로 작품의 형성에는 사회 구조나 정치경제적 상황이 외부에서 뿐만 아니라 내적인 구조적 요소들(문학에서 형식적 요소)까지 규제하며, 이러한 형식의 각각의 '독특한' 국면들은 그 요소들과 작가와의 '대화'의 결과인 셈이다. 특수한 미학적 의사소통의 한 형식으로서 '시' 역시 위의 논의와 같은 맥락에서 파악될 수 있다. 실제로, 이 논문에서 다루는 두 시인 모두 이 문제를 자신의 출발점으로 삼고 있다. 이 점은 황지우의 미학에세이『사람과 사람 사이의 신호』, 그리고 김준태의 강연록『5월과 문학』이라는 시론에서 각각 다루어지고 있다. 황지우가 시의 특수한 의사소통 기능을 보편적 맥락에서 강조한 반면에,[7] 김준태는 구체적인 역사 지평 속에서는 같은 소재라도 달리 이해될 수 있다는 논의를 편다.[8]

이런 전제를 통해서 이 논문은 문학과 사회에 관한 일련의 해결되지 않는 논쟁의 한 가닥을 푸는 방법을 제시하면서 시작한다. 이어서 이 논문은 시작詩作에 영향을 미치는 구체적인 사회적 힘의 정체를 추적한다. 동시에 내부 요소인 시인의 세계관이 외부 요소인 사회적 힘과 대결하는 양상과 그 긴장 상태에서 탄생하는 '문학의 공간'이 가지는 자율성과 역사성이라는 상반된 두 성격을 논증할 것이다. 결과적으로 문학 이론 분야에서 이 논문의 위치는 '문학의 자율성'이나 '문학의 공간'과 같은 몰역사

---

6) 바흐친, 윗글, 186쪽.
7) 황지우,『사람과 사람 사이의 신호』, 한마당, 1986에 실린 같은 제목의 시론.
8) 김준태,『오월과 문학』, 남풍, 1988에 실린 같은 제목의 시론.

적·비변증법적 개념을 역사적·변증법적 개념으로 재구성하는 선 위에 있다. 한편 최근 '주체의 종언'을 논하는 후기구조주의 문예 이론에 대항하여, 이 논문은 시인의 주체적 구성 능력이야말로 시에서 가장 중요한 요소라는 점을 옹호할 것이다.

2. 김준태와 황지우의 문학적 대응

1) 문학의 공간에 관한 논의

굳이 시의 공간을 정의한다면, 위르겐 테오발디(Jurgen Theobaldy)를 따라 "상상과 성찰의 공간"이라 할 수 있다.[9] 어느 유파의 연구자라도 시의 공간을 현실 그대로의 공간과 동일시하지는 않으며, 더구나 "상상과 성찰"이 현실 공간을 시의 공간으로 변환시키는 힘이라는 데에는 반대하지 않는다. 절대적 시공간이 부재하는 까닭에 시의 공간은 시인과 독자가 교감하는 찰나의 순간에 열렸다가 닫히게 된다. "작품을 쓰는 자와 읽는 자 사이의 열린 내밀성이 될 때, 말하는 능력과 듣는 능력의 논쟁으로 격렬하게 펼쳐지는" 순간으로 문학의 공간을 정의하는 블랑쇼(Maurice Blanchot)의 경우에서 관념론 시학의 수사를 만나게 된다.[10] 그런데 관념론 시학을 대표하는 연구자들은 이와 같은 미려한 수사 뒤에 도사린 현

---

9) 위르겐 테오발디, 「비의적 서정시의 종언」, 『시의 이해』, 정현종 외 엮음, 민음사, 1983. 407쪽.
10) 모리스 블랑쇼, 『문학의 공간』. 박혜영 옮김, 책세상, 1990. 41쪽.

대 유럽 시인의 공통적인 '존재론적 불안'이 역사적으로 규정받고 있다는 사실을 감추고 있다. 현대 유럽 시인들이 모두 자신의 독특한 시적 공간에 의지하고 있는 것은 사실이다. 하지만 그 공간을 역사적으로 볼 경우, 산업화 이래로 급속히 외부의 제약에 잠식되는 개인의 자율성을 지키는 마지막 보루로서의 '자발적 유폐'를 그 시인들이 선택할 수밖에 없었다는 사실에 대해서는 블랑쇼나 리샤르(Jean-Pierre Richard) 모두 침묵하고 있다. 말라르메의 경우는 "신이 부재한 시대"의 죽음과 절망이라는 절대적 공간을, 릴케(R. M. Rilke)의 경우는 사물화된 세계를 열기 위한 죽음의 인식을 노래하는 "오르페우스적 공간"으로 향하고 있다고 블랑쇼는 말하고 있다.[11] 이들 연구자들이 시인을 선택한 기준을 의심할 수도 있지만, 무엇보다도 신이나 죽음(소멸)과 같은 관념적인 주제로만 릴케와 횔덜린(F. Hölderlin)을 다뤘다는 점이 의심스럽다. 예를 들어 우리는 횔덜린의 시에서 가장 중요한 주제인 자유의 문제가 프랑스 대혁명의 체험으로부터 형성되었으며, 조국적 회귀의 주제는 당시 시민사회의 모순을 극복하려는 시도에서 형성되었다는 사실을 제시할 수 있다.[12]

지금까지 관념론에서 활발하게 문학의 공간을 다루어온 것과는 달리 사회학적 연구에서는 거의 이를 다루지 않았다. 사실 다루지 않은 것은 아니다. 사회학적 연구에서만큼 역사적 사회적 공간의 중요성을 강조한 적은 없다. 그러나 지나치게 시 작품을 그 역사적 배경의 하나로 처리했기에, 역사적인 공간이 시의 공간과 맺는 관계의 형식에 무관심했을 뿐이

---

[11] 블랑쇼, 윗글, 43~44쪽, 193쪽.
[12] 장영태, 『횔덜린』, 문학과지성사, 1987. 게오르그 루카치, 『리얼리즘 문학의 실제 비평』, 반성완 옮김, 까치, 1985. 로렌스 라이언, 「횔덜린과 프랑스혁명」, 『프랑스혁명과 독일문학』, 안삼환 임정택 엮음, 열음사, 1990 등을 볼 것.

다. 전통적인 방식의 문학사 연구자들은 한국 현대 문학 형성 과정에서 사회적 공간을 중요한 주제로 삼고 있다. 하지만 그 역시 사회사적 연표를 추수하는 것에 불과했다. 독자적 방법론이 없는 시의 공간에 관한 연구는 결국 시인이 창작 과정에 개입되는 실제 문학 공간이 무엇인지에 무지할 수밖에 없다.

이 논문에서는 추상적 공간에서 구체적 공간으로 시의 공간을 역사화시킨다. 역사화된 시의 공간론은 우선 시작의 최초 배경에 존재론적 갈등 대신 구체적인 사회적 갈등을 위치시킨다. 이것이 첫 번째 공간인 '역사-사회적 공간'이다. 하지만 이 공간과 별도로 시인은 자신만의 목소리와 세계관으로 구축해 온 '내면적 공간'을 가지고 있다. 이것이 두 번째 공간이다. 하지만 이 두 번째 공간은 논리적으로만 존재할 뿐이다. '역사-사회적 공간'의 현실적 압력이 강하게 되면서 시인의 공간은 침식당하기 때문이다. 하지만 테오발디의 말대로, "상상과 성찰"을 통해 시인은 이 공간을 변형하여 제3의 공간을 만든다. 우리가 시의 텍스트에서 육안으로 확인할 수 있는 유일한 공간이 바로 제3의 공간이다. 시의 사회학은 논리적으로만 존재하는 제2의 공간을 복원하여, 바로 이 두 번째 공간이 텍스트 구조와 사회 구조를 '매개'하는 계기임을 밝힌다.

이처럼 복잡한 매개를 통하여 형성되기 때문에 시는 당대의 금기를 넘어설 수 있는 것으로 여겨져 왔다. 비록 시 역시 문화적 총체 내에서는 의례적 기능을 수행하는 예술이고, 그래서 시 텍스트의 뒷면에는 사회적 압력의 어두운 그림자가 남는 것이 사실이다. 예술로서의 시가 경험 세계의 압력을 초극하기 위해서는 반드시 형식의 힘이 필요한 것도 그 때문이다. 경험 세계의 진행 과정에서 스스로를 구분시키는 예술의 가상적인 면모를 아도르노는 '미적 가상'이라고 부른다.[13] 시인은 사회적 가상인 지배와 폭력에 맞서 미적 가상을 통해 대항할 수 있다. 이 과정에서 시는 공식 언어가 뚫지 못하는 검열의 장벽을 넘어서서 제3의 공간인 시 텍스트를 만들어 내는 것이다. 이처럼, 시의 공간은 사회적으로 규정된다. 현대 사회에서 공식 언어와 타협하지 않는 시의 존재야말로 시학의 가능성을 열어 두기 때문에, 시의 사회학이 탐구하는 가장 중요한 대상이 된다.

2) 항쟁 이전 두 시인의 문학적 공간

항쟁 이전의 두 시인의 작품은 완연히 구분된다. 이미 1970년에 김지하와 함께 문단에 등장한 김준태는, 신동엽이 개척한 역사의 대지 위에 신경림에 의해 열매 맺은 농촌시에 새로운 활력을 불어넣어 줄 것으로 기대를 모았다. 월남전 참전의 후유증으로 고통을 겪으면서도 김준태는 기대를 저버리지 않고 첫 시집 『참깨를 털면서』(1977)를 통해 민족문학계의 대표적 시인으로 자리 잡았다. 도시화에 따른 농촌의 피폐상을 고발하는 차원을 뛰어넘어, 농촌의 정서로부터 세계를 구원해 줄 생명 존중 사상을 발견하는 데 성공한 것이다.

김준태의 초기 시를 시의 공간이라는 차원에서 분석해 보자. 김준태의 제1의 공간(역사–사회적 공간)은 박정희 정권에 의해 주도된 산업화의 공간이다. 김준태의 제2의 공간, 즉 시인의 주관적 인식의 공간은 '할머니와 함께 참깨를 털던' 농촌 소년의 공간이다. 제1의 공간의 압력이 제2의 공

---

13) 테오도르 아도르노, 『미학 이론』, 홍승용 옮김, 문학과지성, 1984. 62쪽, 165쪽.

간을 침식시켰지만, 시인의 주체적 노력은 새로운 제3의 공간을 창조했다. 문학론으로는 '전형'의 창조로서, 그 실상은 저곡가 정책에 의해 도태된 농민들이 그 압출력에 의해 도시로 도시로 짐을 꾸려 산업화의 노예가 되고 있던 것에 대한 문학의 대응이었다. 하지만 공식 담론에서 이 제1의 공간에 대해 발설하는 것은 금지되고 있었다. 하지만 그 공간은 시인의 역사적 상상력으로 재창조된다. 시의 공간으로서의 이 시기 제1의 공간은 70년대 중반에 이르면 '산문화' 되어 버리고 만다. 1970년대 중반 김준태 시의 공간은 바로 전태일의 분신에 의해 촉발된 노동자 계급 형성의 초기 단계, 그리고 베트남 파병의 후유증으로 가시화된 반미 자주화 운동의 움직임 속에 있다. 첫 시집 『참깨를 털면서』의 앞부분, 즉 1970년대 초에 쓰인 시편은 피폐해 가는 농촌의 사정과 그 와중에도 변하지 않는, "할머니"로 대표되는 농촌의 생명 존중 사상을 그리고 있다. "아가, 모가지까지 털어져선 안되느니라"고 할머니는 소년을 다독거린다. 하지만 월남에서 돌아온 예비군 김준태는 이제 더 넓은 시각에서 사회를 바라보기 시작한다. 그 대표적 변화가 후기작에서 보이는 '통일'에 대한 갈망이다.

> 불이 꺼진 임진강의 저쪽과 이쪽의 저녁
> 비는 또 호주머니에 먼저 내린다
> 채권자도 채무자도 아닌 우리의 국토에
>
> — 「유복녀야」 부분

이에 반해 김준태보다 네 살 연하인 황지우는 대학 입학 후 비로소 김준태가 부딪혔던 사회 모순에 눈을 뜨기 시작했다. '운동권' 학생으로 1973년 비상조치 반대 시위의 주동자로 붙잡혀 강제로 군 입대했던 황지우는 1980년 비로소 중앙일보 신춘문예에 시 「연혁沿革」이 입선되며 등단한다. 그리고 광주항쟁의 기운이 서서히 감지되던 그해 5월, 계간 『문학과지성』 폐간호에 「대답 없는 날들을 위하여 1」 등 2편의 시를 발표한다. 이때는 박정희의 죽음과 그에 따른 정치 공간의 급작스런 팽창으로 누구나 다가올 세계에 대한 희망으로 열병을 앓았던 '서울의 봄'이었다. 그런데 19년 만에 민주주의가 회복되리라고 믿었던 그 시기에 왜 유독 황지우는 비극적 목소리의 시를 썼는가에 평자들은 대부분 주목하지 않았다. 비록 몇 편에 불과하지만, 황지우의 초기 시는 현실 세계를 부정하고 있었다. 현실은 전혀 나아지지 않을 전면적 죄악의 상태였던 것이다. 그렇다면 그가 1980년 5월말 청량리역에서 5월 광주의 참상을 알리는 유인물을 돌린 행위는 거의 자포자기적인 것이다.

이처럼 두 시인의 창작법과 세계관은 처음부터 상극이었다. 리얼리스트로서 김준태에게는 현실 사회와 그것의 형상화 사이의 거리가 멀지 않았다. 김준태는 농민의 전형을 창조하여 그 참상의 현실적 기원을 탐색하였다. 그러나 황지우의 경우는 가족사와 자신의 생애의 비극에 깊이 침윤되어 묵시록적 세계관에 가까이 가 있었다. 그리고 그것은 부정적 낭만주의를 숨기고 있었다.

3) 항쟁 직후 암흑기의 두 시인의 문학적 대응

1980년 5월의 광주항쟁의 실상은 신문과 방송 등 공식 언어에 의해 왜곡되고 통제되었다. 침묵을 깨뜨릴 수 있는 유일한 방법은 비공식 언어뿐이었다. 우연의 일치일까? 황지우와 김준태가 바로 침묵을 깨뜨리는 두

비공식 언어 장치인 '유인물'과 '시'를 시도한 최초의 주인공이었다. 1980년 5월 30일 오후 2시에 황지우는 청량리역 앞에서 홀로 「땅아 통곡하라」는 제명의 유인물을 돌리다가 구속된다.[14] 그리고 사흘 후 6월 2일 광주항쟁을 노래한 최초의 문학 작품인 김준태의 시 「아아 광주여! 우리나라의 십자가여!」가 〈전남매일신문〉에 실린다. 비록 검열에 의해 삭제된 형태로 발표되었지만 의로운 동료 시민의 죽음과 패배의 상처에 주눅들었던 시민들에게 그 반향은 상당했다고 한다.[15]

> 아아, 광주여 광주여
> 이 나라의 십자가를 짊어지고
> 무등산을 넘어
> 골고다 언덕을 넘어가는

감정을 억제하지 못해 감탄사를 남발하는 것이 학살을 고발하는 초기 '5월 시'들의 공통적인 약점으로 지목된다. 그러나 항쟁 직후에 발표된 최초의 작품임을 고려할 때 김준태의 처절한 낭만적 기원(romantic invocation)인 "아아 광주여"가 전혀 어색하지 않다. 오히려 그러한 수사는 광주의 고통을 지켜본 독자(광주 시민)에게 강렬한 호소력을 부여한다. 그런데 이 시의 더욱 큰 미덕은 광주의 참상이 승화되어 예수의 죽음/부활의 이미지와 합쳐지는 데에 있다. 광주와 무등산은 더 이상 패배의 장소가

---

14) 임동확, 윗글, 46쪽.
15) 김준태는 항쟁 당시에 이 시를 썼다고 말한다. 김준태, 「5월과 문학」, 『5월과 문학』, 160쪽. 시를 쓰게 된 자세한 배경은 김준태, 「조그마한 고통의 이야기」, 『시인은 독수리처럼』, 한마당, 1986, 11~15쪽.

아니라 이 땅의 정의가 다시 살아올 성스러운 부활이 약속된 공간으로 변모되는 것이다. 그리고 김준태는 수사기관에 끌려가 "가벼운 대우"(?)를 받고 다니던 학교에서 해직당하고 만다. 김준태 문학의 전환점이 된 제2시집 『나는 하느님을 보았다』는 바로 이러한 역사—사회적 공간에서 탄생된 시편들이다. 1980년대 초 무자비한 정치적 탄압 속에서 김준태는 비로소 '인간'과 '생명'에 대한 소중함을 절실히 깨닫는다. 자신의 초기 작품 속에서는 어느 정도 추상화된 가치였던 농촌 공동체와 자연이 이제 모진 탄압을 겪으며 '인간'과 '생명'으로 구체적인 귀결을 맺게 된다. 이 제2의 공간은 자신이 전에는 "어둑어둑한 뒷그림자, 고함소리가 뒤죽박죽"[16] 되었다고 비판하던 '도시' 광주에서 뜻밖에 체험한 시민들의 공동체적 희생정신에 대한 감동의 결과인 셈이다. 농촌과 도시라는 이분법을 뛰어넘어 폭력에 대한 반명제로서 인간성의 실존을 확인한 것은 그의 시의 발전에 중요한 계기를 이루었다. 그리고 그 반성의 결과로 제3의 공간이 탄생한다.

시집 『나는 하느님을 보았다』는 크게 두 부류의 시로 구분된다. 1980년에 쓴 시의 경우에는 「나는 하느님을 보았다」에서 보여주는 비극적 현실 부정이 우세하고, 「기분 좋은 시」를 비롯한 1981년부터의 시에서는 라블레식 육담이 주류를 이루는 비틀어진 긍정이 우세하다. 비극적 현실 부정은 사회로부터의 압력이 개인의 주관성을 압도할 때 시인이 선택할 수 있는 거의 유일한 대응 방식이다. 만약 서구적 종교의 영향을 받았더라면 그는 '절대적 예언시'를 썼을 것이다. 하지만 천부적으로 시골 소년인 김준태의 경우에 예언적 경향은 「아아 광주여! 우리나라의 십자가여!」 한

---

16) 김준태, 「오늘의 삶과 시의 필요성」, 『시인은 독수리처럼』, 108쪽.

편으로 그치고, 대신 원초적 자연에 바탕을 둔 소박한 영원 회귀의 세계로 빠져든다. 1970년대에 쓰인 자연시와 1980년에 쓰인 자연시의 차이점은 바로 현실인식의 낙관성과 부정성의 차이이다. 1980년의 자연시에서는, 더 이상 현실이 과거로 회귀할 수 없다는 인식의 성장을 통해, 현재의 사회 현실을 상대화시키는 부정의 전략을 채택한다. 생명의 소중함과 자연의 영원 회귀는 그 전제이다.

"역전 광장/아스팔트 위에/밟히며 뒹구는/파아란 콩알 하나"로 시작되는 시 「콩알 하나」는 수백 명을 학살하고도 반성의 빛이 없는 정권에 대한 암묵적 비난을 담고 있다. 이 시를 역사적 상황을 고려하지 않고 읽는다면 그저 잘 된 '생명시'에 지나지 않는다. 하지만 그러한 독법으로는 이 시의 행간에 숨은 '군화에 짓밟힌 생명'과 '그것에 대한 추모'를 전혀 읽어 낼 수 없다. 검열을 통과하기 위한 초보적 수준의 '위장僞裝'은 의외로 항쟁을 체험했거나 소문을 통해 주워듣고 슬퍼하고 있는 동류의 사람들에게 강력한 힘을 발휘하는 마력이 있다. 전두환 정권에 반대하는 사람이나 광주 시민이 아니라면 평범한 '서정시'로 착각할 수 있는 아래의 시편들 역시 동일한 역사적 배경을 그리고 있다.

> 그대가 그리웠다
> 불속으로 가버린 여자
>
> —「달이 뜨면 그대가 그리웠다」 부분

> 달나라에는 죽은 사람들이 살고 있습니다
> 그래서 달은 밝습니다
>
> —「달」 전문

광주 시민에게는 즉각적으로 이해되는 시들이다. 같은 역사적 경험을 공유한 그들에게 "불속으로 가버린 여자"는 마치 저 골(Gaule) 족속의 쟌다르크처럼 계엄군 앞으로 홀로 걸어간 한 여인이었고,[17] "가슴을 적시는 거리"는 금남로이다. 바흐친의 표현대로, "공통의 역사적 지평이 전제될 때 의사소통이 가능"함을 김준태의 시들은 잘 보여주고 있다. 이렇게 시민들을 향해 겸손해진 주체는 그에게 일종의 '신성 체험'을 가져다주었다. "1980년 7월 31일 오후 5시"에 그는 "정말 하느님을 보았다."

시 「나는 하느님을 보았다」는 망아 체험을 통해 신적인 것과의 합일을 노래한다. 자신이 항쟁 직후에 쓴 「아아 광주여! 우리나라의 십자가여!」와 상통하는 맥락으로, 결코 기독교인이 아닌 그가 절망을 초극하기 위해 얼마만큼이나 노력했는가를 그리고 그의 절망의 깊이가 얼마나 도저한가를 느끼게 해준다. 그런데도 이 시의 하느님은 기존의 하느님의 형상을 의심케 할 정도로 '낯설고' 파격적이다. 절대적 부정의 세계에서 하느님마저 예외가 될 수는 없다. 대체로 간증시나 찬송시는 추상적인 내용을 기도라는 고전적 형식을 통해 전달하지만, 이것을 김준태는 여지없이 부수어 버린다. "이 세상의 똥구멍까지 입맞추리라", "세상 사람들 누구나를 보듬고/첫날밤처럼 씩씩거려 주고 싶어졌다" 같은 구절을 삽입시킴으로써 김준태는 종교시의 데코룸(decorum)을 파괴시켰다.

하느님을 본 신성 체험마저도 물질화시키는 김준태의 라블레식 육담은 그가 패배의 기억과 고문의 상처에서 어느 정도 벗어나고 있다는 긍정적 표식이다. 스스로도 이 시집의 발문에서 "나는 언제고 간에 사람들을 즐

---

17) 김준태, 「1980년 5월 광주, 그리고 교훈」, 『5월과 문학』, 64~66쪽.

겁게 해주고, 사람들의 배꼽을 간질간질해 줄 것이다"고 말하듯, 농촌의 원초적 샤머니즘과 연결된 이 시기의 시들은 그가 민중적 웃음의 전통에 내재한 현실 극복의 열망을 이해했음을 보여준다.

바깥 나들이도 못하는 너의 늙어 빠진 아버지에게
큼직한 요강이나 사다 주어라

– 「샛골 이별가」 부분

평론가 김치수는 김준태의 고향시의 기법들에서 드러나는 긍정의 시학, 즉 똥이니 밭이니 하는 이미지들과 민요적 리듬이 "우리 자신의 의식의 자동화自動化 때문에 부재화되고 있는 것들을", "새로운 감각으로", "지각하게" 하려는 것임을 간파한 바 있다. 다분히 러시아 형식주의를 수용한 김치수의 해설 역시도 당시 시대 상황에 대한 암시로 읽힐 정도이다.[18]

김준태가 폭발적인 힘으로 '5월 시'를 토해내고 있을 때, 황지우는 내면으로 깊이 침잠했다. 고문의 체험은 이미 등단 전후부터의 비극적 세계관을 더욱 고정시켰다. 하지만 그 고독의 시간에 그는 끊임없이 자신을 감시하는 사법 기관과 권력에 부화뇌동하는 언론과 같은 공식 언어에 대한 반란을 모색한다. 김준태의 경우와 마찬가지로, 황지우 역시 항쟁 직후의 내면적 탐색의 시기와 그것을 극복한 이후 지배 집단에 맞서는 두 개의 시기로 나눌 수 있다. 첫 시집 『새들도 세상을 뜨는구나』에는 아직

---

18) 김치수, 「고향의 의미」, 『나는 하느님을 보았다』, 김준태 시집, 한마당, 1981. 148쪽.

갈등하는 두 전략이 작품을 양분하고 있다.

여전히 계속되는 그의 묵시 체험은 그가 여전히 탐색중임을 보여주는 좋은 예이다. 시「만수산 드렁칡 2」에서처럼 "그대의 환청 속에/수천의 조종弔鐘을 울리는/저 만수산 어서 가라"고 울먹이는, 이 부류의 작품에서는 등단 전후의 비극적 인식에서 한 발자국도 나아가지 못한 시인을 느끼게 한다. 그런데 이런 자포자기의 나날의 한가운데 쓴 시「심인」은「새들도 세상을 뜨는구나」의 두 가지 상반된 스타일의 시들을 연관 짓는 고리 역할을 하는 중요한 텍스트이다.

> 김종수 80년 5월 이후 가출
> 소식 두절 11월 3일 입대 영장 나왔음
> 귀가 요 아는 분 연락 바람 누나
> 829-1551
>
> —「심인」 부분

바흐친은 "배설의 시리즈는 계급 체계를 파괴하고, 세계상과 인간상을 물질화하는 가장 이례적인 사물, 현상, 개념의 모형을 창조해 낸다"고 말한 바 있다.[19] 화장실에서의 신문 읽기를 묘사한 이 시에서도 배설은 같은 기능을 수행한다. 하지만 황지우 시집 전체로 보았을 때, 신문의 구석진 곳에 자리잡은 이른바 '심인 광고'를 시의 일부로 그대로 옮겨 실었다

---

19) 바흐친, 『장편소설과 민중언어』, 전승희 옮김, 창작과비평사, 1988. 386쪽. 참고로, 1982년에서 1983년 사이에서 쓴 것으로 추정되는 김준태의 시「목숨」은 황지우의「심인」과 소재와 구성에서 유사성을 보인다.

는 점에 더 관심이 집중되어야 한다. 1급 카피라이터의 글도, 풋내기 기자의 글도 아닌, 누구도 시의 소재라고 생각하지 않을 뿐더러 언어의 계층제에서 최하층을 차지하는 신문 구석 '사람 찾는 광고'를 시로 만듦으로써, 시적인 것과 비非시적인 것의 구분이 일거에 사라진다. 고급 언어로서의 시의 위상의 몰락은 동시에 계급 구조의 최상층에 위치한 자들에 대한 상징적 저항, 아니 물질적 힘을 가진 저항이다. 앞서 바흐친의 언급 속에서 '배설의 시리즈'의 기능이 '심인 광고'라는 최하 계층 언어와 만나는 순간 이 시는 현실에 대한 강력한 저항을 수행한다.

여기서부터 한국 현대시사 전체를 전복하려는 황지우의 엄청난 형식 실험이 시작된다. 물론 그것은 5월항쟁에 대한 진실을 알리려는 그의 의도에 의한 것이다. 프랑크푸르트 학파의 미학을 소화해낸 비판미학자답게 "나는 말할 수 없으므로 양식을 파괴한다. 아니 파괴를 양식화한다"고 주장한다.[20] 그의 형식 해체는 독자들의 자동화된 인식을 상대로 '낯설게 하기'를, 그리고 지배 계층과 검열 기관에 대해서는 게릴라전을 지향하고 있다.「묵념 5분 27초」에서 보이는 구체시具體詩(concrete poetry) 쓰기, 저급과 고급 어투를 동시에 사용해서 데코룸(decorum)을 파괴시키기, 이른바 독자나 평론가들이 갖기 쉬운 지향적·의도적 오류(intentional fallacy)를 역이용하기, 형용어구(epithet)를 통해 현실을 패러디(parody)하기 등, 시집 『새들도 세상을 뜨는구나』는 시 형식의 버라이어티쇼로 손색없다.[21] 그중에 한 예를 살펴보자.

---

20) 황지우,「사람과 사람 사이의 신호」,『사람과 사람 사이의 신호』, 한마당, 1986. 23쪽.

> 복덕방과
>
> 의사당이 특히 한산했다
>
> (중략)
>
> 잎이 지는 4월에서
>
> 눈 내리는 7월까지
>
> 시중에는 아무런 사건도 일어나지
>
> 않았다
>
> — 「몬테비데오 1980년 겨울」 부분

이 시는 몬테비데오의 겨울이 곧 한국의 여름에 해당한다는 것쯤은 독자가 알고 있어야 한다고 강요한다. 즉 세계 전도를 펴놓도록 독자를 강제한다. 남위南緯 37도 근처에 있는 우루과이 몬테비데오의 겨울은 북위北緯 37도 근처의 서울의 여름에 해당한다. 4월에서 7월까지 눈 내리는 겨울에 벌어지는 일들이 풍자되어 있다. 행간의 의미를 생각하며 '산문'으로 굳이 번역해내려는 독자들의 머릿속을 비웃는 새디스트로서 시인은 즐기고 있다. 이처럼 황지우의 풍자는, 웃음이 직접적으로 터져 나오도록 하는 김지하의 판소리 풍자와는 달리, 서구의 비의적 서정시의 장중한 리듬을 역이용하고 서구적 소재를 채용하여 독자를 감쪽같이 속이면서 독자의 관념에서 완성된다.

그런데 확연히 드러나는 형식적 장치가 주는 충격 효과가 삶을 구속하

---

21) 그래서 이 시들을 연극화한 주인석은 연극의 제목으로 '버라이어티쇼'라고 정하려 했다. 물론 그 의미는 몽타주 기법을 활용한 황지우의 시에 대한 미학적 표현이었다. 주인석, 「시 작품과 무대 공연」, 『문학과사회』, 1988년 가을. 131쪽.

는 총체를 얼마나 드러낼 수 있는지에 대해서는 여전히 의문스럽다. '물화에 대한 미메시스'로서의 이러한 충격 효과는 곧 소재주의로 곤두박질칠 우려가 있기 때문이다.[22] 실제로 다음 시기(유화 국면)에 황지우의 시작의 정체는 이러한 형식주의 시학의 한계, 곧 형식의 힘을 빌어 사회적 구속으로부터 시적 진실을 보호하려는 시도를 거부하는 형식주의의 역설에 기인한다. 물론 황지우는 시 장치를 드러내지 않고도 의도를 전달할 수 있는 방식을 알고 있기는 했다. 그것은 알레고리이다. 시집 『새들도 세상을 뜨는구나』의 대부분의 작품에서 현실은 알레고리로 위장되어 있다. 그러나 이 경우 예술운동 진영의 비판은 감수해야 한다. 알레고리를 풀어 나가면서 독자들은 공식 언어에서 금지된 현실의 참혹함의 실상을 느낄 수 있을지는 몰라도 그것은 분열된 의식 속에서일 뿐이다.[23] 그 결과 황지우의 비극적 내면의 세계와 장난기까지 보이는 시적 장치들 사이의 괴리는 점점 깊어만 갔다.

위에서 살펴본 것처럼, 항쟁 직후 김준태와 황지우의 시적 대응은 다음 몇 가지 요소에서 공통점을 가지고 있다. 첫째, 이 시기의 시들은 모두 약간의 자아분열을 드러내고 있다. 둘째, 어떤 식으로든 항쟁의 진실을 알리려고 하였는데, 그러한 의도가 시 창작 기법에 드러나 있다. 셋째, 기법들의 분석을 통해서 두 시인 모두 군사정권 아래에서도 평온할 수 있는 계층들을 '희화화' 시키는 전략, 즉 라블레식 사육제 언어인 민중 언어 또는 저

---

22) 아도르노, 윗글, 356~357쪽. 아방가디즘 예술에 대한 아도르노의 비판의 핵심이 여기에 있다. 충격 효과에 대한 아도르노의 비판과 발터 벤야민의 낙관이 분리되는 것도 이 지점이다. 아도르노의 미학적 반(反)아방가디즘에 대한 비판은 Peter Burger, 『Adorno's Anti-Avant-Gardism』, Telos, 87, 1991. 58~59쪽.
23) 채광석, 『민족문학의 현단계』, 한마당, 1987.

급 언어로 고급 공식 언어를 희화화시키는 전략에 관심을 기울였다.

4) '유화 국면'의 두 시인의 문학적 대응

1983년 12월 23일 정부는 학원에서 경찰 철수, 제적 대학생의 복교 및 교직원 복직 등의 "학원자율화 조치"를 포함하는 유화 조치를 발표했다. 이때부터 1986년 5월 3일 인천 노동자 대투쟁까지의 시기를 흔히 '유화 국면'이라고 부른다.[24] 이 기간 동안 총학생회를 복구한 학생운동권은 이념과 조직 양면에서 건국 이래 최고의 성과를 거두었고, 1984년의 함평·무안 농민 대회, 1985년 2·12 총선에서의 신당 돌풍, 직후 '민통령'으로의 재야 결집 등을 통해, 민중운동 세력의 주관적 역량 역시 엄청나게 성장했다. 조금이나마 숨통이 트이자, 두 시인의 시 세계도 조금씩 변화하기 시작한다. 특히 김준태는 이 시기에 시「금남로 사랑」,「국밥과 희망」등 최고의 절창을 쏟아내며 절정기를 맞는다. 황지우 역시 두 권의 시집을 내긴 하지만, 첫 시집의 성가를 넘어서지는 못했다. 우리는 두 시인의 창작법의 차이에서 그 연유를 탐지해 볼 수 있다. 먼저 김준태의 경우를 보자.

김준태는 1984년에 세 번째 시집 『국밥과 희망』을, 1986년에 네 번째 시집 『불이냐 꽃이냐』를 연이어 내놓는다. 이 시기에 김준태는 광주항쟁으로부터 받은 상처로부터 거의 회복된다. 그 상처의 회복은 김준태 특유의 생명주의로부터 가능했다. 앞서 『참깨를 털면서』의 소박한 농촌시들

---

[24] 이 시기 학생 운동의 전개에 관해서는 『학생운동 논쟁사』, 편집부 엮음, 일송정, 1990를 볼 것.

이 항쟁을 겪으면서 한결 삶의 총체에 근접한 결과 『국밥과 희망』의 시편들은 자연스럽게 대화의 형식을 띠게 된다. 그 친숙함은 체념의 결과가 아니라 '화해'의 결과이다. 그 '화해'는 형이상학적인 언어가 아니라 고통 받는 민중의 언어로 얻어진 것이기에 더욱 값지다. 「금남로 사랑」은 민중적 화해가 무엇인지 잘 보여준다.

> 금남로의 사람들은 모두 보리피리를 불고 있었다
> 어린애와 나란히 출렁이는 금남로
> 어머니와 나란히 밭으로 가는 금남로
> 아버지와 나란히 쟁기질하는 금남로
> 할머니와 나란히 손자들을 등에 업는 금남로
> 할아버지와 나란히 밤나무를 심는 금남로
> 누이와 나란히 감꽃을 줍는 금남로
> 금남로는 민들레와 나비 떼들의 고향이었다
> 그리움의 억세디억센 끈질김이었다
> 그래, 좋다! 금남로는 멀리
> 청산으로 가는 길이었다 그래, 좋다!
> 금남로는 가까이 마을로 찾아가는 길
> 금남로는 어머니의 젖가슴이었다
>
> ─ 「금남로 사랑」 부분

여기서 "민들레와 나비 떼"는 두 집단을 대표한다. 민들레가 고난 받는 민중의 대유라는 것은 잘 알려져 있다. 마찬가지로 나비는 예술가와 자유로운 인간을 대유한다. '금남로'는 그 이질적인 집단들이 "나란히" 어깨를 마주하고 걸을 수 있는, 화해와 사랑의 공간이다. 이념도 지식도 인간이 한 뿌리임을 되새기게 해주지는 못한다는 것을 알고 있는 시인은 금남로의 체험을 통해 비로소 "내가 사람이라는 사실을/처음으로 처음으로" 깨달았다고 고백한다. "흙"에서 "보리피리"로, "출렁이는" "밭"으로, "쟁기질"로 시인의 상상력은 거침없이 공동체를 술렁이게 하는 하나의 뿌리 "어머니"로 금남로를 이끌어 간다. 예이츠(W. B. Yeats)의 「비잔티움으로의 항해(Sailing to Byzantium)」에 비견될 주제를 담고 있는 이 짧은 시는 김준태의 치우치지 않는 정직함과 소박한 정서가 사랑으로 승화되는 걸작이다.

　물론 이 시기에도 「황성 옛터」, 「목숨」, 「삼십 년만의 속죄」, 「새」, 「겨울 밤」, 「비」 등의 작품에는 여전히 항쟁의 상처가 아로새겨져 있다. 그러나 시집 『국밥과 희망』을 꿰뚫고 있는 주제는, 제목 그대로, '국밥'과 '희망'이다. 『국밥과 희망』의 시편들은 바로 이런 정세 인식 하에서 그의 대응이 어디로 향하는가를 잘 보여준다. 『나는 하느님을 보았다』에서처럼 '자신감 없이' 세상을 거부하거나 또는 돌진하는 시작詩作이 아니라, 바로 인간에 대한 확신을 통해 미래를 준비하는 것이다. "밥을 먹으며 나는 신뢰한다/인간의 눈빛이 스쳐간 모든 것들을"이라고 노래하는 시 「국밥과 희망」에서 김준태는 드디어 현실을 긍정한다. 물론 그 긍정은 두 번의 부정을 통해 이루어진다. '밥'은 언제나 속물성의 대표이기 때문이다. 시 「장난감총으로…」에서 그가 노래하듯, "밥이 희망을 속이고/밥이 꿈과 양심을 속일" 수도 있기 때문에 더욱 그렇다. 하지만 '밥'의 부정이 고고한 '이념'의 세계로 향하지 않고 다시 '밥'이라는 물질의 세계로 돌아오는 데에 바로 김준태 현실주의의 독특한 직접성이 자리잡고 있다. 『불이냐 꽃이냐』에서도 이러한 현실주의는 계속된다. 하지만 현실과의 긴장이 너무 풀어져서 거의 산문을 읽는 것같이 푸석푸석한 느낌이 남는다. 서서히 광주항쟁에 대한 금기들이 완화되고, 김준태 외에도 수많은 시인들이 광주항쟁을 노래한 시들을 쏟아냈기 때문이라고 짐작된다. 무등산의 아우라(aura)가 점차 사라지자, 시인은 뭔가 새로운 방식을 찾지 않으면 안 되었다. 「밭시」 연작은 그러한 상황을 타개하기 위해 쓰여진 듯하다.

  같은 상황은 황지우에게도 펼쳐졌다. 특히 현실에 비껴 서서 우의적으로 폭로하는 방식을 채택했던 황지우에게 '유화 국면'의 이데올로기는 더욱 시작詩作을 어렵게 만들었다. 이 시기의 두 편의 시집, 『겨울-나무로부터 봄-나무에로』(1985)와 『나는 너다』(1986)는 일견 첫 시집의 성가를 잇지 못하고 오히려 퇴보해 가는 것처럼 보인다. 그 원인을 그가 채택했던 시 작법의 한계로도 볼 수 있고, 나아가 시 작법의 핵심에 도사리고 있는 황지우의 세계관 자체의 혼란에서 찾을 수 있다. '묵시록'을 근본적으로 버리지 않은 채, 비판 이론과 형식주의 미학을 받아들인 나머지, 그의 세계는 곧 모순에 빠졌다. "구반포 상가를 걸어가는 낙타"의 이미지, 곧 "너무 찬란해서 만져지지도 않고", "다만 빛의 윤곽만을 가지고" 있는 낙타의 이미지는 황지우의 상황을 단적으로 보여주고 있다.

  황지우의 이 시기는 '구체시'의 실험 및 더욱 과격해진 해체, 그리고 「벽」 연작에서 보이는 것과 같은 자학으로 특징지을 수 있다. 특히 이 시기의 해체는 앞 시기의 비판 능력을 상실한 '관성적 해체'였다. 해체의 심리적 귀결은 자학이었고, 사실은 자신이 광주 학살의 공범자라는 데에까지 미친다.

    그들과 나는 덮인 형제 살해의 시대에 산다. 우리는 연루자다

- 「근황」 부분

무너진 흙구덩을 떠나는 일개미 떼, 알을 물고 새 집으로 이동하던 날
나도 그 가해자라고 생각했다.

- 「나는 너다 214 - 양떼구름 뒤 사람 발자국」 부분

다행스럽게도 황지우의 자학은 여기서 잠시 멈춘다. "나의 아픔은 엑스광선으로도 보이지 않는다/아픔은 채혈되지도 않는다/이 아픔은 세균이 만든 것이 아니다"에서 "살아야지, 살아야지,/기어이 살아서, 용서해야지"로 전환된다. 황지우는 다시 현실의 세계로 발을 내딛는다. 「밤 병원」 이후의 시들에서부터 「버라이어티 쇼」와 같은 난잡한 산문시는 사라지고, 훨씬 내밀한 대화의 세계로 서서히 나아간다. 「구반포 상가를 걸어가는 낙타」에서 우리는 황지우가 일단 어느 정도 형식과 내용의 균형을 되찾았음을 눈치챌 수 있다.

'유화 국면'의 기간, 김준태와 황지우의 시작의 행로는 갈라진다. 시의 대상과 시인 자신과의 거리가 짧은 리얼리즘을 고수했던 김준태는 매우 빨리 광주항쟁을 '자연적'이고 자생적인 '인간적' 혁명으로 정리하였다. 「금남로 사랑」은 그 완결편이다. 「금남로 사랑」 이후 김준태는 변화된 역사-사회적 공간 속에서 자신의 내면을 가다듬을 여유를 갖는다. 그의 제2의 공간은 폐허에서 농토로 변화될 조짐이 보인다. 산문화되고 긴장이 풀어진 후반기의 시들은 그런 새로운 시의 공간을 탐색하는 과정에서 나온 것이다. 반면에 시의 대상을 주관적 탐색의 과정에서 배제시키는 창작법을 고수한 황지우는 '유화 국면'에 오히려 더욱 심한 정신적 고통을 겪는다. 아무도 책임지지 않고 끝내 광주의 고통이 묻혀질 것만 같아 시인은 괴로워한다.[25] 그 때문에 그는 '대속代贖'을 시도한다. 「구반포 상가를 걸어가는 낙타」는 그토록 혼돈스럽던 터널을 빠져나오는 시이다. 그는

자신의 세계까지도 '산문화' 시키며, '산문화된 세계'에 대한 시적 전략을 끊임없이 모색했다. 이런 역설적인 방법으로 그는 유화 국면의 이데올로기와 타협하지 않는다. 그의 시의 제2의 공간은 광주항쟁에 대한 성찰의 공간으로 보존된 것이다.

5) 1987년 이후 두 시인의 문학적 대응

1988년 국회 광주조사특위는 청문회를 개최하여 8년 전의 진실을 규명하기 시작했다. 속속 항쟁의 진상들이 공식 언어로 보도되면서, '폭도'였던 광주시민이 '민주 열사'가 되었다. 하지만 이처럼 활짝 열린 역사-사회적 공간은 광주항쟁이라는 시적 대상이 이제 완전히 '산문화' 되었다는 사실을 반증하기도 하다. 실제로 1987년 이후 군사정권은 형식상 사라졌고, 김대중은 정치적으로 복권되었다. 남은 것은 광주학살의 책임자 규명과 시민군과 민간인의 피해에 대한 진상 조사와 보상이었다. 이 때문에 '광주항쟁'을 '항쟁'으로만 다루는 것은 이제 의미를 상실했다. 남은 작업은 '광주'를 보편적 의미 체계로 승화시켜 내는 일뿐이다.

1986년부터 쓰인 김준태의 「밭시」 연작은 이렇게 산문화된 공간에 대응한다. 시집 『칼과 흙』(1989)의 대부분을 이루는 52편의 「밭시」 연작은 그가 이제 광주의 아픔을 완전히 추상화시켜 자신의 본래 생명주의로 받

---

25) 김현은 이 시기 황지우의 병든 시 형식에서 '유마힐'의 정신, 곧 "중생이 병들어 있는 한 자신도 병든 상태로 남아 있기를 고집"하는 것을 읽어냈다. 황지우, 「이 세상을 다 읽고 가신 이 – 현자로서의 독자 김현」, 『김현문학전집』, 16권, 문학과지성사, 1993. 304쪽.

아 안고 있음을 보여준다. 이 시들은 언뜻 첫 시집 『참깨를 털면서』의 농촌의 생활을 그려내던 시세계로 회귀한 것처럼 보인다. 실제로 그런 작품들이 여럿 보인다. "고향", "어머니", "밭고랑" 등은 이미 그의 초기 시에서 수없이 사용되던 제재들이다. 하지만 초기 시의 구조적 긴장은 완전히 풀어져 있다.[26] 그래서 그 구도 또한 「칼과 흙」, 「불과 꽃」 등으로 추상화되었다. 주목할 점은 그의 시가 시적 긴장을 거의 상실한 것과 광주항쟁의 "산문화"가 일치하고 있다는 점이다. 광주항쟁 자체의 '산문화'와 그의 시의 '산문화'는 구조적으로 상동 관계에 있다는 사실을 발견해낼 수 있다.[27] 그 과정을 살펴보자.

김준태는 광주의 인간애를 '밭'으로 끌어내린다. 김준태는 형이상화를 거부하는 데에는 천부적인 시인이다. 이 시기 '충만과 기쁨'으로 가득 찬 그의 시를 문학의 공간론으로 설명해 보자. 우선 이 시기의 제1의 공간은 시민사회의 출현으로 대표된다. 시민사회는 주관적 욕구가 팽창하며 본래의 보편적 매개를 잃고 개별화될 수밖에 없다.[28] 변혁운동 세력들 간에도 사회구성체 논쟁이 격화되며 여기저기 분열의 조짐이 보이던 시기이다. 그런데도 이 시기의 김준태의 제2의 공간은 뜻밖에도 농촌공동체로 회귀하고 있다. 제2의 공간에는 자연과 생명이 가득하다. 그렇다면 퇴영적인 낭만주의와는 무엇이 다른가? "농민 의식의 함양 속에서 생산된 싱

---

26) 나종영, 「민족과 대지를 온몸으로 노래한 순결의 시」, 『꽃이, 이제 지상과 하늘을』, 김준태 시집, 창작과비평사, 1994. 114쪽.
27) 문학 작품의 구조와 사회 구조의 상동 관계에 대해서는 뤼시앙 골드만의 다음 책들을 볼 것. 『숨은 신』, 정과리·송기형 옮김, 연구사, 1986. 『소설사회학을 위하여』, 조경숙 옮김, 청하, 1982. 그리고 정수복, 「뤼시엥 골드만의 문학사회학의 불연속성」, 『현상과 인식』, 1981년 봄.
28) 헤겔, 『법철학』, 임석진 옮김, 지식산업사, 1990. 「시민사회의 변증법」을 볼 것.

싶한 힘을 가지고 보다 역동적인 미래를 지향하고 있다는 점"에서 다르다고 김주연은 지적한다. 김준태의 제3의 공간은 '미래'를 향한다. 그가 노래하고 있는 밭은 바로 "씨앗을 뿌린 땅", 곧 미래를 약속하는 땅이다.

> 땅 위에
> 씨앗을 뿌리면
> 밭이 되지만
>
> 땅 위에
> 씨앗을 뿌리지 않으면
> 총칼이 쌓인다.
>
> ―「땅의 생리 ― 밭시 29」 전문

그는 지루한 이념 논쟁에서 벗어나서 "씨앗 뿌리기"를 원한 것이다. 그러나 위대한 긍정을 위해서 지양될 것들이 아직 많이 남아 있다. 그것이 바로 '칼'로 대비되는 인간들의 폭력의 세계이다. 이에 반해 긍정의 세계는 '밭'으로 대유된다. 평론가 김훈이 정확히 지적했듯이, "그 밭은 밭의 적들조차 그 속으로 끌어들여 썩여서 무화시켜버리는 밭이다."[29] 광주의 체험 때문에 잠시 멀어졌던 그 밭으로 김준태가 회귀하게 된 것은 밭의 "도덕성과 포용성" 때문이다. 그래서 밭은 곧잘 여인의 품에 비유되기도 한다. 이처럼 "시대와 현실에 대한 철저한 비판 의식 아래 농민시가 쓰여

---

29) 김훈, 「대지정신과 통일정신」, 『통일을 꿈꾸는 슬픈 색주가』, 김준태, 미래사, 1991. 143쪽.

지면서도, 싱싱한 생명력을 잃지 않기" 때문에 김주연은 김준태의 경우 자연과 시인이 '통합' 되어 있는 상태라고 지적한다.[30] 분열의 여지가 보이지 않는 무매개적 직접성의 상태에서 체험되는 원초적 주객동일성의 공간은, 현실의 압력에 의해 오그라들 때 저항하고 압력이 약해지면 원상으로 회복된다. 1987년 이후의 해방된 공간에서 김준태가 「밭시」 연작을 쓴 것도, 그리고 그 이후로도 광주의 진실을 왜곡시키려는 세력에 대해 '직설적'으로 대응하는 것도, 예의 그의 시작법의 '직접성'에 있는 것이다. 그 결과 그는 1990년대 들어서면서 "꽃이, 이제 지상과 하늘을 통치하리라"라고 자신 있게 노래하게 된다.[31]

황지우의 경우는 다르다. 황지우는 "낙타"를 통해 내면의 갈등을 해소하고 '비움'의 경지로 들어섰다. 1986년 이후 황지우는 동양의 고전, 특히 도교와 불교의 신비 세계에 탐닉하기 시작한다. 이 세계의 정치적 효과는 양면적인데, 부정적으로는 도피처의 기능을, 긍정적으로는 상처의 치유와 화해의 요청을 수행한다. 하지만 황지우는 그 세계에 들어가면서도 여전히 '그것과 거리를 두는' 전략을 사용한다. 그것은 그 도교와 불교의 고전의 세계를 이용하여 현실의 세계를 풍자하는 모습으로, 즉 패러디가 아니라 고전적 형용어구(epithet)를 도구적으로만 활용하여 현실을 풍자하는, 거대한 알레고리의 세계를 탐색하는 것이다. 「화엄광주」는 바로 그 방법이 완성된 형태이다. 하지만 「화엄광주」로 가는 길이 순탄치만은 않았다.

먼저 그에게 새롭게 생긴 의고체적 어투가 실험된다. 첫 시도는 「산경 山經」으로서 『산해경』을 비롯한 도교 경전의 어투를 흉내냈는데, 그 문체

---

30) 김주연, 「비생명 시대의 생명」, 『칼과 흙』, 김준태 시집, 문학과지성사, 1989. 268쪽.
31) 김준태, 『꽃이, 이제 지상과 하늘을』, 창작과비평사, 1994.

만을 떼어내, "남산 꼭대기에는 폭군 희熙를 죽이고 희의 양아들 락지에게 죽임을 당한 희의 신하 규圭가 사지가 잘린 채 높은 고목에 걸려 있는데" 식의 정치적 풍자에 그쳤다. 그런가 하면 1987년 대통령 선거에서의 민주 후보의 패배라는 충격을 홀로 짊어지겠다고 가족까지 서울에 남기고 광주로 내려간다. 이런 방랑 끝에 그는 운주사雲舟寺에 도착한다. 그곳에서 황지우는 "다시 세상으로 나갈 채비"를 한다. 이 시기에 황지우는 무언가를 애타게 기다렸다. 광주의 비극에 대해 죄 지은 자들이 먼저 용서를 빌러 오는 것이다.

> 그러나 용서할 준비가 되어 있는데도
> 빌러 오지를 않는다
>
> ―「한 소식」 부분

결국 뜻을 이루지 못하는 것일까? 이때 「허수아비」 연작이 쓰인다. 선사들의 능청스런 화두와 그 응대를 흉내낸 이 시에서 그는 소재들과의 거리가 지극히 일상적이어야 하고 그 일상을 뛰어넘지 않아야 한다는 것을 배웠다고 밝힌다. 일상의 소중함을 경험한 후에, 즉 허수아비일 뿐인 '주체'를 버리고 나서 드디어 드넓은 「화엄광주」의 세계로 나아간다. 역사와 우주를 잇는 거대한 형이상학적 세계에 광주항쟁이 편입되는 찰나이다. 시작의 의도를 그는 분명히 밝힌 적이 있다. "내가 「화엄광주」를 이야기했던 것은 상처받은 자들이 먼저 (그 상처를) 풀어야만 풀린다는 그런 생각이었어요.[32]" "205행에 이르는 이 장엄한 시는 광주의 비극을 형이상화하여 그것을 보편화시킨, 현대시사에서 보기 드문 절창이다. 화엄의 드넓은 세계로 광주의 비극을 감싸안음으로써 광주는 보편화된다.

이 시는 불교 경전들의 공통적인 시작을 따라 "나는 이렇게 들었네"로 시작된다.[33] 그리고 항쟁의 장소들 하나하나를 불교적으로 그려낸다. 때로는 두개골이 파열된 시민군의 사진을 그대로 보여주는 황지우다운 시행도 있고, 국회 광주 특위의 행동도 그 사이에 삽입되었을 정도로 시사적이다. 이 시에서 부처는 물론 '사람', 특히 항쟁중에 암매장되었다가 특위 활동 기간중 발견된 이름 모를 광주 시민을 지시한다. 그래서 "사람이 없어졌으므로/부처도 없어졌네"(79~80행)라는 놀라운 진술이 가능하다. 하지만 가장 충격적인 절창은 시의 156행 이하이다. "우리가 간절하게 기다리는 건/우리가 기다리는 동안에 가장 온전하게, 와 있듯이"에서 우리는 그가 이미 마음속에서 화해를 간절히 실행했음을 알 수 있다. 그리고 "이 비 그치면"이 반복되면서 절창이 시작된다.

> 저 도청 앞 분수대에
> 유리 줄기 나무 높이 올라오르리라
> 그 투명 가지가지마다
> 지금까지 참았던 눈물 힘껏 빨아올려
> 유리나무 상공에 물방울 뿌린 듯
> 수많은 摩尼 보배 꽃, 빛 되리라
> 그때에 온 사찰과 교회와 성당과 무당에서
> 다 함께 종 울리고

---

32) 황지우·김탁환 대담, 「진흙으로 빚은 시」, 『상상』, 1994년 겨울. 129쪽.
33) 불경의 공통적인 시작인 "如是我聞"의 번역을 따라 한 것으로, 독자가 불경과의 '상호 텍스트성'을 자각하게 해서 이어지는 광주의 참상에 보다 충격을 받도록 고안된 것이다.

집집마다 들고 나온 연등에서도 빛의

긴 범종 소리 따라 울리리라

(중략)

그때에, 須彌山에서 날아와 굳어 있던

무등산이 비로소 두 날개 쫘악 펴고

羽化昇天하니, 정수리에 박혀 있던

레이다 기지 산산조각 나는구나

  앞서 살핀 것처럼 이 시는 화엄이라는 드넓은 세계로 광주의 비극을 승화시키고 있다. 그런데 언뜻 불교적 세계관을 받아들이고 또한 제재로 쓰이는 문구들이 불교적인 데 반해, 그 내면에는 또 하나의 세계, 즉 기독교의 '묵시록'의 어투와 내용이 스며들어 있다. 이는 문체와 내용 양면에서 확연히 드러난다. "레이다 기지 산산조각 나는구나"와 같은 구절에서 인간적인 죄악을 셈하는 최후의 심판일의 묘사는 『요한 계시록』의 그것과 거의 일치한다. 그리고 무엇보다도 「화엄광주」의 시적 화자의 어투가 『화엄경』의 물살을 가르는 잔잔함과 때로 장엄하면서도 화려함을 가진 어투를 넘어서, 묵시록의 알레고리가 가득 찬 어투를 구사한다는 점이 문제로 제기된다. 이처럼 묵시록이 스며든 결과 「화엄광주」는 『화엄경』의 느슨한 병렬적 구성 대신 하나의 파국에 이르는 폭포수와 같은 장렬한 구성을 가질 수 있었다. 특히 167~168행의 "이 비 그치면/이 비 그치면"의 작은 쉼표 뒤에 쏟아지는 169행 이하의 묘사는, 이전의 행에서 묘사된 인간사에 대한 씻김이라도 하듯, 마치 예수 재림의 세계를 그려내는 듯한 위엄과 두려움을 준다.[34] 수미산이나 연꽃과 같은 불교적 비유를 모두 지워 내고 난다면, 이 시는 구약의 예언자들이 부르짖는 열정적인 파국의 메시지와 계시록의 재림의 메시지를 읽는 듯한 효과를 빚는다. 이는 황지우의 시 속에서 오래 전부터 내재해 있던 '묵시록적 세계관'의 작용이다.

그 순간이 연화장엄세계이든 재림의 순간이든 그 순간 역사적 시간은 정지되고 만다. 벤야민은 그 내밀하면서도 폭발적인 순간을 "메시아적 정지의 조짐"으로 본다.[35] '묵시로서의 혁명', '사건의 메시아적 정지', 이것이야말로 「화엄광주」의 마지막 부분에서 이루어진 사건이 아닌가. 그러나 벤야민이 역사를 파괴시킬 힘을 '메시아'에서 찾고 있다고 결론 내린다면 그가 말하고자 했던 또 하나의 측면인 억압된 계급의 "복수"와 "증오와 희생 정신"[36]을 보지 못한 것이다. 그렇다면 독자들은 「화엄광주」의 의미를 '남김 없는 승화'로 국한시킬 수 없다. 아직도 남은 현실의 찌꺼기들인 "레이다 기지"에 대한 파괴를 수반하는, 대립물을 감싸 안아 '변증법적 통일'을 이루고자 하는 염원을 독자들은 찾아 읽을 수 있다. 그 과정에서 황지우의 묵시적 세계는 드디어 변증법적 세계관과 통일을 이룬다. 하지만 그 통일의 순간은 찰나뿐이었다.[37]

---

34) 이를 김준태의 「금남로 사랑」과 비교해보면 더욱 뚜렷하게 드러난다. 「화엄광주」의 '종장'(終章)과 「금남로 사랑」의 후반부는 똑같이 사람들의 행진(마치 그날의 광주를 되비추는 듯한)을 그리고 있다. 그런데 「금남로 사랑」이 소박하면서 정겨운 색깔을 띠고 있는 데 반해, 「화엄광주」의 행진은 화려하면서도 급박한 호흡을 요구한다.
35) 벤야민, 이태동 옮김, 「역사철학테제」, 『문예비평과 이론』, 문예출판사, 1987, 305쪽.
36) 윗글, 301~302쪽. 그리고 벤야민의 혁명과 마법, 곧 유물론과 낭만주의라는 이중성에 관심을 기울인 연구인 임철규, 「역사의 천사」, 『왜 유토피아인가』, 민음사, 1994를 볼 것.
37) 「화엄광주」이후 황지우의 방황과 혼돈이 제8회 소월시문학상 수상 작품집인 『뼈 아픈 후회』, 문학사상사, 1993에 잘 드러나 있다.

3. 맺음말 – 시의 사회학을 향하여

2장에서 김준태와 황지우 두 시인이 광주항쟁의 충격을 어떻게 시화詩化 시켰는지 살펴보았다. 이를 통해 먼저 '시의 사회적 형성'이라는 논제의 정당성을 살펴보자. 시가 사회적으로 형성된다는 것은 몇 가지 의미를 담고 있다. 바흐친처럼 시가 공통의 역사적 지평을 필요로 한다는 설명이 있을 수 있다. 당대의 공통된 담론 구조에 대응해서 시가 형성된다는 바흐친의 설명은 무척 설득력이 높다. 그런가 하면 골드만의 주장을 받아들여, 시인의 세계관을 통해 현실 구조와 시 텍스트 구조가 매개된다는 설명도 가능하다. 그러나 이 설명에는 세계관의 형성이 개인에 의해서가 아니라 집단적 힘에 의해서만 가능하다는 부언이 필요하다. 이 논문은 바흐친과 골드만의 이론을 뒷받침하는 결과를 얻었다. 항쟁 직후 암흑기에 김준태나 황지우가 언어를 카니발화시켜 민중 언어를 직접 전달함으로써 지배 구조에 상처를 입히려 했다는 설명은 바흐친의 라블레 연구 성과와 직접적으로 이어진다. 항쟁이 산문화된 공간의 구조와 김준태의 후기시의 구조가 일치한다는 사실, 그리고 두 시인의 시 창작 기법의 채택이 매시기 달라진다는 관찰은 골드만의 라신느 연구 결과와 통한다. 동시에 김준태와 황지우의 상반된 승화 전략의 구조의 차이점은 그들의 세계관의 구조에 기인하는 것이라는 설명 역시 골드만의 이론을 응용한 것이다.

하지만 이 결과들은 모두 외국의 특수 이론을 한국의 경우에 일반화시키는 과정에서 우연히 얻어진 것일 뿐이라고 볼 수도 있다. 논리적으로 우수한 설명은 광주항쟁과 5월 시의 관련 양상에 대한 직접적인 해명을 통해서만 얻을 수 있다. 이 논문에서는 대조적인 창작법을 가졌지만 동시에 광주항쟁의 형상화에 가장 열정을 쏟은 김준태와 황지우 두 시인을 비교했다. 크게 네 시기(항쟁 이전, 항쟁 직후의 암흑기, 유화 국면, 1987년 이후)의 구분을 통해 두 시인이 광주항쟁의 충격을 시화시킨 궤적을 구체적으로 좇았다. 아래의 〈표1〉은 이상의 논의를 요약한 것이다.

〈표1〉 김준태와 황지우의 대응 패턴

시기	김 준 태	황 지 우	공통점
광주항쟁 이전	농촌의 조화로운 세계와 도시의 파괴된 삶을 비교	비극적 예언시	
광주항쟁 직후	최초의 항쟁시 발표로 고문·해직 당함	유인물 살포로 고문·제적 당함	직접 저항
항쟁 후의 암흑기	생명예찬의 서정과 민중적 육담의 시	고급 형식의 해체와 저급 언어의 시	공식 언어에 저항
유화 국면	도시 삶에서 의미 찾기, 현실 대긍정과 화해의 시기	실험 실패, 자학과 대속의 시, '비움'의 시기	내면에의 관심
1987년 이후	'밭'으로 상징되는 노동과 생명의 세계로 회귀	'화엄'으로 대표되는 형이상학적 세계로 회귀	본래의 시 세계로 발전적 회귀

〈표1〉은 두 시인의 '공통'된 대응 패턴을 뚜렷이 보여준다. 이 패턴은 시 형식과 내용 모두를 포괄한다. 2장에서 편의상 내용과 형식을 구분하여 살펴보았지만 실제로 내용이 형식에 우선하고 역으로 형식 속에서만 내용이 보존되므로, 둘 중의 어느 하나를 떼어 보나 함께 보나 결과는 마찬가지였다. 이를 통해 우리는 서로 다른 세계관과 창작법을 가진 두 시인이 광주항쟁이라는 사회적 격변에 부딪히면서 '하나의 역사적 지평' 속에서 만나게 되고, 동일한 시적 전략 하에 사회의 변동에 '상동 구조'로 대응해 가고 있음을 볼 수 있고, 그 결과 '시의 사회적 형성'이라는 명제가 입증됨을 보았다.

그렇다면 시는 단순히 사회적으로만 형성될 뿐인가? 이러한 단순화에 대항하여, 그렇지 않다는 점을 입증하는 데에도 이 글은 주의를 기울였다. 이를 위해서는 역설적으로 먼저 문학 공간의 추상성을 구체로 상승시켜야만 했다. 역사-사회적 공간을 통해서 규정되는 힘에 시인 내면의 자율적 공간을 충돌시킬 때 비로소 시의 공간(제3의 공간)이 탄생됨을 보여주고자 했다. 문학의 공간은 추상적으로 규정되는 영원성에 있지 않다. 문학의 공간은 사회 변동이나 정치적 변화에 따라 변화되어 가는, 즉 '대화' 하는 공간이다. 이 논문에서는 예전의 관념론적 연구에서 논의의 중심이었던 시인 내면의 공간(제2의 공간)의 자율성을 부정하지 않는다. 하지만 그 공간이 사회로부터 격리되지 않는 이상 언제나 역사-사회적 공간의 규정 아래 놓이게 된다는 점을 이 논문에서는 우선시했다. 그러나 작가들은 그들의 세계관에 따라 사회적 구속을 '주체적으로' 변형, 매개시켜 나아갈 수 있다.

〈표2〉 김준태 문학의 공간

시기	역사적-사회적 공간	내면의 공간	시 속의 공간
광주항쟁 이전	농촌공동에의 해체	원초적 생명의 존중과 영원회귀의 세계관	자연과 조화로운 농촌의 생명력
항쟁 직후 암흑기	학살과 탄압		생명의 소중함을 재확인하고 농민의 원초적 세계와 현실 대비
유화 국면	민중운동의 상승기		민중의 억센 생명력에 호소
1987년 이후	민주주의 확립기		원초적 자연의 노동의 세계로 회귀

〈표3〉 황지우 문학의 공간

시기	역사적-사회적 공간	내면의 공간	시 속의 공간
광주항쟁 이전	군사독재와 민주화투쟁	비극적 현실 인식 그리고 가끔 '부정적' 낭만주의	묵시록의 세계
항쟁 직후 암흑기	학살과 탄압, 그리고 '3S'로 표현되는 지배 전략		닫힌 전망과 속물적 도시민의 삶을 그대로 보여줌
유화 국면	민중운동의 계속된 좌절과 실패		자학과 대속의 추구
1987년 이후	대통령 선거에서 민주 후보의 패배		묵시적 세계와 변증법적 세계관의 불교적 합일

〈표2〉와 〈표3〉을 자세히 살펴보자. 김준태와 황지우는 사실상 동시대에 살았다고 볼 수 있다. 네 살 연상인 김준태의 경우는 베트남전 참전을 경험했고, 황지우는 긴급조치 반대 시위 때문에 강제징집 당했다는 사실은, 이들의 젊은 시절의 경험의 질적 구조에 별 차이가 없다는 것을 보여준다. 다만 김준태가 광주에서 황지우가 서울에서 젊은 날을 보냈다는 지역적 차이가 존재할 뿐이다. 그런데도 이들이 사회적 현실을 받아들이는 차이는 무척 컸다. 그들에게 똑같이 펼쳐진 군사 독재 정권의 광적인 폭력도 그 의미는 달라진다. 1980년 이전의 개발독재 시기에, 김준태는 '독재' 보다는 농촌공동체의 해체에 더 관심을 쏟았고, 황지우는 '독재'에 저항한 동료들의 비극적 운명에 더 사로잡혔다. 항쟁 직후 들어선 제5공화국의 우민화 정책에 대해서는 황지우가 더 세차게 저항하는데, 유화 국면의 민중운동의 고조의 성과에 대해서는 김준태 홀로 긍정적으로 반응한다.

---

38) 골드만, 『숨은 신』, 25쪽. 골드만은 세계관이 텍스트 연구에 적용될 때 "그가 연구하는 작품에서 본질적인 것"의 추출을 가능하게 해준다는 점을 특히 강조했다.

이런 '차이'에 초점을 맞추게 될 때, 우리는 시인을 둘러싼 역사-사회적 공간보다 시인의 내면의 공간이 논리적으로 우선시되어야 한다고 고쳐 말해야 한다. 즉 골드만의 주장대로 작품의 세계관이 핵심적인 연구대상이 되어야 한다.[38] 세계관은 창조적 변형의 과정을 통해 역사-사회적 현실을 문학 작품의 내부 구조로 매개시킨다. 매개 작업의 성공 여부는 순수하게 작가 자신의 노력에 달린 문제이다. 다른 작가들보다 이 매개의 작업에서 상대적으로 우월한 김준태와 황지우의 시는 광주항쟁의 진상이 거의 알려진 오늘에도 여전히 읽히는 것이다.

작가의 세계관이 가장 중요한 변수라고 했을 때, 그 세계관의 기원에 대해서 묻지 않을 수 없다. 오랜 경제적 사회적 전통에 뿌리내리고 있는 세계관은 민중의 자기의식에 다름 아니다. 이러한 소박한 수준의 열망과 의식을 최고조로 끌어올린 것이 바로 일관된 세계관이다. 세계관은 그것을 공유한 집단의 표지이면서 동시에 목표이다. 그런데 골드만에 의하면 세계관의 수는 한정되어 있다. 그래서 실제 연구에 적용하기에는 많은 난점이 따른다. 세계관보다 하위 개념으로 대체할 필요성이 생긴다. 그 개념과 경쟁하는 바흐친의 '담론 구조', 지마(Peter Zima)의 '사회어' 등은 그런 필요성의 산물이기도 하다. 이 가운데에서 무엇을 선택해도 만족할 만한 결론이 내려지지는 않는다. 다만 여기서 우리는 시인의 '내면의 공간'에 의해 절대적으로 시 형성이 영향을 받고 있다는 사실만은 분명히 말할 수 있다.

- 『현상과 인식』(1998년 봄·여름호)

■ **이황직** 1969년 충북 보은 출생. 연세대 사회학박사. 1993년 『세계의문학』으로 등단. 저서로 『독립협회, 토론공화국을 꿈꾸다』, 『한국의 사회개혁과 참여민주의』, 『논증과 글쓰기』(공동), 논문으로 「일제 말 종교계의 개혁적 신정론 연구」, 「공동체의 도덕적 기초에 대한 사회 이론적 고찰」 등이 있다. 현재 숙명여대 의사소통센터 교수.

광주민주화운동 시의 현황과 과제

이은봉

1. 머리말 – 절망과 부끄러움, 분노의 세계

　1980년 5월의 광주민주화운동을 생각하면 그날의 현장과는 아주 멀리 떨어져 있었던 필자에게도 가슴속 깊은 곳에서 울컥하고 밀려 올라오는 뜨거운 아픔이, 추억이 없지 않다. 그해 봄의 일들이라니! 물론 그때 필자 주변의 일들을 이 자리에서 자세히 다 얘기할 수는 없다. 그렇기는 하더라도 필자는 가까운 벗들과 함께 광주민주화운동 직후 고향 대전에서, 그리고 청주에서 광주에서 갓 올라온, 그날의 소식을 담은, 김현장이 만들었다고 하는, 수사적으로 표현하여 피의 냄새가 줄줄 흐르는 전단[*]을 통곡하는 심정으로 복사해 뿌렸던, 그렇게 동분서주했던 경험을 갖고 있다. 또한 그 일로 하여 필자를 대신해 청주의 시인 김창규 목사가 대전의 안기부로, 그곳의 지하실로 끌려가 엄청난 고생을 했다는 얘기를 아주 오래 뒤에 들은 적이 있다.

따라서 광주민주화운동이 발발한 지도 벌써 17주년이 되어, 그것을 기념하는 행사의 하나로 오늘의 이 심포지엄에 참여하게 된 필자로서는 여간 감개무량한 것이 아니다. 학살의 원흉인 전두환, 노태우가 사법처리되었고, 이어 5·18이 국가 기념일로 결정되는 것을 보면, 사실 이번에 새롭게 단장된 망월동 묘역이 국립묘지로 승격되는 것도 시간문제일 따름인 듯싶다.

필자가 광주민주화운동의 소식을 처음 접한 것은 변산반도 근처의 바닷가, 좀 더 자세히 말하면 줄포에서 멀지않은 채석강 근처의 바닷가에서이다. 1980년 5월 18일 당시 대학의 조교로 있던 필자는 학생들과 함께 그 지역 일대에서 학술답사를 하던 중이었다. 그러나 말이 학술답사이지, 그 어수선한 시대에 학술답사가 제대로 이루어질 리 없었다.

온종일 술에 절어 비틀거리는 교수들과 학생들의 뒤치다꺼리를 마치고, 밤이 깊어 바닷가 언덕에 나와 막 담배 한 대를 피워 물며 휴대용 라디오를 켜고 사이클을 맞추던 중이었다. 갑자기 거칠고 씩씩한 북한 사투리의 사내가 라디오에서 튀어나와 흥분한 목소리로 광주의 소식을 마구 토해내기 시작하는 것이었다. 이 일로 하여 학술답사는 곧바로 끝이 났지만, 필자로서는 참으로 막막하지 않을 수 없었다. 성능 좋은 라디오를 구해 귀 기울여 북한 사투리를 듣는 것 이상은 달리 도리가 없었던 것이다.

---

* 편집자 주: 5월항쟁 때인 1980년 5월 24일 르포작가 김현장이 「살인마 전두환 광주 살륙작전」이라는 제목으로 전주 가톨릭과 개신교 계통의 지원을 받아 제작한 이 유인물은 전주 시내 성당과 농민회를 중심으로 2만부가 살포되었고, 이후 서울에서 1만부가 살포되고, 전국적으로 10만여 부가 재생산 살포되기도 했다. 이 유인물을 배포했다는 이유로 전주 여산성당 박창신 신부는 정치테러를 당했고 김영환(시인, 현 국회의원), 김창규(시인), 박해전(당시 교사), 정해숙(당시 교사) 등 '아람회 사건' 관련자 등 80여 명 이상이 전국적으로 수배·구속 되기도 했다.

물론 그렇게 하는 가운데 온갖 상상과 고뇌에 빠져 있었던 것이 당시의 필자이기는 했다. 스페인혁명처럼 발전하지는 않을까, 피카소의 그림으로 유명해진 게르니카에서처럼 처참하게 학살당하지는 않을까, 그렇게 되면 어떻게 해야 하나, 하는 문제 등으로 심하게 괴로워해야 했던 것이다. 만약 광주민주화운동이 스페인혁명처럼 확산되어 갔다면 유럽의 지식인들, 특히 시인 크리스토퍼 코드웰이나 오든의 경우처럼 당시 이 땅의 많은 문인들도 총을 들고 참여하지 않을 수 없었을 것이다. 참으로 두렵고 가슴 떨리는 일이지 않을 수 없다.

하지만 '광주공동체'는 열흘 남짓, 오래지 않아 그러한 유형의 두려움보다는 절망과 부끄러움, 한편으로는 분노에 휩싸여 지내지 않을 수 없었던 것이 당시의 필자이다. 광주는 필자에게 기껏 이러한 정도에서의 서정적, 시적 정서의 원천이었을 따름이라는 것이다. 물론 그것은 당시 필자만이 아니라 광주 바깥의 대부분 시인들이 느끼는 보편적인 정서의 한 형태였을 것이다. 그때의 심정을 한참 뒤에 시의 형식으로 언어화한 것이 있어 일단 먼저 여기에 제시해보고자 한다.

    그해 오월, 채석강 바닷가
    늦게 핀 유채꽃잎들이
    무데기로 으스러지고 있었지요
    그 샛노란 절망의 꽃잎들이
    우우우, 문드러지고 있었지요
    답사 나온 학생들, 술 취한 대학교수들
    도망치듯 팽개치고 떠나온 대학이
    저 혼자 바다 위로

비명을 지르고 달아나고 있었지요
자정이 넘고 밤 깊어 학생들
까닭 없이 다투다 잠들고
교수들도 그렇게 잠들고
우연히 튼 라디오에서는
낯선 조선어, 북방의 재빠른 말씨들이
아아, 남쪽 도시의 한 피울음을
그런데 콩 볶듯이 토해내고 있었지요
나는 손가락 사이에
겨우겨우 들고 있던 담배꽁초를
그만 힘껏 집어던졌지요 바닷물은
미동도 하지 않는데, 혼자서 아뜩하게
6·25 남북전쟁에 대해서
그리고 스페인혁명에 대해서
조용히 조용히 중얼거리고 있었지요
그해 오월, 채석강 바닷가
영영 잊지 못할 눈물이지요.

- 「못 잊는 일」 전문

그해 오월을 광주 바깥에서 보낸 많은 사람들이 함께 나눌 수밖에 없었던 절망 혹은 부끄러움의 정서들을 필자는 이 밖에도 「오월」, 「봄바다」, 「일기 1980. 10. 17」 등의 시를 통해 형상화한 적이 있다. 심약하기 짝이 없는 필자로서는 기껏 이러한 정도의 암시적 정서를 통해 부족하나마 당대의 시대정신에 참여하고자 했던 것이다.

어쨌거나 1980년 5월 이후에는 광주의 안이든 바깥이든 저들의 학살과 억압에 따른 공포의 정서, 그리고 그에 기인한 자탄의 정서와 함께 하면서도 폭력적 군사독재에 맞서고자 했던 시들이 적잖이 창작되게 된다. 박몽구의 「저물 무렵」, 송기원의 「한파寒波」, 박남준의 「우화寓話」 등의 작품에서 그 예를 볼 수 있거니와, 물론 이들 시에는 회한의 정서, 나아가 내면의 정직성에 입각한 엄정한 자의식이 짙게 깔려 있음을 부인할 수 없다. 따라서 이들의 시에 드러나 있는 정서들로부터 일찍이 채광석도 지적하고 있듯이 과도한 감상성을 발견하게 되는 것은 당연하다. 그러나 그 감상성이 3·1운동 직후의 '백조파' 낭만주의자들이 보여주었던 것과는 질적으로 다른 것이 사실이다. 무엇보다도 그것이 좀 더 직접적으로 역사의 구체적인 한 현실로서 전두환 군사독재의 탄생에 대한 저주의 정서를 강하게 깔고 있었기 때문이다. 다음의 예는 당시의 그러한 시적 현존을 담고 있는 이영진의 시 「단 한 줄의 시도 쓸 수 없다」의 일부이다.

노란 장미여
나는 이제 단 한 줄의 시도 쓸 수가 없다.

도려낸 유방의 그 낭자한 핏구덩을 빨아대며 울부짖는
사내들 앞에서

피에 젖은 쓰레기통, 불에 그을린 시체더미 속에서

얼굴마저 없어진 어린것들의 흩어진 뼛조각을 찾아 헤매는
애처로운 어미들 앞에서

도대체 우리는 무슨 말을 할 수 있는가
써야 될 무슨 진실이 남아 있단 말인가

아 하늘이여

머뭇거리는 나의 면상 앞으로
기운차게 날아드는 주먹과 돌멩이여

그래도 나는 아직 죽지 않았다고 외쳐야 하는가

폭탄처럼 망설임 없이 터져 버리는 분노한 생명들 앞에서
문밖으로 차 내던져지는 축구공보다 더 쉽게

죽음으로 던져지는 순한 친구들의 머리통 앞에서

　분노와 설움, 절망과 자의식, 슬픔과 부끄러움 등 수많은 감정이 뒤섞여 있는 이 시로부터 광주민주화운동이 보편적으로 내포하고 있는 매우 복잡다단한 정서를 짐작하기는 어렵지 않다. 이처럼 광주민주화운동은 처음부터 시인들에게 형용할 수 없는 정서적 다의성, 나아가 충만하고 격정적인, 그리하여 일면 감상적이기까지 한 정서의 변용들을 보여주고 있다. "도대체 우리는 무슨 말을 할 수 있는가/써야 될 무슨 진실이 남아 있단 말인가" 하고, 회한에 차서 자기자신의 가슴을 향해 피의 화살을 쏘아 보낼 수밖에 없었던 것이 당시의 깨어 있는 시인들이 갖는 진실의 일단이었던 것이다.

그러나 광주민주화운동을 직접적으로 체험했든 체험하지 못했든 당시 시인들이 언제까지나 그처럼 즉자적인 감정의 범람 속에 멈춰 있을 수만은 없었다. 감정의 노예상태에서 벗어나, 말하자면 감정의 주체가 되어 좀 더 바르고 정확하게 당면한 민족현실을 형상화하게 되고, 그를 통해 시인으로서의 자기규정을 새롭게 해야 할 처지에 이르게 된다는 것이다.

이러한 상황에서 시인들에게는 전두환 군부독재에 의해 완벽하게 은폐되어 있고 축소되어 있던 광주민주화운동의 진상을 고발하고 폭로하고 증언하는 일이 무엇보다 급했다. 모든 언론이 그 당시 입을 닫아걸고 침묵을 계속했었다는 것은 저 격조 높은 '광주공동체'에서 유일하게 오직 광주MBC 건물만이 불에 탔다는 사실만으로도 잘 알 수 있다. 국내에서는 어느 신문 어느 방송에서도 광주의 진상을 올바로 보도하지 못했고, 그리하여 이제는 시가, 문학이 언론의 역할까지 대신할 수밖에 없게 된 것이다. 시가 갖고 있는 근원적 속성으로 보면 이는 확실히 불행한 일이지만 역사 속에서 시는 언제라도 기꺼이 그러한 역할을 떠맡아 왔던 것도 어김없는 사실이다.

2. 고발과 폭로, 증언의 세계

일찍이 임헌영은 그날의 '광주공동체'를 1871년의 '파리 코뮨'에 비교하여 논의한 적이 있다. 물론 파리 코뮨이 그러했던 것처럼 '광주공동체'도 결국은 처참한 살육으로 끝이 나고 만다. 그러나 좀 더 치욕스러운 일은 광주에서의 열흘이 보여주었던 그 아름답던 공동체와는 관계없이 전두환 군사정권이 이곳 사람들의 자유에의 의지와 민주화에의 열기를 폭도들의 파괴행위, 범법행위로 몰아붙였다는 것이다. 이제는 그 전모가 백일하에 드러났지만 그러한 연유로 하여 당시에는 계엄군들의 그 흉측한 만행들이 정당화되고, 심지어는 미화되기까지 한 바 있다. 시가, 나아가 문학 일반이 급기야 이들의 만행을 고발하고 폭로하는 일까지 떠맡지 않을 수 없었던 것은 바로 이러한 연유에서이다. 돌이켜 보면 정확한 사실과 진상을 알리는 일에 시가 이처럼 동원될 수밖에 없었던 당시의 아픈 현실은 외면한 채 미처 그것이 시적 경지에 이르지 못했음만을 탓하는 사람도 없지는 않다. 그러나 이는 아무래도 깨어 있는 역사 속에서의 시의 사명을 제대로 인식하지 못하는 데서 기인할 것이다. 당시의 시에게 부여되었던 이러한 역할은 광주민주화운동 직후에 창작된 김준태의 저 유명한 「아아 광주여! 우리나라의 십자가여!」에서도 우선 그 일면을 찾아볼 수 있다.

(여보 당신을 기다리다가
문밖에 나아가 당신을 기다리다가
나는 죽었어요…… 그들은
왜 나의 목숨을 빼앗아 갔을까요
아니 당신의 전부를 빼앗아 갔을까요
셋방살이 신세였지만
얼마나 우린 행복했어요
난 당신에게 잘해 주고 싶었어요
아아, 여보!
그런데 나는 당신의 아이를 밴 몸으로
이렇게 죽은 거예요 여보!

미안해요, 여보!
나에게서 나의 목숨을 빼앗아가고
나는 또 당신의 전부를
당신의 젊음 당신의 사랑
당신의 아들 당신의
아아, 여보! 내가 결국
당신을 죽인 것인가요?)

위의 시의 인용 부분은 계엄군에 의해 무참하게 살육된 한 임신부의 입을 통해 발언되고 있다. 하지만 이처럼 끔찍한 일이 사실로 증명되기까지에는 참으로 많은 시간이 필요했다. 1988년의 '광주청문회' 이후에야, 나아가 광주민주화운동에 참여한 사람들의 증언이 구체적으로 채록된 이후에야 이 일이 사실로 인정되었기 때문이다. 그러고 보면 그 많은 시간들을 한순간에 압축, 단축시켜주었던 것이 김준태의 이 시라고 할 수 있다. 한때는 저들에 의해 단지 유언비어일 따름이라고 끊임없이 매도되었던 이 일은 임신부의 목소리가 아니라 태아의 목소리를 빌어 형상화하고 있는 고규태의 시 「나는 첫 아이였어요」를 통해서도 또한 발견할 수 있다. 당시 시인들은 이처럼 일단 먼저 고발과 폭로, 혹은 증언의 차원을 통해 광주민주화운동의 진실에 접근해 가지 않을 수 없었던 것이다.

생각해 보면 기독교의 이미지를 패러디하고 있다고 하여 일면 여타의 종교로부터 배타적 비판을 받기도 하는 것이 김준태의 위의 시이기도 하다. 그러나 기독교의 순교 혹은 희생양 정신과 연결시키고 있는 이 시, 다시 말해 광주의 고난과 불행을 끝내 예수 부활의 이미지로 전화하고 있는 이 시의 근본적인 지향은 항쟁 직후에 자포자기의 절망으로 떨어지지 않기 위한 지난한 의지의 한 표현이라고 해야 할 것이다. 이는 그가 이 시의 말미에서 "지금 우리들은 더욱 살아나는구나/지금 우리들은 더욱 튼튼하구나(……) 광주여 무등산이여" 하고 외치고 있는 것에도 극명하게 드러나고 있다.

돌이켜 보면 광주민주화운동의 진상이 전국적인 문제로 일반대중에게 부상되었던 것은 1985년 2월 12일에 있었던 총선에 이르러서였다. 김대중, 김영삼 두 분에 의해 주도되었던 신민당이 선거전략의 하나로 광주항쟁의 진상을 전국적으로 홍보하였던 것이다. 하지만 일반 대중이 구체적으로 그 전모를 접했던 것은 『신동아』에 발표되었던 윤재걸의 '르뽀'와 '전남사회운동협의회 편, 황석영 기록'으로 출간된 『죽음을 넘어 시대의 어둠을 넘어』(풀빛, 1985) 등이 등장하면서부터라고 하는 것이 옳다. 따라서 그 이전의 단계에는 시인들에게 있어서 광주항쟁의 열흘간은 고발과 폭로의 차원에서뿐만 아니라 구체적인 증언 및 사실의 재구성 차원에서도 깊이 있는 형상의 대상이 되지 않을 수 없었다.

이러한 점에서 보면 박몽구의 시집 『십자가의 꿈』은 아직도 시사하는 바가 크다. 당시로서는 뛰어난 예술적 성취보다는 어떻게든 항쟁의 구체적인 사실과 진상을 극명하게 그려내는 것이 그날의 광주를 체험한 시인에게는 더없이 중요한 임무였기 때문이다. 사실 그렇다. 박몽구의 이 시집에는 광주민주화운동의 전 기간이 나름대로의 추체험을 통해 매우 섬

---

* 편집자 주: 1980년 5월 당시 동아일보 기자였던 윤재걸 시인은 '5·18광주민중항쟁' 취재건으로 그해 8월 신문사에서 강제해직되었고, 1984년 8월 동아일보에 복직하여 『신동아』 편집위원으로 재직시 1985년 『신동아』 7월호에 쓴 「광주, 그 비극의 10일간」은 한국의 공식 언론에 최초로 기사화된 5·18다큐멘터리다.

세하게 그려져 있다. 다음은 그의 시 「십자가의 꿈」 연작 중의 일부이다.

> 새로 투입된 진압군은 시시각각 깔아뭉개고 들어오겠다며
> 깊은 밤에도 장갑차와 헬리콥터를 띄워 우리들은 하얗게 잠깨곤 하였다
> 화정동 부근의 시민군들은 아카시아와 허술한 벽돌로
> 핵 시대의 군대와 대치하고 있다가
> 캐터필러가 떠밀면서 무차별로 갈기는 통에
> 시민군 몇 사람이 개죽음이 되었다
> 외곽에서는 식량이며 생필품이 들어오는 길도
> 죄다 막히고 말았건만
> 그럴수록 우리는 한가족이 되어 있었다.
> 모두들 한마음으로 궁핍을 나누며 살고 있었다.
> 술청마다 문이 활짝 열려 있었고
> 방범초소가 부서진 지 오래지만 도둑의 그림자는 머리카락도 보이지
> 않았다.
>   - 「십자가의 꿈·62」 부분

박몽구의 이 작품은 시로서의 형식은 갖추고 있지만 시라고 하기보다는 오히려 광주를 직접 체험한 사람의 고백적 증언이라고 해야 할 것이다. 오늘의 입장에서 보면 미처 '시의 경지'에 이르지 못한 것으로 보일지는 몰라도 당시에는 이처럼 있는 그대로의 체험으로 형상화하는 것만도 아주 커다란 용기가 필요했던 것이 사실이다. 어찌 보면 당시의 문학에게, 특히 시에게 언론이 해야 할 역할까지 부여되었던 것은 행복했던 일인지도 모르겠다. 시인의 대사회적 역할과 기능이 바늘구멍만큼이나

작아진 오늘의 현실에서 보면 더욱 그렇다.

이러한 기능을 담당했던 광주항쟁과 관련된 시는 그 양에 있어서 자못 상당하다. 김남주의 「학살 2」, 이영진의 「그로테스크한 시」, 김정환의 「편지」, 채광석의 「애국가」, 박정열의 「5월 25일 도청 안에서」, 김형수의 「오리발과 빨간 나비넥타이」 등의 시가 그 예로, 이는 그것이 이룬 예술적 성취와 관계없이 광주민주화운동을 다룬 시의 중요한 일부를 이루고 있다. 현대사에서 광주민주화운동이 갖는 독특한 위치 때문이겠지만 우리의 시는 이러한 방식으로라도 당시의 언론이 직무유기했던 부분을 메워갔던 것이다. 물론 시는 앞으로도 마찬가지의 방식으로 민족사적 대사건에 대응해 나가게 될 것이다.

평면적이고 선형적인 관계로 이루지는 것은 아니겠지만 그와 더불어 우리의 시는 점차 광주민주화운동이 갖는 역사적 의의를 드러내게 된다. 그 또한 광주민주화운동을 다룬 시의 중요한 영역이라고 아니하지 못할 것이다.

3. 민족운동사적 의의, 또는 찬讚과 추모의 의미망

지리적 한계를 인정하고 보면 1980년 5월의 광주항쟁은 1894년의 동학혁명 및 일제강점하의 광주학생운동과 그 역사적 맥을 함께 하고 있다고 할 수 있다. 박정희의 '유신 쿠데타' 이후 광주에서의 민주화운동이 특별히 선진적이었다는 것을 감안하면, 따라서 그날의 광주민주화운동은 짐짓 예고되어 있었던 것인지도 모른다. 상대적으로 훨씬 뜨거운 애국심과 민주주의적 열정을 일종의 전통으로, 사회·문화적 집단무의식으로 간직해온 곳이 광주이기 때문이다. 이미 1976년 시인 조태일이 자신의 시 「겨울 소식」에서 다음과 같이 노래하고 있는 것을 보면 이는 더욱 그렇다고 할 것이다.

> 찬바람 속에서 광주는
> 큰 애를 뱄다더라.
>
> 찬 눈에 덮여서도 무등산은
> 그렇게도 우람한 만삭이라더라.

하지만 광주민주화운동의 역사적 의의가 이러한 정도의 지역적 한계 안에 갇혀 있지 않다는 것은 잘 알려져 있는 바이다. 전 민족사적인 입장에서 그밖에도 일제하의 3·1운동, 이승만 독재하의 4·19혁명, 그리고 전두환 독재하의 6월항쟁으로 이어지는 맥락 위에 광주민주화운동이 위치해 있다는 것이다. 사실 그렇다. 광주항쟁이 갖는 이러한 전 민족사적 가치에 이의를 제기할 사람은 아무도 없을 것이다.

이로 미루어 보면 광주항쟁에 관한 시적, 문학적 대응은 상대적으로 매우 성숙해 있고, 앞서 있는 것을 부인할 수 없다. 정한모는 일찍이 「한국 현대시 약사」에서 일제강점기의 3·1운동과 관련해 제대로 된 민족시 한 편이 남아 있지 않은 것에 대해 크게 통탄한 적이 있다. 무려 1만 명 이상의 동포들이 학살되고, 5만 명 이상의 동포들이 투옥, 구금되었던 것이 일제강점하의 3·1운동이었다는 점을 상기해볼 필요가 있다. 그러고 보면 문학사적 입장에서 살펴볼 때 광주민주화운동은 상당히 행복한 편이라고 할 수 있다. 그 당시부터 즉석에서 시가 쓰여 낭송되기도 했지만, 그 이후 지금까지 이미 수천 편의 문학작품이 생산되었다는 것을 잊어서는 안될 것이다. 특히 기억할만한 일은 시선집으로 이미 『누가 그대 큰 이름 지우랴』(인동, 1987)와 『하늘이여 땅이여 아아, 광주여』(황토, 1990)가 간행된 바 있다는 사실이다.

어쨌거나 광주항쟁이 갖는 역사적 의의가 동학혁명에서 출발하여 3·1운동, 6·10운동, 그리고 4·19혁명으로 이어지는 거대한 흐름 위에 자리한다는 것은 의심할 바 없는 사실이다. 또한 그것이 이른바 6월항쟁의 뿌리로, 토대로 작용했다는 것도 이제는 역사의 정설이 되어 있다. 이러한 인식은 물론 사회과학적으로 연구되어 확정되기 이전에 당연히 시적 직관에 의해 먼저 파악되었다. 다음은 바로 그러한 시각으로 광주항쟁을 바라보고 있는 김진경의 시 「5월 21일 도청 앞 광장에서」의 일부이다.

    우리 역사는
    우금치 고갯마루를 맴돌고 있었더니라
    20만 동학군의 죽창이
    눈사태처럼 무너진 이래
    쓰러져 누운 흰옷을 논밭 삼아
    착취의 칼날을 꽂는
    식민의 세월
    3·1절의 함성도
    6·10만세의 함성도
    광주 학생의 부르짖음도
    우금치 고갯마루를 맴돌다

끝내 무너져 내렸더니라.
그리고 해방이라고 했던가
넘을 수 없는 우금치 고갯마루에
겹겹이 철조망이 쳐지고 지뢰가 묻히고
그는 그걸 38선이라 했더니라.
휴전선이라 했더니라.
4·19도 우금치 고갯마루를 넘다
철조망 위에 무너져 내렸더니라.
1980년 5월 21일
광주 도청 앞 광장에도
그 운명의 고갯마루는 있었다.
분노한 시민들의 물결이
학살자들이 쫓겨 들어간 도청을 향해 압박해 가고
총성이 울렸지.

이 시에서 시인 김진경이 궁극적으로 의도하는 것은 광주민주화운동의 의의를 근현대사의 민권운동 및 민족자주운동, 나아가 민족·민중운동의 연맥 위에 위치 지으려고 하는 것이다. 하지만 정직하게 말하면 이러한 작업 또한 시 이전의 것으로, 신군부에 의해 폭도들의 난동으로 규정되어진 광주항쟁을 정통성 있는 민족·민중운동으로 복권해내기 위한 운동사적 의미가 크다. 그러니까 당시에는 그것 자체가 일종의 문화적 투쟁의 하나였다는 셈이다. 필자가 졸작「3월 하늘」에서 "구름이 흐르는 것을 본다/3월에서 4월로/4월에서 5월로/뭉게뭉게 솟아오르는 구름을 본다/굽이치는 구름덩이를 본다/민주주의의 폭풍우를 본다"라고 노래했던 것도 실은 그와 다르지 않은 발상이었다. 하종오가 자신의 시집 제목을 『4월에서 5월로』로 잡았던 것도 물론 마찬가지의 인식 때문이다. 광주민주화운동은 이미 깨어 있는 민중들의 의식 속에서는 빛나는 조국의 역사로 당당하게 편입이 된 것이다.

광주항쟁에 대한 이러한 인식이 마침내 일종의 찬가讚歌를 낳게 한 것은 너무도 당연한 일이라고 할 것이다. 이는 사실 광주민주화운동의 분명한 역사적 의의를 생각하면 그다지 새삼스러울 것도 없는 일이다.

일단 찬가는 광주항쟁에 적극적으로 참여했다가 장렬하게 전사한 애국열사들에 대한 추모시의 형태로 형상화된 바 있다. 서정시의 본래적 속성 중에 찬가적인 면이 없지 않다는 점을 생각하면 광주민주화운동 시가 서정시 본연의 모습을 담아내기 시작했다고도 할 것이다. 광주항쟁 시의 이러한 모습이 물론 선형적이고도 평면적인 발전 위에 놓여 있는 것은 아니지만 말이다. 하지만 이때의 시가 신이나 영웅에 대한 전통적 찬가의 모습을 그대로 취하고 있을 리는 만무하다. 누가 뭐라고 해도 광주민주화운동은 역사적 비극으로서 그 내부에 한없는 슬픔과 눈물을 함축하고 있기 때문이다. 다음의 시는 이러한 의미에서 살펴볼 수 있는 고규태의 시 「화정동 노을」의 일부이다.

> 분노가 깊으면 저렇게 붉은가
> 증오가 깊으면 저토록 찬란한가
> 쓸쓸한 저녁 바람 몰려가는
> 돌고개 저 너머 화정동 마을
> 친구의 얼굴을 보겠네 그날 쓰러진
> 꽃청춘, 아깝게 아깝게 식어간

친구들의 노한 눈빛을 보겠네
못 잊어 못 잊어 못 잊어
금남로 사랑 충장로 넉넉한 사랑
도청 분수대에서 나누던 융융한 사랑
못 잊어 타는 그대의 햇붉은 가슴을
화정동 노을 속에서 나는야 보겠네

고규태의 이 시에서와 같은 정서는 그 밖에 박승옥의「오월의 겨울」, 이도윤의「오월의 꽃·4」, 배창환의「봄날」, 양성우의「해방연가」등의 시에서도 찾아볼 수 있다. 이들 시에 드러나 있는 찬과 추모의 정이 우리에게 보여주는 가슴 뭉클함은 충분히 예술적이라고 해도 과언이 아니다. 그러나 광주항쟁에 대한 이처럼 폭넓은 찬과 추모의 정은 이내 좀 더 구체적인 대상으로 좁혀져 드러나게 된다. 말하자면 좀 더 구체적인 인물들이 시적 대상으로 떠오르게 된다는 것이다. 이 경우에 그것은 김해화의 '오빠', 박선욱의 '누이', 김용락의 '누님', 임동확의 '너', 박남준의 '그대' 등처럼 다소 막연한 호칭으로 등장하기도 하지만, 최두석의 '서호빈', '기종도', 양성우의 '박관현', 하종오의 '김종태', 김희수의 '홍기일' 등처럼 명확한 이름으로 등장하기도 한다. 이러한 현상이 나타나게 되는 데는 광주민주화운동의 실제적인 모습이 드러나면서 그들의 죽음에 대한 서사적인 기록이 요구되기도 했겠지만 구체적인 작품의 발상에서 좀 더 현실성을, 다시 말해 리얼리티를 획득하기 위한 시인들의 노력도 없지는 않았을 것이다. 다음은 그러한 입장에서 창작된 것이 확실한 최두석의 시 「서호빈」의 일부이다.

건물 왼편 뜰에 누운 사람들 모두 살펴도 그녀의 애인 서호빈은
없었다. 안도감으로 무너지는 몸을 계단에 앉으니 일등병이 다가와
옆에 앉았다. 그러고는 데모하는 대학생 놈은 모조리 죽여야 한다고
지껄였다. 뒤뜰에 있는 여덟 놈은 모두 자기가 쏘았다고 뇌까렸다.
그녀는 소스라쳐 일어나 뒤뜰로 갔다. 첫째 시신을 보니 아니었다.
둘째 시신도 아니었다. 셋째 시신을 덮은 광목을 들치니 이마에 안경
이 걸쳐진 그이였다

  광주민주화운동 중에 죽은 서호빈의 시신을 찾아내는 과정을 애인의 시각을 빌려 그려내고 있는 것이 이 시라고 할 수 있다. 최두석 특유의 '이야기 시론'에 근거하고 있기는 하지만 이 시 역시 기본적으로는 사실의 복원 차원에 자리해 있다. 물론 이 시의 모든 면이 전적으로 다 그러한 것은 아닌데, 사실의 복원 자체가 이미 찬讚과 추모의 정을 함유하고 있기 때문이다. 어찌 보면 민족사의 매우 중요한 단계에 참여하여 목숨을 바친 사람들의 삶을 제대로 복원하고, 노래하는 것만큼 중요한 시의 역할과 기능도 없다고 할 것이다.
  돌이켜 보면 광주민주화운동의 시 가운데에는 과도할 정도로 찬讚과 추모의 정을 담은 작품이 많은 감도 없지 않은데, 물론 이들 모두가 제대로 된 시적 감동을 주는 것은 아니다. 적잖은 경우 시적 여과과정을 제대로 거치지 않는 가운데 상투적으로 씌어지고 발표되고 있기 때문이다. 그러한 점에서 생각하면 광주항쟁 시에도 당연히 일정한 형상화의 과정, 심미화의 과정이 요구되지 않을 수 없을 것이다. 여기서 망월동과 무덤의 이미지를 담고 있는 몇몇 광주항쟁 시에 주목하고자 하는 것은 바로 이 때문이다. 그러한 작품들의 경우 상대적으로 좀 더 시적 경지, 심미적 경지

에 이르러 있다는 것이다.

4. 맺음말 – 망월동 혹은 무덤의 이미지

시의 언어가 본래 직접적인 설명의 방식보다는 우회적인 비유 혹은 상징의 방식을 택한다는 것은 익히 주지하는 바이다. 그 과정에 상상의 기쁨과 즐거움이 싹트고, 그렇게 상상하는 과정에 획득되는 진실이 우리의 삶에 커다란 깨침을 주기에 시의 언어는 그러한 길을 택하지 않을 수 없는 것 아닌가. 광주민주화운동을 노래한 시 역시 미적 여과과정을 밟지 않을 수 없는 것은 다름 아닌 이러한 연유에서이다. 새삼스러운 지적이지만 일정한 정도는 미적 경지에 이를 때 광주민주화운동의 시도 독자들의 정서를 바르게 감염시킬 수 있고, 마침내 서정시 일반과의 경쟁에서도 우위를 점할 수 있는 것 아니겠는가.

이러한 점에서 생각하면 무엇보다 먼저 주목해야 할 것이 망월동의 이미지이다. 주지하다시피 망월동 자체는 광주민주화운동 당시에 순절한 애국 시민들의 공동묘지가 있는 지역의 명칭일 따름이다. 그러나 광주민주화운동 시에서 망월동이 단순히 그러한 정도의 의미망만을 내포하는 것은 아니다. '망월동'은, 그리고 그 묘지는 광주항쟁 정신 일반을 은유하기도 하고, 그로부터 비롯된 1980년대의 민족·민중운동 전반을 상징하기도 한다. 뿐만 아니라 '망월동'은 좀 더 구체적으로 당시의 군사독재 통치세력에 대한 저항과 도전을, 그리고 나아가 일종의 민족·민중운동의 성지로서 순례의 터전을 비유하기도 한다. 송수권의 「망월동 가는 길」, 김하늬의 「망월동으로 가는 길」, 김용락의 「망월동」, 정삼수의 「망월동 옛 생각」, 하종오의 「망월望月」, 이승철의 「망월동에서」, 김해화의 「5월묘 가는 길」, 이성부의 「공동산共同山」, 이영진의 「성묘」 등에서 그러한 면을 볼 수 있거니와, 다음은 남달리 서정적 흥취를 듬뿍 풍기고 있는 강형철의 시 「순례」의 전문이다.

가을 탱자나무 가시를 들추며
몇은 손을 긁혔고
몇몇은 그날의 함성과 피에 대해 말하면서
망월동을 찾아가고 있었다
다락논에는 벼포기가 낫에 베인 자국을 움켜쥐고
하늘에 닿아
잔잔한 물기에 몸을 적시고 있었다
이 땅에 젊어 태어난 것이
저주라고 축복이라고 익숙한 말들이
억새풀 사이에 숨었다.

여보 당신은 천사였오
천국에서 만납시다
묘비 뒤에 목울대를 넘기는 핏기
젊은 신랑의 소리가
우리의 얼굴을 유심히 쳐다보았고
우린 모여 절을 올렸다
무덤들이 눈을 들어 행길로 달려갔고

소주를 부었다. 한 아름

　　담양 쪽으로 나간다는 산길을 따라 몇몇은 절뚝거리며 갔고
　　몇몇은 잡풀 끝을 손에 쥐며 손이 베이는 것도 몰랐다
　　오랫동안 눈빛이 차올랐다
　　사람의 얼굴
　　오지게 그리운 사람의 얼굴
　　그 위로
　　미루나무는 은사시나무로 빛을 보듬어 우리 곁에 쏟아부었다

　망월동 묘지에의 참배 체험 혹은 순례 체험을 담고 있는 것이 이 시에 담겨 있는 주요 내용이다. 이 시에서의 시적 자아는 비교적 차분한 어조로 자신의 순례 체험을 형상화하고 있는데, 아마도 그것은 그가 특별히 불필요한 욕망을 잘 절제하고 있기 때문으로 보인다. 그에서 기인했겠지만 이 시에는 "잔잔한 물기에 몸을 적시고 있"는 순례자들의 모습과, 순례자들이 느끼는 서정이 잘 드러나 있음을 알 수 있다. 시적 자아가 망월동 묘지를 참배하면서 느끼는 벅찬 마음, 즉 잡풀들에 의해 "손이 베이는 것도", 모르고 "오랫동안 눈빛이 차"오르는 순정한 마음이 느끼는 정서를 이 시는 보여주고 있다. 성지로서의 망월동에 이르러 함부로 그에 취하는 것이 아니라 조용히 자신의 내면을 응시하는 가운데 발견해내는 시적 자아의 무구한 진실을 이 시에서는 엿볼 수 있는 것이다. 물론 이는 시인 강형철이 망월동의 이미지라고 하는 명확한 시적 여과체를 통해 순례자로서의 지순한 정신을 차분히 형상화하고 있기 때문에 가능했을 것이다.

　강형철의 이 시가 보여주는 서정적 흥취는 망월동의 구체적인 묘지로

부터 발상을 하고 있는 이영진의 「무덤은 큰 입이다」에서도 마찬가지로 찾아볼 수 있다. 그 역시 충분한 시적 장치를 통해 광주항쟁이 갖는 중요한 의미를 격조 있는 호흡으로 형상화하고 있는 것이다. 다음은 그의 시 「무덤은 큰 입이다」의 일부인데, 이미 그 자체로 뛰어난 이미지가 선택되어 있음을 잘 알 수 있다.

> 무엇으로 말을 하는가
> 살랑이는 봄바람 혹은 봄꽃들을 어떻게
> 함부로 노래하는가
> 갈수록 말이 줄어드는 나를 보고
> 이젠 철이 들어간다지만
> 소주에 절은 이빨들아
> 족발을 물어뜯는
> 입술들아, 무엇으로
> 무엇으로 입을 여는가
> 큰 희망으로 타오르던 그해 여름
> 흰 천을 머리에 두른 친구들은
> 산으로 쫓겨가며 말이 없었다.
> 분수대 곁에서 타오르던 칸나 꽃은
> 뚝뚝 핏방울을 흘렸고, 친구들은
> 미쳐서 미쳐서 그 아름다운 꽃길로
> 사라져 갔다.
> 아아, 숨어서 쥐구멍을 파던 가슴으로
> 쥐구멍을 파다파다 피가 마른 가슴으로

어떻게 지껄여야 하는가
말이란 입을 통해서가 아니라
온몸으로 오는데

앞의 시와는 달리 이 시는 독자들의 가슴으로 격정적 호흡이, 그리고 숭고하고 웅혼한 기세가 휘몰아쳐 들어오는 작품이다. 따라서 폭풍처럼 다가오는 이 시의 운기運氣에서 거칠 것 없는 호연지기를, 또한 한편으로 끝없이 일그러지는 고뇌에 찬 시인의 내면세계를 읽은 것은 짐짓 자연스러운 일이다. 이러한 점에서도 여타 광주민주화운동 시의 한계를 충분히 돌파하고 있는 것이 이 시라고 할 것인데, 물론 이는 시인 이영진의 남다른 심미적 운산運算에서 기인할 것이다.

돌이켜 보면 벌판을 내달리는 말발굽 소리를 함축하고 있는 이 시와 같은 호흡은 송강 정철의 「사미인곡」, 「관동별곡」의 전통을 받고 있는 남도 특유의 리듬이라고 할 수 있다. 조태일과 김지하의 초기시, 그 밖에 김준태와 김남주 등의 시에서도 보이는 이러한 호흡과 가락만으로도 이 시는 사실 돋보이는 바 없지 않다.

이 시는 역사를 향한 아무런 실천적 노력도 없이 입만 살아 지껄여대는 당대의 현실에 대한 암유적 풍자를 담고 있기도 하다. 물론 그의 이러한 인식은 자신의 내면을 향한 끊임없는 자기 점검이 있었기 때문에 가능했으리라 생각된다. 모택동의 용어를 빌면 굳거나 멋지 않고자 하는 깨어 있는 자아의 끊임없는 '조반유리造反有理'에서 이 시의 웅혼한 긴장감은 탄생되었을 것이다. 역사의 가시적인 현상에 집착하지 않고 그 배후에 가려져 있는 진실을 바르게 추적하고자 하는 시인의 뜨거운 열정을 읽을 수 있다고 해도 좋으리라.

이러한 점에서 생각하면 사실 현금에 이르러 창작되고 있는 광주민주화운동 시의 경우 지나치게 상투화되어 있지 않은가, 공식화되어 있지 않은가 하는 느낌도 없지 않다. 이제는 광주민주화운동 시도 의례적으로 거쳐지나가는 추모시의 차원으로, 기념시의 차원으로 전락하고 있지 않은가 하는 느낌을 떨쳐버릴 수 없다는 것이다. 그 모든 것이 관습화되고 인습화된 반항정신, 그리하여 왜곡되고 뒤틀린 저항정신에 갇혀 우리 시대의 문제점을 오히려 바르게 인식하지 못하는 데서 기인하는 것은 아닐까.

생각해 보면 그동안 광주·전남에서 생산되는 시의 경우 지나칠 정도로 1980년의 5월에 얽혀 있었던 점도, 매몰되어 있었던 점도 아주 없지는 않다. 세상은 이미 저만큼 달려가고 있는데, 아직도 1980년 5월이 내리누르는 중압감을 벗어나지 못해 낡고 진부하기 짝이 없는 동어반복을 계속하고 있는 시인도 더러는 눈에 띈다는 것이다. 벌써 1990년대도 후반기에 다다른 오늘의 광주·전남의 시인들에게 좀 더 열려 있는 마음가짐, 좀 더 깨어 있는 영혼이 절대적으로 요구되는 것은 바로 이 때문이다. 지난 1980년대 이래의 관성에 사로잡혀 이제는 형해화形骸化된 채로 진행되고 있는 민족·민주운동에 편승하여 자신의 문학을 낡고 진부하게 만드는 시인은 없는가. 변화하는 세상의 변화하는 삶을 적확하게 읽어내지 못할 때 시인이 더 이상 자기 역할을 해낼 수 없다는 것은 주지의 사실이다. 변화하는 오늘의 삶, 다시 말해 엄밀한 의미에서의 근대성에 기반한 새롭고도 참신한 광주민주화운동 시가 더없이 요구되고 있다고 해도 좋다.

우리의 이러한 생각을 고스란히 반영하고 있는, 즉 광주항쟁에 대하는 우리의 오늘의 현실을 잘 반성하고 있는 신경림의 시 「남도로실南道路室」 전문을 여기에 인용하며, 말을 맺는다.

인사치레로 망월동에 가서 참배를 하고

울적하니까 셀프호프집에 가서 생맥주 천씨씨짜리 두어 개 걸쳤다

만만한 게 사회주의라 디립다 씹고 밟고 찢고

그래도 화가 안 풀리면 이번에는 노래방이다

〈무정부르스〉를 목청껏 뽑고 〈애모〉를 악을 쓰고 부르다가

다 밝아 넝마가 되어 여관방에 와 누웠는데

이게 웬일이냐

금세 돌이 날고 총알이 쏟아질 것 같은 금남로가

전봉준과 나란히 벽에 와 걸렸으니

정신이 번쩍 들어 불을 켜니

난데없이 벌거벗은 아가씨들이 떼로 몰려나와

자빠지고 엎어지고 온갖 요사를 다 떠는구나

저도 돌이 나는 금남로를 보겠다는 건지

창문으로 기웃이 고개를 디민 저

허연 아카시아 꽃떨기에 어린 것이 눈물일까 달빛일까

— 광주항쟁 17주년 기념 심포지엄 원고, 『진실의 시학』(1998년)

■ **이은봉** 1953년 충남 공주 출생. 숭실대 문학박사. 1983년 『삶의문학』으로 평론, 1984년 창작과비평사 신작 시집(『마침내 시인이여』)으로 시 등단. 시집으로 『좋은 세상』, 『봄 여름 가을 겨울』, 『절망은 어깨동무를 하고』, 『내 몸에는 달이 살고 있다』, 『길은 당나귀를 타고』, 『책바위』, 『첫눈 아침』 등. 평론집으로 『실사구시의 시학』, 『시와 리얼리즘』, 『진실의 시학』, 『시와 생태적 상상력』, 연구서 및 시론집으로 『한국현대시와 현실인식』 등이 있다. 한성기문학상, 유심작품상, 가톨릭문학상 등 수상. 현재 광주대 문예창작과 교수.

광주5월민중항쟁 이후의 문학

고은

1.

역사의 오류를 이겨내기 위하여 광주민중항쟁 10주년은 그 진정한 의미로서는 '광주민중항쟁 10년'으로 말해야 할 것이다. 그만큼 이 항쟁은 기념의 대상이 아니라 계승과 지향의 절실성으로 살아 있다. 결코 과거로 묻어버릴 수 없는 이 엄연한 사실은 기껏 10년이 지난 오늘이라고 해서 5공청산이라는 이름 아래 부랴부랴 일방적인 청산공작을 서두르는 일로 일단락되고 마는 것이 아니다. 그렇게 되기는커녕 그동안의 10년은 다음 국면의 역사발전으로 나아가는 전략과 지혜를 쇠퇴할 줄 모르는 새로운 인식을 통해 지속적으로 이끌어내는 현재로 되어야 할 것이다.

그렇다고 해서 항쟁을 기념하는 일이 바람직하지 않은 것은 아니다. 지난 10년 동안 우리는 아주 조촐한 기념행사조차도 극심하게 탄압받았기 때문에 기념 그 자체가 또 하나의 항쟁을 뜻하는 경우를 마다 하지 않았다. 이러는 동안 이 땅에서 살고 있는 사람 가운데서 광주학살로 권력을 틀어쥔 군부파쇼 일당이나 이에 대한 온갖 희생과 시련으로 치 떨어온 전체 민중세력이나 그 입장은 다를지언정 광주민중항쟁을 초월할 수 있는 사람들은 거의 없었던 것이 사실이다. 광주라는 말은, 그 말을 아무리 녹여버리는 정치 수사학 앞에서도 정전 직후의 촛불처럼 어둠 속에서 눈부셨던 것이다.

 이 항쟁을 계승하고자 하는 진영의 진리는 날이 갈수록 그 역사 발전의 전선에서 여실해졌던 바 있다. 아니, 항쟁 직후의 광주 미문화원 방화사건과 여기에 잇따라 일어난 부산사건, 서울사건들이 보여준 항쟁 이후의 반미운동은 그것을 뒤집어보면 거기에 민족분단의 모순과 광주민중항쟁이 맞물리고 있었다는 확증을 볼 수 있다. 또한 1980년대의 수많은 분신자결사건들은 어디서 기인했던 비극인가.

 이런 판이라 문학도 차츰 예외가 아닌 입장이 생겨났다. 정작 광주항쟁을 통해서 한 사람의 때밀이에 맞먹을 한 사람의 시인도 민중적 전사로 싸운 바 없고, 그 처절한 학살의 피투성이 희생자 가운데 아직까지도 어떤 문학인의 이름이 나타나지 않고 있다는 사실과 함께 문학은 이 항쟁에 대한 깊은 자책이 있어 마땅한 것이다. 물론, 너 거기서 죽어야 옳았다라는 강변을 내세울 만한 처지는 어디에도 있지 않다. 젊은 시인 김남주가 감옥 안에서 광주항쟁의 소식을 듣고 그 자신이 금남로나 전남도청에 있을 수 없는 신세를 발을 구르며 비통해 한 일만으로 그 자책을 면제받을 수도 없다.

 우리는 1970년대가 전태일의 죽음과 김경숙의 죽음으로 이루어진 사실을 다른 사실들보다 더 통렬하게 기억하고 있거니와 1980년대 벽두의 광주민중항쟁 역시 거기에는 수습대책위의 지도층과 항쟁의 궁극적 실체였던 민중 사이의 간극을 어쩔 수 없이 보게 된다. 결국 지식인들은 일련의 투옥사태와 해직·감시의 수난을 제외하면 많은 사람들이 항쟁의 현장에서 멀리 도피하고 마는 것이다. 이런 현상은 항쟁 초기의 주역이었던 학생들도 싸움의 중심부에서 썰물처럼 이탈해버리는 것으로 나타난다. 이는 정도상의 「십오방 이야기」에서 한 잡범의 입을 통해서도 거칠게나마 그려지고 있다.

> "…첨엔 학삐리들이 시작했는디, 뒤에 갸들은 내빼고 때밀이, 식당 종업원, 구두닦이, 운전수, 공돌이, 구멍가게 주인 같은 야들이 총을 잡고 광주를 지킨다고 싸웠다등만, 뭐…"
>
> "…학삐리들은 배운게 있응께 그거 안해도 지 목구녁은 채울 수 있응께 발라 버린 것이고, 갸들은 못 가진 한도 있고 데모 하나 안 하나 때밀이는 때밀이고, 공돌이는 공돌잉께 싸우는 것이고, 무엇보다도 갸들이 의리 하나는 끝내중께."

엄연히 말해서 여기에 나오는 사람들은 민중론의 도상圖上에서조차 주변화되는 것이다. 조직노동자로서의 오르그 체험도 없는 사람들이기 때문이다. 이 점 우리는 주목해야 하거니와 아무튼, 아직도 그 숫자가 제대로 밝혀지지 못한 수많은 학살의 희생자 및 항쟁으로 인한 전사자들이 널려 있던 그 자리에 다시 돌아와서 산 자는 죽은 자를 애도하는 역설로부터 광주민중항쟁의 역사 전개에 저 자신을 의탁하기 시작한 것이다. 그것은 항쟁의 주역들에게 넘쳐났던 낭만적 애국주의와는 좀 다른 의미에서 감상적이며 관념적이기까지 했던 것이 사실이다.

그리하여 그들 가운데서 시인들은 우선 희생자와 전사자들을 위한 진혼가를 부르기 시작했다. 1980년대의 시에서 유난히 씻김굿 등의 전래굿에 대한 시적 관심이 고조된 것도 항쟁 이후의 과학적 현실주의에 대한 반동 형식으로 그 몫을 맡기도 했거니와 그것이 민중의 삶 가운데 남아 있는 전통제례 정서를 재생시키고자 하는 의도의 배후에서 볼 때 광주의 영령에 대한 위령 분위기와 내통하는 경우도 없지 않았다.

그러나 이와 함께 광주의 시인들에 의해 항쟁의 정서적 실감은 그 암울한 공포정치의 현실 밑바닥으로 터져나가 전국적인 반향을 불러일으키기 시작했다. 과연 시와 시인의 역할은 엄청난 것이라는 체험은 새삼스러웠다. 항쟁 직후의 핏자국과 총구멍이 그대로 남겨진 5월 하순의 광주를 노래한 김준태의 「아아 광주여! 우리나라의 십자가여!」가 그것이다. 이것에는 "우리나라의 십자가여", "하느님도… 떠나가버린 광주여" 따위의 말들이 풍겨주는 종교적 진부함이 없는 것은 아니나 항쟁 직후 이만한 시를 확대 계엄령의 검열로 찢어발겨지면서까지 발표할 수 있었던 그 시적 충동은 높이 평가되기에 충분한 바 있다.

그 뒤로 문병란을 비롯한 광주의 기성 시인을 아울러 젊은 시인들의 대거 출현으로 '오월시'와 그 밖의 광주문학은 우리 민족문학운동에서 항쟁문학 또는 항쟁 이후의 문학에 매우 굳건한 실체로 성장하기에 이르렀다. '오월시'를 뛰어넘으려는 야심으로 일어난 '해방시' 동인 역시 광주항쟁의 산물임에 틀림없다.

이런 문학운동은 무엇보다도 광주민중항쟁 자체의 역사적 의의를 그대로 반영하고 있다. 특히 항쟁 이후의 이데올로기적 위상으로 볼 때, 이데올로기의 특질은 반드시 말을 만들어내는 것이다. 이 점에 있어 광주민중항쟁은 먼저 말의 빈곤을 메워야 하는 임무가 급선무이기도 했다.

우리 근현대사에 있어 갑오농민전쟁 및 의병전쟁과 3·1운동, 항일 독립전쟁을 이어내렸고 8·15이후로는 4·3항쟁 등의 민중봉기를 지나 4월혁명에 이르기까지 광주는 변혁의 맥락에서 하나의 전환기적인 매개의 의미를 갖추고 있는 것이다. 이것이 식민지시대의 광주학생독립운동을 앞으로 하고 1987년 6월항쟁에 그대로 직결됨으로써 광주항쟁은 역사학으로서가 아니라 역사와 현실로서의 계승을 가능하게 한다. 이는 갑오농민전쟁이 그 당시의 고종 왕조는 물론, 매천야록이나 독립신문에 의해서도 반도叛徒로 매도된 이래 그 '동학란'으로부터 '농민전쟁'이라는 명예를 복권하기까지 약 1백 년이 걸린 데 비해 실로 엄청난 진전으로서의 항쟁이기도 하다. 물론 아직까지도 관제 복권으로는 '광주사태'에서 어정쩡한 피해보상적인 '광주민주화운동'으로 된 것에 지나지 않지만 이는 오늘의 10년 자체가 담고 있는 역사 변동의 계량적 내용조차도 지난 시대의 1백 년 이상의 그것과 맞먹는다는 것을 말해주는 성부르다.

아무튼 이러한 증폭된 역사 발전의 질적 활성이 곧 광주항쟁을 계승하는 힘의 원천이 됨으로써 이를 우리 현대사의 분수령이라고 말해도 좋다. 여기에서 항쟁 이전과 이후라는 시대구분론을 제기하는 경우나 그것으로부터 새로운 역사환경적 시제時制를 파악하는 경우가 있게 된다.

그동안 우리는 거의 무자각적인 10진법의 단위로 1970년대와 1980년대를 구분하는 실례를 보아왔다. 또한 한 시대를 통상 30년으로 잡는 개화기 이래의 시대관에도 무조건 찬성할 수 없다. 그것은, 시대가 그 시대의 내용이 얼마나 창조적인가, 역사적인가에 의해서 규정되어야 할 내적 필요성이 강화되기 때문이다. 그렇다면 광주민중항쟁은 그것이 이제까지의 민족현실과 이에 대한 타율적인 작용을 멈추지 않고 있는 제국주의 세력과의 모순관계를 가장 적나라하게 표출시킨 역사의 참을 수 없는 폭발로 볼 수 있다. 비록 항쟁 자체 안에는 이데올로기가 없었지만 그것을 결국 이름 없는 직감이 대행한 셈이다.

바로 여기에서 항쟁 이전에 대한 새로운 시대의 진실이 피끓으며 깨쳐지는 것이다. 이와 관련해서 우리 현대사를 돌아볼 때 1960년의 4월혁명, 1970년의 전태일 분신, 1980년의 항쟁들은 공교롭게도 10년 단위의 시대적 가능성을 보여주지 않는 것은 아니다. 그 이상의 역사 행위로서의 광주민중항쟁은 그 이후 우리 삶에 대한 총체적 자기변혁을 촉발시키고도 남는다. 이는 전혀 예기치 못했던 새로운 시대의 의식과 실천의 과정으로 나타나고 있다.

다시 말하면 이 땅의 분단 극복운동으로서의 현대사는 항쟁 이전과 이후라는 커다란 분수령을 낳음으로써 그로 하여금 정치, 경제, 사회, 문화 등의 각 부문에 걸친 총체적 변화의 요구에 직면하는 것이다. 우리가 1980년대 이래 '통일염원 ○○년'이라는 연호를 개발한 것도 예삿일이 아니다. 이러한 현실에서 문학은 사회발전의 하부구조로 파악되거나 변혁을 위한 종속변수로 정의되는 사회과학적 이론의 여지가 개입되지 않는 바도 아니었다. 이는 문학이 사회의 반영물이라는 사실도 얼마간 이러한 경우에 다가서고 있는 셈이다.

하지만 항쟁 이후의 문학은 항쟁의 살아 있는 의지의 표상을 구현하고자 하는 민족문학 진영 전반에서 새로운 각성이 있음으로써 문학행위가 다른 사회적 1차 직능에 대해서 결코 피동적으로 종속되는 것을 넘어서 문학이 삶과 역사의 전 내용을 담는다는 대명제 아래서는 그것의 크기와 역사의 크기가 맞먹을 수밖에 없다는 문학의 창조적 존엄성이 새삼 확인된 것도 항쟁 이후인 것이다. 게다가 민족문학에 종사하는 사람들도 1970년대의 정예에 대해서 일약 대중적 규모로 발전하고, 이 같은 현상은 1980년대 문학 전반에서 차지하는 문학적 정통성을 이미 민족문학의 여러 성과가 담보함으로써 여타의 문학에까지 심대한 영향을 주게 되기까지 한다.

그뿐 아니라 문학이 사회의 여러 분야에 공급될 때마다 거기에서 일어나는 새로운 이념과 정서의 확대는 때때로 정치적 최고형태에 이르는 것이었다. 문학은 이미 정치였고 정치 이상이었다.

여기에서 광주민중항쟁과 문학의 관계가 그 가치의 영역에서 일치되는 것으로 이루어지는 것이다. 실지로 항쟁 직후의 그 살벌한 군부파쇼의 공포 분위기가 표면상 유화국면으로 되지 않을 수 없는 1980년대 상반기의 관성慣性에 들어서면 가장 먼저 사회현실의 전면에 나선 것이 여러 운동과 함께 선전선동의 문예전선들이 여기저기에서 쏟아져 나온 사실을 들 수 있다. 이미 거기에는 지하地下의 은밀한 유통이 의미가 없어질 정도로 양성화되는 문예전선의 방사현상이 나타난다. 이것은 매우 본질적인 지적이기도 하거니와, 세계는 말로부터— 글로부터— 비로소 열린다는 진리가 그 어느 때보다도 더 완연하게 드러난 것을 뜻한다. 실제로 항쟁이라는 개념은 사상의 영역에서의 다원화·다양화의 역할을 추진하는 것으로 되기도 하는데 이의 실감이 항쟁 이후의 우리에게 피할 수 없는 것으로 되고 있다.

그런데 우리는 광주항쟁을 반드시 광주민중항쟁이라고 정의할 경우 바로 그 민중의 문제에서 엄밀해지지 않으면 안 될 것이다. 왜냐하면 전두환 일당과 미국의 작전권 행사에 의한 공수부대 투입으로 인해서 광주 일원의 남녀노소를 차별하지 않는 학살과 체포의 만행이 저질러질 때 그 항쟁은 학생들로부터 전개되었으나 끝내는 거의 뿌리 뽑힌 부랑노동자들에 의해서 주도된 사실 때문이다. 사실 이것을 노동자계급이라고 말할 때의 밀도는 상당히 희박해진다. 그들은 각종 일용노동자, 공원, 농투산이, 도시빈민, 구멍가게 주인, 구두닦이, 목욕탕 때밀이, 운전수, 버스 안내원, 가정부들로 밝혀진 희생자의 사정을 짐작하더라도 여기에서 기층민중으로서의 노동자계급 이외에는 아직 이렇다 할 전투적이며 자주적인 민중의 조직적 이념적 단서는 밝혀지지 않고 있다. 광주코뮌이라고 불리거나 광주 해방구의 시기라고 불리는 무장항쟁 며칠 동안의 주역은, 가령 윤상원도 그가 대학 출신이기보다는 철저히 노동자로서 심신을 단련한 1970년대 말 이래의 광주 운동권의 이면적 존재였다. 바로 이 점에서 광주항쟁을 4·3항쟁, 여순항쟁에 이어지는 '남한 변혁운동'의 전형으로 주장하는 것으로도 발전함으로써 이 항쟁은 당연히 범민중적 요구를 담고 있다는 것을 강조하게 만든다. 실제로 이 항쟁으로 말미암아 광주 및 전남 일대의 정치의식은 이 땅의 다른 지역의 그것에는 견줄 수 없는 높은 단계를 획득한 것이다. 그것은 "역사적 전승 속에서 이 땅에 자유와 민주 통일을 위한 민중적 요구의 지역적 표현"으로 체험된 의식이다. 실제로 항쟁 당시 〈투사회보〉의 제작에 참여한 한 생존자가 말하고 있는 것도 이 점과 관련된다. "…그러면 참다운 광주항쟁의 해결이라는 것이 언제나 가능할 것이냐, …이 나라가 민주화가 되고, 통일이 되면 결국 해결되는 것이 아닌가, 아주 추상적이기는 하지만 그렇기 때문에 지금은 싸울 때이다. … 이를테면 노동자는 철저하게 계급의식으로 무장하는 것, 그리고 이것이 시민의 높은 정치의식과 결합될 때 그 속에 해결점이 있다…"

이런 진술은 1970년대적 명망주의 계몽주의 역할이 끝났다는 사실, 오히려 지식인들의 대중화가 절실하다는 사실을 함축하고 있다. 항쟁기간 항쟁의 주역인 민중계급 내지 청년계층에 타협주의·투항주의로 낙인찍혀진 수습위의 설득 행위도 이미 항쟁이 무장봉기적 성격으로 전환된 마당에서는 그들의 소재 자체가 사라져버리고 마는 것이다. 감옥과 은신처는 어떤 의미에서 그들의 생존을 어떤 형태로든지 보장하고 있다. 훨씬 뒤의 박관현이 피신 생활에서 검거된 뒤 단식 40일의 처절한 옥중투쟁으로 그의 혁명적 청춘을 마감한 것도 항쟁 기간 자신이 거기에 있지 못했다는 사실에 대한 적극적 회한이 담긴 결단으로 말할 수 있다.

이런 사실은 항쟁의 결정적 시기에 참여한 문학인이 전혀 없었다는 지적에서도 문학의 실천적 자기모색이 당장 포기된 점이 밝혀진다. 그래서 최소한 항쟁의 현지에서 살고 있는 문학인들이 항쟁 이후 어느 지역에서보다 당연히 광주를 재광주화하는 열정의 기회를 보여주는 것이다. 그것은 하나의 원죄 위에서의 활동이기도 하며 그 원죄의 변형에 의한 자존심의 발로이기도 하다. 이러한 원죄를 바탕으로 해서 오히려 항쟁 이후의 강고한 문학전선을 확보하는 광주 문학운동 영역은 그 이전까지 전승되어온 예술의 고장에서 많은 문학인들이 배출되는 그 비정치적 풍류성과는 다른 새로운 문학의 사회적 파장으로 이 땅의 전체 민족문학에 대한 가열한 생명력을 제공하기 시작한다. 실로 광주민중항쟁 이후의 우리 문학은 그 이전의 것을 계승하면서 민족·민중·민주의 다른 과제에 대한 새로운 문학적 실천을 도모하는 것이다. 어디 광주뿐인가. 항쟁 이후 남한 전역의 문학은 이제까지의 앉았던 자리에서 일제히 일어선 것이다. 그것은 당위로부터 행위로의 감동적인 이행이다.

2.

우리는 이상과 같은 개관을 전제로 항쟁과 문학의 관련 문제를 논의할 때

이에 앞서 항쟁 기간 내의 문학적 행위에 대한 탐색이 있어야 한다. 물론 문학의 전문성이나 그 동안의 문학에 대한 일반적 인식으로는 그 혁명적인 극한상황에서 구사한 문학적 임무는 지극히 보잘 것이 없을지 모른다.

그러나 항쟁 이후 문학 전반에 걸친 새로운 국면의 문학적 전개는 분명히 항쟁 당시의 원시적 선전수단이나 현장의 즉각적인 언어로부터 장차 문학행위의 장르에 투사되는 일과 깊이 관련되고 있는 것은 틀림없는 사실이다. 당장 1980년대 중반에 이르러서 각종 유인물 문화가 보여준 민중적 선전선동의 구호나 표어 그리고 각종 성명서 및 선언들의 수많은 역할들은 항쟁 당시의 지극히 비전문적이지만 응급적인 긴박한 생략과 응축 그리고 숨찬 직설들로 만들어진 전단傳單 규모의 문건들에 의한 총귀결이기도 하다.

이를테면 '한국현대사사료연구소'의 한 자료에 의하면, 1980년 5월 19일부터 26일까지 1주일간 광주 시내 가두방송과 시체 운반, 때로는 푸락치로 오인되면서까지 협상대표 등으로 활동하다가 검거된 전춘심(당시 31세)은 저 스스로 나타나 외부와 완전 두절된 광주의 거리를 질주하며 스피커 방송을 한 사람이다. 그녀는 현재 복역 뒤 행상으로 생활하고 있다. 그녀는 그 당시 「아리랑」 곡에 즉석에서 노랫말을 만들어 붙여 시민과 함께 불렀다.

> 나를 버리고 가시는 시민 여러분
> 십 리도 못가서 후회하게 됩니다
> 꽃같이 어여쁜 우리 형제들은
> 무자비한 계엄군에 끌려서
> 죽음으로 떠나가고 있습니다

이런 '노가바'와 함께 그녀가 즉흥적으로 써낸 원고에 의한 가두방송은 그 당시 고립무원의 광주에서는 상당한 매체의 역할을 해냈다. 5월 20일 오전, 광주일고 앞에서 젖가슴이 드러난 채 대검에 찔려 피투성이가 된 여학생의 시체를 목격한 그녀는 그 사실을 당장 알려서 그 소식이 급속도로 퍼져 시민의 분노와 궐기를 불러 일으켰던 것이다. 이 사실은 뒤에 정식으로 광주항쟁의 노랫말에까지 들어가고 여러 비통한 시에서도 노래되는 것이다. 물론 이런 역할은 단적인 예에 속한다.

〈투사회보〉가 발행될 때마다 그 회보에 실린 각종 성명과 구호와 시는 실로 생생한 항쟁 당시의 문학적 기록으로서 손색이 없는 것이다. 전남사회문제연구소가 엮어낸 『5·18 광주민중항쟁자료집』(1988년 4월 20일 발행)이 담고 있는 그 당시의 1차 자료들은 그것대로 오늘의 문학적 시각에서 본격적인 토론과 연구의 대상이 되는 데 여기서는 우선 몇 가지에 대해 언급해 보기로 한다.

먼저 5월 20일 발표된 16절 갱지 등사물 「결전의 순간이 다가왔다」를 보자.

결전의 순간이 다가왔다!

〈상황보고〉
- 사망자 500명, 부상자 3,000명, 연행자 300명!
- 놈들의 발포가 시작되었다
- 서울, 대구, 마산, 전주, 군산, 이리, 목포도 봉기!
- 전주, 이리서는 경찰이 시민에게 가담!
- 학생 혁명군, 상무대에서 무기 탈취에 성공!

〈행동강령〉

- 무기를 제작하라!(다이너마이트, 화염병, 사제폭탄, 불화살, 불깡통, 각종 기름 준비)
- 전 시민 관공서를 불태워라!
- 차량을 획득하라!
- 특공대를 조직 군 무기를 탈취하라!

아! 형제여! 싸우다 죽자!

범시민민주투쟁위원회 학생혁명위원회 명의의 이 전단은 일체의 수식어가 거부된 채 사실만을 극명하고 숨 가쁘게 절규하고 있다. 수식의 여지가 있다면 그것은 "형제여! 싸우다 죽자!"라는 절망적 전투의지를 부기 附記한 것뿐이다. 이 전단의 내용이 표시하고 있는 정보는 다 정확한 것은 아니지만, 광주민중항쟁이 무장투쟁으로 비약하는 과정의 불타오르는 무조건적 전의가 넘치는 박진감은 흡사 시적 언어의 절대검약에 방불하다. 이런 형식은 「우리는 피의 투쟁을 계속한다!」에 그대로 옮겨 붙으면서 결국에는 〈투사회보〉에 연속적으로 이어지고 있다.

이와 함께 「광주시민 장송곡」이라는 가사용의 시가 있다. 다음이 그 전문이다.

무진벌의 백성들이 횃불을 들었다
손에 손을 맞잡으니 피끓는 형제여
조국 위해 바친 몸이 무슨 죄란 말인가
독재자의 총칼 앞에 수천이 죽다니

피에 젖은 민주 함성 끝까지 지키리니
설운 눈물 거두시고 고이 잠드소서

붉은 피만 낭자쿠나 도청 앞 분수대
서러워서 못 견디는 풀 이파리 소리
가슴 펴고 외치노라 평화와 자유를
민주 혼은 살아 있다 무진벌 골짜기
자랑스런 민주투사 젊은 영들이여
정결한 피 최후의 날 우리 승리하리라

삼천만의 동포들아 정의의 칼을 들라
젊은 영들 목쉰 절규 어찌 잊으랴
용기 있게 나가리라 민족의 봉우리
최후의 순간까지 겨레를 위하여
자랑스런 민주투사 젊은 영들이여
정결한 피 최후의 날 우리 승리하리라

이 시가에 대한 설명으로는 그 당시의 〈민주시민회보〉 제10호 원고의 일부인 것으로 추정하고 있다. 이 시가는 빼어난 기량으로 된 것이기보다 그 당시의 살벌한 학살을 체험한 항쟁의 주역 가운데서 누군가가 지어낸 것으로 보이는데, 여기서 주목할 것은 이런 시가가 멀리 1920년대 만주 벌판에서 일본군과 싸우던 항일독립군의 "검수도산劍水刀山…"적인 군가 가사와 질적으로 한 문맥이라는 점이다. 이 사실은 근현대사 시가문학의 정통성이 일본 신문학 이식으로 인한 전문적 개화문학에 있는 것이 아니라 좀 생경하기는 하지만 민족운동과 부합되는 민족문학의 첫 단계인 일련의 독립군가 애국시가들에 돌려져야 할 문제 제기와도 이어지고 있다. 하기는 한용운의 첫 시편 「심(心)」이나 최남선의 「해에게서 소년에게」 등도 결코 세련된 것이 아닐 때 비전문적이며 자발적인 가사 제작이 빼어나기를 바라는 것은 억지이다.

이런 이해와 함께 우리는 항쟁 당시의 〈'급모'-다 같이 단결합시다〉라는 격문 끝에 "전우의 시체를 넘고 넘어"의 국군 군가의 곡에 맞춰 부른 「투사의 노래」 가사도 떠올린다. "1.이 땅의 민주를 수호코자 일어선 시민들/시민들은 단결하여 다 같이 투쟁하자/피에 맺힌 민주사회 언제 오려나/강철같이 단결하여 끝까지 투쟁하자. 2.부모형제를 지키고자 일어선 시민들/학생들과 시민들은 다 같이 투쟁한다/피에 맺힌 전두환놈 언제 죽이느냐"가 그것이다. 이 가사도 항쟁 지도부의 부재와 함께 항쟁의 정서를 이끌어내기 어려운 서툰 즉흥을 벗어나지 못하고 있다.

그런데 이보다 훨씬 더 한말 가사풍의 창가인 「민주화여」는 그것이 판소리와도 얼핏 맞아떨어지는 가사적 진경에 이르고 있다. 전 75행에 담고 있는 투지와 야유 그리고 민중적 결의가 사뭇 끈질긴 바 있다. 특히 이에 앞서서 이른바 '서울의 봄' 기간 서울 시내 학생 대시위에서 나타난 "김일성은 오판 말라"와 같은 표어가, 이 가사 가운데서도 "유신잔당 뿌리 뽑고 김일성도 격퇴하자"는 반공노선을 동반한 양비 노선도 눈에 띄고 있다. 말하자면 광주항쟁이 대체적으로 노동자계급에 의해 주도되었다 하더라도 그 의식의 상당 부분은 1970년대 민주화운동 내지 인권운동의 차원에서 더 나아간 것이 아닌 바가 없지 않다. 이에 대한 1980년대 후반의 시각을 통한 계급적 인식이나 당파주의적 관점이 사실인즉 그 자체가 명제적인 고의를 가지고 있다고 할 수 있는 것이다.

그 다음으로 우리는 항쟁 기간 안에 수많은 성명서 선언 그리고 구호의 문서들이 나온 것을 일별할 때 그 가운데서 「광주 애국시민에게」라는 제목으로 된, 5월 23일자 도청 앞 광장의 '민주수호 범시민 궐기대회'에서 한 노동자가 전날 밤 직접 기초해서 낭독한 글이 있다. 이 글이야말로 광주항쟁의 민중성을 가장 구체적으로 증거하고 있는 것 같다. 물론 이것은 공공연한 선언이라기보다는 "저는 광주 공단에 근무하고 있는 노동자입니다", "내가 보는 앞에서…" 등의 사적인 진술이 없는 것은 아니지만 "…우리들이 진정으로 우리 부모형제들의 원수를 갚기 위해서는 어느 정도 물자 공급이 되어 우리 광주시가 정상가동을 해가면서 새로 조직된 우리 광주시 민병대원들을 믿고 의지하면서 우리의 권리를 찾고 원수를 갚기 위하여 투쟁을 계속해야 되지 않겠습니까?"라는 오문이 섞인 것이기는 하지만 '광주 해방구'의 전사로서의 자치 의지를 유연하게 보인다는 점에서는 이때부터 전남도청으로 항쟁의 노동자 지도부가 옮겨진 바를 짐작케 하고 있다. 실지로 윤상원은 이 강연 원고를 그의 동지 나명관에게 직접 쓰게 해서 네가 8백만 전국 노동자를 대표해서 쓰고 낭독하라고 말했던 것이다.

그런데 다른 여러 단체 명의로 된 글들보다 5월 25일 '시민군 일동'이라는 이름으로 발표한 「우리는 왜 총을 들 수밖에 없었는가?」는 결코 길다고 할 수 없는 글인데 거기에 5·18 이전의 정황으로부터 5·25까지의 학살 항쟁의 과정을 아주 뛰어난 간결체로 서술하고, 그로부터 무장투쟁의 진로를 역설하고 있다는 점에서 항쟁의 절정을 깨친 것이라 아니할 수 없다. 그리고 이 글에는 그 당시 광주 지역의 온갖 이견들이 빚어내는 갈등을 잘 실측케 함으로써 그 당시의 수습위나 시민의 타협과 오해들이 한·미작전 제휴의 전쟁태세와 함께 그들을 얼마나 고립·분열시키고 있었던가를 실감 있게 알려주고 있다.

여기에서 또 하나 잊어서는 안 될 것은 고등학생들에게 보내는 '고교생 일동'의 격문이다. 이는 일제 지배하의 광주학생독립운동과 4월혁명 등이 고교생을 선두로 일어난 운동이라고 확인하고 광주학살의 만행 앞에서 방관할 수 없다는 것과 조국의 민주화를 위해 끝까지 투쟁하자는 당당한 내용으로 되어 있다. 이 같은 전단 문서들은 하나같이 급박한 상황에서 심사숙고할 겨를도 없이, 그리고 심지어 지리산 남부군에도 각 부대마다 정치부 선전대가 있었던 것과는 달리 평소 볼펜 한 자루도 호주머니에 꽂아본 적이 없던 사람들에 의해 제작 발표된 것들이지만 그것이 문학적 선전형식 또는 선전문학의 단초를 열어 1980년대 문학형식의 새로운 배경이 되어준 사실은 그 투쟁 자체와 함께 문학운동의 차원에서도 능히 특기할 만하다.

이것이 항쟁 직후의 한 젊은 시인이 처음으로 학살과 항쟁의 최후를 맞은 광주의 그 비극을 노래하는 것으로 단속斷續된다.

> 아아 광주여 무등산이여
> 죽음과 죽음 사이에
> 피눈물을 흘리는
> 우리들의 영원한 청춘의 도시여
>
> 우리들의 아버지는 어디로 갔나
> 우리들의 어머니는 어디서 쓰러졌나
> 우리들의 아들은
> 어디에서 죽어 어디에 파묻혔나

우리들의 귀여운 딸은
또 어디에서 입을 벌린 채 누워 있나
우리들의 혼백은 또 어디에서
찢어져 산산이 조각나 버렸나

위에서도 잠깐 언급한 바 있는데 여기서 '하느님', '예수' 등의 비유들이 개입함으로서 그 당시의 어떤 안전을 보장받았는지는 모르나 시의 생명에는 항구적인 결격사항이 된 것이 틀림없고 또 여기에서 시의 주조를 이루고 있는 것도 처참한 광주학살에 대한 비가에 머문 것처럼 보임으로써 훨씬 더 투철한 항쟁의 역사관이나 민족현실의 모순에 대한 형상화가 미흡하다는 지적을 받기에 안성맞춤이기도 한다. 그럼에도 불구하고 그 당시의 조건에서 이 시는 전국적인 파장을 일으킨 것이 사실이다. 김준태의 시는 바로 이 시 이래의 좀 더 민족문학에 값하는 데까지 성큼 다가선 것이다. 그 이전의 향토주의 내지 분리주의의 정서로부터 뛰쳐나오게 된, 한 시인의 발전을 가져다 준 것은 항쟁이 남긴 또 하나의 역할이다.

그런데 이런 시인의 발전도 항쟁 이후의 문학적 전천후시대라 할 1980년대의 커다란 공간에서는 특기할 만한 것이 아니라 당연한 현상 안에 포함되는 것이다.

3.

항쟁 이후 몇 년 동안 이 땅은 공포 분위기에서 도무지 깨어날 줄 모르는 그런 형편이었다. 암담하다는 말이 문학적인 수식어로도 얼마나 모자랄 지경인지 모를 만큼 사회는 얼어붙었다. 이런 상황에서 1970년대 이래 어렵사리 이룩해온 민족문학 세력도 일단 그 세력 자체가 좌절되기 십상이었다. 문인주소록에도 그들의 이름 일부가 빠져버렸으며 그들의 임의단체와 계간지 등 문예활동의 매체가 일거에 폐간되었다. 그것도 또 하나의 학살이라고 아니할 수 없었다. 1980년 5월 이후부터 적어도 1982년 무렵까지는 그것을 죽음이라고 불러도 하나도 과장이 아니었다. 어떤 판단규칙도 허용될 수 없는 총검의 세례만으로 그 3년간은 채워졌다.

바로 이런 현실, 항쟁 직후의 절망적인 현실로부터 문학은 새로운 무대를 만들기 시작했다. 문학이란 어둠과 죽음으로부터 시작하는지 모른다. 그것이 5월문학 내지 광주문학이라고 개념화할 수 있는 항쟁 이후의 문학 제1단계이다. 광주 출신의 젊은 시인과 거기에 뜻을 같이하는 '5월시' 동인 활동으로 나타난 것인데 주로 항쟁 현장에 대한 청년적인 긍지를 바탕으로 한 시인들이었다.

흔히 이 출현을 그들은 싸우지도 않고 싸움의 시인이 되었다고 말하기도 하거니와 그러한 단정은 그들의 출현 자체가 하나의 싸움을 의미하는 것이라고 볼 필요성으로 보완해야 할 것이다. 곽재구, 김진경, 나해철, 박몽구, 박주관, 윤재철, 이영진, 최두석 등의 20대 후반에 해당하는 이 순발력의 열정을 가진 '항쟁정신의 아들'이 나옴으로써 광주항쟁은 문학의 주제로 받아들여진다. 그리고 그 주제는 다른 주제와는 달리 그들에게나 누구에게나 너무 벅찬 것이었다.

이들과 한 동아리가 아니라고 굳이 구분할 수 있다면 거기에 하종오의 독자적인 항쟁에 대한 적극적 수용과 황지우의 현란한 실험을 비롯해서, 박선욱, 고규태, 김형수, 이승철 등이 광주 현지의 대표적 존재인 문병란과 투옥 중의 김남주에 의한 영향과 그 영향으로부터 방사되는 데서 광주문학은 정식으로 개막한다. 문병란도 젊은 시인 이상의 정력으로 광주문학을 거느리고 김남주는 그의 옥중시 반출로 인해서 실로 경이로운 호응에 에워싸이는 것이다.

이 같은 출발은 1980년대 젊은 시인들의 두 기둥이라고 할 '5월시' 동인과 또 다른 입장에서 '시와경제' 동인운동에 이르러 한층 더 문학운동의 능동성을 발휘하기 시작한다. 이 시기는 마침 자유실천문인협의회 제2기에 해당되는 만큼 다 그런 것은 아니나 그 문학운동을 주도하는 과학적 현실주의 혹은 당파적 이념을 중심으로 모여든 사람들에 의해 움직여야 했다. '5월시'가 항쟁의 현장주의의 무조건성에 있다면 '시와경제'는 항쟁 이후 과학적 연대기를 그대로 반영하는 반파쇼의 문학전위인 것이다. 그들의 동인지 이름은 소위 신시 1백 년 이상의 현대 시문학사에서 가장 이채로운 것이다. 일견 서로 상치되는 듯한 '시'와 '경제'를 복합한 것이 그것이다. 이는 광주와의 지연적地緣的 관계를 떠나 그것을 분단모순 내지 계급모순으로 직시하는 1980년대 민중문학의 첫 시도를 상징하고 있다. 그 동안 이의 없는 단일체계를 이루어온 민족문학을 소시민적 민족문학이라고 규정하고 그 자신들의 민중적 민족문학을 주장한 채광석을 비롯해서 김정환, 김사인과 이들에 가담한 몇 사람의 시인들이 포함되고 있다. 이들의 계급적 인식은 '시와경제'가 2호를 내고 마는 것과는 달리 1980년대 후반에 꽃피우는 메타비평 시대의 김명인 등이 민중적 민족문학을 계승하는 것과 조정환, 박노해, 임규찬, 이정로, 이강은, 정남영 등의 민주주의 민족문학 즉 노동해방문학이 궐기한 것은 거의 같은 시기이다. 이들과 함께 김형수, 백진기 들의 『녹두꽃』 이론들이 할거하게 되는데 이는 1970년대에 작품과 이론이 일치함으로써 문학의 동지적 여위가 가능했던 사실에 대해 이제까지 민족문학 이론을 주도해온 백낙청, 염무웅, 구중서, 최원식 등에 대해서도 도전적으로 되고, 그들 자체의 논쟁 분위기로 인한 불화관계도 막을 수 없는 상태에까지 이르렀다. 이런 현상은 왜 '시와경제'가 짧은 운동으로 무산되었는가에서도 깊이 따져볼 일이다. 동인지운동이나 한 노선을 지향하는 문예전선이 쉽게 흐지부지되는 데는 거기에 가해진 외압의 문제에만 원인이 있는 것이 아니라 내부문제도 상당하기 때문이다.

물론 이런 민족문학 진영의 핵분열 및 재편성과정에서 별다른 마찰 없이 정진한 대전 일원의 『삶의문학』등의 성과에서 이은봉, 이은식, 이재무 등의 역량은 실로 바람직한 것이었다. 이에 뒤따라 광주의 '5월시'가 항쟁 직후 항쟁에 대한 원죄와 부채를 안고 나오기는 했지만 항쟁 이후 전국적으로 파급된 새로운 지역 동인지운동의 선구자라는 점에 그 의의가 있다면 그것의 공과를 분명히 선언하고 나선 1985년 '해방시' 동인 김하늬, 김해화, 오봉옥, 김기홍 등이 있다.

대강 이상으로 항쟁 이후의 동인활동을 통해서 새로운 시의 시대를 점검해 보았거니와 이런 편의주의를 조금만 벗어나도 거기에는 1970년대 이래 쌓아온 신경림, 김지하, 이시영, 김용택 등의 눈부신 시의 위력 앞에 부딪치지 않을 수 없다.

시의 활동이 이렇듯이 1980년대 초의 암흑을 뚫고 시대의 맨 앞에서 닫힌 심상을 열 때 그것은 시가 본래적으로 가진 유격성, 즉결성 그리고 그동안 시인들이 유신체제 이래 줄기차게 맞서 싸워온 사회적 성과까지 작용함으로써 시가 대중에게 최우선적으로 수용되기 십상이었다. 1984년 창작과비평사가 발행한 '16인 신작시집'『마침내 시인이여』는 거의 국제적 관심으로까지 파급되고 이것이 국내시집에서 다량으로 애독된 이래

시집이 엄청나게 팔리는 시대를 열어준 것이다.

이에 대해서 소설분야와 그밖의 산문형식의 사정은 굳이 물어 볼 것도 없이 궁핍의 시대에서 뛰쳐나오지 못했다고 할 수 있다. 시의 활동이 민족문학 진영에 의해서 거의 독점적으로 가능했던 사실과는 달리 소설분야는 차라리 비민족문학권에 내맡겨진 채 그 무위를 흔들어줄 업적이 아직 나타나지 않고 있다. 이에 대한 성급한 비탄 자체도 허용될 수 없는 소설분야의 상황은 그만큼 소설이 소시민적 단계에서 더 넓은 세계를 지향할 역량이 쉽게 갖추어지는 것이 아니기 때문이다. 시는 앞에 있으나 소설은 시대의 뒤에 쌓아올려지는 것이다.

더구나 항쟁을 주제로 한 문학에서 소설의 역할이 1980년대 후반에야 가동하기 시작한 것은 소설 생산의 조건 자체가 일정한 인식과 서술기간을 필요로 하는 것이고 거기에 재빨리 부응할 수 없는 실제 사정도 작용하지 않을 수 없었다. 게다가 소설작자들이 항쟁에 대한 사명을 철저하게 짊어지지 못한 데서도 그 원인이 주어질 것이다.

물론 우리는 분단이데올로기의 광신주의 체제 아래에서 일구어낸 민족의 통일지향적 차원에서 6·25 남북전쟁의 문학화도 제대로 안된 터이고 4월혁명에 대한 이렇다 할 소설적 성과도 아직껏 이룩할 수 없었다면 광주민중항쟁의 문학으로서 자랑할 만한 소설을 그렇게 쉽사리 기대할 노릇도 아닐지 모른다. 그러므로 소설 이외의 산문으로 하나 둘 '광주사태'에 대한 단편적 기록물들이 나돌기 시작하다가 그것이 황석영의 이름으로 된 전남사회운동협의회의 실록 『죽음을 넘어 시대의 어둠을 넘어』가 나온 것이 항쟁 이래 가장 뜻있는 공동 결실이다. 이 본격적인 항쟁실록이 그것을 막는 탄압을 무릅쓰고 세상에 나옴으로써 광주학살 및 광주항쟁의 실상이 처음으로 풍문과 전설 혹은 외부세계로부터 역수입되는 형편에서 우리 자신에 의한 서술의 대상으로 된 것이다.

여기에 발을 딛고 일어선 용기는 광주학살의 참극이 담긴 외신기자들의 필름을 재구성한 기록영화가 전국의 대학과 여러 단체를 통해서 방영되었다.

그리하여 그동안 최원식의 지적대로 "광주항쟁을 괄호치고 비통한 신음만 뿜어냈던 1980년 전반기 문학적 분위기"로부터, 그리고는 그들의 '내적 망명상태'로부터 나옴으로써 작가는 비로소 1980년대 문학의 주된 명제인 광주항쟁과 맞딱뜨리게 된다. 그러나 임철우의 「봄날」에 이어 광주항쟁에 대한 그 두 번째 시도인 윤정모의 「밤길」은 1980년대 중반의 것임에도 불구하고 항쟁의 주변 인물을 통한 고민과 당위의 한계를 더 이상 뚫지 못하는 것이다. 이어서 젊은 작가 박호재의 「다시 그 거리에 서면」, 김중태의 「모당」, 정도상의 「십오방 이야기」등과는 달리 주로 광주학살에 초점을 둔 피해자의 문학이라고 할 임철우가 항쟁의 문학주의에 꾸준히 매달리고 있다.

그런데 이들의 거의가 특정한 상황이나 시각을 통해서 항쟁을 드러내는 자기제약으로부터 뛰쳐나오지 못하고 있는 것이다. 결국 1980년대 후반에 소박하게나마 '5월광주항쟁소설집'이라는 이름을 가진 『일어서는 땅』에 한승원, 문순태, 이영옥, 김남일, 김유택 등이 윤정모 등과 함께 참여함으로써 황석영의 실록이 열어 놓은 대로를 조심스레 걸어나가기 시작한 것이다.

여기서 윤정모는 "광주항쟁에 대한 진지하고도 핵심적인 이야기를 다루지 못하고 지엽적, 삽화적 이야기를 써냈다는 것을 부끄럽게 여긴다." 는 말을 하고 있고, 임철우는 광주 7년 뒤의 입장을 '그냥 스케치하듯' 쓰고 있다고 말한다. 다만 정도상이 「십오방 이야기」에 대한 작가의 말에서 좀 더 철저한 5월 항쟁에 대한 작가의 의지를 정면으로 보여주는데, 그럼에도 불구하고 여기에서도 죄책감의 한계는 여전하다. 작가가 인간의 성정과 양심에 머무는 가책이라면, 그것으로 작품생산을 위한 치열한 기본자세로 삼는다는 노릇은 어림없다. 그래서 정도상도 그 작품이 설정한 감방 안의 심파극적 작위에도 그대로 따라붙는 죄책감으로 되는 것이다.

이런 소설들의 시도는 아쉬운 대로 의미가 없는 것은 아닌데 여기에서 우리가 좀 더 본격적인 소설을 갈망하고 있을 때 거기에 홍희담의 「깃발」이 나온다.

이것이 최초로 광주항쟁 주역으로서의 노동자계급에 의한 항쟁의 핵심을 만날 수 있는 소설이라 하겠다. 특히 이것은 5월 20일 택시운전사들의 차량시위를 전후해서 지식인 및 학생주도의 항쟁과 노동자계급 중심의 투쟁이 실지로 분기점을 이루는 시기를 형상화한 것이다. 이는 한말 의병전쟁에서 양반 유인석으로부터 상민 출신의 총포대장 김백선이 처형되면서 양반 주도의 전쟁이 표류하는 나머지 각 지방의 민중적 항전이 본격화되고 그것이 국외 무장독립운동에서 위정척사 노선의 양반 지도부가 표류하는 과정과도 거의 일치하고 있다.

「깃발」의 출현으로 이제까지의 민중적 민족문학 또는 민주주의 민족문학의 노선들이 오히려 이 소설을 발표한 『창비』 진영보다 훨씬 더 그것을 자기동일성으로 찬양하는데 그 기세가 오히려 「깃발」의 소설적 의미를 과잉시키고 있었다. 그것은 이제까지 이 정도의 소설이 없었던 갈증에 대한 강한 보상인지 모른다. 그러나 이 소설을 통해서 형상화된 항쟁 주체로서의 노동자 상의 강조는 그들을 에워싸고 있는 다른 계급의 의지와 양심에 대한 배타적인 입장이 실제와는 다르게 일용노동자나 때밀이 등 룸펜프로를 비롯한 어느 정도의 지식인 역할을 아예 막아버리는 소승주의가 깃들어 있다. 또한 사실로서의 광주항쟁에서 민중적 지식인이 전혀 없었던 것도 아니다. 윤상원 등이 최후까지 도청 지도부의 투쟁을 맡은 것은 그가 아무리 노동자 계급의식에 투철했다 하더라도 지식인으로서의 소인素因이라는 양면성을 갖추고 있었던 것이다. 어떤 경우 사실은 사실이라고 주장함으로써 만들어진다면 이 같은 사실과 문학적 진실 사이의 갈등에 대한 책임이 뒤따라야 한다. 이 점이 봉건시대나 농경사회에서 노동자계급의 시각 내지 당파주의의 입장을 고취할 때 사실의 변질에 대한 우려가 있게 마련인 것이다.

이 소설 「깃발」은 소재주의를 극복하려는 입장에서 주제에 대한 집착이 유난했을 것이다. 그래서 계급적 시각의 무조건성만이 소설의 전면을 일관하고 있을 때 '광주코뮌'의 민중성 자체가 하나의 구체성으로 전개되기 위한 노동자문학의 교조주의도 함께 극복해질 때 비로소 이는 항쟁문학을 위한 첫 사건일 터이다. 이 소설 이래로 지금 광주민중항쟁의 소설 분야는 앞으로 더 본격적으로 개척될 것이 틀림없다. 그뿐 아니라 시에서도 항쟁서사시 내지 장시의 출현이 멀지 않다는 예측도 가능하다.

그런데 이런 것들에 대한 기대에는, 그 기대에 대한 응분의 것이 되기 위해서는 항쟁에 대한 주체적 인식의 철저화, 변혁의 철학적 역량의 배양과 문학적 형상 능력의 단련들이 전제되고 무엇보다 '광주'에 대한 감정적 경사를 극복하지 않으면 안 될 것이다. 항쟁문학은 광주 자체에 대한 종교적 열정만으로 가능한 것은 아니다. 광주와 문학이 동시에 살아날 수 있는 창조적 이성의 고양이 바로 광주항쟁의 문학으로 제자리를 잡게 될 터이다.

이제 우리는 광주에 대한 영탄과 느낌표의 문학을 일단 지양해야 할 것이다. 아직도 김준태의 그 음악적 비장감의 느낌표가 유효하고 있는 것은 그만큼 우리가 항쟁 이후의 문학을 좀 더 높은 엄숙주의적 단계로 끌어올리지 못한 사실로 된다. 그렇다고 해서 광주의 생명력에 반드시 전치前置되어야 할 느낌표의 활용을 기교적인 차원에서 철수시키라는 것은 아니다.

  광주민중항쟁의 역사적 자기발전을 창조적으로 펼쳐 나갈 때 진정으로 그것을 계승하게 된다는 것을 각성하는 시기에 이르렀다. 항쟁 10년의 문학에서도 이 각성은 절실하게 요청된다. 그렇다면 문병란이 어른스럽게 노래한 것처럼 광주를 민주주의의 성지라고 찬미하는 것을 그만두고 광주를 광주화의 문제로부터 민족·민중의 문제로 확대시키는 전칭성全稱性에 도달해야 하는 것이다. 계승은 항쟁에 대한 배타적인 충성이 아니다. 좀 더 세계적 전망을 내포하는 무한확대의 전략에서 발전적으로 실현된다. 항쟁의 시와 소설도 이제 광주에 대한 진혼과 위령 혹은 죄책감으로부터 새로운 항쟁의 삶과 역사에 기여하는 진리와 하나로 될 때 그것이 바로 항쟁이 창조의 영역과 일치하는 실천일 것이다.

  우리는 그렇기 때문에 갑오농민전쟁을 다룬 송기숙의 「녹두장군」과 일제시대의 농민항거를 소재로 한 문순태의 「타오르는 강」에 이어 1940년대 후반부터 1950년대까지 다루어진 조정래의 「태백산맥」과 1960년대 베트남전쟁의 한 내부를 냉철하게 조준함으로써 열매 맺은 황석영의 「무기의 그늘」역시 광주민중항쟁의 문학에 대한 역사적 옹호 아래 나온 커다란 수확들을 만날 수 있다.

  앞으로 여기에 4월혁명을 정식으로 문제 삼은 혁명문학의 등장과 함께 광주문학은, 이제까지로는 도저히 채워지지 않는 커다란 민족문학으로 이바지하는 바에 온몸으로 값해야 할 것이며 그것은 다시 6월항쟁을 간과해서는 안될 때 김남일 등의 의욕으로부터 더 나아가는 작업이 있어야 할 것이다.

광주민중항쟁은 이렇게도 우리 문학에 대한 끊임없는 새로운 명제로 살아있는데 정작 여기서 문학이 잠들어 버릴 수 없는 것이다. 1980년대의 몇 해 동안 우리는 그렇게 잠들지 않기 위해서 많은 삶의 시선視線을 단련시켜왔다.

4.

이상으로 우리는 항쟁과 항쟁 이후의 문학에 대한 경험적인 진단을 하고 있다. 그런데 이것으로 항쟁 이후의 문학에 대한 전반적 검토를 다한 것은 아니다. 그러기는커녕 항쟁문학에 대한 대규모의 이론이 아직 제 모습을 드러내지 않고 있음으로써 이런 경우를 민족문학이라는 커다란 테두리 안에서 언급되는 정도로 전문화되지 않고 있다. 이는 항쟁문학이라고 해서 항쟁 자체에 대한 소재적 접근을 서두르는 일은 바람직하지 않다는 전범이 되는 반면 그것을 민족·민중문학의 뜨거운 이론체계 안에 포함시킬 때의 부분화되는 현상도 되지 않을 수 없다. 민중적 민족문학 내지 민주주의 민족문학 그리고 주체문학의 기점이 항쟁이었다면 거기에서 자주로서의 반미와 민족해방, 민주로서의 노동해방 그리고 이를 형상화하는 문학방법으로서 1970년대 비판적 사실주의로부터 민중적 리얼리즘으로의 서술해방까지 벅차게 주장하는 관념적이기까지 한 이론들이 그런 부분화를 메우기에는 더 많은 이론적 성숙이 요구된다.

이 점에 있어 오히려 이제부터의 총체적 진술이 항쟁 이후의 문학, 즉 1980년대 민족문학에 대한 역사적 평가를 바탕으로 앞으로 있어야 할 항쟁문학 제2국면을 맞이할 수 있을 것이다.

여기에서 내가 항쟁과 항쟁 이후의 문학과 1980년대 문학을 동일시하는 것은 항쟁 이후의 10년을 보낸 오늘에 이르기까지의 시기가 바로 1980년대이기 때문이라고만 한다면 약간 무책임한 바가 되지 말라는 법도 없다는 것을 염두에 두기 때문이다. 1980년대를 말할 때의 시대인식에는 반드시 광주민중항쟁의 절대적 조건이 부여되는 것이 사실이지만, 만약의 경우 이 항쟁이 없다 하더라도 1980년대가 없을 이유가 없지 않은가 할 때 항쟁과 1980년대는 비로소 이 땅의 민족현실 가운데서 역사적 필연조건으로 된다는 사실을 새삼 확인할 수 있다.

그때 처음으로 항쟁 이후의 문학과 1980년대 문학은 하나의 용어임을 납득하게 된다. 항쟁 이후의 1980년대는 그러므로 항쟁으로부터 시작한다. 이는 거듭 말하거니와 항쟁이 우리 현대사의 질적 변화를 휘몰아온 역사적 전환을 필수로 한다는 점에서 그 이전과 이후를 갈라놓고 있다. 아마도 4월혁명이 그 이전과 이후의 독자적 영역의 개척이 제대로 될 겨를이 없어짐으로써 분수령의 의미를 광주항쟁에 위양委讓한 셈이어서 그 이전의 가치를 전혀 다른 인식으로 발전시키는 상황을 지향한 것인지 모른다. 계승보다 발전에 역점을 둔 것이 올바른 역사발전이라면 계승 자체도 비판적이지 않으면 안될 경우 광주민중항쟁의 역사화 내지 문학화도 이 점에 유의해야 마땅하다. 이것은 백낙청이 일찍이 지적한 바, 1970년대의 성과에 대한 시각 조정이 필요해진 항쟁 이후의 거시적 관점에서조차 1980년대 문학 자체도 그 총체적인 모습을 바람직한 것으로 보여주지 못한다는 엄연한 사실을 묵과해서는 안 된다.

이런 점을 감안해서 우리는 항쟁 이후의 민족문학에 관련된 전체 활동에 나타난 여러 체험들을 파악해보기로 한다. 1980년대의 노동자계급에 의한 문학은 온갖 고난을 견디며 마침내 쟁취한 이름인 '민중'이란 개념조차 무계급성이나 무당파성으로 몰아붙임으로써 그 고귀한 의미에 대한 논리적 전제專制로 일관하고 있다. 오히려 이런 독선은 1980년대 후반의 문학현실이 광주항쟁의 역사적 순결성으로부터 멀리 떠나버린 점일 수도 있다. 문학이 이 땅의 현실과 삶과 역사에 대해서 가장 최선을 다하고 있는 삶의 소산이라면 거기에는 분석이나 규정을 넘어선 변증법적 창조행위가 바쳐지지 않고는 안 된다. 이것이 고도의 정치행위로서의 이념과 정서를 삶의 실감으로 아우르는 문학운동이다. 적어도 여기에서 광주가 살아날 것이다. 그런 점에서 우리는 1980년대 초의 『노동의 새벽』과 1980년대 후반의 「깃발」에게 더 요구할 것이 있는 것이다.

이런 과제와 함께 항쟁 이후 우리에게 크게 변화를 준 사실들이 하나 둘이 아님을 밝히고자 한다. 먼저 항쟁 이후의 탄압과 금기에도 불구하고 민족문학의 통일지향적 시야를 산개하면서 비공식적으로나마 북한의 고전적 혁명문학 원전이 계속 간행된 것은 놀라운 사실이다. 이는 국가보안법 남용의 독재정권에도 불구하고 온갖 시련과 맞선 헌법상의 원천적 자유를 행사한 것이기도 하다. 이와 함께 어느덧 남한의 여러 유격전에 관한 기록들도 햇빛을 보게 되었다. 이는 동학의 남·북접의 갈등과 방불하게 북한이 남한 유격군을 고립화시킨 사실로부터 얻어낸 기묘한 안전보장이 작용한 바도 없지 않다.

일은 여기에 머물지 않았다. 그동안 전혀 망각의 피안에 묻혀 있던 중국 연변의 조선족 항일혁명문학 및 민족문학도 쉽게 만날 수 있게 되었다. 북한의 『피바다』를 비롯해서 김학철의 『격정시대』와 재일작가의 일어판 소설도 활발하게 옮겨져 김석범, 이회성이 국내의 관심 안에 들어왔다.

이처럼 우리 문학은 거의 범민족적 영역을 확보함으로써 이제 그 문학들은 탄압과 상관없이 공공연한 것으로 되었고 그것은 월북문인의 해금과 함께 더욱 큰 세계로 넓혀졌다. 그래서 북한문학이나 그밖의 문학들이 전설적인 매혹의 대상이었다가 그 과정을 지나서 이제는 객관적 비판의 대상으로 되기까지 됐다. 이런 범민족적 전망은 무엇보다도 정치에 앞서 통일을 지향하는 문학의 역사적 직무를 수행하는 것이 되고 그것은 결국 분단이데올로기의 탄압체제에도 불구하고 그것을 이겨내는 민족공동체적 문학의 향수로 행사할 수 있다.

그래서 북한문학 내지 그밖의 문학들이 일단 신화적인 것으로 받아들여졌다가 이제는 그것을 상대적으로 비판할 수 있고 객관적 평가가 가능하기에 이르렀다. 이 모든 문학에 대한 관심은 바로 항쟁 이후의 1980년대가 민족운동 제1의 문제인 통일운동의 시대를 활짝 꽃피운 것과 한통속이고 이것은 통일과 문학의 불가분적 관련성을 어느 때보다 가장 적극적으로 강화한 것이다.

그 다음으로 항쟁과 함께 민족현실의 구조적 모순에서 미국의 역할이 얼마나 제국주의적인가가 항쟁 자체에 대한 미군 작전권의 은밀한 행사에서도 잘 드러남으로써 이제까지 볼 수 없었던 반미노선이 폭발적으로 파급되었다. 이는 4월혁명을 성공시킨 한국민이 미국 대통령당선자 아이젠하워를 대대적으로 환영하던 때와는 전혀 딴판의 현실 인식인 것이다. 광주, 부산, 서울의 미문화원사건들은 이 땅의 자주권이 외세 미국에 대한 가차 없는 투쟁과 저항으로 반영되지 않을 수 없다. 이런 상황에서 1980년대 민족문학의 자주적 쟁점은 당연히 반미와 반전반핵의 문학을 낳았다.

그리하여 통일과 자주의 문학이 항쟁 이후의 시대적 정당성을 확보함으로써 항쟁의 실체가 주로 노동자 내지 룸펜프롤레타리아였던 사실과 연결되면서 민중적 민족문학의 구체화가 바로 노동자문학의 빛나는 등장을 달성하는 것이다.『노동의 새벽』이 불러일으킨 큰 반향은 전체 민족문학세력이건 기존의 어용 문단이건 그 충격 앞에서 한동안 묵연했던 바 있다. 그런데 노동자시인 박노해의 필명 자체가 노동해방의 약자임을 감안할 때 거기에 담긴 노동해방전선의 혁명적 의지가 얼마나 운명적이기까지한가를 알 수 있다. 그것을 이어 노동자, 농민 자신들의 문학이 계속 나옴으로써 1970년대 노동수기의 수준을 훨씬 상회하는 '민중문학의 시대'에 들어선 것이다.

항쟁은 그만큼 정치의식의 고양과 함께 문학의 전위 구성에서도 이제까지와는 다른 면목을 이렇게 보여주었다. 민중이 저 자신의 문학을 획득한 시대가 바로 항쟁 이후의 1980년대라는 사실은 기념비적이다. 물론 여기에는 계급모순 문제와 맞물린 바 있고 문학이 사회과학의 군림 앞에서 일정한 자기 긴축을 하는 경우에 있어 더 이상의 바람직한 문학에 대한 반작용도 없지 않았다. 최원식의 정밀한 지적대로 노동자문학의 '기계적' 자기과시성이나 도식적 강변에서 곧잘 나타나는 생경함이기도 하다.

사회과학이란 좀 냉혹하게 말하자면 서구사회의 경험을 총괄한 근대 사회과학과 그 방법론을 아우르고 있는 문화임에 틀림없는데 이에 대한 특화 과정이 생략된 채로 부딪쳐올 때 우리는 일단 그것에서 생기는 전위의 취기에 빠지지 않을 수 없었다. 1980년대 사회과학의 걷잡기 힘든 과잉은 이제까지의 진보적인 이념자체에 대한 절대 결핍만큼이나 그 부담의 하중이 너무 컸던 것도 사실이다. 게다가 거기에 전통적으로 주자학의 교조주의 분파주의의 맥이 닿지 말라는 법도 없음으로써 사상적 주관주의를 통한 이념의 상잔은 과학의 이름으로 굴절되는 폐해밖에는 아무것도 아닌 경우도 있다.

하지만 우리는 항쟁 이후 비로소 문학에서 전문성, 예술성에 대한 민중성의 상대적인 비중을 높임으로써 여기에 가장 신나는 공동창작문제가 나와 어느 정도의 가능성도 보였고 기존의 구조물로 고정된 문학장르를 과감히 해체, 변경시킬 수도 있는 문예형식의 민중적 자기해방도 퍽이나 신기한 것으로 수용되기에 이르렀다.

그것들은 이제까지의 개인주의적 문학이 가진 한계를 제법 뛰어넘을 수 있다는 데까지 힘차게 나아갔다. 특히 이 공동창작은 북한 창작단의 집체문학과 그 궤를 같이하는 것이거니와 우리로서도 새로운 문예창작법의 한 활로로 모색해볼 만한 여지는 충분했다.

아니 그 여지에 앞장서서 이미 젊은 문학인들을 통한 문학적 성과로 쌓이기까지 했다. 이 점에서 항쟁 이후 전남대 비나리패의 「들불야학」과 같은 항쟁 장시나 민족문학작가회의 시 창작반을 비롯, 그밖의 많은 공동창작반들이 이룬 공동제작의 시와 평론 그리고 소설에 이르기까지 그 작품의 평가 이전에 하나의 어엿한 문학 방법의 지평을 연 것만은 틀림없다. 그러나 이에 못지않게 그것에 눌어붙은 상투성이나 작품의 균제와 조화에 대한 불협화음과 함께 이에 대한 부정적 측면에도 주목해야 한다.

다음으로 항쟁 이후, 항쟁의 현장이었던 광주는 그 이전까지의 지역이 아니라 최우선적으로 광주항쟁문학의 근거지가 되고 광주는 항쟁 및 항쟁문학의 중심지가 됨으로써 전국 각 지역에 대한 문학적 본산의 정서로 듬뿍 호도되기도 했다. 그러나 항쟁문학이 지나치게 광주의 현장주의나 소재주의에 함몰할 경우 이를 극복할 수 있는 항쟁 이후의 문학적 보편성이 중요한 과제이다. 이 점에서 1980년대 문학은 그 어느 때보다 지역문학이 중앙집권적 문학을 서울지방문학으로 인식케 하는 배분적 의식이 싹텄다. 이는 민족문학세력의 평등원칙뿐 아니라 문인협회 문학 역시 문단행사의 구성원이라는 밑천으로 너도 나도 지역성을 강조하는 것과 비례한 바 있다. 그러나 이의 전국적 현상은 반드시 올바른 문학생산의 다양성을 이룩했는가라는 물음 앞에서 많은 문제를 안고 있다.

아무튼 1980년대 문학에서 지방자치제에 대한 오랜 숙원과 함께 지방문학의 독자적 활성은 크게는 분단극복의 문학적 진전에도 부합될 뿐 아니라 서울을 중심으로 밀집한 남한의 문단구조에 대한 깊은 성찰이 있게 만들었다. 이는 당연히 문학인구 내지 문학향수 인구의 증대와도 무관한 것이 아니다. 그리하여 항쟁은 기왕의 문단정세까지도 극적으로 재편하는 계기가 되어 오늘의 문학사회를 만들어낸 것이다.

이러한 사실에도 불구하고 항쟁 이후의 문학에 대해 우리는 더 많은 문학적 실적을 요청하지 않으면 안 된다. 먼저 시의 경우, 1980년대 중반까지의 정치상황에 공여된 시들이 한결같이 그것을 변혁운동의 정서적 수단으로 사용할 때의 격렬하고 짧아야 한다는 유격적 요구에 뒤따른 사실이 있는데 이것이 시의 발전을 압박한 사실도 분명한 바였다. 사실인즉 항쟁 이후 우리에게는 어떤 종류의 시만이 옳은 것은 아니었다. 좀 더 다원적인 시의 실질적 성과가 있어야 했다. 그래서 1980년대 중반 이후의 장시, 서사시들의 진행은 당연히 민족과 역사의 삶을 원환적圓環的으로 재현하는 민족형식으로서의 문학으로 의미부여가 서둘러진 것이다.

당장 광주민중항쟁의 서사시가 나오지 않는 것은 바로 광주민중항쟁에 대한 민중적 서사행위가 표상하는 역사 진행에의 직무 유기가 아닐 수 없다. 1980년대 후반에야 세상에 나온 항쟁소설의 경우도 처음에는 소재·환경주의의 집착으로 되었다. 윤정모의 「님」이 가지는 탁월성은 그러나 그 소설 속의 주인공이 조국의 현실을 떠나는 행위 자체가 최인훈의 「광장」 주인공이 제3국으로의 회색적 망명의 길로 가면서 낭만적 소실점으로 마감되는 것과 함께 아직도 우리 민족문학의 어떤 쓸쓸함으로 되고 있는 것이다.

여기에서 특히 역설하고 싶은 것은 항쟁 이후의 문학은 항쟁에 대한 귀속으로부터 자유로운 문학까지도 대국적으로 포용함으로써 그것이 1980년대 문학으로만이 아니라 진정한 의미에서 항쟁 이후의 문학의 실상을 체득케 하는 미학적 전략도 중요하다는 사실이다. 이 점이 바로 위에서도 암시한 바 광주 소재주의가 도리어 광주항쟁의 문학적 전망을 방해하고 있다는 사실을 일깨울 필요가 있다. 광주는 광주를 떠남으로써 새로 태어난다.

이런 모든 쟁점의 부침에도 불구하고 항쟁 이후 우리 민족문학의 성숙은 지극히 큰 길로 접어들었으며 어떤 경우는 세계문학이 빠져 있는 수사주의와 기교주의, 기계주의의 재능에 대한 뜨거운 생명력으로 작용할 수 있는 새로운 문학사적 의의로부터 둔감할 이유가 없는 것이다. 이는 이 땅의 문학을 조금이라도 진지하게 들여다보는 사람에게는 한결같은 결론이라고 믿을 수 있다.

여기에서 광주민중항쟁 10년을 맞이한 오늘의 민족문학 전 역량은 각 문학노선의 재창조화를 위한 연대와 상호 단련의 작업이 일차적 과제로 되고 있다. 문학의 조직은 정치적 조직보다 훨씬 탄력성을 바탕으로 하는 것이다. 정치적 조직이 문학운동의 세력 속에서 그 지도역량을 쇄신해야 할 때이기도 하다. 특히 문학을 통한 과학적 요구는 앞으로 좀 더 원전주의에 구애되지 않고 새로운 삶의 형식을 낳는 이념의 성층권을 형성해야 할 것이다.

우리가 맞이하고 있는 1990년대는 항쟁 이후 우리의 인식과 실천의 기본원칙이 된 바, 민족의 통일과 세계에 대한 평화의 상호주의 그리고 이 땅의 계급적 갈등구조에 대한 원인 제거, 군부독재의 소멸 등 하고 많은 일 가운데서 우리 문학의 역할도 어느 때보다 벅찬 바 있다.

우리는 광주민중항쟁 10년을 살아왔고 그 삶을 통해서 분명히 이룩한 것이 있다. 우리 문학도 그것 가운데 하나이다. 그러나 그것은 언제나 공과가 함께 하고 있으며 광주에 관한 한 지나치게 감상적이거나 지나치게 과학에 갇혀 있거나 하지 않았는가를 뼈아프게 통찰할 수 있어야 한다. 우리는 참 많이 울었다. 참 많이 땅을 치며 노여워하고 슬퍼했다. 그러나 이로부터 우리는 울음의 시보다 힘의 문학으로 나아가야 한다. 거기에 항쟁은 항쟁 이상의 문학을 통해서 살아 있고 그것이 항쟁 20년 또는 항쟁 1백 년의 역사를 잘못 읽지 않는 문학의 대대적인 역량을 발휘하리라고 생각한다.

광주민중항쟁은 이제까지의 문학보다 훨씬 생명력이 넘쳐나는 문학을 위해서 항쟁 자체가 활동하기 시작했다. 이 땅에서 문학에 뛰어든 사람들은 먼저 이 사실을 터득하지 않으면 안 된다.

작자미상의 「민주의 나라」 끝 대목을 여기 덧붙여 끝맺는다.

> 어느 세상 이보다 아름다운 노래 있으랴
> 모두가 한입 되어 외쳐 부르던 민주의 노래
> 서기 일천구백팔십 년 오월
> 우리는 여기 도청 앞 광장을 민족의 광장이라 명명하였다.

— 『광주 5월민중항쟁』(5·18 10주년 기념 전국학술대회 발제문, 1990년)

■ **고은** 1933년 전북 군산 출생. 1958년 『현대문학』으로 등단. 시집으로 『뭐냐』, 『상화시편』, 대표시선집으로 『마치 잔칫날처럼』, 서사시집으로 『백두산』(전7권), 전작시집으로 『만인보』(전30권), 전집으로 『고은시전집』, 『고은전집』, 저서로 『바람의 사상』, 『두 세기의 달빛』 등이 있다. 서울대 초빙교수, 미국 하버드대 연구교수, 민족문학작가회의 회장, 한국민족예술인총연합 회장, 세계 시 아카데미 한국대표 역임. 현재 한국작가회의 상임고문, 한국문학평화포럼 명예회장.

제2부

황정현 1980년대 소설론
이강은 광주민중항쟁에 대한 소시민적 문학관을 비판한다
방민호 광주항쟁의 소설화, 미완의 탑
김형중 『봄날』 이후
정명중 '5월'의 재구성과 의미화 방식에 대한 연구
이성욱 오래 지속될 미래, 단절되지 않는 '광주'의 꿈
김소연 아직 채우지 못한 재현의 빈자리

1980년대 소설론

황정현

1. 서론

본 소고는 1980년대 소설의 이해를 위한 하나의 시도로서 씌었다.
  1980년부터 1989년까지 10년간 인쇄매체를 통하여 발표된 작품수는 2,000여 편을 상회하는 막대한 양이다. 이 많은 작품 가운데서 1980년대를 대표할 만한 작품을 선정한다는 것은 아주 어려운 일이 아닐 수 없다. 그러나 이러한 어려움에도 불구하고 한 시대의 문학적 가치를 자리매김하는 작업은 전망을 위한 성찰로서 중요하지 않을 수 없다.
  지난 1989년 한 출판사[1]에 의해 시도된 1980년대 대표소설의 선정작

---

1) 현암사(편), 『오늘의 소설』(1989 하반기) 특별부록.

업은 그런 의미에서 그 나름대로의 중요성을 지니고 있다고 하겠다. 동시에 어떤 경우에도 작품의 선정에는 타당한 근거가 제시되어야 하고 그 근거에 의한 선정이 설득력을 얻을 수 있다는 점에서 그 작업에 대한 비판[2] 역시 눈여겨 봐야 할 것이다.

  문제는 작품선정 기준의 타당성과 신뢰성 그리고 객관성에 대한 엄격한 검증과정이 자연과학의 그것처럼 순수할 수 없다는 한계를 인정하면서도 누구나 공감할 수 있는 기준을 제시하는 것이다.

  이런 기준을 제시하기 위한 하나의 전제로서 '1980년대 소설'이라는 말의 함축적 의미를 생각해 보아야 할 것이다.

  '1980년대 소설'은 상호모순 개념이 공존하고 있는 말이다. 즉, 1980년대라는 특정한 시대가 내포하고 있는 특수성과 소설이라는 예술장르가 지니고 있는 시간과 공간을 초월한 보편적 가치가 그것이다. 이러한 상호 모순되는 두 개념이 어떻게 잘 조화하여 전형성을 확보하느냐 하는 것이 기본적인 선정기준이 되어야 할 것이다.

  이런 의미에서 1980년대라는 시대가 지니고 있는 정치, 사회적 환경을 이해하는 것은 작품을 감상하는 데 중요한 지렛대가 될 수 있다.

  1980년대는 우리 현대사에 있어 어느 시기보다 정치, 사회적으로 격변한 시대였다. 그리고 그 격변의 전환점은 1987년 6월 민주항쟁으로 이 시기를 기점으로 1980년대를 전·후기로 나눌 수 있다. 그리고 1980년대의 시대적 특징은 민주화운동의 성과와 민중의식의 부상이라 할 수 있을 것이다.

---

2) 〈조선일보〉 1989.12.17 문화면. 출판사의 1차 선정 방법에 문제가 있으며 결과적으로 젊은 문인과 민족민중문학에 지나치게 편중되어 있음을 비판하고 있음.

1980년대 전반기는 1970년대 유신체제의 종말과 함께 '광주민주화운동'으로 막을 열었다. 그러나 '광주민주화운동'은 군부독재정권에 의해 철저하게 분쇄되고 언론의 통폐합, 사회정화라는 미명하에 실시된 삼청교육대, 공무원의 숙정 등 일련의 단호한 조치 아래 사회적 분위기는 경직되었지만 민주화운동의 열기는 식지 않았다. 사회전반의 팽배한 정치권력으로부터의 공포에서 벗어나기 위한 인권수호운동의 성격을 지닌 것이 1970년대의 민주화운동이라면, 1980년대의 그것은 보다 다양한 계층의 사람들이 그들의 이익과 견해를 정치과정에 반영시키려는 폭발적 정치참여 운동의 성격을 지니고 있다. 다시 말하면 1970년대에 있었던 민주화운동은 독재권력에 의해 왜곡된 자유민주주의의 실천을 찾으려는 시민의식의 발로였음에 반하여, 1980년대 중반 이후 민주화운동은 이 같은 시민의식과 더불어 기존 정치권력 전반에 도전하는 민중의식이 함께 공존하는 양상을 보이며 전개되어 왔던 것이다.[3] 그리고 1970년대 고도성장의 경제과정에서 합당한 자기 몫을 분배받지 못하였던 산업근로자들의 민주화운동에의 적극적 참여가 계급적 민중의식의 대두에 중요한 역할을 감당한 것도 사실이다.

  1987년 6·10민주화항쟁의 성과는 1970년대 인권수호차원의 시민의식과 1980년대 중반기 이후 계급적 민중의식의 공동투쟁의 결과였다.

  1980년대 전반기 강압적인 통치체제 아래에서의 소설이 시대적 상황에 대한 정면도전을 포기하고 관념적이거나 우회적이며 상징적 수법에 의존하여 자기영역을 지키기에 안간힘을 쓴 시기라면, 1980년대 후반기는 일

---

3) 한홍수, 『진리와자유』, 연세대학교 출판부, 1989. 겨울 제3호. 15쪽.

련의 민주화작업이 정치, 사회 전반에서 착수되면서 언론의 활성화와 표현의 자유가 주어지자 그동안 잠재되었던 욕구가 일시에 터져나와 민중문학, 민족문학 등의 이념적인 문학형태와 노동문학 같은 계급문학이 활발히 전개되면서 민주 對 반민주, 자본가와 노동자의 극단적인 대립양상을 보이게 된 시기라고 할 수 있을 것이다. 따라서 1980년대 후반기 문학에 있어 지배적인 의식의 흐름은 다원사회의 실현을 위한 다양한 계층간 이익의 실체를 인정하고 합리적인 절차를 거쳐 점진적으로 정책에 반영하여 자유민주주의의 수립을 옹호하는 시민의식과는 달리 공동체사회의 실현을 위해 다양한 이익이 반영되는 절차보다는 결과를 중시하고 사회적 부富의 공평한 분배를 위해서는 자본주의적 경제질서를 근간으로 하는 자유민주주의의 한계를 인식하고 사회민주주의의 실현을 지지하는 민중의식이다.

이러한 1980년대식의 특수성을 감안하더라도 또 우리가 견지해야 할 문학의 보편성은 따로 있다. 그것은 전통적인 소설미학에 충실하되 특수한 시대적 문제를 전체적인 역사, 사회적 맥락 속에서 그 총체성을 확보하고 있느냐 하는 문제이다.

이것은 소설의 내용뿐만 아니라 형식에 있어서도 똑같이 적용되는 것이다. 소설은 현실을 언어로 재현(representation)한다는 점에서 현실 속에 숨어 있는 진리를 발견하고 그 진리를 가장 근사하게 언어로 재현(representation)할 수 있어야 하는 것이다. 이것은 바로 소설상의 기술記述에 속하는 문제로 대상에 대한 기계적 묘사가 아니라 본질에 대한 것이어야 한다는 것이다.

시체를 그 자체로서 보면 추악하지만 시체를 잘 그려놓은 그림을 보면 오히려 아름답고 감동적이라는 비유가 이 경우에 적절할 것이다. 따라서 언어가 지니고 있는 속성을 최대한 발휘하여 형식미를 갖추어야 함은 물론이다.

이러한 원칙적인 기준설정이 필요하고, 중요하다는 것을 인정함에도 불구하고 비평가의 주관적인 가치관에 따라 선정하는 작품이 다를 수도 있다. 이것은 일종의 비평의 한계이기도 한다. 필자 또한 그 범주를 크게 벗어나지 못함을 자인自認하면서 1980년대 소설이 지니고 있는 네 가지의 큰 흐름을 통하여 비교적 객관적인 시각을 확보하려고 노력하였다.

본고에서 다루는 1980년대 소설의 네 가지 흐름은 첫째, 일상성 속에 함몰된 역사성을 성찰하는 작품군群. 둘째, 민중문학과 그 계급성의 양극화를 다룬 작품군. 셋째, 일상적 삶의 두께와 그 다양성을 보여주는 작품군. 넷째, 모더니즘 계통의 관념소설로 나눌 수 있다.

이 네 가지 흐름은 현상적인 것으로서의 변별성은 지니고 있으나 그 뿌리는 오늘을 살아가는 우리의 의식이란 점에서 상호 유기적인 관련성을 지니고 있다.

2. 본론

1) 일상성 속의 역사성

1980년대 소설 가운데 두드러진 현상 중의 하나는 이데올로기로 인한 동족분열의 후유증을 다루고 있는 작품의 등장이다.

구체적으로는 6·25라는 역사적 사건을 소재로 하고 있는 이 부류의 소설들은 거의 40년이란 긴 세월이 흐른 오늘날에 있어서도 아직도 깊은 화인火印으로 남아 끊임없이 남은 자들의 의식 속에 잠재되어 있는 것이다.

그러면 이러한 문학적 현상은 1980년대라는 시대적 상황과 어떻게 맞물려 있으며, 그리고, 그 전대前代의 그러한 소설 류와의 변별성이 무엇이며, 문학사적인 측면에서의 의의는 어떻게 평가될 것인가 하는 것이 논의의 초점이 될 것이다.

우선 6·25를 소재로 한 소설들의 흐름을 보면 1950년대의 전후소설들은 그 시대의 와중에서 그 사건을 하나의 현상적 사실로 받아들여 본질 파악을 위한 시간적 거리를 갖지 못한 채 일단락된 것으로 보인다. 예를 들어 김동리의 「귀환장정」, 「흥남철수」 등에서 보인 전쟁의 실상을 비롯하여 이호철의 피난민 생활을 소재로 한 일련의 소설들, 그리고 전쟁으로 인한 인간군群의 불구의식을 다룬 손창섭의 소설 등, 이러한 소설들은 사건의 현장성을 생생하게 잘 보여 주고는 있지만 우리 민족사적 의미의 본질에 대한 내면화가 덜 된 채 끝나고 말았다.

이러한 결점을 어느 정도 극복한 것이 1960년대 들어 최인훈의 「광장廣場」이 될 것이다. 이데올로기에 의해 남과 북으로 갈라진 민족 사이에서 어느 쪽도 선택하지 못하고 제3국을 택하는 지성인의 고뇌는 우리 민족이 직면하고 있는 현실에 대한 부정적 전망을 잘 대변해 주고 있다.

그 이후 이 문제에 대한 소설화의 작업은 부진한 편이었고 몇몇 작가에 의해 다루어지기는 했지만 개인적 관심사에 머문 형편이었다.

그러면 왜 1980년대 들어 이데올로기에 의한 민족분열의 문제가 재등장하여 하나의 문학적 성과로 자리매김을 하게 되는가 하는 문제가 제기될 수 있을 것이다.

이 문제는 1980년대 들어 일기 시작한 민주화, 자주화 의식에 따른 민족문학운동의 일환에서 시작된 것으로 보인다. 즉, 외세에 의해 분단된 현실에 대한 본질을 재인식하고 자주적인 민족으로서의 반성적 사고의 한 형태라고 볼 수 있을 것이다.

언젠가는 하나가 되어야 할 우리 민족이 아직도 분단극복, 즉 통일이라는 민족적 과제를 해결하지 못한 채 일상성에 함몰되어 살아가는 것에 대한 반성과 민족분단의 문제는 당대 사람들의 고통으로만 끝나는 게 아니라 한 세대, 그리고 미래의 우리 자손에게 끊임없이 고통을 주는 문제이며, 민족동질성 회복이라는 민족의 자주성이 맞물려 있는 문제이기 때문에 민족적 차원에서 해결되어야 할 문제인 것이다.

그러나 아직도 어느 한 편의 이데올로기에 의한 통일 방안이 지배적인 현실적 상황 아래에서 소설이 감당해야 할 진정한 가치의 추구는 한계가 있다. 다만 일상에 파묻힌 역사성을 민족적 차원에서 다룸으로써 우리가 아파해야 할 부분을 아파하고자 하는 진지성을 1980년대 소설들이 답지하고 있을 뿐이다. 따라서 1950년대의 전후소설과 1980년대의 분단문학의 변별성은 6·25에 대한 시각 차이에서 시작된다. 전후소설은 6·25를 단순한 소재적 차원에서 현상적인 것으로 받아들여 본질에 대한 내재화가 미흡함에 비하여 1980년대 분단문학은 40년이란 긴 시간적 거리를 지닌 탓으로 분단의 본질을 이데올로기적 측면에서 상당히 내면화되어 있다는 점이다. 즉 분단문학은 6·25라는 역사적 사건을 그 전과 후라는 역사적 맥락 속에서 본질적인 문제에 많이 천착하고 있는 것이다.

이창동의 「소지燒紙」의 경우 화자는 해방 직후 좌익운동을 하던 남편이 6·25때 행방불명되고 30년 가까이 소식이 없는 가운데 씨 다른 형제를 키워온 어머니다. 어머니는 언젠가는 남편이 살아돌아오리라는 희망을 가지고 30년을 살아오고 있다. 그러나 그녀는 남편의 생환이 거의 불가능함을 인식하면서도 기다리는 것이다. 그녀의 큰아들은 동洞 서기로서 가족들의 생활을 떠받들면서 간고한 삶을 영위하는 성실한 가장이다. 그는 아버지가 6·25때 행불자란 딱지 때문에 자신의 의지와 상관없는 삶의 규제를 받는다.

"내가 모르는 줄 아세요? 다 알고 있어요. 내가 왜 사관학교에 떨어졌게요. 승진시험에서 왜 번번히 미역국인 줄 아세요? 그 잘난 아버지 때문이죠. 이념과 사상을 위해서 처자식까지 헌신짝처럼 미련없이 던져 버릴 수 있었던 그 위대한 아버지 말예요."라는 그의 항변은 이념에 의해 한 개인의 삶이 어떻게 훼손되는가를 잘 대변해 주고 있다. 자기의 이념에 따라 철저하게 살아간다는 것은 성실한 삶의 한 자세라고 할 수 있을 것이다. 그러나 그것은 우리 민족의 경우에는 곧 남은 자들의 고통을 의미하기도 한다. 하나의 이념을 신봉한다는 것은 다른 이념에 의해 분쇄될 수 밖에 없고, 그 여파로 온전한 가족들의 삶조차 해체되어 버리는 민족모순이 오늘날까지 계속 이어져 오고 있다.

현실에 의한 이념의 경직성은 또 다른 이념의 양극화를 창출한다. 씨 다른 동생(어머니만 알고 있는 사실)은 운동권의 대학생이다. 그는 이러한 민족모순을 인식하고 일상적 삶의 안주를 포기한 사람이다. 그는 민족모순을 단순히 개인의 행복의 걸림돌로 치부하고 불평하는 형에게 또 다른 항변을 한다.

"형님이야말로 무엇이든 죽일 수 있는 사람이군요. 사관학교를 위해, 승진을 위해 모든 것을, 아버지까지도 죽일 수 있는 사람이군요."

이러한 두 형제의 상이한 현실인식은 1980년대에 일어난 통일논의에서 나타나는 갈등의 한 양상일 수 있다. 형은 아버지를 비판하고 아우는 다시 형을 비판하는 이념의 악순환은 세대를 이어 계속된다.

"싸워래이, 치고 박고 물어뜯고 싸워래이. 에미 애비가 어딨고, 형제가 어딨노. 요놈들아 와 그래 앉아 있노. 힘이 모자라나 미움이 모자라나. 싸워래이, 얼릉 싸워래이."

두 형제 간의 싸움에 대해 이렇게 울부짖는 어머니의 넋두리는 역설적이지만 혈육보다도 이념, 그것도 이식해온 이념을 더 중시하는 사람들에 대한 원한 맺힌 절규다.

그녀는 이념이 무엇인지 모른다. 다만 어떤 이념이 인간을 행복하게 해주리라는 것은 경험상 믿지 않는다. 이념의 허구성을 인식하고 있는 것이다. 그녀가 소설의 말미에서 이념적 구호가 인쇄된 전단을 하나하나 불사르며 드리는 기원을 우리는 생각해 봐야 할 것이다.

박완서의 「엄마의 말뚝 2」는 일상성에 함몰된 역사성을 되새기게 하는 소설이다. 화자인 '나'는 중년부인으로 경제적으로나 가정적으로 부러울 게 하나도 없는 사람이다. 그리고 이 소설의 구성은 전반은 나른하고 느긋한 일상적인 삶의 모습을 그리고 있고 후반부는 이념에 의해 빚어지는 절박한 과거의 삶으로 짜여 있다.

이 대조적인 전·후반부를 매개하는 사건은 친정어머니의 대퇴부 골절 사건이다. 이 대퇴부 골절은 일상의 허구성을 깨면서 화자인 '나'를 과거로 돌아가게 한다.

간고한 피난 시절 친정어머니는 공부하는 오빠의 수고를 덜어주려고 장작단을 이고 눈길을 걷다 넘어져 팔목에 골절상을 입었다. 오빠는 '엄마의 말뚝'이었다. 모든 희망을 오빠의 성공에다 걸어놓고 그 어려운 피난 생활을 거뜬히 이겨온 어머니였다.

그러나 해방 후 한 때 좌익운동을 하다 전향한 오빠는 6·25때 인민군 치하의 서울에서 숨어 지내다 결국 의용군에 끌려간다. 그 후 의용군에서 도망쳐 나온 오빠는 실어증과 정신착란으로 폐인이 되고 1·4후퇴 때 의용군에 갔다는 이유로 시민증을 못 얻어 도강渡江을 못한 채 결국 인민군의 총에 살해된다.

오빠는 남·북 어느 편에 서지 않았던 탓으로 어느 쪽으로부터 보호받지 못하고 이념의 희생자가 되고 만다. '엄마의 말뚝'은 이념이 투명하다는 이유 때문에 이념에 의해 처형되는 것이다. 이념이 없음은 죄악이다. 누구든 어느 한편에 서서 상대를 미워하고 증오하지 않으면 안 될 시절에 아무도 미워하지 않았다는 이유로 결국은 죽음을 당한 것이다.

화자인 '나'에게 있어 그 사건은 어디까지나 과거라는 묶음표 속에 갇힌, 현재와는 아무 상관이 없는 사건이었지만 어머니에게는 영원한 현실인 것이다. 어머니가 도저히 이해할 수 없는 분단이란 괴물은 우리의 일상성 속에 엄연히 자리 잡고 있는 현실인 것이다.

김원일의 「미망未忘」은 6·25를 통해 빚어지는 고부간의 갈등이 사건전개의 중심을 이룬다.

남로당원으로 경북문화책이자 울산지부 조직부장책을 맡고 있는 사나이는 한 어머니의 아들이자 한 아내의 남편이며, 두 아들의 아버지이다. 그는 일제 때부터 공산주의자로 이상국가 건설을 꿈꾸면서 이념에 충실히 복무한다.

그러나 이념의 희생자는 그 자신보다 남은자들, 즉 그의 어머니나 아내, 아들이다.

"홀애미한테 불효하고 처자슥 버리고 도망질 간 놈이 땅에 두발 딛고 살 수 있겠나? 그렇게 니 애비가 없어지고 나자 하매 소식이 올까 올까 기다리는기 두달, 시애미마저 보따리를 싸가지고 또 호계 딸네집에 가뿌리니 내가 무슨 청승으로 빈집을 지키겠노(중략). 너거 성제간을 양쪽 가슴에 꼭 붙안고 그 체온으로 겨울을 넘긴 시절에 처음 이 애미가 한 짓이 먼줄 아나? 바로 걸뱅이짓이었다."

시어머니 들으라고 아들에게 하소연하는 며느리의 이러한 남편에 대한 비판은 부질없이 아들이 살아오기를 기다리는 시어머니에 대한 것이기도 하다.

그러나 부부관계가 인륜人倫이라면 부모와 자식의 관계는 천륜天倫이다. 이러한 인간관계를 통해 조명해 본 남북관계는 자식이 무슨 짓을 했건, 그리고 어떤 피해를 입혔건 그런 것과는 상관없이 끊을 수 없는 천륜적 관계임을 이 작품은 보여주고 있다.

결국 할머니가 죽고 나자 할머니의 유품 속에서 40여 년 전의 빛바랜 증명서가 한 장 나왔는데 "그 증명서는 누렇게 색바랜 아들의 손톱만한 사진이 붙은 〈보도연맹 가입증〉이었다."

할머니는 이념과 관계없이 40여 년 동안 아들의 모습을 숨어서 들여다 보고 산 것이다. 이 작품은 이념이나 이해에 상관없이 혈연으로서의 관계가 남북문제 해결의 우선적인 조건임을 제시하고 있다.

임철우의 「아버지의 땅」은 과거와 이념 속에서만 존재하고 있던 아버지가 현재와 일상 속에서 어떤 의미로 존재하고 있는가를 역사적으로 조명해 보고자 하는 작품이다.

이 작품 역시 일상성 속에서의 역사성을 우리로 하여금 반성케 하는 것으로 전방에서 우연히 발견된 유골이 그 매개체가 된다.

"어허, 대관절… 그래 어떻다는 얘기요. 죽어서까지 원 아무리 이렇게 누운 다음에까지 이쪽이니 저쪽이니 하고 그런 걸 굳이 따져서 무얼 하자는 말이오. 죽은 사람이 뭣을 알길래… 죄다 부질없는 짓이지 쯔쯧."

유골의 이념적 성향을 가늠해 보고 있는 병사들에 대한 동네 노인의 이러한 말 속에는 아직도 남·북으로 갈라져 대립하고 있는 현실에 대한 일종의 비판으로 문제를 제기하고 있으며, 산 사람의 도리는 이념에 관계없이 원통한 넋을 편하게 위로하는 것뿐이라고 한다.

화자인 '나'는 이러한 사건을 매개로 고향에 홀로 계시면서 6·25때 행방불명이 된 아버지를 지금까지도 기다리는 어머니를 생각한다.

어머니의 기다림은 미래에 대한 것이 아니라 과거의 어두운 기억으로부터 살아 나올 것 같은 아버지에 대한 절망적인 기다림이다.

어머니의 이러한 부정적 전망은 과거에 집착된 삶의 결과다. 그러나 '나' 즉 2세대는 어머니의 그 기다림에 대해 절망을 느끼면서도, 그리고 어머니 삶의 한 몫으로 남겨진 아버지에 대한 어머니의 기다림을 긍정하면서도, 미래에는 '아버지의 땅'이 확보되는 그런 시대가 올 것을 믿는다. 이러한 '나'의 믿음은 개인적인 것이 아니라 민족적인 것이라 하겠다.

이균영의 「어두운 기억의 저편」 역시 과거의 어떤 사건을 매개로 하는 회상수법을 사용하여 현재의 삶을 조명해 보고 있다.

잃어버린 서류봉투를 찾기 위해 추적하는 과정이 일상적 삶의 행적이라면 그 일상적 삶의 행적 속에 잠복하고 있는 과거는 엄연한 역사적 사실로 20년이란 잠복 기간을 뛰어넘어 현실로 나타난다.

이 생경한 역사적 현실은, 결국 '생경한' 것이 아님에도 불구하고 '생경하게' 느끼는 것은 우리 일상의 두께가 그만큼 두꺼움을 반증한다.

과거에만 매달려서 살 수도 없지만, 과거를 잊어버리고 현재에만 매달려 살 수도 없는 것이다. 그럼에도 불구하고 시간을 단절시킨 채 살아가는 우리들의 단세포적인 삶에 대해서 이 작품은 반성을 촉구한다.

이 소설이 6·25를 통한 이념의 문제를 직접적으로 제시하고 있지는 않지만 민족사적인 면에서 우리에게 많은 것을 시사하고 있다.

현길언의 「껍질과 속살」은 하나의 역사적 사건을 이해하는 데 있어 '이념'이란 렌즈를 통해 볼 때 얼마나 달리 평가되는가 하는 문제를 다루고 있다.

즉, 사건의 진실과는 별개로 그 사건을 하나의 소재로 자기이념에 맞게 재단함으로써 진실을 철저하게 왜곡하는 이념의 허구성에 대한 통렬한 비판을 가하고 있다. 이런 점에서 오늘날 우리가 겪고 있는 이념논쟁에서 반성해야 할 점을 시사하고 있다고 하겠다.

이 소설은 기자 직업을 가진 화자의 눈을 통해 일제 때 제주도의 해녀들이 일본의 배에 방화한 사건의 역사적 진실을 밝히고 있다.

그러나 그 사건을 좌익분자는 민중혁명의 봉기로, 우익분자는 반일저항운동으로 각각 재단하여 진실을 왜곡하고 있음을 기자는 발견하게 된다.

이 사건은 다만 해녀들의 생존에 관련된 것으로 생존을 위한 자연발생적이고 우발적인 사건임을 주동자인 '송여인'은 누누이 강조하지만 아무도 그 사건의 진실을 그대로 받아들이려 하지 않는다. 오히려 '송여인'은 극단적인 두 이념 사이에서 피해만 당한다.

"그래 여러분이 바로 송여인이 되어 보세요. 역사발전보다 더 소중한 것은 개인의 삶입니다. 역사를 이념화할 때 개인의 진실은 은폐되기 쉽고 더하면 개인의 삶 자체를 말살할 수도 있습니다. 이념은 시간이 지나면 퇴색되어 그 허구성이 드러나지만 개인의 진실은 영원합니다."

라는 화자 즉, 사건을 추적한 기자의 외침에도 불구하고 이념의 미화작업은 계속됨으로써 그 허구성의 뿌리가 얼마나 깊은가를 이 작품은 잘 보여주고 있다.

정소성의 「아테네 가는 배」는 우리의 분단비극을 그리스신화와 전설, 역사를 통해 상징적으로 보여주는 특이한 시각을 지니고 있다. 6·25로 인해 남·북으로 갈라진 부모를 제3국에서 만나게 하려다, 결국 실패로 돌아가는 사건을 중심으로 전개되고 있는데 코스모폴리탄적인 세계정세에 비해 이념에 의해 양분된 야만적인 한국의 분단현실을 국제적인 관점에서 고발하고 있다. 특히 남·북으로 헤어진 부모의 상황을 트로이 전설 '시모이강江'(전쟁에 패하여 남편을 잃고 승리국 포로가 된 왕비가 망부에의 그리움으로 옛궁을 흙으로 빚고 그 앞에 손으로 '시모이강'을 파서 그 골짜기를 눈물로 채웠다는 전설)과 연관시킴으로써 남·북 분단의 문제를 신화적인 시각으로 조명하고 있음이 특이할 뿐만 아니라 국제적인 시각의 개입이 한반도의 현실을 보다 객관화하고 있다.

이상과 같이 위에서 다룬 작품들의 공통점은 어떤 우연한 사건을 매개로 하여 일상성 속에 숨겨진 역사성이 노정되고 그 역사적 진실이 오늘의 시점에서 어떻게 해석되고 있는가를 보여주고 있다.

그 요점은 이념에 의해 인간은 행복해질 수 없으며, 또한 이념의 허구성을 고발하면서 분단의 현실은 이념에 의해 해결될 수 없음을 보여주고 있는 것이라 하겠다.

2) 민중문학과 계급의 양극화

1980년대는 정치적으로 1970년대 유신체제의 종말과 광주민주화운동, 그리고 5공화국의 탄생에서 시대적 막을 열었고, 경제적으로는 달러화의 평가절하, 원유가의 하락 등 유리한 국제경제적 여건 아래 소위 3저低현상이란 경제적 호황기로 시작되었다.

어두운 정치적 현실과 밝은 경제적 여건 아래 사회는 음지와 양지의 구분이 보다 가시화되었고, 이러한 사회적 상황 아래 정치적으로는 민주와 반민주의 대결구도가 양극화되고 경제적으로는 자본가와 노동자 사이의 분배문제가 대두되었다.

특히, 1987년 6월항쟁 이후, 그 이전에 잠재되어 있는 사회적 욕구가 폭발되면서 1980년대 특유의 민중문학론을 비롯한 노사 간의 계급문학이 양산되기 시작하였다.

이러한 1980년대의 불안정한 정치상황과 산업사회(특히 자본주의 경제질서를 근간으로 하는 자유민주주의 체제 아래)의 모순에 따라서 기층민중이 절대다수를 차지하고 있는 우리 사회의 계급적 구성으로 볼 때 문학에 있어 민중의식의 대두는 필연적인 역사적 정당성을 확보하고는 있지만 그 민중의식이 문학의 미학적 범주 내에서 어떻게 내재화될 수 있느냐 하는 문제는 앞으로의 과제로 남아 있다. 그리고 이러한 민중문학의 대중화도 문학적 성과와 함께 하나의 숙제이기도 하다.

왜냐하면 민중문학은 민중의식의 소산이고 민중의식은 한흥수가 "공동체사회의 실현을 민주화의 이상으로 추구하는 사람들은 다양한 이익이 반영되는 절차보다도 그 결과를 보다 중시한다. 이들은 사회적 부의 평등한 분배를 위해서는 자본주의적 경제질서를 근간으로 하는 자유민주주의가 본질적 한계를 지니고 있다고 믿고 자유민주주의적 원칙하에 합의된 절차는 무시될 수도 있다는 태도를 보이고 있다. 따라서 이들이 추구하는 민주주의의 실체는 사회민주주의라 할 수 있겠다."[4)]라고 지적하고 있듯이 자유민주주의를 부정하고 사회민주주의를 옹호하고 있기 때문에 자유민주주의 정체政體를 지향하는 우리사회 내에서 어떻게 뿌리를 내릴 수 있겠는가 하는 것이다.

민중문학의 두 과제, 즉 예술성의 확보와 대중성의 획득은 앞으로 해결되어야 할 문제이기 때문에 평가는 유보적이지만, 민중문학이 지니고 있는 1980년대의 문학적 위상이 너무 크기 때문에 1980년대 문학의 이해라는 측면에서 반드시 다루어져야 할 것이다.

이 장에서 다루는 민중문학은 노사 간의 갈등을 다룬 정화진의 「쇳물처럼」과 방현석의 「새벽출정」, 그리고 정치적 민주화운동을 다룬 홍희담의 「깃발」과 박태순의 「밤길의 사람들」이다. 이 네 작품 가운데 민중의식이 보다 뚜렷한 것은 「새벽출정」과 「깃발」이며 동시에 계급의식이 아주 강하다. 그런 반면 정화진의 「쇳물처럼」은 인간적인 삶과 생활의 질을 추구하는 자연발생적 욕구를 그리고 있다.

'천씨'는 10여 년을 광부생활을 하다가 자신의 생명을 갉아먹는 탄가루를 피해 도시로 나와 주물공장에서 몰딩공으로 일하는 노동자다. 그리고 그가 근무하는 '태양주물'은 노동력 착취의 예를 단적으로 보여주는 회사다.

회사 설립 이후 10년 동안 한 번도 보너스를 준 적이 없을 뿐아니라 회

---

4) 한홍수, 앞의 책, 17쪽.

사를 경영하는 '전상무'는 전직 군출신으로 보너스타령이 나올 때마다 제품의 불량률을 이유로 들어 일축해 버린다. 그리고 회사의 작업환경은 환풍기가 없는 것은 물론이고 헬맷이나 보안경조차 지급이 되지 않아 산재産災는 늘어나고 노동부의 경고도 무시해 버린다. 결국 제품의 불량률이 높은 것은 노동자의 탓이 아니라 회사의 작업환경과 재생산적 투자가 인색한 데서 비롯된다. 그럼에도 불구하고 회사측은 효율적인 생산에 대한 투자는 전혀없이 파이프 단가표를 붙여놓고 노동자들에게 생산경쟁을 시켜 위화감을 조성하는 것이다.

사건의 발단은 김장보너스 지급에 대한 문제에서 시작된다. 그러나 '태양주물'에는 노동자의 권리를 보호해 줄 노조가 없기 때문에 체계적인 투쟁방법이 없이 '칠성'이의 개인적인 항의와 여기에 동조하는 동료들 그리고 '천씨'의 노련한 마무리로 김장보너스를 받게 되지만 그러나 이것은 물질 이전의 문제이다.

> 그것은 얼마를 더 받고 덜 받고의 문제가 아니라 뼈를 깎는 노동을 하면서도 사람다운 대우를 받아보지 못한 자신들의 과거에 대한, 또한 그동안 그들을 기만해온 당사자에 대한 쇳물 같은 분노였다.

라고 화자가 말하고 있듯이 산업사회에서의 인간가치는 교환가치에 의해 물질화해 버리고 생산관계로 매개된 인간관계는 사용자와 도구의 관계로 전락된 것에 대한 인간의 분노이다.

따라서 노동자는 인간다운 대우와 권리를 찾기 위해 조직이 필요하고 자본가는 그 조직을 와해시킴으로써 기득권을 보호하고자 하는 과정에서 계급 간의 투쟁이 일어나게 된다.

이러한 두 계급 사이의 갈등과 대립은 산업사회, 특히 자본주의 사회에서는 필연적이고 첨예화 하기 마련이다.

방현석의 「새벽출정」은 이러한 두 계급 간의 첨예화한 대립과 노동자들의 투쟁과정을 사실적으로 잘 그리고 있다.

「새벽출정」은 여성노동자들의 노조결성과 회사 측의 파괴공작 사이에서 빚어지는 여러가지 갈등을 보여주고 있는데 그것은 단순한 이원론적 대립이 아니라 노동자들 사이의 갈등을 동시에 보여줌으로써 어느 정도 총체성을 확보하고 있다.

회사 측에서는 경찰과 구사대를 동원해 폭력적 수단으로 노골적인 탄압을 자행하고 우회적으로는 시골의 부모들과 산업체 학교의 교사를 동원해 노동자들 사이에 분열을 획책한다.

노조결성을 위한 농성에 돌입한 노동자들은 처음에는 투쟁의지를 조금도 굽히지 않으나 100여 일이란 시간이 지나가면서 하나, 둘씩 농성장을 이탈한다. 특히, 누구보다도 열심히 투쟁해온 동료들의 이탈에는 남아 있는 동료들에게 투쟁의 회의감을 불러 일으킨다. 그리고 현수막을 걸기 위해 공장 굴뚝으로 올라가다 추락하여 사망하는 '철순', 동료끼리의 이기적 다툼 등으로 위원장 '민영'은 절망감조차 느낀다.

그러나 이러한 외로운 투쟁에 희망을 준 것은 이웃 공장 '신흥정밀' 노조와의 연대투쟁이다.

연대투쟁의식은 직업집단의식에서 나온다. "직업집단은 정치사회와 같이 소원하고 간헐적인 영향을 미치는 것이 아니라 긴밀하고도 영속적인 도덕적 힘을 발현할 수 있고 가족이 행사할 수 있는 영향력의 범위를 벗어나 직업생활의 모든 영역을 통틀어 규제할 수 있으며, 또한 종교단체보다 더욱 현대산업사회의 요구에 부응하면서도 결속력을 크게 행사할 수 있는 도덕적 규제력을 가지고 있어서 다른 사회집단이 못 미치는 점을 대행해 줄 수 있다."[5)]는 점에서 연대투쟁은 노동운동에 있어 핵심적인 요소이다.

이것은 자연발생적인 경향의 「쇳물처럼」에 비해 보다 진보된 의식의 소산이다.

1980년대 광주사태의 문제는 역사적 조명 아래 재평가가 시도되었고 공식적으로 '광주민주화항쟁'으로 명명되어졌다. 그러나 이 역사적 사건의 문학적 작업화는 좀 더 객관적인 시각의 거리를 통해 문예미학적 범주 내에서 내재화가 이루어져야 할 것이다.

문학적 평가에 있어 이러한 문제점이 있음에도 불구하고 '광주민주화항쟁'을 소재로 한 작품들이 1980년대의 시대적 특성을 잘 반영하고 있다는 점에서 이런 류의 작품이 1980년대 소설의 중요한 몫을 담당하고 있음은 부인하지 못할 것이다.

홍희담의 「깃발」은 이런 의미에서 그 나름대로의 중요한 문학적 성과로 평가될 수 있을 것이다.

「깃발」은 어떤 작품보다도 광주사태의 현장성에 대한 고발의식이 강한 작품이다. 그러나 광주사태에 대한 작가의 문제의식이 과잉노출되어 좀 더 여과되어야 할 부분들이 많다.

이 소설은 도청에서 시민군과 계엄군 사이에서 벌어지는 전투내용을 중심으로 몇 개의 삽화로 이루어져 있으며 방직회사 여공인 '순분'의 시각으로 사건해설이 전개되고 있다.

---

5) 박영신, 『현대사회의 구조와 이론』, 일지사, 1979. 248쪽.

광주사태가 일어나자 '들쥐처럼' 도시를 빠져나가는 부자와 미국인들, 그리고 시내 곳곳에서 자행되는 공수단의 만행이 신문기사적인 문체로 그려져 있으며 야학 학생들의 곤고한 생활과 운동권 학생의 고민, 도청 내의 강경파와 온건파의 갈등 등 총체적 상황을 유기적으로 잘 연결시키고 있다. 또한 이 소설은 여러 가지 통계숫자를 예로 들어가며, 광주민주화항쟁에 대한 역사적 성격을 민중의식의 차원에서 규정하고 있는데, 즉 그것은 71%의 무산자계급에 의한 항쟁이었다는 것이다. 그리고 광주민주화항쟁이 계엄군에 의해 진압된 이후에도 같은 무산자계급의 유대감에 의해 전망실현의 가능성을 획득할 수 있으리라는 암시가 내포되어 있다.

하나의 역사적 사건을 문학화하는 데는 그 소재주의적 측면을 극복하고 문학의 내적 논리에 따라 예술성을 확보하고 승화해야 할 것이다. 이 작품은 강도 높은 현장성에 압도되어 예술성을 확보하지 못한 것이 하나의 결점이 될 수 있으며 또 지나치게 무산자계급의 시각으로 편중되어 있음도 또 하나의 결점이라 하겠다. 그러나 이 작품의 이러한 결점에도 불구하고 1980년대 상황의 한 측면을 총체적으로 그리고 있다는 점에서는 중요한 작품이라 하겠다.

「깃발」과는 달리 윤정모의 「밤길」은 광주민주화항쟁의 진실을 외부로 알리기 위해 밤길을 동행하는 신부와 대학생 사이에서 일어나는 심리적 갈등을 비교적 담담하게 그리고 있다.

수습대책위원인 신부의 협상노력이 무위로 돌아가고 죽어가는 자들을 위해 구체적으로 아무것도 할 수 없었던 신부의 무력감과 동지들을 버려두고 광주를 빠져나온 대학생 '요섭'의 자괴감이 전편을 우울하게 지배하고 있다. 그러나,

"요섭아, 우리도 지금 안전한 곳으로 대피하고 있는 게 아니란다. 거기에도 장벽은 있다. 그 장벽을 깨뜨려 달라는 임무가 우리에게 주어진 거야. 우린 그걸 해내야 돼. 비록 이 밤길이 영원히 끝나지 않는다 해도 이젠 서둘러야 한다."

라는 작품 말미의 신부의 이러한 내적 독백은 어두운 시대적 상황의 본질을 파악하고 살아남은 자들이 해야 할 일이 무엇인가를 묵시적으로 일깨워주고 있다.

역사적 사건의 현장성을 문학화하는 작업은 어느 정도의 시간적 거리를 두지 않고서는 사건의 본질과 그 역사적 의미를 내재화하기 힘들지만 작가의 개인적 역량에 따라 어느 정도 그 성과를 거둘 수 있다.

박태순의 「밤길의 사람들」이 그 예가 될 것이다. 이 작품은 1987년 6월 민주화항쟁의 과정을 사건의 중심으로 다루고 있지만 작가가 객관적인 시각을 확보함으로써 사건의 현장성에 압도당하지 않고 있다는 점이 그것이다.

이 작품의 구성은 영등포의 밤-실직자의 새벽-한낮의 더위-명동의 밤으로 이어지는 추보식 구성이다.

어두운 시대적 상황은 한 개인에게 있어 어떤 의미가 있고 한 개인의 삶과 의식을 어떻게 지배하고 있는가 하는 점을 축으로 하여 사건과 심리가 교차되면서 작품이 전개되고 있다.

지방에서 고등학교를 졸업하고 상경해 마장동의 철공소에서 직공보조로 생활하다 군에 입대, 5·17 때는 계엄군으로 대학에 주둔, 제대 후 고향 사람들의 눈초리와 못생긴 자신의 인생에 대한 회의로 '사우디아라비아'로의 도피행, 귀국 후 실직상태에 있는 서른한 살 노총각인 '서춘환'은 보통 사람의 1980년대식의 삶의 궤적을 충실히 살아온 사람이다. 그의 애인 '조애실'은 열여섯 살의 나이로 공장에 들어가 스물여덟 살이 되도록 뼈빠지게 일했지만 손에 쥔 것은 아무것도 없이 여공으로서는 환갑 나이가 다 된 노처녀다.

이 두 사람의 우울한 삶은 1980년대를 살고 있는 기층민중의 전형을 보여주고 있다.

그러나 두 사람의 삶의 변별성은 '노가다'와 '노동자'의 상이한 생활여건 속에 드러난다. 즉, 서춘환은 "조직적인 세계에 익숙하지 않은 막노동자, 일당을 따먹는 노가다"로 자신의 삶을 결정하는 것은 시대나 사회적 여건이 아니라 개인의 운명에 속하는 것으로 보고, 조애실은 상용근로자로서 일정한 조직 내에서 생활을 계획하고 노조에도 가입하고 집회에도 참여하는 노동자로 의식화가 되어 있다.

이러한 변별성은 작품 중간중간에 나타나면서 1980년대라는 동시대의 같은 계층의 사람들에게 상이한 시대적 인식을 갖게 한다.

서춘환이 결혼상대자로서의 조애실을 만나러 서울역, 동대문역으로 돌아 다닐 때 조애실은 6월항쟁의 중심부에 참여한다. 서춘환은 일종의 '아웃사이더'로서 수많은 사람들이 연출하는 6월항쟁의 삽화 속에서 최루탄이 난무하는 거리를 서성일 뿐이다.

이 두 사람의 만남은 시대적 상황에 대한 인식과 개인적 삶의 차이에서 어긋난다

이 '어긋남'은 같은 시대, 같은 계층의 사람들에게도 있을 수 있다는 개연성을 확보함으로써 일사분란함과 이념적 치열성에 빠지기 쉬운 민중문학의 결점을 피해가고 있다. 그리고 이 소설의 문학적 성과는 '아웃사이더'적인 인물로서 드러나는 객관성에 있다.

이 소설은 또한 23개의 삽화들로 짜여 있는데 그것은 노동자, 운동권 학생, 재야, 그리고 소시민이 참여하는 6월 10, 11, 12, 13, 14, 15일에 걸친 민주항쟁의 과정을 모자이크식 구성을 하고 있으면서도 화학적으로 잘 용해시키고 있다는 점에서도 우수하다 하겠다.

민중문학은 이념 이전에 인간적 삶을 누리고자 하는 사람들의 문학이다. 인간의 권리와 자유를 속박하고 살 권리를 침해하는 모든 제도가 비민주적이라면 민중문학은 이러한 것에 저항하는 문학이며 가장 민주적이어야 할 것이다.

3) 일상적 삶의 두께와 그 다양성

진리는 이념 속에서만 존재하는 것은 아니다. 범박한 삶의 영역 속에서도 진리는 존재한다.

1980년대가 정치, 사회적 격변기임에는 틀림이 없고 민주 대 반민주, 자본가와 노동자의 대립이 어느 시대보다 극한적으로 대립을 하였고 또 (그 개념상의 혼란이 있음에도 불구하고) 민중에 의해 어느 정도의 성과를 거둔 시대이기도 하였다.

그러나 이러한 시대적 상황 속에서도 인간들은 그 문제와는 별도로 연애도 하고 사랑도 하고, 술도 마시고, 퇴폐적이고, 이기적이며 또 다른 사회적 문제로 갈등하고 대립하며 살아간다.

그만큼 인간의 삶의 두께는 두껍고, 다양하다. 이러한 면에 초점을 맞추고 인간의 삶을 탐구해 나가는 작품으로 양귀자의 「원미동 시인」, 박영한의 「왕릉일가」, 김원우의 「소인국」, 오정희의 「순례자의 노래」 등이 수

작에 든다고 할 수 있을 것이다.

양귀자의 「원미동 시인」은 산문시대에 있어 시인적인 삶이 얼마나 간고한가를 어린 소녀의 눈을 통해 보여주고 있는 작품이다.

서울에서 밀려난 사람들이 터를 잡고 사는 부천시 원미동의 사람들은 주변부의 인생이다. 복사골 소사읍이 급속한 산업화의 물결에 휩쓸려 경인공업지대의 중심부가 되고, 또한 행정개편에 따라 부천시로 명명되었다. 따라서 원미동은 단순한 작품의 공간적 배경이 아니라 작품의 주제와 깊은 관련을 지니고 있는 배경이다. 즉, 산업사회에서의 타락한 인간을 보여주기 위한 하나의 장치라 할 수 있다.

한때는 한적한 소읍이었던, 그리고 지금은 산업화의 결과로 도시화되어가는 이 주변부의 삶 속에도 사소하지만 그 나름대로의 진지한 문제들로 욕망과 좌절속에 부침하는 인간들이 숨 쉬고 있다. 그런 미친 듯이 일상성 속에 함몰되어 있는 사람들 틈바구니에 또한 미친 '원미동 시인'인 몽달 씨는 좋은 대조를 이루며 아이러니를 느끼게 한다.

현대가 산문시대이고 산문은 사실성을 존중한다면 '원미동 시인'은 그 견고한 껍데기를 뚫지 못하고 비사실적 세계에서 부유하며 원초적인 세계를 꿈꾸는 하나의 '문제적 개인'이라 할 수 있을 것이다.

'원미동 시인'의 친구는 – 화자인 여덟 살 난 '경옥' 밖에 없다. 어린 '경옥'의 눈으로만 그 시인이 이해될 수 있음은 산업사회에서 우리가 상실하고 살아가는 그 무엇을 그 시인이 지니고 있음을 의미한다.

그것은 일상의 때가 묻지 않은 '순수함' 그것이다.

> 풀잎에 바람 스치는 소리 때문에 가슴 아프고, 수녀가 지나가면 문득, '열일곱 개의, 또는 스물한 개의 단추들이 그녀를 가두었다.'

고 한탄하며 시대적 아픔을 "…마른가지로 자기 모모가 마음에 바람을 들이는 저 은사시나무는, 박해받는 순교자같다. 그러나 다시 보면 저 은사시나무는 박해받고 싶어하는 순교자 같다"라고 시를 읊는 '원미동 시인'의 정신세계를 이해하기에 일상의 두께는 너무 두껍고 사실적이다.

그리고 어른들의 비정함과 간교함으로 '원미동 시인'의 정신세계를 이해하기에는 일상의 두께는 너무 두껍고 사실적이다.

그리고 어른들의 비정함과 간교함으로 '원미동 시인'이 당하는 고통은 한 개인의 아픔이 아니라 이 시대가 지니고 있는 하나의 불길한 증후군이며 또한 그 사건을 목격한 경옥의 눈은 예사롭지 못한 현대인의 불감증에 대한 비판이기도 하다.

박영한의「왕릉일가」역시, 서울의 주변부 고양군을 배경으로 도시화되어가는 농촌의 해체과정을 통하여 산업사회가 지니고 있는 의식의 이중성과 그 허위를 고발하고 있는 작품이다.

화자가 명명한 왕릉 즉, '필용'씨는 근면과 검소의 표본으로 물질에 대한 사용 가치의식이 철저한 농부다. 그가 키우는 소에 대한 애정은 소가 지니고 있는 교환 가치와는 상관없이 혈육에 대한 것과 다를 바가 없으며, 농토나 집, 그밖의 모든 사물에 대해 그는 자신의 신체의 일부로 여기고 사랑한다. 따라서 야금야금 먹어 들어오는 도시화의 물결은 필용 씨가 소유하고 있는 땅값을 엄청나게 올라가게 했음에도 불구하고 필용 씨는 못마땅한 것이다.

그것은 진정한 가치를 왜곡시키는 교환가치에 대한 농부로서의 본능적인 저항의식이기도 하였다.

그러나 대세는 도시화로 기울고 마을 사람들은 그것에 편승하여 흥청망청할 때 그는 외로울 수밖에 없다.

작가는 이 작품의 곳곳에 진정한 가치를 수호하고자 하는 필용 씨의 고투를 그리고 있는데 예를 들면

> 아아…이 세상만물치고 땅에 비롯되지 않는 것이 어디 있으랴. 이따금씩 나는 만상이 잠에 곯아 떨어진 새벽 한두 시쯤 변소간을 다녀오다 필용 씨네 우사문을 열어보는 버릇이 있는데, 소들을 어루만지면서 몰아경에 빠져든 그 늙은이를 보게 되면 가슴이 뭉클할 때가 더러 있었다. 그 말 못할 짐승에게 지닌 사랑과 그로 인한 이 늙은이의 고독은 나의 눈물샘을 자극하기에 충분했다.

라는 작가의 필용 씨에 대한 애정은 교환가치에 의해 진정한 가치를 상실한 채 살아가는 현대인의 허위의식을 동시에 비판하는 것이다.

현대인들이 지니고 있는 허위의식은 상대적 가치에서 비롯되며 이러한 상대적 가치는 절대적 가치에 의해 이중화될 수밖에 없다.

농촌의 도시화는 단순한 사회적 문제 이상의 것이다. 그것은 자원과 인간의 관계가 조화롭지 못한 데서 빚어지는 원초적인 모순의 제 현상을 말한다.

「왕릉일가」는 이러한 본질적인 문제를 필용 씨를 중심으로 펼쳐지는 수많은 디테일을 통해 효과적으로 그리고 있다.

김원우의 「소인국小人國」은 네 가지로 구분해 놓은 소설적 구성으로 짜여 있으며 네 가지 삶의 풍경을 통해 왜곡되고 축소화되어가는 인간의 모습을 보여주고 있다.

그것은 소아마비에다 치열교정을 받는 권력가의 딸을 통해 보여주는 사회지도급 인사의 비윤리성과 정신적 천박함, 처세술적인 현실비판과

현실에 안주하는 신문사 부장의 위선, 현실과는 유리된 채 개인적 취미에만 몰두하는 비사회적 기능인인 사진작가, 그리고 바른소리를 하다 신문사에서 쫓겨난 노老기자의 쓸쓸한 죽음 등 네 가지의 세태풍속이 나란히 제시되면서 하나의 주제를 향해 유기적 통일성을 이루고 있다.

이 네 가지 이야기의 매개체는 '사진'과 '치통'이다.

사진은 현실을 축소할 뿐만 아니라 왜곡시킨다.

치과의사의 잇몸촬영용 슬라이드는 돈벌이의 수단이며 동시에 인간을 잇몸 속에 서식하는 세균으로 본다. 따라서 화자가 아닌 우연히 만난, 치열교정을 받는 권력가의 딸을 통해 돈으로 매개된 인간의 타락상은 잇몸 속의 부패와 대치된다.

그리고 축소화된 신문의 인물사진은 현실안주형의 위선적인 지식인의 말에 의해 조작된다. 어차피 사진은 현실의 왜곡이란 것을 잘 파악하고 있는 부장의 지시는 오히려 당당하다.

메카니즘화된 사회구조 속에서의 개인은 어차피 사진 속의 인물처럼 왜소화할 수밖에 없고 또 그래야 그 현실의 틀 속에 안주할 수 있는 것이다. 괜히 삐져나오면 사진에 의해 잘릴 수밖에 없는 현실의 비정함을 이 삽화는 보여주고 있는 것이다.

세 번째 사진작가에 의해 연출되는 사진은 허위의식의 노정이다.

사진작가는 아름답지 않은 것도 아름답게 연출하는 훌륭한 기능인이다. 선전용 개인전 초대용 팜플렛 제작에 몰두하는 그는 타인의 눈길을 가장 많이 끌 수 있는 방법만 생각한다. 그에게 있어 현실은 어두운 암실이며, 그 암실 속의 작업만이 그에게 유일한 삶의 의미를 부여한다.

요컨대 사진작가는 만사태평의 팔자 좋은 친구라고 할 수 있다.

또 요즘 배운 사람들이 대개 다 그렇듯이 어중간한 반편이며, 동시에 돈과 일에서 벗어나려고 발버둥쳐 본들 뾰족수가 없다고 치부할 줄 아는 소시민이다.

네 번째 풍경은 사진이 기능발휘를 하지 못한다. 사진이 기능을 발휘하지 못함은 실물대實物大 크기로 현실과 맞서 있음을 의미한다.

실물대 크기로 현실과 맞섬은 왜소화를 거부하고 허위의식을 배척하는 참된 인간의 당당함이다. 그러나 사진 속에 갇히기를 거부하는 것은 죽음을 의미한다. 따라서 노기자의 쓸쓸한 죽음은 인간을 왜소화시키는 현실에 대한 거부이며 다만 죽음 속에서만 존재의 의미를 찾을 수 있다는 것을 역설적으로 보여주고 있는 것이다.

이 소설의 또 하나의 고리는 화자의 치통이다.

치통齒痛은 우리 문학에 있어 중요한 문학정 장치가 되어왔다. 예를 들어, 이범선의 「오발탄」에서 나오는 계리사 사무원의 치통, 앞에서 언급한 이창동의 「소지」에서 나오는 할머니의 치통이 그것이다.

이빨은 인간의 신체 부분 가운데 고통에 가장 민감한 부분이다. 그리고 그 고통은 뿌리가 있다.

신문기자인 화자의 치통은 그런 의미에서 단순한 신체적 고통이 아니다. 네 가지의 삽화들을 관찰하는 화자는 늘 치통과 함께 한다.

이 치통은 메카니즘화된 현대사회를 살아가는 사람들의 왜소함과 허위의식에 대한 아픔일 수 있으며 그것에 맞서다 결국은 죽은 자의 자리에 설 수 밖에 없었던 노기자의 아픔일 수 있다.

일과성의 찰과상이 아닌 뿌리 깊고 민감한 치통은 중요한 사회적 의미를 내포하고 있는 것이다.

오정희의 「순례자의 노래」는 우연한 사고로 사람을 죽이고 그 충격으로 정신병동에서 치료받다 2년 만에 퇴원한 중년부인 '혜자'를 통하여 가족, 친구, 이웃으로부터 절연된 삶의 고통을 차분하게 보여주는 작품이다.

이러한 '혜자'의 삶은 현대인의 인간에 대한 인식의 틀에서 배태되는 인위적인 것이다.

현대인의 인간에 대한 인식은 원인에 대한 성찰과 이해에 의한다기보다는 결과에 대한 냉정한 판단(그것도 이기적인 측면에서), 그것이다. 따라서 의식이야 어떻든 현상적으로 드러난 사실이 판단의 기준이 되기 때문에 인간에 대한 불신의 장벽이 생긴다.

'혜자'의 살인은 자기방어라는 합법성을 인정받았는데도 불구하고 사람을 죽였다는 그 드러난 사실과 사건 당시 속옷차림이었다는 현상은 '혜자'의 순수한 의식과는 별도로 가족, 친구, 이웃에 의해 다시 한 번 단죄된다.

남편과의 이혼, 친구와의 소식 두절, 이웃의 기피는 인간에 대한 믿음과 사랑의 결핍을 단적으로 드러내주는 삭막한 현대인의 의식의 풍속도이다.

이 작품에서 나타나는 인간관계는 '단절' 바로 그것이다.

2년 만에 집으로 돌아온 '혜자'는 우연히 발견한 손때묻은 자신의 수첩 속에 숨겨진 과거의 단란했던 일상의 기록을 보고 그 시절로 돌아가고자 발버둥치지만 그것은 이미 원죄를 짓고 낙원에서 쫓겨난 이브의 그것과도 같이 인간에 의해 사회로부터 재추방당한다.

이것은 다수에 의해 한 개인의 진정한 가치가 부정당하고 허위의식에 의해 일방적으로 심판당하는 현대인의 비극적 삶의 양태를 여실히 보여주고 있는 것이다.

4) 모더니즘 계통의 관념소설

문학사조에 있어 리얼리즘과 모더니즘은 현실에 대한 인식의 차이에서 생긴다.

리얼리즘이 역사·사회적 중압감에 맞서 그것을 객관적으로 반영하여 본질에 접근하려는 시도에서 작가의식이 외부로 열려 있다면, 모더니즘은 주관적인 세계관에 의해 내면의식을 진정한 것으로 삼아 작가적 시선을 내부로 돌린다고 하겠다.

이러한 같은 시대의 문제를 상이하게 바라보는 두 사조思潮의 등장은 1980년대에만 국한되어 있는 것은 아니다.

한국문학사에 이미 1930년대의 이상, 최명익, 박태원을 비롯한 모더니즘적 관념소설이 있었고 1950년대는 시에서는 후기 모더니즘과 장용학의 관념소설이 있었다.

이러한 모더니즘 소설의 등장은 1930년대에는 1920년대 카프파와 조선주의를 표방하는 민족문학 진영 간의 문학논쟁이 소멸되는 자리에서 시작하였고, 1950년대에는 자유민주주의와 공산주의의 폭력적 대결의 장에서 일어났으며 1980년대는 민주 대 반민주, 자본가 대 노동자의 첨예한 대결구조 속에서 나타났다. 즉, 모더니즘 소설은 가혹한 현실적 상황에 대해 이념적 대립이 가열될 때 어느 한 편에 적극적으로 가담하지 못하는 중간자적 입장에 처해 있음으로써 현실도피의 문학이란 비난을 받기도 하였다.

결국 모더니즘은 객관적 사실에 대한 상이한 이념의 주관적 해석에 환멸을 느껴 객관성 그 자체에 대한 불신에서 비롯되었다고 할 수 있다.

따라서 1980년대 들어 이러한 경향의 작품이 등장한 것도 문학사적인 측면에서 볼 때 결코 우연한 것은 아니다.

1980년대 관념소설을 주도해 온 작가로는 이인성, 최수철, 윤후명을 들 수 있다.

본 장에서는 이인성의 「낯선 시간 속으로」와 윤후명의 「돈황의 사랑」을 살펴보고자 한다.

이인성의 「낯선 시간 속으로」는 사물에 대한 인식의 새로움에서 시작된다. 그리고 일상적으로 친숙하다고 느꼈던 모든 사물이 '낯설게' 보이는 작가의 인식방법은 자의식의 이중화에서 비롯되며 이런 의식의 분열상은 현대사회가 지니고 있는 가치의 이중성과 1980년대의 시대적 질곡에 대한 구조적 대응방식이라 하겠다.

이 소설은 이중화된 자아의 내적 독백을 통하여 전개된다.

바닷가 소도시를 찾은 '나'는 보이지 않는 '너'와의 동행과 대화를 통해 작품의 곳곳에서 '나'와의 의식의 파편을 노출시킨다. 그리고 '군인'이란 말보다도 '병정'이란 말에 오히려 친숙감을 느끼고 일상적인 언어에 대한 배반감이 나를 지배함으로써 '나'는 낯선 존재로 인식된다.

이러한 '낯선감'은 자신의 불안의식에서 비롯된다.

> 길 건너편 저쪽 인도에서 가죽점퍼를 입은 한 남자가 나를 향해 손짓을 하고 있었던 것이다. (중략) 나는 무조건 뛰기 시작했다. 나는 다가오는 사람들의 발길을 이리저리 어렵게 빠져 나가며 이내 진땀을 흘렸다. 꿈속의 뜀박질처럼 나는 달려지지 않았다. (중략) 막다른 골목이었다.

이러한 불안의식은 개인의 병리적 의식의 산물이라기보다 사회적인 것임을 이 작품은 암시하고 있다. 이 작품의 부제가 '1974년 겨울'이라고 붙어 있듯이 유신헌법의 국회통과 이후 강압적인 통치체제는 지금까지 친숙했던 일상적인 것을 모두 낯설게 만들었다. "학내사정으로 기말고사를 무기한 연기하며…"라는 공고문은 학교와 '나'의 관계를 낯설게 하고 '학림學林'에 모였던 친구들은 모두 어디론가 떠나 버렸다.

겨울철, 이 우울한 '나'의 도피는 일상적 인간의 만남조차 거부한다. 우연히 만난 소도시 소재의 대학교 영문과 여학생과의 만남의 경우가 그렇다.

> 네가 나인가? 내가 중얼거린다. 거울 속의 얼굴이 똑같은 말을 되뇌인 것 같다. 그러나 나는 그 얼굴이 점점 낯설어지는 것을 느낀다.
> 나는 눈을 비빈다. 내가 너인가?

라는 나의 질문은 자기동일성(identity)를 상실한 인간의 고백이다. 이러한 자기동일성의 상실을 작가는 '도깨비집'을 통해 상징적으로 보여준다.

사방에 붙어 있는 거울을 통해 드러난 분열된 자아의 형상은 그 모습은 닮았지만 모두 '나'와 단절된 존재들이다.

이 작품의 곳곳에서 '나'와 조우하는 인물들 즉, 보초병, 여대생, 전령, 제대병, 술취한 남자와 그의 애인과의 낯선 만남은 모두 나의 분열된 의식의 소산이며 닫힌 세계 속의 만남이다.

현실에 대한 출구가 막혔을 때 인간은 과거로 돌아간다. 그러나 과거는 이미 현실이 아니고 하나의 막 내린 연극이다.

'나'가 찾아가는 '낯선 시간'은 인간이 전망을 상실했을 때 일어나는 현실과 분리된 시간이다.

현실과 분리된 시간은 과거와 미래와도 단절되어 있다. 자기동일성과 통합된 시간성의 회복은 아픔의 과거에서 도피하는 것이 아니다.

> 그 아픔의 과거가 '여기'에 살아나고 미래인 다른 하늘이 '지금' 속에 가득 펼쳐지는 곳 시간의 직선적인 흐름이 무너져 솟구치며 소용돌이치는 곳, 상처를 통해 마침내 우리는 다른 삶을 살기 시작할 것이다.

라는 소설 말미의 작가의 고백은 현대를 살아가는 우리에게 자기동일성의 회복을 위한 치유책을 제공하고 있다.

윤후명의 「돈황의 사랑」 역시 출구없는 현실에 대한 자의식의 산물이라는 점에서는 이인성의 「낯선 시간 속으로」와 같은 부류의 소설에 속하지만 작품의 형식적인 측면에서는 「낯선 시간 속으로」는 전통적인 소설문체의 해체를 통해 '미지의 세계'를 꿈꾸며 동시에 현재의 자아동일성을 회복하려는 작가의 의지가 잘 드러나는 작품이다.

이 작품은 실직자인 '나'와 자궁근종을 앓고 있는 아내와의 곤고한 일상적 삶을 외화外話로 하여, 돈황을 대표로 하는 '미지의 세계'를 내화內話로 하여 전개되고 있다.

결국 이 작품의 주제는 미지의 세계와 과거의 세계를 연결하여 현재 '나'의 삶의 본질이 무엇인가를 추구해 나가는 것이라 할 수 있다.

돈황은 우리와는 먼 거리에 있는 서역 땅의 한 문화의 원류지이다.

이 세계는 환상적이며 신비한 영역의 세계이다. 한 번도 가보지 못한 기껏해야 사진을 통해서만 만나는 그 세계는 '나'에게 있어 이상의 세계이며 꿈의 세계이다.

소설의 진행이 현실 속에 침울하게 갇혀 있는 상태로부터 명백한 자기

인식에로 '문제적 개인'이 나아가는 여행이라면 그 여행의 목적지는 자연과 인간이, 존재와 사물이, 현실과 이상이 통합된 '영혼의 세계'이다.

이성, 정신, 의식에 의해 총체성을 상실한 현대적 삶의 모순 즉, 한편으로는 고립된 인간, 의미와 거리가 먼 사회구조, 그리고 의미없는 사건으로 점철되고 있는 비연속적이며 이질적인 요소들, 그것을 극복하고 각각의 요소들이 중심인물과 삶의 전개과정에서 구체화되는 삶의 문제와 관계를 맺음으로써 현실을 통일적인 것으로 지향하고자 하는 것이 바로 '돈황의 세계'이다.

이러한 '돈황'과 단절된 일상적인 내 생활, 즉 현실은 닫혀 있다.

이 닫힌 현실의 세계의 출구를 열기 위해 작가가 동원한 지렛대는 우리 과거문화의 유적이다.

돈황의 벽화에서 발견한 고구려 고분벽화의 수렵도, 돈황의 불상과 석굴암, 돈황의 예배굴에서 혜초가 기록한『왕오천축국전』, 돈황의 사자와 봉산, 강령, 기린, 수영야유, 통영오광대, 북청사자놀이에 등장하는 사자춤, 목내이와 누란의 소녀, 처용탈 등 머나먼 미지의 세계, 서역 땅에 있는 돈황을 '나'는 우리의 과거 문화유산을 통해 확인한다.

결국은 존재의 의미 그 자체인 미지의 세계와 존재의 무의미가 지배하는 일상적 삶이 과거의 삶의 흔적을 매개로 연결되고 이러한 연결과정 속에서 '나'는 무의미했던 일상적 삶의 본질을 추구해 나간다.

나의 꿈속에 등장한 돈황의 사자는 바로 우리의 봉산, 강령, 기린의 사자이며 또한 나 자신이기도 하다.

닫혀진 일상의 삶 속에서 과거의 삶을 매개로 잃어버린 미지의 세계, 원초적인 세계를 향한 나의 끝없는 여행은 계속된다.

이런 의미에서 이 작품은 존재의 본질을 확인하기 위한 '문제적 개인'

의 진지한 삶의 여정이며, 일상성에 함몰되어 진정한 가치를 상실한 채 무의미하게 살아가는 현대인에게 삶의 진지성을 일깨워주는 작품이라 하겠다.

3. 결론

이상과 같이 1980년대 소설은 4가지의 흐름을 통해 이해될 수 있다.

민족동질성의 회복을 위한 전제로서 이념의 허구성을 비판하고 고발하는 분단문학은 언젠가는 하나가 되어야 할 우리 민족이 자주적인 민족으로서의 반성적 사고의 한 형태라고 볼 수 있다.

결국은 이념보다 앞서는 것은 민족이며 이식移植된 이념에 의해, 또한 타의에 의해 분단된 우리의 현실은 거짓된 가치로 진정한 가치의 회복을 위해서는 이념의 인위성을 하루바삐 벗어나 천륜天倫적인 측면에서 접근해 나가도록 노력해 나가야 할 것이다. 그러나 아직도 어느 한쪽의 이념에 의한 통일방안이 지배적인 현실적 상황 아래에서 1980년대 소설이 감당해야 할 진정한 가치의 추구는 한계가 있음을 지적하지 않을 수 없다. 다만, 1980년대 분단문학이 지니고 있는 문학사적 의의는 일상에 파묻힌 역사성을 민족적 차원에서 조명함으로써 앞으로 우리 민족문학이 추구해 나가야 할 방향을 제시하고 있다는 점일 것이다.

두 번째 흐름인 민중문학, 계급문학은 민주화에 대한 상이한 시각, 즉, 자본주의 경제질서를 근간으로 하는 자유민주주의를 옹호하는 시민의식과 자본주의의 한계를 인식하고 공동체 사회의 실현을 위해 사회민주주의를 옹호하는 민중의식 사이에서 민중의식에 지나치게 편중하고 있어 민중문학이 바라보는 역사관이 앞으로 전개될 역사적 상황에 일치할 수 있느냐, 없느냐에 따라 민중문학의 성패가 달려 있다고 하겠다.

그리고 민중문학이 지니는 이념성이 예술성과 대중성을 확보할 수 있는 창작방법론이 정립되지 않고서는 1920년대 프로문학의 전철을 밟을 우려가 있음을 지적하지 않을 수 없다.

1980년대는 정치적인 격변기로서의 특성 외에도 현대산업사회의 모순이라는 일반적 성격을 동시에 지니고 있다.

따라서, 교환가치가 지배하는 현대산업사회 속에서 진정한 가치를 상실한 의식의 이중화, 참된 인간성의 왜곡을 진지하게 다루는 작품군이 있는데 그것은 현대인들에게 허위의식을 조장케 하는 산업사회의 메카니즘에 대한 비판으로 두 가지 시각 즉, 인식론의 차이를 통해 잘 드러난다.

하나는 객관적 현실의 올바른 반영을 통해 본질에 접근하려는 것과 다른 하나는 객관적 사실에 대한 상이한 이념의 주관적 해석에 환멸을 느껴 객관성, 그 자체를 불신함으로써 주관적인 세계의 여행을 통해 본질에 접근하려는 것이다.

이러한 인식론의 상이성에도 불구하고 그들이 추구하는 공통의 관심사는 루카치식으로 말하자면 모든 존재와 사물이 그 자체의 의미를 지니고 통일성을 유지하면서도 조화를 이루었던 세계이다. 그리고 이러한 세계를 상실한 인간들이 상실된 원인을 역사, 철학적으로 해명하면서 왜곡된 정신적 총체성, 즉 현대적인 것에 대한 통찰을 통해 자신의 총체성의 개념을 진지하게 추구해 나가고자 하는 것이다.

본고에서는 1980년대 소설 가운데 중·단편만을 대상으로 하고 있기 때문에 그 자체의 한계를 지니고 있으며 또 필자가 나눈 분류나 기준에 대해서도 나름대로 여러 가지 문제점이 지적될 수도 있겠으나 1980년대 소설의 이해를 위한 하나의 시도임을 밝혀 두고자 한다.

— 『비평문학』(1989년 제4호)

■ **황정현** 1950년 부산 출생. 연세대 문학박사. 저서로 『교사작문』(공동), 『독서지도 어떻게 할 것인가』(공동) 등. 번역서로 『창조적 언어사용 능력을 위한 교육연극방법』, 『교육연극 교육과정론』 등. 논문으로 「드라마의 인지과정 이해」, 「예술교과로서의 문학교육」, 「비언어적 활동을 위한 동화교육방법론」, 「총체적 언어교육방법론으로서의 교육연극」, 「창의적 사고력 계발을 위한 동화교육방법」 등이 있다. 현재 서울교대 국어교육과 교수.

광주민중항쟁에 대한
소시민적 문학관을 비판한다

이강은

1. 머리말

홍희담의 「깃발」은 광주민중항쟁을 노동자계급의 입장에서 처음으로 형상화한 작품이라는 평가를 받는다. 『창작과비평』 복간호(1988)에 실렸던 이 작품은 발표되자마자 즉각적으로 다양한 반응을 불러일으켰다. 이 반응에 나타난 각 계급적 입장에 대해서는 다음 장에서 자세히 살펴볼 예정이지만, 이 작품으로 인해 광주항쟁에 대한 문학적 관심이 상당히 증폭된 것만은 사실이다. 그런데 이 작가는 1989년에 발표한 새로운 작품 「이제금 저 달이」(『사상운동』 창간호, 한마당)에서 노동현장에서 싸우는 한 노동자가 광주항쟁의 체험을 오늘의 의미로 되살리는 장면을 형상화하고 있다. 광주항쟁을 직접적인 소재로 다루는 소설에서 간접적인 소재로 다루고 있는 소설로의 변화가 보여주는 변화의 폭은 광주항쟁의 역사적 층위를 암시하는 것 같다. 즉 광주항쟁이라는 역사적 사건 위에 또 다른 많은 역사가 쌓여가고 있다는 느낌이다.

그러나 광주항쟁을 간접적인 소재로 다룬다는 것이 광주항쟁의 역사적 의미의 퇴색을 의미하지 않는다. 오히려 광주항쟁의 역사적 의미는 오늘의 현실 속에서 더욱 뚜렷하게 되살아나고 있다.「이제금 저 달이」의 주인공 광한이 임금인상투쟁과 해고복직투쟁의 과정에서 광주항쟁 기간에 묻어 두었던 총을 되찾는 장면은 광주항쟁의 투쟁성을 계승한다는 의미이다. 즉 광주항쟁의 역사적 의미가 현재적으로 구체화되는 장면인 것이다.

광주항쟁을 오늘의 시점에서 재해석한다는 것은 너무나 당연한 일이다.

지난 10여 년 동안 민중의 줄기찬 투쟁은 광주항쟁의 역사적 의미를 더욱 명확하게 조망할 수 있도록 해준다. 더욱이 1986~1988년에 노동자계급을 위시한 민중진영의 위대한 정치적 진출은 변혁운동의 과학적 전망을 더욱 구체적으로 열어주고 있다. 이 땅의 노동자계급이 변혁의 주력군으로서, 민중의 영도자로서 역사의 전면에 나서고 있는 것이다. 이제 남한사회의 모든 착취와 억압을 물리치고 전 민중, 전 민족을 해방시켜야 한다는 역사적 과제가 노동자계급의 어깨에 부과되고 있다.

노동자계급의 사상적 단련의 장으로 기여하여야 하는 문학운동 역시 이러한 역사적 요청에 부응하여야 할 것이다. 따라서 광주항쟁의 문학적 형상화 역시 현실적으로 요구되는 노동자계급의 사상적 단련에 기여해야 된다는 일차적 목적으로 시작되어야 한다. 즉 광주항쟁은 노동자계급의 당파성에 입각한 철저한 재해석을 바탕으로 형상화되어야 한다는 것이다. 그것은 곧바로 우리 사회의 변혁에 대한 구체적이고 명확한 전망을 획득할 때에만이 광주항쟁의 올바른 문학적 형상화가 가능하다는 뜻이기도 하다. 문학은 항상 미래를 향하여 열려 있는 것이기는 하지만 얼마나 구체적이고 과학적인 미래의 전망을 획득하느냐에 따라 문학적 형상화의 수준도 결정될 것이기 때문이다. 미래에의 전망, 변혁에의 전망이 추상적이거나 모호하거나 소시민적 한계에 갇혀 있을 때에는 결코 올바른 노동자계급 당파성의 문학이 창조될 수 없는 것이다.

광주항쟁의 문학적 형상화는 이제 광주항쟁의 참혹성을 전달하는 데에 그치는 것이 아니라 그것을 전달함으로써 민중을 어떻게, 어떤 투쟁의 경로로 나서게 하느냐에 핵심이 놓여져야 한다. 광주항쟁의 가위에 짓눌려 위대한 투쟁을 발전적으로 계승하지 못하고 광주 근처를 서성이는, 한 시인의 말대로 "무등산을 한 삽씩 떠가려"고만 하는 소시민적 문학관은 이제 폐기되어야 마땅한 것이다. 이 글에서는 바로 이러한 관점에서 「깃발」과 「이제금 저 달이」, 「여기 식민의 땅에서」, 「저기 소리 없이 한 점 꽃잎이 지고」 등 근래에 발표된 광주항쟁 문학작품을 중심으로 문학에 대한 소시민적 관점들을 고찰해 보기로 하겠다.[1]

2. 「깃발」에 대한 소시민적 문학관

앞서 언급하였듯이 「깃발」은 발표되자마자 다양한 문학적 평가를 받았다.

---

[1] 1980년대 초반의 시와 중반 이후의 소설 등에 대한 분석은 그간 많이 언급되었기 때문에 이 글에서는 생략하기로 한다. 여기에 해당되는 작품들은 광주항쟁소설집 『일어서는 땅』, 시집 『누가 그대 큰 이름 지우랴』, 인동, 1987에 거의 망라되어 있다.

다양한 문학적 평가는 상호대립적인 측면을 부각시키면서 논쟁을 불러 일으켰고 이러한 논쟁 속에서 각 계급의 문학관이 아울러 폭로되기도 하였다. 『오늘의 소설』(현암사, 1988) 권두에 실린 좌담 「민족문학 주체논쟁」에는 「깃발」을 바라보는 몇 가지 관점이 드러나 있다. 우선 민중적 민족문학론을 주창한 바 있는 김명인은 "「깃발」을 높이 평가한다는 것은 다른 의미가 아니라 광주문제라는 것을 노동자의 시각에서 해석했다는 것"이라고 전제한 후에 노동자의 시각이 「깃발」 전체에 관철되어 있느냐는 별개의 문제라고 설명한다.

> 「깃발」의 경우는 그것을 평가하는 데에 있어서 노동자적 시각을 갖는 것, 노동자적 시각을 전제하는 것이야말로 사실 무척 중요하다고 생각합니다. 왜냐하면 지나간 사건, 지나간 역사, 그리고 현재 진행되는 부분들, 이것들을 노동자 계급의 시각으로 보는 것이 바로 다음의 부분들, 앞으로 오는 미래의 어떤 역사의 전개과정이나, 이런 부분에 있어서 반성할 점, 취할 점을 제공해 주기 때문입니다. 그것을 「깃발」 같은 경우에는 어떻게 처리했느냐면, 그 당시에 살아 있는 사람들이 그것을 인지하고 있었던 것처럼 소설을 끌고 나온단 말입니다. 예컨대, 형자라는 노동자가 상당히 각성된 노동자여서 그 당시의 광주사태의 과정 속에서 노동자 주체 문제를 계속 들고 나온다는 것이죠. 그런데 이것은 제 생각에는 잘못됐다고 생각합니다. 지금 노동자 입장에서 1980년대 광주항쟁의 정황을 바라본다는 것은 그 당시에도 노동자가 주체로 의식화되어 있다는 것을 밝히는 것이 아니라, 오히려 광주항쟁이 노동자가 주체로 서서 이끌고 나가지 못했던 그런 의식화되지 못한 계급연합적 단계의 투쟁이었다는 것을 밝히는

것이라고 생각합니다. 그게 오히려 더 철저하게 노동자의 시각으로 보는 거란 말이죠.

- 김명인, 35쪽

김명인이 말하는 "노동자적 시각"이라는 개념은 무엇인가? 위의 글에서 보자면 노동자계급의 시각이라는 말과 거의 동의어로 사용되고 있는데 실상은 광주항쟁 참여자인 노동자의 이야기를 다루는 것을 의미한다는 것을 알 수 있다. 즉 노동자계급의 입장에 설 때에만 역사적 전망을 획득할 수 있다는 올바른 정의를 내리고서도 「깃발」의 노동자계급적 시각 여부의 판단에 있어서는 광주의 "사실성"(그때 광주에서는 실제로 그렇지 않았다는 식의)에 의존하고 있는 것을 볼 수 있다. 그리하여 그는 곧바로 「깃발」은 엄밀한 의미에서 노동자 시각에서 본 것이 아니라고 덧붙이고 있다. 그의 이러한 견해는 과연 타당한가.

"노동자계급의 시각"은 한 개별 노동자의 시각이 아니라 노동자계급의 과학적 사상에 입각한다는 것을 의미한다. 따라서 「깃발」에서 노동자계급의 시각이 관철되고 있는가의 판단 기준은 노동자계급 사상이 어느 정도 구현되고 있는가에 있다. 그것은 주인공 형자가 선진노동자라거나, 혹은 노동자들이 광주항쟁에 주도적으로 참여했다라든지, 계급연합적인 단계의 투쟁이 밝혀지고 있다는 이유로 해서 규정되는 것이 아니다. 이런 내용들은 노동자계급의 시각을 구성하는 부분적 요소가 될 수는 있을지언정 결정적인 판단기준이 될 수는 없다.

「깃발」이 문제가 된다면 바로 노동자계급의 변혁사상이, 변혁에 대한 노동자계급의 열망이 현실 속에서 얼마만큼 전형적으로 형상화되고 있는가가 문제가 되어야 한다. 막연히 노동자의 신변에 일어난 광주항쟁을 그렸다고 해서, 또는 선진노동자의 대대적인 항쟁 참여를 그렸다고 해서 노동자계급의 시각이 확보되는 것은 아니다. 또한 문학이 광주항쟁의 진상을 규명하는 일에 일조를 하는 것은 사실이지만 그것은 단순한 사실의 복원에 의해서가 아니라 창조적인 재해석에 의해서이다. 문학에 나타난 광주는 얼마든지 "사실"과 다를 수도 있는 것이다.

좌담의 상대역 중 정과리와 홍정선은 이와는 반대의 의미에서 문학에 대한 소시민적 이해를 보여주고 있다.

> 제 입장에서는 그렇게(노동자의 시각이 관철되어 있느냐 안 되느냐) 봐야될 것이 아니라 작품을 꼼꼼히 읽어가면서 정말로 노동자의 삶의 체계에 대해서 이 작품이 내게 가르쳐 주는 것이 있느냐 없느냐를 보고 싶단 말이죠. 실제로 그런 관점에서 보자면 「깃발」은 아무것도 가르쳐 주지 않아요. 이미 노동자의 진정성은 절대적인 인정으로서, 명제로서 주어진 상태에서 그것을 도식적으로 확인해 나가는 거죠.
>
> — 정과리, 37쪽

> 「깃발」에서 도달하는 어떤 각성된 의식이랄까 이런 것들을 실제로 사람들에게 나타날 수 있는 양상으로 우리가 간주한다면 오히려 여러 가지 공포와 두려움과 위기의식, 이런 것들이 구체성에 있어서 더 현실적인 것은 아니었을까요.
>
> — 정과리, 38쪽

> …… 한 개인이 느끼게 되는 어떤 두려움과 공포, 그리고 그것에 의한 개인의 파멸을 통해 이 세상의 끔찍함을, 광주에 있어서의 무자

비함을 증언하는 것 역시 의미 있지 않느냐는 거지요.

— 홍정선, 39쪽

정과리는 주로 형상화의 측면을 문제 삼는다. 「깃발」이 과연 얼마만큼의 감동력을 지니고 있으며 독자에게 노동자의 삶에 대해 얼마만큼의 내용을 전달해주고 있느냐에 판단의 초점을 맞추고 있는 것처럼 보인다. 그러나 노동자의 시각에서 보아야 한다는 명제는 암묵적으로 수용하고 그것을 문학적으로 실현하는 방법만을 문제 삼고 있는 듯이 하여 언급을 회피하고 있지만, 사실은 그의 논리는 노동자의 시각으로 광주항쟁을 본다는 명제 자체를 부정하고 있는 전형적인 소시민적 논리임을 쉽게 알 수 있다. 홍정선의 주장은 더욱 노골적으로 그러한 관점을 보여주고 있다. 즉 이들은 노동자계급의 시각을 원칙적으로 수용하지 않고 있으며 가능하면 소시민적 공간 속에서 소설의 감동을 누리고 싶다는 간절한 염원을 지니고 있는 것이다.

이상에서 보여진 두 입장은 최윤의 「저기 소리 없이 한 점 꽃잎이 지고」(『문학과사회』, 2호)에 대한 평가에서 또다시 반복된다. 「저기 소리 없이…」는 광주항쟁에서의 폭력성이 인간의 정신 속에 내면화되는 과정을 파편적으로, 정신병리학적으로 나열하고 있는 작품이다. 그러나 이 작품은 사태의 본질, 즉 폭력성에 대한 접근을 매우 두려워하거나 회피하고 있다. 사물의 명백한 본질을 완전히 외면할 수는 없고 하여 본질이 강요하는 압박을 마지 못해 최소한으로 수용하고 있을 뿐이다. 그것은 사태의 본질에 정확하게 다가서지 않아도 별로 손해날 것 없는 계급의 이해를 반영하는 것이다. 그러한 계급적 토대는 본질에 대한 명백한 인식을 유보하거나 편리한대로 왜곡하는 방향으로 나아간다. 또는 본질에 힘차게 다가서는 것을 일정하게 가로막는다. 「저기 소리 없이…」는 이처럼 광주항쟁의 폭력성을 폭력 일반의 문제로, 화해주의적 시각으로 처리하고 있는 것이다.

그러나 정과리와 홍정선은 바로 이러한 이유에서 이 소설을 극찬하고 있다.

> 최윤의 소설은 상당히 중층구조로 되어 있어요. 하나는 소녀의 독백으로 되어 있고 다른 하나는 소녀가 만나는 인물들의 진술의 구조로 되어 있어요. 마지막으로 하나는 소녀를 찾아다니는 사람들의 서술의 구조로 되어 있습니다. 이 세 층위가 겹쳐나가면서, 막막한 장벽처럼 존재해 있는 사람과 사람 사이의 폭력, 공포, 해악의 관계가 차츰 허물어집니다.
>
> — 정과리, 41쪽

이는 마치 작은 소유지의 쟁탈전을 통해 서로 불신을 쌓아가는 소시민의 존재에 대한 도덕주의적 설교를 연상시킨다. 자신들의 사회경제적인 지위에 대한 궁극적인 탐구를 외면하고 주어진 영역에서만 화해를 도모하자는 선전인 것이다. 인간과 인간 사이의 폭력, 공포, 해악을 조장하는 근본적이고 주요한 원인에 대한 이해와 폭로, 투쟁을 배제하고 복잡하고 화려한 자기번민에 인간의 적극적인 창조적 열정을 국한시키려는 소부르주아 계급성을 여실하게 보여주고 있는 것이다. 뒷골목의 폭력배에게 매맞은 어떤 두 사람이 폭력배에 맞서 적극적으로 투쟁하거나 보다 본질적인 대책을 마련하기 위해 실천적인 경로를 찾아나서지 않고, 은밀한 카페에 쭈그리고 앉아 '우리가 맞을 짓을 했지, 우리도 때로 폭력을 사용하잖아. 인간사회에 폭력은 나쁜 거야. 우리 자신부터 자신의 폭력성을 벗어나야 하는 거야. 그래, 맞아' 등등의 넋두리를 늘어놓는 것과 마찬가지이다. 폭력배가 존재하기는 해도 이제 집에 돌아가면 적당한 유희와 살림이 존재하며 자신의 작은 소유지가 아직은 그래도 존재하기 때문에 공연히 폭력배에 맞서 싸우다가 그나마라도 잃고 싶지 않다는 소망이 반영되고 있는 것이다. 그러나 반드시 가야만 하는 길을 폭력배에게 가로막혀 있는 계급은 반드시 그 길을 통과하기 위하여 모든 단결된 힘과 가능한 모든 수단, 모든 지혜를 짜내어 그 폭력배에 대항하여 승리를 위한 일전을 치를 수밖에 없다.

정과리와 홍정선의 소부르주아적 문학관에 맞서 싸워야 할 김명인은 이들의 논리를 본질적으로 폭로시키지 못한다. 「저기 소리 없이…」가 소부르주아 이데올로기의 반영이라는 점을 명확히 지적하지 않고 "실제 그런 상황이 가능하지 않다"라던가 "살아 있는 인물, 생동하는 사람이 전혀 나오지 않는다", "구조가 천박하다는 것이 아니라 디테일이 전혀 리얼하지 못하다"는 등 피상적 지적으로 일관하고 있다.

이와 같은 논리의 착종 및 편향성은 어디에서 오는 것일까. 무엇보다도 우선 문학에서 "노동자적 시각"이 무엇을 의미하는가에 대한 이해의 차이에서 오는 것이다. 또한 그것은 문학, 또는 예술일반에 관한 오해의 소산이기도 하다.

문학이념과 문학의 미적 형식이 결합하여 문학작품(형상화)으로 생산되고 그것은 인간의 문학적 체험으로 작용한다. 문학적 체험으로 동기화된 인간은 현실에 실천적으로 작용하고, 다시 그 현실로부터 작가는 문학이념을 이끌어낸다. 이 각각의 범주들은 상호 변증법적으로 연관되어 있으면서 동시에 상대적으로 독립되어 있다. 이를테면 "노동자의 눈"이라는 범주는 문학이념에 해당하며 이것은 작품의 미적 형식과 독자의 문학적(형상적) 체험, 실천 등과 긴밀한 연관을 지닌다. 그러나 또한 이것은 상대적으로 자율적인 범주이다. 따라서 미적 형식의 수준에 따라 문학적 이념의 참과 거짓이 가려질 수 있거나 문학적 이념에 따라 형상화의 수준이 전적으로 결정되는 것은 아니다. 또한 문학적 이념이 참이냐 거짓이냐에 따라서 독자의 실천의 참과 거짓이 가려지는 것도 물론 아니다. 그 각각은 상대적으로 독립적인 판단근거를 가지고 있다. 아울러 문학의 본질적 특수성은 그것이 인간의 미래와 관련되어 있다. 형상적 체험으로 일정하게 현실에 대한 동기부여를 받은 인간이 어떠한 소망과 열정, 확신을 지니고 어떠한 방향으로 움직이게 되느냐에 문학의 가장 일차적인 관심이 놓여진다. 문학과 예술은 인간의 정서적 측면(신념, 확신, 정열, 원망 등과 같은 주관적 측면)의 형성에까지 작용하는 것이다.

이렇게 볼 때 "노동자적 시각"의 참과 거짓은 형상(이념과 미적 형식의 결합)이 표방하는 이념의 참과 거짓에 의해 평가되어야 하지 미적 형식의 문제(위에서 논의된 바와 같은 사실과의 일치여부 등)가 이념의 판단기준이 되어서는 안 되는 것이다. 「깃발」의 형자가 과연 노동자계급 사상을 어떤 수준으로 표현하고 있느냐가 바로 노동자적 시각에서 「깃발」이 쓰였느냐 아니냐의 기준이 되어야 하는 셈이다.

문학과 예술의 본질에 대한 사회주의적 이해는 백진기에게서 더욱 명확하게 드러난다. 「변혁운동과 그 부문운동에 대한 형상화」(계간 『선비』, 1988년, 여름호)라는 글에서 그는 「깃발」이 "노동자계급 당파성이 지도하는 민중성"과 그 "주도성"에 대한 심각한 오해를 안고 있으며 이 오해로부터 「깃발」의 오류가 파생된다고 한다.

「깃발」에서 보여준 기층민중의 변혁주체로서의 계급성을 전폭적으로 수긍하면서도 작가가 놓치고 있는 당시의 객관적 정세를 부분적으로 지적해 보았지만 전체 소설의 구성에서 볼 때 어찌 보면 이것은 필연적인 것이었다고 판단된다. '노동자계급 당파성이 지도하는 민중성'과 그 '주도성'이 잘못 적용되고 있기 때문이다. 이것의 대부분은 작가가 항쟁의 계급성을 보다 분명히 각인시키고자 목적의식적인 심혈을 기울여 탄생시킨 인물로 보이는 노동자계급 형자로부터 파생된다.

- 백진기, 127쪽

…… 그녀가 하필이면 내부투쟁을 야기한 또 하나의 객관적인 조건, 즉 타도대상에 대한 고도의 분열공작에는 단 한마디 언급도 없이 오직 계급적 차별성에만 모든 것을 의탁하는 것은 또 어찌된 이유인가 …… (그러나)무엇보다도 광주항쟁이라는 객관적 실재의 사실성에 비추어 보았을 때 '노동자계급 당파성이 지도하는 민중성'과 그 '주도성'을 형자가 감당하기에는 이 인물의 설정이 너무 작위성이 짙고 그만큼 추상적이라는 점만은 분명히 지적해 둬야 할 것 같다.

- 백진기, 128쪽

앞서 지적한 그릇된 문학적 이해가 여기에서도 그대로 반복되고 있다. 우선 '노동자계급 당파성이 지도하는 민중성'과 그 '주도성'이란 도대체 무엇을 의미하는가.

말하자면 제국주의와 그 매판세력들은 (신)식민지 민중들에게 모든 모순을 집중적으로 전가하기 때문에 민족모순과 계급모순의 직접적 담지자인 기층민중들은 노동자계급을 지도성과 주도성으로 하여 변혁

<u>의 전과정</u>을 통해 해결해 나갈 <u>궁극적인 주체</u>로서 설정되는 것이다.

— 백진기, 129쪽. 밑줄은 필자.

  문학이 인간을 변혁운동으로 동기부여함으로써 변혁에 기여하게 된다는 당연한 명제를 되새기면서 인용문을 읽어보자. 백진기는 민중이 향후의 변혁과정 전체에 걸쳐 궁극적인 주체이기 때문에 민중 내에 차별성을 인식시키고 노동자계급의 독자적인 사상적 무장의 강화를 꾀하는 것은 궁극적인 동맹자를 분열시키는 것이라고 주장하고 있다. (신)식민지에서의 민중의 실체는 무엇이며 변혁운동에서 어떠한 지위를 부여받는가 등의 문제에 대한 백진기의 이해는 사회과학적 인식에서의 오류일 수도 있다고 이해하자. 그러나 "노동자계급의 당파성이 지도하는"에서의 '지도'는 과연 어떠한 지도인가. 거기에 대해서는 아무런 대답이 없다. 물론 노동자계급의 과학적 사상이라고 대답할 것이다. 그렇다면 노동자계급이 민중에게 지도하는 내용으로서의 과학적 사상의 형성과 그 형성을 지향하고 촉구하는 문학이 왜 통일전선을 저해하는 것이 되는 것일까. 그것은 아마도 소부르주아의 주도에 의한 통일전선에 대한 강력한 도전이 될 것을 두려워하는 것은 아닐까. 그리고 통일전선문학이란 무엇을 의미하는가. 통일전선이란 정치적 과제를 둘러싸고 다계급, 다계층이 연합하거나 동맹을 맺는 것을 말한다. 그러나 그것은 무원칙적인 사상적 타협이나 절충을 의미하지 않는다. 노동자계급이 노동자계급의 사상을 유보, 내지는 폐기하여야 한다면 무엇 때문에 주도적으로 통일전선을 건설한단 말인가. 일시적인 투쟁과제 때문에? 타계급을 기만하여 투쟁에 동참케 하기 위해서? 결코 그것은 아니다. 오히려 통일전선 내에서 노동자계급의 사상적 독자성은 더욱 강고히 유지되고 강화되어야만 한다. 그것은 통일전선을 보다 강화하기 위해서도 절대적으로 필요한 일이다. 더욱이 세계관의 반영이자 세계관의 함양을 일차적 목적으로 하는 문학의 영역에서 통일전선문학이라는 개념을 굳이 사용해야 한다면 정치적 통전의 과제를 곧바로 통전문학의 과제로 수용하는 속류적 이해를 포기해야 할 것이다. 통전적 과제를 가장 올바르게 수행하도록 노동자계급의 영혼에 노동자계급의 당파성을 보다 깊고 풍부하게 불어넣어 주는 것, 이것이 진정한 통일전선문학이 될 수 있을 것이다.

이제까지 「깃발」의 평가를 둘러싸고 진행된 몇 가지 편향된 견해들을 살펴보았다. 그렇다면 정작 「깃발」은 어떻게 평가되어야 하는가.

우선 이 작품은 광주항쟁 당시를 작품의 배경으로 삼고 있으며 주인공으로 선진노동자를 채택하고 있다. 선진노동자인 형자는 부단히 계급적 차별성을 강조함으로써 노동자의 주체적 자각을 강조하지만 군사독재정권과 제국주의에 대한 민중적 투쟁성에 있어서 형자가 부단히 강조하는 차별성이 질적으로 어떻게 다른 것인지 아무런 규정도 없다. 또한 민중적 투쟁에 참여하는 노동자계급의 전망이라든지 사상적 맹아가 그토록 차별성을 강조하는 타계층의 그것과 별반 다를 것이 없다. 따라서 형자는 선진노동자로서 민중적 투쟁의 영웅상은 될 수 있으나 새로운 역사적 전망을 거머쥐고 현실을 지도해 나가는 노동자계급 당파성이 온전히 구현된 인물은 되지 못한다. 또한 새로운 사상적 세례를 선사하지도 못하면서 동질적인 민중세력과의 차별만을 부각시키려는 형자의 태도는 노동자 우월주의를 선전할 위험이 많다. 이 작품은 광주항쟁에 있어서 노동자계급의 역할을 그려냄으로써 노동자계급에게 민중적 자부심을 불어넣고 투쟁성의 계승을 촉구하고 있기는 하지만 우리 시대에서 요구되는 노동자계급 당파성의 수준에는 현저히 미치지 못하고 있다. 홍희담의 근작, 「이제금 저 달이」 역시 노동자 광한의 시점에서 서술되고 있으나 광주항쟁의 투쟁성을 계승하고 있을 뿐 노동자계급의 사상적 맹아의 배태에 있어서는 큰 진전을 보이지 못하고 있다. 이 작품의 성과라면, 노동자인 광한의 혈연적 뿌리가 농촌에 닿아 있고 노동자의 현실과 농촌의 현실이 신식민지 국가독점자본주의 아래 더욱 가혹하게 착취당하고 있으며 그 속에서 이 땅의 민중들이 자연발생적으로 투쟁의 대열에 들어서고 있음을 보여주고 있다는 사실에 있다. 즉 민중들의 불퇴전의 투쟁의지와 정서가 고취되고 있다. 그러나 이러한 민중들의 투쟁성을 '지도'할 역사적 전망은 형상화되지 못하고 있다. 작가는 노동자계급과 농민의 이 참담한 현실이 단순한 자연발생적인 투쟁에 의해 변혁되는 것이 아니라 과학적인 사상적 무장과 전국적인 조직적 결속에 의해서만 변혁될 수 있다는 것을 현실 속에서 구체적으로 파악하도록 노력하는 것이 좋을 것이다. 두 작품에서 보여지듯이 노동자계급의 시각을 견지하고자 하는 작가의 주관적인 의도가 노동자 소재주의로 전락한 위험도 없지 않기 때문이다.

3. 반미문제와 광주항쟁 ― 「여기, 식민의 땅에서」

백진기는 앞의 글에서 광주항쟁의 역사적 의미를 이렇게 요약한다.

> 광주항쟁이 지닌 변혁운동상의 정통성은 1946년 '10월항쟁', 제주도 4·3항쟁, 여·순항쟁, 1948~1950이라는 기간의 남한 내전이라는 반제·반봉건 민주주의 변혁운동의 현재적 관철 형태라는 점에 있

다. 피로 얼룩진 우리의 현대사에 있어서 변혁대상과 변혁주체의 입장에서 변하지 않고 있는 이러한 합법칙성은 광주항쟁을 분기점으로 반외세·반독재의 1980년대적 지평의 난제를 꿰뚫고 있는 것이다.

— 백진기, 125쪽

백진기는 광주항쟁이 민중적 투쟁의 역사적 정통성을 잇고 있으며 민중적 투쟁의 전망은 반제반봉건 민주주의혁명이라고 정의한다. 따라서 변혁대상과 변혁주체는 민중이라고 정의한다. 그리고 그것을 현재까지 역사적으로 변하지 않고 있는 합법칙성이라고 단정한다. 그렇기 때문에 광주항쟁은 '변하지 않고 있는 합법칙성'에 따라 '노동자계급 당파성이 지도하는 민중성'과 그 '주도성'에 입각하여 형상화되어야 한다고 주장하는 것이다. 이러한 관점에서는 민중 내의 차별성을 밝히는 것은 민중의 결속력을 저해하는 것이고 민중의 투쟁성을 약화시키는 것이 된다. 그리하여 가능한 한 노동자계급의 사상적 주체화를 내세우기보다는 민중의 연합전선적 이념에 따라 문학적 형상화를 꾀해야 한다는 것이다.

문학에 있어서 반미주의 소설의 풍미는 이러한 경향과 무관하지 않다. 그러나 비과학적인 민중관으로부터 파생된, 제국주의에 대한 이해의 불철저성과 그것의 반영인 반미주의 문학들은 자칫 급진 민족주의적 편향, 또는 소재주의적 경향으로 경도되고 만다. 진정한 반제투쟁의 의미에서 반미의 문제가 고려되지 않고 그 계급적 내용성을 상실하게 될 때 소부르주아 민족주의의 선전물로 전락하고 마는 것이다. 광주항쟁을 반미의 관점에서 바라보고 반미투쟁에 주체로 설 수 있는 범주로서 민중을 상정한다는 논리 역시 이런 의미에서 일면적이라고 하지 않을 수 없다. 반미의 문제는 반제의 내용성을 분명히 획득할 때 올바른 형상화가 가능하다. 즉 그 내용성은 우리의 변혁운동에 있어서 노동자계급의 주체화와 깊게 연관되어 있는 것이다.

정도상의 「여기, 식민의 땅에서」는 광주항쟁과 미국의 문제를 밀접한 연관 속에서 이해하도록 구조화하고 있다. 그러나 미국의 본질이 제국주의적 본질로까지 심도 있게 형상화되기보다는 미군 면세품을 빼돌리는 조 상사의 후견인으로, 조 상사의 상납을 받아먹는 착취자라는 수준에서 그치고 있다. 작품의 결말에서 조 상사의 대리인인 전병작과 조 상사에 대한 투쟁보다 그들을 틀어쥐고 있는 맥도날드에게만 투쟁의 총구를 돌리려는 고 병장의 논리는 매우 작위적인 셈이 된다.

> 싸움의 대상이 분명해진 셈이야. 맥도날드가 나를 다시 에스-파이브로 보내겠다고 하는 게 이상했어. 그리고 원대복귀를 끄집어냈거든. 우리가 전재환이 하고 노태욱이를 이기기 위해선 맥도날드를 작살내야 돼. 그렇지 않고 전·노 병장하고만 싸운다면 뒤에서 맥도날드 그 늙은 여우가 계속 비호할 거란 말이지. 또 한 가지는 그 두 사람도 우리와 똑같은 징집당한 사병일 뿐이야 그 행위가 밉기는 하지만서두.
>
> ─ 『녹두꽃 1』, 369쪽

맥도날드로 대변되는 제국주의적 요소가 충실하게 폭로되지 않은 채 무조건적으로 제국주의에 대한 증오심을 불러 일으키려는 조급성은 단순히 형상화의 능력부족에서 기인하는 것만은 아니다. 제국주의가 우리 사회 속에 어떻게 침투하여 종속성을 심화시키고 있는가에 대한 깊이 있는 현실이해와 현실접근의 부족이 보다 큰 이유로 지적되어야 할 것이다. 전

·노 병장의 제국주의에의 종속성을 인간적인 동포애로 감싸안아야 한다는 이 느닷없는 도덕주의는 무엇인가. 물론 변혁운동은 특정한 개인의 파멸을 목적하지 않는다. 오히려 그 개인의 도덕적 완성을 의도한다. 제국주의에 기생하여 독점적 이익을 폭력적으로 유지하고 있는 군사독재정권과 독점재벌의 구성원들의 진정한 인간적 해방은 바로 그들의 토대를 무너뜨려주는 것이다. 현실이 이러함에도「여기, 식민의 땅에서」는 군사독재정권과 독점재벌에 대한 투쟁을 동포애적 견지에서 포기하고 오직 반미직투를 선전하는 듯한 알레고리는 작품이 근거하고 있는 현실 이해방식이 잘못되었기 때문이다. 제국주의는 멀리 따로이 존재하는 외국군이 아니라 우리의 내부로 체화되는, 신식민지 국가독점자본주의로 체화되는 것이기도 하기 때문이다.

오늘 우리의 현실에 대한 그릇된 이해로 인하여 광주항쟁의 형상화에 있어서 편향성을 드러내는 또 다른 소설로는 김종인의『무등산』(열사람, 1988)이 있다. 이 작품은 광주항쟁에 참여하는 학생대중과 하층 도시민, 소부르주아들의 투쟁현장을 배경으로 광주항쟁과 미국의 관련을 추적하며 미국의 본질을 폭로하고 있다. 그러나 이 작품 역시 미국의 제국주의적 본성에 대한 현재적 관심이 명료하게 제시되기보다는 미국에 대한 막연한 기대와 환상이 깨져나가는 수준에서 형상화되고 있다.『무등산』이 도달하고 있는 사상적 수준은 광주항쟁의 민중적 투쟁성에 대한 찬사, 미국에 대한 자유주의적 환상이 깨어짐 등에 머물고 있다. 이는 남한사회 변혁운동이 지향해야 하는 궁극적 목적을 가능하게 할 실천적 경로에 대한 천착이 부족하다는 한계를 보여주는 것이다.

4. 광주항쟁과 노동자계급 당파성의 형상화

　광주항쟁을 소재로 취하고 있는 몇 편의 소설과 평가들을 노동자계급 당파성 문학의 관점에서 비판적으로 살펴보았다.
　과거의 역사적 사건들을 문학에 담으려 할 때 우선 대상(객체), 즉 소재에 대한 주체의 태도(당파성)가 가장 주요하게 고려되어야 한다. 대상이 지니는 고유한 성격에만 관심을 고착시키는 것은 자연주의적 태도이다. 물론 대상이 지니는 고유한 성격이 이념적 규정력을 지니는 측면을 완전히 배제할 수는 없을 것이다. 그러나 그 규정력에 대한 선택에 있어서조차 주체의 태도가 배제되어 있기 마련이다. 대상의 규정력에 대한 충분한 고려, 그리고 대상과 주체가 맺는 객관적인 관계의 반영이 바로 문학적 형상으로 탄생하는 것이다. 이와 같은 객관성에 대한 그릇된 이해방식은 광주항쟁을 형상화한 작품을 평가할 때 여실히 드러나기도 한다.

> …… 이 소설 (「깃발」)의 중심축은 타 계급에 대한 모든 기층민중의 강고한 계급적 차별성을 정면에 묶어세우고 있다. 그리고 이것은 광주항쟁에 대한 모든 평가보고서와 그대로 일치하고 있기 때문에, 항쟁에 대한 객관적 실재의 사실성을 제대로 반영해 냈다고 볼 수 있다. 말하자면 이 소설은 광주항쟁을 다룬 대부분의 소설과는 큰 낙차가 있는, 이른바 '하향적 수직이동'을 이룬 작품임이 분명하다.
> 　　　　　　　　　　　　　　　　　－ 백진기, 앞의 책 126쪽

　위의 글의 필자는 '객관적 실재의 사실성'이라는 표현에서 알 수 있듯이 객체의 성격을 객관으로 그릇되게 이해하고 있음이 분명하다. 이러한

이해에 기초하여 "광주는 그 당시 실록이나 평가보고서가 보여주듯이 이러이러했다"는 것을 역설하고 어떤 작품이 그러한 '객관적인' 사실을 제대로 반영하지 못했다고 평가하는 것이다. 이러한 논리는 역사에 대한 부르주아적인 태도에 지나지 않는다. 더구나 이러한 논리가 창조적 인식행위인 문학에 적용될 수는 없다. 문학은 결코 과거 사실을 기록하거나 폭로하기 위해 존재하는 것만은 아니기 때문이다. 물론, 객체가 지니는 성격에 의탁하여 이념을 드러내려는, 즉 창조적 이념의 선전보다 객체의 이념규정성에 의존하는 작품(극단적으로 보고문학 형태)도 있을 수는 있다. 그러나 이 경우에 있어서조차도 대상의 선택에 있어 주체의 이념성은 분명하게 드러나는 것이다. 그리고 그러한 이념성은 반드시 일정한 계급적 토대를 지니고 있다. 문학이 부수적으로 역사적 기록이나 폭로의 역할을 수행할 수는 있으되 본질은 항상 창조에 맞닿아 있음을 명심하여야 할 것이다. 창조 역시 노동자계급의 당파성에 입각한 올바른 형상적 창조일 때만이 가장 올바르게 인간을 변혁의 동력으로 추동시킬 수 있다. 그것은 바로 문학운동이 변혁운동에 기여하는 가장 올바른 경로이기도 하다.

— 『노동해방문학』 1989년 5월호

▪**이강은** 1959년 대전 출생. 고려대 문학박사. 1989년 월간 『노동해방문학』 5월호(통권 2호)로 등단. 저서로 『혁명의 문학 문학의 혁명: 막심 고리끼』, 『반성과 지향의 러시아 소설론』 등, 『해석적 패러다임으로서의 반성과 지향』(공저), 역서로 『이반 일리치의 죽음』, 『청년 고리키』, 『세상 속으로』, 『이탈리아 이야기』, 『대답 없는 사랑』, 『레프 톨스토이 1, 2』 등이 있다. 현재 경북대 노어노문학과 교수.

광주항쟁의 소설화, 미완의 탑

방민호

1.

5·18문학에 대해 말해야 하는가. 그렇다면 먼저 침묵이 필요하다. 오랜 말 없음 속에서 슬픔을 가라앉히고, 분노를 삭이고, 사랑을 잠재워야 한다. 이 모든, 깊은 감정의 응어리들이 더 단단해지고 그만큼 더 작아지다가 마침내 이성의 빛으로 변화되기를 기다려야 한다. 발언이 섣부른 것이 되지 않기 위해. 결론이 시간의 함정에 빠져 허우적거리지 않도록 하기 위해. 예지로 가득 찬 논리는 되지 못한다 할지라도 그것을 절실히 원했다는 갈망이라도 보여주기 위해. 그러나, 그것은 가능한 일이 아니다. 아무리 긴 침묵도 5·18문학을 논하기 위한 준비로는 불충분하다. 그 문제에 관한한 어떤 숨 고름도 투명하게 빛나는 이성의 빛에 도달하게 해 주지는 못한다. 그러므로 지금 이 순간 그 소설들에 대해, 그것들이 이룩한 것과

이룩하지 못한 것에 대해 말한다는 것은, 두려운 일이다. 두려움을 수반하지 않고는 그 처절한 역사와 대면하려 했던 작가들의 고뇌의 산물들에 대해 말할 수 없다.

그렇다. 이 두려움이 있기 전에 먼저 작가들의 두려움이 있었다. 역사의 전제 조건인 사람들의 삶이 부정당한 역사 앞에서, 자신의 삶을 부정하면서까지 역사를 만든 사람들 앞에서 그들은 처음에 아무런 말도 할 수 없었다. 비논리를 설명할 수 있는 방도를 찾을 수 없었기 때문이다. 명색이 현대사회라는 곳에서, 다른 도시들과는 통신 및 교통의 어떤 연락도 차단당한 채 학살당하고 저항하다가 쓰러져 간 수많은 사람들이 있었다는 사실을 어떻게 쉽게 설명할 수 있겠는가. 더구나 진실이 거의 철저히 은폐되었고, 학살의 주범들이 버젓이 권좌에 앉아 있던 탓에 광주에 대해 말한다는 것은 삶을 자신이 원했던 것으로부터 비껴 나가게 할 수 있음을 충분히 의미했다. 광주에 대해 말한다는 것은 작가들에게는 자신의 문학적 삶을 건 위태로운 비약이었던 것이다.

그래도 그들은 말하지 않을 수 없었다. 경악한 상태에서라도, 정리되지 않은 상태에서나마 그들은 말하지 않고는 견딜 수 없었다. 그들을 향해 절규하는 광주의 목소리를 외면할 수 없었다. 차마 고개 돌려 볼 수 없는 비정한 사실들 앞에 고개 돌려야 한다는 것, 비록 '고개 돌린 하나님'이지만 신을 갈구하지 않을 수 없다는 것, 이것이 5·18을 소설화한 작가들의, 가장 근저에 놓인 문제였다. 임철우가 「봄날」(1984년)을 쓰고 윤정모가 「밤길」(1985년)을 쓴 것은, 그들이 신의 이름을 빌려 광주를 말하지 않을 수 없었던 것은 바로 그 때문이다. 그 소설들이 광주문제를 형상화한 거의 처음에 해당하는 작품들일 수밖에 없었던 이유를 깊이 있게 되짚어 볼 필요가 있다.

그러나 광주는 작가들로 하여금 신을 갈구하는 행위들만을 요구하지 않았다. 비록 시대적 인식의 한계에 갇힌 인간의 이름으로나마 광주는 은폐되고 왜곡된 진실의 규명을 요구했다. 광주를 위해서, 그것으로 표상되는 민주주의를 위해서, 정치는 아무것도 해줄 것이 없었고, 그리하여 난자당한 진실을 파헤치고, 누더기처럼 기워진 그것에 의미를 부여하는 행위는 문학의 몫일 수밖에 없었던 것이다. 황석영이 소설이 아니라 기록물의 형식으로라도 『죽음을 넘어 시대의 어둠을 넘어』(1985년)를 쓸 수밖에 없었던 것은 바로 그 때문이었다. 김종인이 이미 1983년부터 광주를 소설로 쓰고 싶어 했고 그로부터 몇 년이 걸렸지만 마침내 『무등산』(1988년)을 쓰고야 만 것도, 홍희담이 「깃발」(1988년)을 쓰고 박노해가 「광주무장봉기의 지도자 윤상원 평전」(1989년)을 쓴 것도 모두 그 때문이었다. 깨어진 진실을 복원해야 한다는 것, 이것은 광주에 대한 이야기의 또 다른 근원적 동기다.

 시간의 흐름은 광주를 이야기하는 또 다른 두 가지 방식을 가능케 했다. 그 하나는 살아남은 자들에게 남겨진 삶을 이야기하는 것이며, 다른 하나는 전적으로 새로워진 현실 위에서 광주에 새로운 이념적 지평을 부여하는 것이다. 전자의 작업에 해당하는 것으로는, 정도상의 「십오방 이야기」(1987년), 이순원의 「얼굴」(1990년), 공선옥의 「목마른 계절」(1993년) 등이 있으며, 정찬의 「완전한 영혼」이나 박혜강의 「미완의 탑」(1995년)은 그 후자에 해당하는 작품들이다. 이들 작품은 광주가 우리들에게 얼마나 깊은 상처를 주었으며 왜 기억되어야 하는지를, 또 광주는 어떻게 재해석되어야 하는지를 보여준다. 「십오방 이야기」, 「얼굴」, 「목마른 계절」 등이 「봄날」이나 「밤길」이 보여주는 살아남은 자들의 그 이후의 삶을 대상으로 한 것이라면 「완전한 영혼」이나 「미완의 탑」 등은 「깃발」이나

『무등산』 등이 보여주는 복원 및 재해석 작업을 계승한 것이라 할 수 있다. 특히 뒤의 두 작품은 1990년대 들어 가속화된 이념적 지향점 상실의 위기를 광주로 되돌아감으로써 극복하고자 한다는 점에서 매우 의미 있는 작업으로 위치지워질 수 있을 것이다.

2.

광주는 무엇보다 공포의 이름이다. 달리기의 늦고 빠름이, 남을 것인가 아닌가의 선택이, 그 찰나의 순간이 삶과 죽음을 가른 그곳에서 누군가는 죽고 누군가들은 살아남았다. 그 죽음이 어디로부터, 무엇으로부터 온 것인지를 묻는 일은 그러므로 어쩌면 사치스러운 일인지도 모른다. 눈앞에서, 사람이 사람을 죽이는 일이 벌어지고 있을 때, 그 죽이는 자의 배후에 있는 자를 떠올리는 것은 거의 불가능하다. 진정한 적은 눈에 보이지 않고 다만 참혹한 대량 살상극만이, 그 무대 위에선 자신과 다른 사람들만이, 그곳을 지배하는 공포만이 보일 뿐이다.

이 공포는, 인간들 하나하나의 개별적 삶은 무한한 우주의 침묵 위에 피어난 꽃들에 지나지 않는다는 데서 온다. 이 '흔들리는 존재의 가지 끝에서' 팔랑 하고 떨어져 나왔을 때 우리들을 기다리고 있는 것은 무엇인가. 신의 세계인가, 영원한 자연인가. 아무도 우리에게 그것을 가르쳐 주지 않았다. 우리는 다만 비논리적으로든 논리적으로든 유추하고 판단하고 확신할 뿐이다. 그러나 확신조차도 공포의 존재를 완전히 무화시키지는 못한다. 때로는 사랑이 때로는 증오가 그것을 극복하게 해줄 수도 있겠지만 그래도 그것은 우리들 곁에 언제나 존재하며, 바로 그 차원에 신에 대한, 인간의 갈구가 놓여 있다. 신은 세속적으로는 지배의 다른 이름이기도 하지만 더 근원적으로는 공포의 다른 이름이 아닐까. 광주의 그날들 속에서 사람들이 가장 먼저 직면해야 했던 것은 바로 극대화된 공포였다.

그러나 공포는 신의 영역에 존재하지만 그 공포를 대한 방식은 인간의 것이며, 바로 그 자리에 죄의식과 부끄러움이 놓인다. 어떻게 나는 살았으며 그는 죽었는가. 왜 나는 삶을 택했으며 그들은 죽음을 택했는가. 살아남은 사람들은 이 문제로부터 절대로 자유로울 수 없다. 임철우의 「봄날」이, 윤정모의 「밤길」이 그리고자 하는 것은 바로 이 죄의식, 부끄러움의 문제다.

「봄날」의 상주는 광주의 마지막 날 새벽에 죽음을 당한 명부 때문에 괴로워하다 정신 이상으로 입원한다. 상주는 그날 "명부가 애타게 문을 두드리는 소리를 빤히 들었으면서도 자신은 꼼짝 않고 이불 속에 누워 있었노라"(『꽃잎처럼』, 351쪽)고 한다. 그러나 그것은 사실이 아니다. 그의 어머니 말에 따르면 그날 새벽 누군가 집 대문을 다급하게 두드렸던 것은 분명 사실이다. 그러나 그 사람이 명부였는지는 확실치 않다. 상주의 식구들은 무서워서 문을 열어줄 수가 없었고 그때 오히려 상주는 뒷방에 따로 떨어져 있었기 때문에 그 사실을 알 수가 없었다. 그렇다면 상주는 확실하지도 않은 일 때문에 혼자 괴로워하다 정신 이상에 이르고 만 셈이다. 만약 상주가 "독실한 예수쟁이"(364쪽)가 아니었다면 이 이야기는 임철우의 또 다른 5·18 소설인 「직선과 독가스」 수준에 머물렀을 것이다. 거기서도 소심한 만화가인 주인공은 시국에 풍자하는 만화 몇 편을 그리다 정보기관에 끌려갔다 온 후 정신 이상에 빠져 들고 만다. 「봄날」을 그 작품과 구별지어 주는 것은 상주가 독실한 기독교인이라는 사실이며, 이로 말미암아 명부의 죽음을 아벨의 죽음으로 환치시키고 있다는 사실이다. "주여, 나는 당신을 배신했습니다. 첫닭이 세 번을 울기도 전에 귀를 틀어막고 눈을 가리우고 입술을 닫아 당신을 부인했습니다. 그리고 이불 속에 드러누워 더러운 살덩이를 떨고 있는 그 시각에 내 집 문전에서는 죄 없는 아벨의 머리가죽이 생채로 벗기움을 당하고 있었습니다."(356쪽). 명부는 곧 아벨이며, 그날 새벽 상주의 집 대문을 두드리던 사람은 명부가 아니래도 아벨이다. 그러므로 상주를 미치게끔 한 것은 단순히 명부의 죽음이 아니라 형제 아벨로 표상되는, 명부와 같은 광주 사람들이 저항 끝에 죽임을 당하고 있던 그날 그 새벽에 뒷방에서 삶을 구걸하고 있었다는, 그 죄의식 때문이다.

「밤길」에서도 그러한 죄의식은 핵심적인 주제이다. 역시 마지막 날 밤 요섭은 신부와 가깝다는 이유로 세상에 진실을 알려달라는 동지들의 뜻에 따라 광주를 떠난다. 그러나 요섭은 그러한 자신의 행위를 떳떳한 것으로 치부할 수가 없다. "그들은 죽었어요. 모두가……. 그런데 난 비겁자가 되었잖아요. 족보에도 없는 비겁자……."(『꽃잎처럼』, 347쪽) 동지들은 도청에서 빌딩에서 죽어가고 있는데 자기만 그곳을 빠져나왔다는 것, 아무리 그것이 동지들의 뜻이라 할지라도 자신은 삶에 속해 있고 그들은 죽음에 속해 있다는 것, 이것은 요섭의 힘만으로는 도저히 빠져나올 수 없는 부끄러움 그 자체다. 신부는 요섭의 임무가 아직 끝나지 않은 것임을 상기시키며 그를 위로한다. 그러나 그런 그 또한 도청을 빠져나올 때 자신의 탈출 행위가 과연 "출애굽인가, 정녕 그러한가"(346쪽)를 스스로에게 반문하지 않을 수 없었다. 신에 대한 경배와 신의 음성의 전달을 사명으로 하는 그조차 죄의식의 심연으로부터 벗어날 수는 없었던 것이다.

물론 「밤길」은 「봄날」과는 달리 신부의 생각과 음성을 빌어 그 캄캄한 심연으로부터 벗어날 수 있는 길을 제시하고자 한다. 그것은 탈출, 즉 삶의 선택을 그것으로 끝내지 않는 것이다. "요섭아, 우리도 지금 안전한 곳으로 대피하고 있는 게 아니란다. 거기에도 장벽은 있다. 그 장벽을 깨뜨려 달라는 임무가 우리에게 주어진 거야. 우린 그걸 해내야 돼. 비록 이 밤길이 영원히 끝나지 않는다 해도 이젠 서둘러야 한다."(347쪽). 살아남은 자의 나머지 삶 전체를 걸어 동지들의, 형제들의 생명을 유린한 자들과 싸우는 것, 이것만이 죄의식으로부터, 부끄러움으로부터 벗어날 수 있는 유일한 길이라는 것이다. 그러나 그렇다 하더라도 과연 이 마음의 고통으로부터 살아남은 이들은 벗어날 수 있을 것인가. 아마 그렇지 못할 것이다. 그들에게, 죽고 산다는 것은 언제나 인간 윤리의 최고 기준으로 남아 있을 것이다. 어느 쪽이 인간적이고 윤리적인가. 살아남은 이들은 어떻게 살아야 하는가. 광주는 지금도 우리 문학에 이러한 문제를 더 깊이, 더 전면적으로 파헤칠 것을 요구하고 있으며, 5·18 문학은 바로 이러한 점들에 천착할 때 위대한 문학으로 나아갈 수 있을 것이다.

3.

이미 앞에서도 지적했듯 정치가 자신의 몫을 다하지 못할 때, 오히려 역사적 진실을 은폐하고 왜곡하는 도구로만 기능할 때, 문학이 정치의 몫마저도 부담하는 것은 불가피한 일이다. 문학은 공식적인 역사가 죽여버린 진실을 부활시켜 내는 숭고한 사명을 받아들여야 한다. 그러므로 정치가 모든 것이면서도 아무것도 하지 않는 시대에 정치적 문학은 그 자체로서 비난받을 어떤 이유도 갖지 못한다. 그러나 그 어떤 경우에도 문학은 정치에 의해서 온전히 지배되어서는 안된다. 정치의 논리가 문학의 논리를 완전히 지배해 버린다면 문학은 더 이상 문학으로서 기능하기 어려울 것이기 때문이다. 그러므로 문학과 정치의 긴장을 추구하면서도 문학편에 서는 것, 정치를 통과하여 문학의 경지에 이르는 것, 이것이야말로 정치적 문학이 이루어내야 할 과제라 하지 않을 수 없다. 이것은 깃발과 무등산을 논하기 위한 매우 중요한 전제를 이룬다.

홍희담의 소설 「깃발」을 가능케 한 것은 무엇인가. 그것은 1980년대 후반에 싹트기 시작한 사회주의 사상이다. 그러나, 지금도 그렇지만 특히 「깃발」이 쓰인 1988년 당시에는 사회주의는 아직 우리가 지향하는 이상세계를 표상하는 추상적 기호의 차원에 머무르고 있었다. 그것은 아직 풍부한 육체를 지니고 있지 못한, 뼈대만을 세운 집에 불과했다. 그 이후에 사회주의 세력의 다기한 분화 과정은 이를 증명해 준다. 그럼에도 불구하고 당시 진보적 청년들은 자신들이 이 불합리하고 야만스러운 세계를 구원할 수단을 손에 넣었다고 생각했다. 그것은 노동자계급의 당파성이었다. 노동자계급의 시각은 억압과 착취의 원리를 이해할 수 있게 해줄 것이며, 세계를 구원할 수 있게 해줄 것이었다. 당대를 치열하게 살았던 사람들의 생각을 이렇게 단순화하는 것은 그들에게 커다란 누를 끼치는 것인지도 모르겠지만 그것은 어쩌면 사실에 가까운 것이 아니겠는지.

「깃발」은 바로 이러한 문제의식의 산물이다. 작가는 노동자계급의 시각을 견지함으로써 광주항쟁을 그때까지보다 훨씬 더 전면적으로, 구체적으로 이해할 수 있다고 보았다. 그것은 그 기간 동안 패배감에 빠져 도시를 빠져나가 있던 학생운동권 출신 강학 윤강일의 고백 형식을 빌어 단적으로 드러난다. "커다란 획이 확 그어지고 지나갔어"(『꽃잎처럼』 290쪽).

여기서 그 커다란 획이란 무엇인가. 그것은 노동자계급이 민중운동의 핵심적 주체로 부상했음을 의미한다. 그러한 깨달음의 배경에는 자기 계급의 역사적 사명을 각성한 노동자, 형자의 존재가 놓여 있다. 도청 앞과 분수대 사이에서 형자는 순분에게 "도청에 끝까지 남아 있던 사람들을 잘 기억해 둬. 어떤 사람들이 이 항쟁에 가담했고 투쟁했고 죽었는가를 꼭 기억해야 돼"(269쪽) 라고 말한다. 그리고 그녀는 마지막까지 도청을 사수하는 죽음의 길을 선택한다.

실제로 광주항쟁의 사망자 가운데 노동자들이나 도시 빈민들이 대다수를 형성했던 것을 감안하면 이 형자의 존재는 완전히 비현실적인 것이라 할 수만은 없으며, 따라서 그녀를 통해 광주항쟁에 새로운 의미를 부여하고자 한 작가의 의도는 음미해 볼만한 충분한 가치를 지니고 있다. 그러나 「깃발」은 그러한 새로움에도 불구하고 노동자계급의 시각이라는 문제의식에 치우친 나머지 광주를 또 다른 방향에서 일면화시킨 것은 아닌가 하는 의문을 살 수 있다. 다른 광주 소설들에서는 자주 나타나는 지역 문제나 「봄날」, 「밤길」 등이 제기한 죄의식에 대한 천착을 이 작품은 거의 보여주지 않거나 단순화시키고 있다. 그리고 이는 이 작품이 정치적 담론에 의해 지배되고 있는 것은 아닌가 하는 판단을 가능케 하는 것이다. 이 작품의 문제성은 바로 이 점에 있으며, 이 작품을 둘러싼 이른바 민족문학 주체 논쟁의 주요한 쟁점 역시 이 점에 있다. 노동자 계급의 시각을 취하고자 했던 이 작품의 의도는 매우 신선한 것이었으며, 쟁점 역시 여기서 형성될 수 있는 것은 아니다. 문제는 이것이 광주의 진실에 얼마나 부합하는가 하는 것이다. 이 부합의 문제는 또한 리얼리즘이 개념 문제와 연관되는 것으로서 1980년대 후반 진보적 문학의 창작적, 비평적 실천의 공과를 논함에 있어 매우 중요한 문제가 된다.

광주항쟁의 소설적 복원이라는 관점에서 볼 때, 김종인의 장편소설『무등산』은 또 다른 문제를 던진다. 프로 작가의 산물이 아니어선지는 몰라도 작가는 작품 곳곳에서 미숙성을 드러내고 있다. 대사와 대사 사이에는 불필요한 문장들이 많이 끼워져 있으며, 이야기 전체의 진행이 우연적 요소에 의해 너무 많이 지배되고 있다. 또한 비극미와 숭고미를 추구하는 과정에서 생겨난 멜로드라마의 요소들은 읽는 이로 하여금 상당한 부담감을 주게 된다. 그럼에도 불구하고 이 작품은 5·18이라는 정치적, 역사적 격변을 소설화하는데 있어 상당한 성취를 이루고 있다. 특히 항쟁 과정을 통해 서로의 사랑을 확인하고 함께 투쟁하지만 결국은 삶과 죽음의 각각 다른 세계 속에 놓이게 되는 명규와 은애의 사랑, 한국 민주주의에 대한 미국의 지원을 믿었지만 아들 은호의 죽음을 계기로 적극적인 투쟁의 필요성을 인식하게 되는 정동준 교수의 내적 갈등, 생명에 대한 외경심을 깊이 간직한 외과 의사로서 광주의 잔학상을 고발하는 최 박사의 존재, 장교로서 광주 진압에 내몰리지만 결국은 민중의 편으로 돌아서 죽음을 맞는 김만수의 결단 등은 이 작품을 매우 의미 있는 것으로 만들어 준다. 감히 말한다면 약간의 개작으로도 이 작품은 정치적, 역사적 문제가 어떻게 문학의 문제로 깊이 있게 수용될 수 있는지를 보여주는 좋은 실례가 될 수 있을 것이다.

그러나『무등산』또한 앞서 말한 여러 단점들로 인해 광주가 요구하고 있는 역사적 진실의 복원에 충분히 접근하고 있는 것이라 보기엔 많이 미흡하다. 5·18이 어떤 근원적 배경들을 지니고 있는지, 그것이 그토록 처절한 비극이 될 수밖에 없었던 이유는 무엇인지, 항쟁에 참여한 사람들은 무엇을 어떻게 생각했는지 하는 등등의 문제들은 여기서도 충분히 조명되지 못한다. 광주항쟁의 짧은 시간적 순서를 따라 형상화된 탓에 이 작품은 지역문제, 계급문제, 외세문제 등 중요한 문제들을 전면적으로 다룰 수 없는 구조상의 한계를 갖고 있는 것이다. 결국 5·18의 소설적 복원 혹은 풍부한 재해석이라는 문제는 아직까지 우리 문학의 커다란 과제로 남아 있다. 6·25가 그렇고 일제시대가 그렇듯 광주 또한 더 오랜 세월을 기다려야만 소설의 세계 속에서 진정한 생명력을 지니게 될 수 있는 것은 아닌지.

4.

살아남은 이들에게는 시간이 남았다. 그들은 어떻게든 살아야 했고, 견디지 않으면 안되었다. 잠시, 그들에게도 희망이라는 단어가 실감 있게 다가온 적도 있었지만, 그러나 세상은 결코 그들의 것일 수 없었다. 지금도 그것은 본질적으로는 변하지 않았다. 정부가 학살의 주범들을 재판정에 세우고, 언론은 그들의 죄악을 떠벌리기에 정신이 없지만, 몇몇 진지한 예외들을 제외하면 그것들은 대체로 광주를 진정으로 기억하기 위해서라기보다는 하루 빨리 그것을 사람들의 머릿속에서 지워버리기 위한 것이다. 자신들의 영화를 위해 광주를 제물로 삼는 일인 것이다. 물론 그러한 청산 작업에는 민중 역량의 성장이라는 보이지 않는 압력 또한 분명히 작용하고 있다. 그러나 그 민중 역량이라는 것은 광주를 민주주의와 자유를 상징하는 전국민의 성지로 만들 수 있을 정도로 큰 것은 못되었다. 오히려 광주는 왜곡된 정치 구조 속에서 호남인들만의, 소수 투철한 민주주의자들과 진보주의자들만의 성소로 왜소화되고 있다. 세상은 조금씩 나아지고 있는지 모르지만 광주의 상처는 아물지 않는다. 광주에 '연루된' 사람들의 자존심을 훼손하고, 죽은 이들의 정신을 헛되이 빛내면서, 세상은 광폭한 자본의 논리 속에 더 단단히 얽혀들고 있다. 무엇이 올바른 것인가, 가치 있는 일인가 하는 물음들은 철 지난 넋두리들인양 치부되고 있는 세상, 과거에 연연해서 청승 떨지 말라는 세상이다.

「목마른 계절」은 바로 이러한 상황의 산물이다. 어릴 적 열차 사고로 다리를 잃었고, 광주항쟁 당시 시민군으로 참전했던 애인마저 죽어버리자 스스로 목숨을 끊은 미스 조의 모습은 "만화방창호시절, 문민시대의 위대한 신한국"(『꽃잎처럼』, 39쪽)의 대두가 광주와 광주인들에게 무엇을 의미하는지 단적으로 보여준다. 작가는 이 빼어난 단편을 통해 살아남은 이들이 지금 어떻게 살아가고 있는지를, 어떻게 죽어가고 있는지를 선연하게 보여준다.

> 미스 조의 목소리. 나는 확실하게 미스 조의 목소리를 들었다. 그리고 느꼈다. 그녀의 딱딱한 플라스틱 다리가 내 등을 툭툭 차고 있는 것을. 죄가 있다면 살아 있다는 것이야. 살아남음이 죄라구. 싸늘한 추위가 내 등 뒤를 훑고 지나갔다.
>
> — 38쪽

그러나 살아가야 한다. 견뎌내야 한다. 세상은 아직 한 번도 진실의 투명한 승리를 보여주지 않았지만 긴 겨울이 가면 봄이 오듯, 긴 기만의 시절이 지나가면 좋은 세상이 오리라 믿어야 한다. 작가가 나로 하여금 미스 조의 죽음을 알게 하고도 몇 장을 더 쓴 이유는 바로 여기에 있다. 비록 미스 조는 자신의 삶을 더 이상 짊어질 힘을 갖지 못했지만, 남아 있는 사람들의 삶은 함부로 다룰 수 없는 영구임대아파트의 물보다 훨씬 더 소중하다. 이 강렬한 메시지는 이 작품을 단순히 광주 소설이라는 범주에 의해 한정되지 않는 훌륭한 단편으로 만든다. 삶의 처절한 고통만이 선사할 수 있는 생명에 대한 외경에 이 작품은 도달하고 있는 것이다.

삶은 광주의 피해자들에게만 남겨진 것이 아니다. 가해자들에게도 시간은 펼쳐져 있고 그들 또한 살아가야 한다. 그러나 여기서 문제가 되는 것은 도대체 누가 진정한 가해자인가 하는 것이다. 이순원의 단편 「얼굴」은 이 물음을 우리에게 던진다. 5·18 당시 광주에 투입된 7공수 출신의 김주호는 밤마다 광주를 다룬 기록물들을 보며, 거기에 자신의 얼굴이 나와 있는지를 확인한다. "보면 볼수록 그 속 어딘가에 금방이라도 총을 겨냥하고 있거나 곤봉을 휘두르고 있는 자신의 모습이 튀어나올 것만 같"(『꽃잎처럼』, 107쪽)다. 이 광주의 기억으로나마 광주가 조금씩 복권됨에 따라, 사람들이 이제는 신군부가 틀렸고 광주인들이 옳았다는 것을 조금씩 알아감에 따라 그의 두려움은 자꾸만 증가된다. 작가는 자신의 어두운 과거에 대한 강박관념에서 헤어나지 못하는 그를 통해 그와 같은 이들 또한 물리적 가해자였을망정 정신적으로는 피해자였다고 말하고자 한다.

> 광주에 갔었어도 믿어지지 않는 일이었다. 그때 우리는, 나는 그랬었는가. 그리고 이런 사진들을 보면서도 우리가 또 다른 정신적 피해자라고 말할 수 있는가. 언젠가 그들은 '폭도'의 누명을 벗고 복권되어도 우리는 영원히 그러하지 못할 것이다. 어둠과 광기, 누가 우리에게 그러한 살육이 우리의 유일한 임무인 것처럼 허락하고 강요하였던가. 그리고 그때 우리는 그들을 꼭 죽여야 할 어떤 절실한 이유가 있었던가. 턱없이 끓어올랐던 적의와 적개심, 내가 선 바로 그 자리에 서 있었다면 다른 사람들도 그러했을 것인가. 그들을 부른 조

국과 날 그 자리로 끌어내 부른 조국은 어떤 조국들인가.

— 135쪽

　여기서 우린 누가 그 비극의 진정한 가해자였는가 하는 문제에 직면하지 않을 수 없다. 검찰이 기소한 자들이 그들인가. 기소되지 않았지만 책임 있는 자리에 있던 자들까지인가. 불행히도 '어둠과 광기'의 편에 설 수밖에 없던, 김주호와 같은 자들까지인가. 혹은 그러한 진압에 박수를 보냈거나, 전두환과 노태우의 집권에 일조를 했거나, 이러저러한 이유로 지금도 역사적 진실의 편에 서지 않으려는, 김주호의 어머니 같은 사람들까지인가.
　김주호의 어머니는 광주에 투입된 7공수 출신의 아들을 둔 탓에 지금도 전라도라면 이를 갈고, 5·18을 다룬 프로를 보면서도 결코 데모대 편에 서지 않는다. 그녀를 통해 작가는 지역차별 의식과, 추상적 국가의식, 즉 내재화된 전체주의적 사고가 결합된 정치적 폭력의 모습을 드러낸다. 호남 지역에 대한 뿌리 깊은 차별과 편견은 5·18 내란의 또 다른 근원적 동기가 아니었을까. 「목마른 계절」에서의 현순 씨를 통해 드러나는, 광주인들의 김대중에 대한 절대적 지지는 그러한 차별에 대한 반작용이 아닐까. 불행히도 우리 소설은 우리 사회에서 계급 문제만큼이나 갈등과 반목의 중대한 원인이 되고 있는 지역차별 문제를 깊이 있게 다루지 못하고 있다. 이것은 단순히 정치적 문제가 아니다. 사람이 사람을 차별한다는 것은 사람이 사람을 죽일 수 있다는 것만큼이나 심각한 윤리적 문제가 아닌가. 우리 문학은 왜 이런 중대한 문제들에 무관심한지 매우 이해하기 어렵다. 오직 「얼굴」이나 「목마른 계절」과 같은 몇몇 작품들만이 그것을 단편적으로나마 다루고 있을 뿐이다. 이런 점에서 보아도, 5·18의 가해자라는 문제는 그렇게 단순하지만은 않은, 심각하고 복잡한 윤리적 함의를 지니고 있는 것이다.

정도상의 「십오방 이야기」는 가해자이자 피해자인, 매우 비극적인 상황에 처한 형의 삶을 보여준다. 최후의 진압 전날 밤 도청과 전일빌딩에 설치된 폭발물과 엘엠지 기관총을 제거하라는 임무를 받고 투입되었던 만복. 그는 빌딩에서 항쟁에 참가한 동생 만수를 만나지만 소대장은 동생을 쏘아 죽여버린다. 그렇다면 만복은 5·18의 가장 큰 피해자인 셈이다. 그러나 그는 공수부대원으로서 가해자의 위치에 서 있던 인물이기도 하다. 그는 5·18 이후 떠돌이 생활을 하다 무의식중에 소대장을 닮은 사람을 죽여 감옥에 들어온다. 감옥에서 그는 운동권의 소내 투쟁을 회의적인 눈으로 보지만 마지막에 가서는 원태로 표상되는 운동권의 투쟁에 공감하게 된다.

이 작품은 광주와 1980년대 운동의 연속성을 드러낸다는 점에서 그 의미를 찾을 수 있다. 하지만 전체적으로 보아 이 작품은 만복이라는 인물의 변화를 설득력 있게 제시하지는 못하고 있다. 무엇보다 만복이라는 인물은 소대장의 살인 행위와 만복 자신의 살인 행위가 지닌 의미를 심층적으로 파헤칠 수 있는 상태에 있지 못하다. 무의식중에 살인을 저지른 것으로 보아 그는 거의 정신질환자인 것이다. 그러므로 이야기 마지막에 보이는 만복의 변화, 즉 운동권의 소내 투쟁에의 그의 동조는 진정한 것으로 느껴지지 않는다.

만복은 그런 상태의 인물로 설정되어서는 안 되었다. 그는 동생의 죽음, 즉 소대장의 학살 행위가 무엇을 의미하는지를 훨씬 더 치열하게 성찰하는 인물이어야 했다. 이것이 살아남은 자로서의 그의 삶이 되어야 했던 것이다. 물론 이 작품은 1987년에 씌인 것이었고 당시는 5공정권에 대한 전국민적 항거가 절정에 달했던 때였다. '적'과 '우리'의 구별이 뚜렷해졌던 시기, 「십오방 이야기」는 이러한 상황을 전제로 해서만 적절히 이해될 수 있다. 공수부대원이었던 만복이 뚜렷한 내적 동기 '없이' 원태의 투쟁에 동조할 수 있도록 그려진 것은 이러한 시대 상황의 산물일 것이다. 그럼에도 불구하고 이 소설이 갖는 한계는 작가가 가해자이자 동시에 피해자로서 살아남은 만복의 비극성에 걸맞는 이후의 삶을 보여주지 못했음에서 기인한다. 광주를 현재적인 것으로, "현재진행형"(「목마른 계절」)으로 파악하기 위해서는 살아남은 자들의 삶의 과정에 대한 깊이 있는 천착이 필요한 것이다.

5.

1980년대 변혁운동은 근본적으로 광주의 산물이다. 광주로 인해 지식인들과 민중은 우리 사회를 지배하는 정치적 폭력의 실체를 뚜렷이 인식할 수 있게 되었으며, 그 직접적 행사자들의 배후에 놓여 있는 사회적 불평등의 구조에까지 인식을 심화시킬 수 있었다. 1980년대 이전에도 이러한 인식의 바탕 위에서 사회 구조의 근본적 개혁을 추구한 사람들이 없었던 것은 아니지만 그들의 노력은 민중들과는 연락이 차단된 소수 집단의 투쟁에 머물러 있었으며, 집권 독재 세력의 영속적 집권을 위한 훌륭한 사냥감으로 희생되기 일쑤였다. 1980년대 변혁운동은 이들의 정신을 일면 계승하고 있지만, 광주항쟁이라는 역사적 교훈을 통해서 급속히 성장할 수 있었다.

'적'은 너무나 뚜렷했다. 부모와 형제, 동포를 살육한 광기와 폭력 앞에서 투쟁은 절대적 명제가 되었다. 그것은 성스러운 것이었고 순결한 것이었다. 군부 독재 세력의 광기와 폭력이 매일같이 신문과 방송에 알몸으로 등장하고 있었기에 투쟁의 대의에는 의심이 있을 수 없었다. 있을 수 있는 의혹은 오직 '우리'가 이길 수 있을 것인가 하는 문제였고, 이 의혹의 강을 넘어선 사람들에게는 어떻게 하면 이길 수 있는가 하는 문제만이 남았다. 여기서 사람들은 이념의 문제에 직면했다. 오직 싸워야 한다는 명제로부터 출발했기에 투쟁이 심화되면 될수록 광기와 폭력에 대항하는 올바르고 적절한 저항 이념의 필요성은 매우 절실해졌다. 사회주의가 현실적인 저항 이념으로 확산되었다. 그들은 사회주의를 절대적으로 신뢰했다. 그러나 그들은 이상의 이름으로 채택한 사회주의가 현존 사회주의이며, 현존 사회주의는 전체주의적 성격을 지니고 있음을 채 의식하지 못했다. 그들이 막 자신들의 사회주의 이념을 보다 이론화하고, 조직화하려 했을 때 현존 사회주의의 조종이 들려왔고 그들은 자신들이 추구한 사회주의 속에 깃든 전체주의적 요소들을 비로소 느꼈다. 그러나 사실 대부분의 사회주의자들은 자신들의 사회주의적 이상을 한 번도 본격적으로 실천해 보지 못했기에 무엇을 어떻게 반성해야 하는지도, 무엇이 새로운 진보적 이념의 내용으로 되어야 하는지도 불분명했다. 1990년 중반까지에도 이 문제는 역시 커다란 난제로 남아 있다. 「완전한 영혼」이나 그 즈음에 발표된 「미완의 탑」은 이러한 상황 속에서 새로운 저항 이념을 찾기 위한 의미 있는 시도를 보여주는 작품들이다. 1980년대가 근본적으로 광주의 산물이었기에 정찬이나 박혜강의 시도 또한 광주로부터 시작되지 않으면 안되었다.

「완전한 영혼」에서 작가는 지성수라는 매우 신뢰할 만한 운동권 활동가를 통해 1980년대 운동에 대한 반성 및 새로운 이념적 지평의 제시를 시도한다. 물론 이야기는 광주항쟁 당시 청각을 잃은 장인하라는 인물의 삶과 죽음에 대한 나의 관심을 중심으로 펼쳐지지만 그것은 지성수의 새로운 변혁 이념을 드러내기 위한 장치 구실에 만족한다. 지성수는 5·18 당시 자신을 구해 준 장인하라는 인물이 지닌 독특한 가치를 말해준다. 그에 의하면 장인하는 "완벽한 무사상적 인간"(『꽃잎처럼』, 93쪽), "식물적 정신"(94쪽)의 소유자다. 장인하는 "완벽한 무사상적 인간, 악의 힘을 알지 못하는 인간, 혼돈과 광기와 모순으로 가득 찬 세계를 볼 수 없는 인간"(93쪽)이자, 악이 가하는 고통에 식물적으로 반응하는, 즉 "모든 고통에 순응하는 식물"(98쪽)과도 같은 사람이다. 그렇다면 왜 지성수는 장인하를 그토록 소중하게 생각하는가. 그것은 그가 지성수로부터 세계가 객관적으로 존재하며, 이 세계를 진보의 방향으로 움직이게 하는 객관적 진리가 있다는 믿음을 보완해 줄 요소를 발견했기 때문이다.

"영혼 위에 신이 없는 예언자는 위험하고 허약하다. 그의 열정의 모태는 절대화된 세계와, 그것으로 나아가는 절대화된 자신의 존재이다. 세계와 인간에 대한 사랑을, 반성과 겸손이라는 자양분이 끊임없이 공급될 때 피어나는 꽃이라 한다면, 이 절대성이라는 생명은 반성과 겸손을 끊임없이 부정한다. 이념이 만들어내는 사랑은 고귀하다. 그러나 그 사랑에는 반성과 겸손이 결핍되어 있다. 그러므로 위험하고 허약한 사랑이다. 이 위험하고 허약한 사랑에 강인한 생명을 불어넣는 일, 즉 자신의 불완전함으로 일깨우는 신을 만드는 일, 나에게 그 신의 존재는 바로 장인하였다. 놀랍지 않은가. 사상가가 무사상가를 우러른다는 것. 세계의 악에 대한 증오로 무장된 실천가의 열정이 증오가 없는 단순한 정신 앞에 무릎을 꿇는다는 것. 메마른 강인함이 부드러움과 약함 앞에 머리를 숙인다는 것. 지상의 열쇠를 찾는 이가 천상의 열쇠를 소중히 한다는 것. 이것은 사상을 버리는 행위가 아니라, 사상 속으로 생명의 힘을 불러 넣는 운동이다. 지상의 열쇠를 더욱 빛나게 하는 운동……"

- 102쪽

반성과 겸손을 통해 절대적 확신을 보충하는 것. 지성수를 통해 작가가 말하고자 한 바를 다시 번역한다면 아마도 알 수 있되 한꺼번에 알 수 있다고 확신하지 않는 것이 필요하다는 것 정도가 되지 않을까. 그리고 이것은 '악'에 대한 절대적 확신을 지니고 있었다고 볼 수도 있는 1980년대 운동 이념에 대한 의미 있는 반성을 제공해 줄 수 있다. 그러나 그 한계 또한 분명하다. 어떤 인식론적 한계가 그러한 사유 방식을 가능케 했는가 하는 문제에 대한 천착 없이 반성과 겸손이라는 말로 모든 걸 설명할 수는 없기 때문이다. 작가의 문제 제기는 실은 상대적 진리와 절대적 진리라는 인식론적 문제의 차원에서 소설의 형식보다는 철학의 형식으로 이루어졌어야 하는 것이 아닌지. 또한 소설 속에서라면 작가는, 이 문제에 대한 인식의 한계가 1980년대 진보적 운동을 어떻게 사로잡고 있었는지에 대한 보다 구체적인 형상화로 나아갔어야 하지 않을까.

한편 『내일을 여는 작가』 창간호(1995년 겨울호)를 통해 최근 발표된 박혜강의 「미완의 탑」은 광주항쟁 당시 광주공단 지역의 야학에서 강학으로 있던 한 인물을 통해 광주항쟁에 대한 새로운 해석을 시도한다. 그는 「깃발」에서의 윤강일처럼 패배주의에 사로잡혀 광주를 떠났었고 그 후 오랫동안 "참회의 나날을 보내면서 죽은 나의 영혼이 희생되기를 묵묵히 기다려"(『내일을 여는 작가』 창간호, 236쪽)왔다. 그런 그가 자신의 영혼의 희생을 위한 매개체로 삼은 것이 운주사 천불천탑에 대한 새로운 해석이다. 여기서 중요한 것은 미완의 운주사 천불천탑이 광주항쟁의 미완성을 상징한다는 점이다.

그러나 나는 보았다. 세계사적인 대변화의 물결이 한반도를 휘몰아칠 때 굳건한 대오가 서서히 동요되고 허물어지는 광경들을. 힘찬 몸짓으로 내일을 향해 달리던 상당수의 현장 활동가나 조직 운동가들이 대치 전선에서 회군하고 새로운 변신을 일삼을 때 우리의 희망은 와불님을 일으켜 세우지 못한 채 날이 새고 만 꼴이 되었다. 그뿐만 아니라 죽음으로 이 도시를 지켰던 수많은 영령들이 통한의 황톳빛 머리를 절레절레 흔들며 망월동에 또 다른 탑들을 세웠지만 살아남은 자들은 그 탑을 짓밟고 서서 명예와 권력과 부를 탐하느라 아수라장이었다. 아아, 그날은 역사 속으로 자꾸만 파묻히고 허무의 깃발만 나부끼는 이 도시.

그들이 허무주의에 빠져 동요와 변신을 거듭할수록 나는 절망의 늪 속으로 자꾸만 침하했다. 그들은 그나마 버거운 나의 원죄 보따리 위에 태연히 올라앉아서 냉소를 날리곤 했다. 내 영혼의 고목에 어렵사리 피어나던 한 줄기의 싹은 자꾸만 시들어 갔다. 그들의 말마따나 우리들이 온몸으로 싸웠던 지난 세월의 모든 것들이 일종의 시행착오였단 말인가. 나는 끝없는 되뇌임을 거듭하다가 우리의 지난날들을 되돌아보게 되었다. 굳건한 대오를 형성한 채 수많은 역경과 난관을 박차 헤치며 내일을 약속하던 우리의 몸부림은 허상을 좇아 헤맨 것이 결코 아니었다. 그러나 문제점이 없었던 것도 아닐 터였다.

혹시 우리의 운동선상에 비과학적이고 신비적이며 낭만적인 잔재들이 혼재되어 있지는 않았을까?

- 238쪽

    그는 이 비과학적이고 신비적이며 낭만적인 잔재를 벗겨버리고 싶어한다. "신비적 사고와 허상이 난무하는 내 방에서 벗어나 실상을 찾아" 떠나고자 하는 것이다. 그러나 그 전에, 혹은 그것을 위해 그는 먼저 운주사 천불천탑에 얽힌 설화의 신비적이고 낭만적인 요소를 벗겨 그것을 보다 합리적이고 과학적인 설화로 바꾸어내고자 한다. 그 후 어머니와 동생이 그를 찾아 운주사를 찾아갔을 때, 그는 한 편의 새로운 설화만을 남긴 채 이미 사라지고 없다.
    그는 과연 실상, 즉 보다 과학적이고 합리적인 운동의 이념을 찾아냈을까. 아마 찾지 못했을 것이다. 만약 그가 그것을 찾았다면 박혜강이 그것을 말해주지 않았을 리가 없다. 그리고 이것은 진보적 운동이 처한 오늘의 문제를 매우 극명하게 상징해 주는 것이라 하지 않을 수 없다. 광주로부터 출발하여, 혁명적 사상에까지 도달했지만 그것은 충분히 합리적이거나 과학적이지 못했고, 그것을 통절히 느끼면서도 새로운 진보적 이념의 창출은 아직 요원한 문제로 남아 있다는 것을 이 작품은 상징적으로 보여준다. 즉 광주로 인해 쌓아올려 지기 시작한 진보적 이념은 지금 '미완의 탑'으로 남아 있다. 작가 또한 그 탑을 완성시킬 내용이 무엇인지를 얘기하지는 못했지만, 광주와 현재를 연결지우면서 새로운 이념 정립의 필요성을 제기했다는 점만으로도 이 작품은 의미를 지닌다. 지금은 그 누구도 그것을 쉽게 얘기할 수 있는 상황이 아니기 때문이다.

6.

　광주항쟁 후 15년이 지난 지금 학살의 주모자들은 사법처리의 대상이 되었지만 광주의 정신은 오히려 그 빛을 훼손당하는 느낌이다. 그들이 권좌에 앉아 있을 때 세상은 캄캄한 칠흑이었지만 그랬기에 광주의 정신은 더 빛을 발했었다. 이제 세상이 밝아졌기 때문일까. 세상이 나아지면 광주의 정신은 달처럼 빛을 잃어야 하는 것일까. 그것이 광주의 운명인가. 학살자들을 고발했던 김남주도 세상을 떠나고, 광주로 표상되던 순결한 민주주의에의 열망은 신권위주의와 지역 분할 지배 및 지역 할거에 의해 찢기고 있다.
　이런 상황에서 광주를, 광주 문학을 다시 논한다는 것은 광주의 정신이 무엇이었는지를, 무엇으로 지향해 가야 하는지를 말하는 것이 되어야 한다. 그러나 이 글은 그것을 거의 전혀 말하지 못했다. 또한 이 글은 앞에서 언급한 몇몇 소설들 말고도 광범위하게 존재하는 여러 광주 소설들에 대해서도 충실히 언급하지 못했다.
　5·18의 소설적 형상화는 아직 많은 과제를 안고 있다. 앞에서 몇몇 소설들을 대상으로 하면서 얘기했듯 5·18 문학은 훨씬 더 깊어지고, 훨씬 더 넓어져야 한다.
　그것은 그 문학이 정치를 통과하여 문학의 진정한 경지에까지 오른다는 것을 의미하며, 계급 문제나 지역 문제와 같은 어느 하나의 원인으로 소급되지 않는, 더 복합적인 배경을 지닌 더 역동적인, 역사적 운동으로 광주항쟁을 다룬다는 것을 의미한다.
　그러나 이는 진보적 문학의 새로운 정체성 확보를 통해서만 가능하다는 점에서 극히 힘겨운, 끈질긴 인내를 요하는 과제이기도 하다. 누가, 어느 작가가 이것을 이루어 낼 것인가. 그가 누구든, 그는 우리 현대 문학사의 또 하나의 정점에 올라서게 될 것이다.

― 『언어세계』(1996년 봄호)

방민호 1965년 충남 덕산 출생. 서울대 문학박사. 1994년 『창작과비평』 겨울호에 「현실을 바라보는 세 개의 논리」로 제1회 창비 신인평론상 수상으로 등단. 평론집으로 『비평의 도그마를 너머』, 『납함 아래의 침묵』, 『문명의 감각』 등. 시집으로 『나는 당신이 하고 싶은 말을 하고』 등. 산문집으로 『명주』, 연구서로 『채만식과 조선적 근대문학의 구상』, 『한국 전후문학과 세대』 등이 있다. 현재 서울대 국어국문학과 교수.

『봄날』 이후

김형중

1. 오월은 지금도 계속되고 있다?

> 아내는 모를 것이었다. 그의 가슴속에 이제는 굿을 해도 나가지 않을 귀신을 묻은 사실을.
> 기석이, 상준이, 효남이 그리고 이름도 알 수 없는 그 소년.
> 그들의 넋이, 아내가 말하는 오일팔 귀신들이 이제는 영영 그의 가슴 한복판에 씨앗불로 남아 이글대고 있음을. 그 씨앗불의 힘으로 그가 살아갈 것임을 아내는 모를 것이었다.
> — 공선옥, 「씨앗불」[1]

---

1) 공선옥, 「씨앗불」, 『창작과비평』, 1991 겨울호. 210쪽.

「씨앗불」의 주인공 '위준'의 이와 같은 결심에도 불구하고, 시간은 독이다. 그 어떤 혁명적인 사건도 시간의 독을 이기지는 못한다. '오월'도 마찬가지이다. 많은 이들의 기대와 달리, '오월'은 확실히 오래된 '역사적 사건'이 되어 가고 있다. 주관적인 기대('오월은 지금도 계속되고 있으며, 계속되어야 한다!')가 아무리 절실해도 객관적 사실을 덮어 버릴 수는 없다. 22년이 지난 오늘, 당시 시민군들의 나이만큼 자란 젊은이들에게 오월은 다시 '가정의 달'이고 '신록의 계절'이며 '계절의 여왕'이다. 논술고사를 위해서는 한 번쯤 알아두면 좋을 한국현대사의 아픈 비극(아, 이 상투적이고 관습적인 표현)이 일어났던 역사적인 달이기도 하지만, 용인에선 장미축제가 있는 달이기도 할 것이다.

물론 이제 기록 사진첩에 '합법적으로' 남아 있는 '엽기적인' 시신들의 형상을 한 번쯤 떠올리는 이들도 있기는 하겠다. 혹은 오랫동안 팔리지 않은 채로, 서점 맨 안쪽 서가에 먼지만 잔뜩 묻은 채 꽂혀 있던 김남주의 시집을 사서 앞 세대들의 기대에 보답하는 이들도 있을 수는 있겠다. 그러나 설사 그렇게 일반명사 오월을 고유명사 '오월'과 연관시키는 이들이 있다 하더라도, 그들에게는 '오월'이 '4·19'가 내게 그랬던 것만큼은 낯설고 멀다. 22년이면 그럴 때도 됐다. 시간의 독이 퍼질 만큼은 세월이 충분히 흐른 셈이다.

그러니 이제 선언투의 당위 명제를 사실 명제와 (다소 영웅적으로)혼동하는 일은 그만 두자. '오월은 아직도 계속되어야 한다.' 그러나 '오월이 아직도 계속되고 있는 것은 아니다.' 이대로라면 '오월'은 망월동 신묘역에 거대하고 위압적으로 솟은 기념탑과 함께, 매년 오월이면 금남로 도청 앞 광장을 쩌렁쩌렁 울려대는 관습적인 기념식이며 문화이벤트와 함께 (더러 몇몇 의원 나리들이며 혁명시인은 이 소란을 틈타 슬쩍 유흥주점

나들이를 하기도 하는 바), 제3세계 지식인들을 대거 초청해서 벌이는 대대적인 학술심포지엄과 함께, 딱딱하게 메마르고 굳은 채로 기록되고, 보관되고, 전시되는 데에나 소용될 처지를 면하기 힘들 것만 같다. 오월은 확실히 제도화되어 가고 있다.

2. 『봄날』 이후

> 당시의 상황을 재현해 내는 작업 자체가 참으로 고통스런 반복 체험에 다름아니었다. 지난 10년 동안 나는 내내 5월 그 열흘의 시간을 수없이 다시 체험해야만 했고, 수많은 원혼들과 함께 잠들고 먹고 지내야 했다. 그러는 동안 가끔은 정서적으로나 정신적으로 몰라보게 피폐되어가는 듯한 내 자신을 깨닫고 깜짝깜짝 놀라기도 했다. 고통스런 기억의 반복 체험이란 것이 얼마나 사람을 소모시키는 것인지, 처음으로 알았다.
>
> — 임철우, 『봄날』, 책을 내면서

제도화된 역사적 사건은 기록보관소에나 처박히기 십상이다. 또한 대개 역사적 사건의 제도화는 해당 사건의 사실 복원작업이 진행되는 과정과 나란히 가게 마련이다. 기록된 사실만이 기록보관소에 보관될 수 있기 때문이다. 본의 아니게, 사실에 대한 면밀한 진상 규명은 사건의 제도화에 일조하는 셈이다.

가령 4·19가 제대로 복원되거나 복권되기 전까지, 그래서 아직 논의의 여지가 남아 있었던 동안에만 그것은 파괴적이었다. 말하자면 제도화되기 힘든 에너지를 뿜어낸다. 그러나 너도나도 4월을 혁명이라 부르고, 희생자의 수며, 사건의 규모며, 역사적 문맥에서 그것이 차지하는 위상이나 한계가 만천하에 드러나자마자, 그것은 급속도로 제도화된다. 국가 기념일이 되고, 급기야는 검은 양복을 입은 관료들의 비장한 묵념 대상이 된다(이들 중 얼마나 많은 이들이 4월혁명의 정신에 반하는 인물들이었던가?).

'오월'에 대해서도 우리는 같은 말을 할 수 있을 것이다. 『죽음을 넘어 시대의 어둠을 넘어』로부터 수 년 동안, 신변의 위협을 느끼지 않고서는 일반 명사로서의 오월마저도 입에 담기 힘들었을 때, '오월'은 차라리 파괴적이었다. 그러나 5·18청문회가 유야무야로 끝나고, 집단 배상이 아니라 개인적인 보상 차원에서 당시의 희생자들에 대한 보상금이 지급되고 (당시 얼마나 많은 돈이 광주에 풀렸던가, 그래서 광주 지역경제에 얼마나 커다란 변화를 몰고 왔던가? 하는 점은 아마도 훌륭한 사회학 논문 주제가 될 줄 안다), '오월' 주체들이 민주시민으로 당당하게 복권되고, 5월 18일이 국가 기념일로 제정되고, 망월동에 거대한 신묘역(공원에 가까운)이 들어서고, '오월제'('오월'이 정기적인 축제가 될 줄 누가 알았을까?) 기간 동안 아무런 제지 없이, 당국의 지원을 받아, '합법적으로', 금남로에서의 집회가 가능하게 되면서부터, 오월은 급격하게 제도화되기 시작한다. 학살자들이 제대로 처벌되지 않은 채로, 1980년 광주의 오월은 이제 누구나 말할 수 있는 사건이 되었지만, 바로 그 순간부터 오월은 아무런 중요한 논란거리가 아니게 된다. 열흘간(오로지 열흘간!)의 축제가 끝나면 그뿐, 오월은 더 이상 파괴적인 에너지를 뿜어내지 못한다.

'오월'을 다룬 소설들에 대해서도 우리는 같은 말을 할 수 있을 것이다. '오월'을 형상화한 소설들이 정말로 위험한 예술 작품이었던 시절은 오히려 오월에 대한 문학적 복원 작업이 '총체적으로' 이루어지기 전, 그러니까 임철우의 역작 『봄날』(1997, 문학과지성사)이 나오기 전까지였다. 『봄날』은 '오월문학사'의 거대한 분수령이다. 1980년 오월 이후, 한국 문학의 주요하고도 오래된 과제 중 하나였던 오월항쟁의 대하소설화 작업이 이 작품에 의해 이루어졌다는 점에서도 그렇고, '오월'에 대한 문학적 사실 복원 작업의 정점에 이 작품이 있다는 점에서도 그렇다. 게다가 우연하게도 이 작품의 완간은 시기적으로 '오월'의 제도화 과정과 맞물려 있었다. 임철우는 '오월'이 제도화되기 이전에, '오월'을 가장 극적으로, 가장 총체적으로, 가장 사실에 가깝게 형상화한 마지막 작가였던 셈이다.

바로 그런 이유로, 『봄날』 이후부터 '오월문학사'는 제2단계에 들어선다. 『봄날』 이후로, '오월'은 문학에 대해 다른 과제를 부과하고, 다른 형상화 방식을 요구한다. 이유는 간단하다. '오월'이 계속되어야 하기 때문인데, 이미 보았듯이 더 이상의 '진상 규명' 작업은 기록보관소에 안치될 문서들의 양을 늘려주거나, 세부 사실들의 풍요로움은 더해 줄 수 있을망정, 오월이 제도화 과정을 벗어나 애초의 그 파괴적인 에너지를 재충전하도록 만들어 주지는 못하기 때문이다.

3. 오월의 사회과학 : 「깃발」

> "예술이 어떤지는 잘 모르겠고요. 이 판화를 그린 화가도 5월항쟁에 참가했대요. 얘기하려는 것이 분명하고 값도 싸요."
>
> — 홍희담, 「깃발」

『봄날』이 나오기 전까지, 즉 '오월문학사'의 첫 번째 단계 내에서 '오월'이 소설에 부여한 과제는 사실상 '역사학적' 과제나 '사회학적' 과제와 구분되지 않았다. 그 말은 곧 『봄날』 이전까지 소설은 '오월'에 대해 여전히 '사실 복원'과 '진상 규명'의 짐을 벗기 힘들었다는 말에 다름 아니다. 제대로 알려져 있지 않은, 그러나 동시대의 나머지 구성원들에게도 반드시 알려져야 할만큼 충분히 거대한, 그런 역사적 외상外傷(Trauma) 경험에 대해 문학이 가질 수 있는 최초의 욕망은 당연히 고발과 폭로였을 것이다. 그러니 이제 매력을 상실한 사실 복원 작업의 성과물들을 두고 많은 시간이 지난 이즈음의 시각으로 왈가왈부할 일은 아니다. 게다가 이 시기에 탄생한 작품들의 상당수가 1980년대의 사회과학적 패러다임 내에 있었음을 감안하면 더욱 그러한데, 한 시대를 지배한 패러다임으로부터 자유로울 수 없기는 작가들 또한 마찬가지이기 때문이다.

그럼에도 이 시기의 몇 작품은, 작품의 성취도와는 별도로 그것이 제기하는 문제들의 중요성으로 하여 지금에 와서도 거론될 만한 가치가 있는데, 특히 「깃발」(홍희담, 1988)이 그렇다. 「깃발」은 '오월문학'과 관련된 논의에서 항상 빠지지 않았던 작품이다. 게다가 이 작품에 대해 주어진 찬사는 '오월'의 본질에는 접근하지 못하고 변죽만 울렸다고 치부된 다른 많은 작품들(가령, 한승원의 「어둠꽃」이나 최윤의 「저기 소리 없이 한 점 꽃잎이 지고」와 같은 작품은 그것이 오월 체험을 정신병리화했다는 이유로 과소평가되었고, 윤정모의 「밤길」이나 정도상의 「십오방 이야기」는 오월의 총체적 진실에 접근하지 못하고 주변부 정황만 주로 그렸다는 이유로 폄하되었다. 이제 와서 다시 생각하면 동의하기 힘든 평가들이다.)에 비하면 거의 예외적일 정도였다.

그 이유는 명백하다. 앞당겨 말하건대, 「깃발」은 문학이 '오월'과 같은 역사적 사건에 대해 행할 수 있는 사회학적 작업('문학적' 작업이 아니라)의 최대치를 보여주었던 것이다. 사실상 「깃발」 속에는 '오월'에 대해 문학이 '사회학적으로' 말할 수 있는 거의 모든 것이 들어 있다. '윤강일'로 대표되는 지식인계급의 무책임함은 '순분', '형자', '영순' 등으로 대변되는 노동계급의 단호함과 자주 대비되며, 5월 19일 호남동 성당에서 열린 농민대회는 농민계급의 우유부단함을 보여주는 적절한 예증이 된다. 1980년 오월, 광주에서의 열흘은 역사를 관통해 전봉준의 농민전쟁이나 일제시대의 항일유격대 활동과 일직선적인 연속성을 확보하며, 미국이 항공모함을 끌고 광주 시민을 구출하러 올 거라는 소문은 오히려 학살에 대한 미국의 개입설을 입증하기 위해서만 제시된다. 수습위원회의 내부 갈등이 계급갈등으로 소급되고, 학살의 궁극적인 원인은 '분단모순'에 그 뿌리를 두고 있음이 주장된다. 그리하여 최종적으로 '순분'과 사랑에 빠진 시민군 '김두칠'의 다음과 같은 유언은 신파가 아니라 역사의 진보에 대한 낙관적 확신이 된다.

> "죽는 건 두렵지 않아요. 어디 산에 파묻히기라도 하면 다행이죠. 살이 썩으면 흙은 영양분을 얻게 되어, 이름 모를 풀꽃을 피우게 할 수도 있겠죠. 재수가 좋으면 진달래를 피울 수도 있구요. 어릴 때 배고프면 산에서 진달래를 많이 따먹었지요. 내가 죽어서 피운 진달래를 배고픈 어린애들이 따먹으면 내가 다시 살아나는 것이 아니겠어요."
>
> — 『꽃잎처럼』, 풀빛, 1995. 274쪽

만약 사회학적 기준으로만 평가한다면 '오월'에 대해 이이상 더 말할 것이 무엇이 남을지 의문이다.

그러나 이러한 낙관론이 다시 신파가 되는 데 걸린 시간은 그리 길지 않았다. 1980년대를 멀리 떠나보내버린, 그래서 영악해진(?) 지금의 독자들 중 누가 이 순진하기까지 한 낙관론에 감동할 것인가? 아니나 다를까, 「깃발」은 종종 출간되곤 하는 '오월' 기념 소설집을 제외하면 이즈음 어디에서도 거론되지 않는다. 가장 많은 찬사를 받았던 작품이 10여 년 사이에 아무도 거론하지 않는 작품이 될 수도 있다니! 일반적으로 훌륭한 문학 작품에 바쳐지는 찬사들, 가령 '영원한 감동'이라거나 '시대를 초월하는' 등과 같은 수사를 무효화하는 이보다 더 적절한 예를 찾기도 힘들 정도인데, 이쯤되면 나로서는 「깃발」이 과연 '오월'에 대한 '문학적' 형상화 시도였던가 하는 근본적인 질문을 던지지 않을 수 없다. 좋은 문학 작품은 시대를 초월한다는 믿음을 버리기 전에는 그렇다는 얘기다.

「깃발」은 과연 '오월'의 '문학적' 복원작업이었던가? 그 '사회과학적' 완벽함으로 미루어 보건대, 아마 아니었을 것이다. 그것은 '문학적'이라기 보다는 '사회학적'이었다. 혹은 알튀세르적인 의미에서 '철학적'이었다. '오월'을 보는 공식이 먼저 있고 나서, 그것을 문학적으로 '적용'한 예가 「깃발」이었음을 부인하기는 어렵단 얘기다. 「깃발」은(최소한 『봄날』이 나오기 전까지는), '오월'을 당대의 다른 작품들에 비하면 월등하게 '총체적으로', '직접적으로', '계급적 관점에서' 그려낸 작품임에 틀림없지만, 안타깝게도 온전한 문학 작품이 되는 데에는 실패했던 것이다. 자신에 대한 찬사를 가능케 했던 개념들, 범주들이 더 이상 환영받지 못하게 되자마자 스스로를 지탱하지 못하게 되는 작품, 역사의 예기치 않은 충격 앞에 너무도 쉽사리 전언의 유효성을 상실해 버리는 작품, 가혹한 얘기지만 「깃발」은 '오월문학'이 아니라 '오월의 사회과학'이었다. 「깃발」의 운명이 1980년대 사회과학의 운명과 같았던 이유도 여기에 있다.

작품이 산출된 맥락을 무시하고, 막무가내로 「깃발」을 폄하하자고 이런 이야기를 하는 것은 아니다. 지금 중요한 것은 「깃발」의 문학적 성취도가 아니라, 이 시점에서 「깃발」을 읽을 때 그것이 제기하는 문제들이 과연 어떤 것들인가 하는 점이다.

「깃발」의 사례는 우선 다분히 '수용미학적'인 문제를 제기한다. 다른 말로 하자면 작품의 '효과', 즉 감동의 지속성 문제를 제기한다. 사회과학적인 완결성을 갖춘 작품과 문학적 모호성(은유나 상징, 다양한 시점의 적절한 활용, 열린 결말, 독자의 개입 가능성 등등과 관련되는)을 특징으로 하는 작품(나는 지금 특히 최윤의 「저기 소리 없이 한 점 꽃잎이 지고」를 염두에 두고 있다) 중 어떤 작품이 더 오래 작품으로서의 효과를 산출하는가? 하는 질문이 그것이다.

이미 가치평가에의 유혹을 받아들인 지 오래이므로 머뭇거릴 필요는 없겠다. 사회과학적으로 이미 완결된 텍스트가 주는 감동은 그리 오래 가지 못한다. 이 경우 사회학적 패러다임의 성패 여부가 곧 작품의 성패 여부로 직결되기 때문이다. 「깃발」이 주는 교훈은 따라서 첫째로는 이런 것이다. 역사적 외상 경험에 대한 사회학적 '진상 규명' 작업은 특정 시기가 지나면 제 효력을 상실한다. 그렇게 규명된 사건은 대개 제도화되기 마련이고, 사건이 제도화되는 순간 진상 규명에 바쳐졌던 문자들 또한 매력을 상실한 채로 순식간에 기록문서보관소에 어울리는 세월의 켜를 덮어쓰게 되기 때문이다. 사회학적 혹은 역사학적 '사실'과 문학적 '진실'에 대한 오래된 이분법의 지혜를 되새기게 되는 지점도 바로 여기다. 문학 작품이 오래 남는 것은 그것이 사실을 다루는 것이 아니라 진실을 다루기 때문이다.

'오월은 계속되어야 한다'는 당위적인 명제와 관련시켜 볼 때에도 「깃발」은 중요한 문제를 제기한다. 단선적인 코드, 즉 사회과학적거나 역사학적인 코드만으로 '오월'이라고 하는 전대미문의 역사적 사건을 읽을 경우, '오월'의 효과는 지속되지 않는다. 복원 작업이 끝나는 순간, 오월에 대해서는 더 이상 할 말이 없어지기 때문이다. '오월'에 대해 무수한 이야기들이 계속되고, 논란이 가중되고, 그리하여 '오월'이 그 특유의 파괴적 생산력을 계속해서 확보하기 위해서는 역사적 사건으로서의 '오월' 또한 열려 있어야 한다.

여러 개의 오월들이 가능해야 한다. 페미니즘적 오월, 소수자적 오월, 생태학적 오월, 유령학적 오월, 교육학적 오월, 아나키즘적 오월, 등등(더러 현학을 즐기는 이들은 알튀세르의 '우발적 마주침'이라거나, 들뢰즈의 '탈주', '접속' 같은 개념을 떠올리기도 할 것이다).『봄날』이후로는 더욱 그렇다. 반복하거니와,『봄날』과 함께 '오월'에 대한 문학적 진상 규명 작업은 하나의 분수령을 넘었기 때문이기도 하고,『봄날』이 출간되던 즈음, 역사적 사건으로서의 '오월' 또한 급속도로 제도화되기 시작했기 때문이기도 하고, 바로 그런 이유로 문학은 '오월'로부터 또다른 과제를 부여받았기 때문이기도 하다.

결국 그 과제란 이런 것이다. 사회학적 진상규명 작업으로부터 벗어날 것, 그리고 '오월' 자체가 제도화되지 않고, 끝없는 증식을 계속하도록 할 것. 전자를 내용의 문제로, 후자를 형식의 문제로 환원해도 무방할 줄 안다.

사실상 이러한 과제는 문학을 포함한 예술에 가장 적합한 것이기도 한데, 예술만큼 '불가능한 것을 요구하라'는 파괴적인 경구에 잘 어울리는 영역도 없을 듯하기 때문이다.

4. 오월의 윤리학 : 『오월의 미소』(송기숙, 2000)

> 나는 광주항쟁에 족쇄가 채워진 꼴이어서 광주항쟁으로 소설이라도 한편 써야 풀릴지 모르겠다 싶어 마침 박기서 씨 사건을 계기로 소설을 구상하고 있던 참인데 우리 현실은 나보다 앞서서 소설을 만들어가고 있었다. 이 소설은 이런 현실의 뒷전에서 거세게 고개를 젓는 사람들 이야기이다.
>
> — 송기숙, 『오월의 미소』, 후기

『봄날』이후로, 제도화되는 오월에 반하여 '오월의 지속'을 선언한 주목할 만한 작품으로는 우선 송기숙의 『오월의 미소』(창작과비평사, 2000)가 있다. 『오월의 미소』는 비록 중반부의 상당 부분이 1980년 오월 시위 현장의 긴박한 장면들에 대한 묘사들로 이루어져 있음에도 불구하고 '사실 복원' 작업을 의도로 쓰인 작품이 아니다. 이 작품은 사실상 『봄날』이후에 제기된 상기의 문제들에 대한 송기숙의 소설적 대응이다. 그는 '오월은 계속되어야 한다'란 명제를 당위적으로 반복하는 대신, 구체적으로 1990년대 후반 이후 '오월'이 떠맡게 된 과제, 아직도 '오월'이 계속되어야 하는 필연적인 이유에 대해 이야기한다.

그 이유가 어렵고 복잡한 것은 아니다(지혜란 사실 얼마나 단순한 것이던가). 항쟁 당시 "이제 졸병 한두 놈이 문제가 아니었다. 저런 명령을 내린 책임자를 언젠가 기어코 죽이고 말겠다고 쇠파이프를 틀어쥐었"(117쪽)던 주인공 '정찬우'의 손에 항쟁으로부터 20여 년이 지난 지금 쥐어진 권총의 의미는 자명하다. 그것은 다름 아니라, 박기서 씨에 의해 마치 김구 암살범 안두희가 방망이에 맞아 죽었듯이, 그리고 소설 속에서는 '김중만'에 의해 '하치호'가 맞아 죽었듯이, "다른 작자들도 모두들 제 갈 길을 찾아 보내줘야"(317쪽)한다는 복수에의 결의이자 복수의 실현 가능성이다. '정찬우'는 친구 '유용찬', 그리고 일단의 조직원들과 함께 그야말로 '주도면밀하게' 그리고 '구체적으로' 복수의 날을 준비한다.

송기숙에게 아직도 '오월'이 계속되어야 하는 이유는 그것만으로도 충분한 셈이다. 1997년 대선 정국을 맞이하여 너도나도 화해와 용서 그리고 사면을 약속하는 가운데 이루어진 '정찬우'의 이 간담 서늘한 결심은 "광주항쟁에 족쇄가 채워진" 노장의 다부진 오기를 엿보게 하기에 족하다. 송기숙은 여전히 '오월'이 계속되어야 하는 이유를 찾았다. 마치 친일파에 대한 숙청이 제대로 이루어지지 않아 나라가 이 모양이 되었던 것과 동일하게, 오월이 아직 끝나서는 안되는 이유는 간단하게도 학살자들이 아직 제대로 처벌되지 않았기 때문이다. 소설의 나머지는 이 단호한 결심에 대한 증빙 자료들로 채워진다. 가령 송기숙 소설에는 흔치 않게 형식 실험적인 대화체로 이루어진 '총銃 문화론'(172쪽)은 총기 소지와 민주주의, 동등한 폭력의 소유와 테러의 정당성에 대한 근거가 된다.

그러나 송기숙의 소설은 예서 더 나아간다. 나는 지금 『오월의 미소』의 주요 등장인물인 '세모눈'과 '김중만', 그리고 「북소리 둥둥」의 주인공 '유기체' 노인을 염두에 두고 있다. 흥미롭게도 이 두 소설에서 가장 강렬한 인상을 남기는 이 인물들은 하나같이 소위 '보상금'을 신청하지 않은 사람들이다. '세모눈'과 '김중만'은 항쟁 당시 강경파에 속해 있던 인물들로, 보상금 신청을 했더라면 적지 않은 액수를 만질 수도 있었던 인물들이다. '유기체' 노인 또한 월남 피난민이었단 사실까지 보태져 당한 가혹한 고문으로 인해 심각한 후유증으로 고통받고 있긴 마찬가지이다. 그러나 그들은 공히 보상금 신청을 하지 않는다.

당시 시민군들이 당한 고역에 값하는 보상금이란 액수로 환산할 수 있는 성질의 것이 아니다. 그러니 당사자가 아닌 사람으로서는 보상금을 신청한 그들을 비난할 도덕적인 근거가 없긴 하다. 그럼에도 송기숙이 자신의 가장 매력적인 등장인물들로 하여금 보상 신청을 하지 않도록 한 이유는 무엇일까? 송기숙의 소설들은 바로 이 지점에서 '오월의 윤리학'이라 불릴 만한 문제를 제기한다. 1990년대 후반 이후, 만약 철저하게 윤리적(자주 번복되고 예외도 많게 마련인 일상 시기의 윤리는 아니다. 그것은 '오월'의 윤리라 부를 만하겠다.)인 잣대를 들이댔을 경우, '오월'에 대해 한 점 부끄러움도 없는 사람이 있다면 바로 이들이 아니겠는가? 보상금을 두고 빚어졌던 이러저러한 스캔들이며, 오월단체들의 이익단체화 과정들을 지켜보면서, '오월' 자체를 부정하지도 않고, 당시 시민군들의 영웅적인 정신을 비난하지도 않기는 힘들었던 송기숙의 고심이 엿보이는 부분이 바로 여기다. 비록 직접적이고 가혹한 비판은 아니라 할지라도 확실히 송기숙은 지금 『봄날』 이후의 '오월'에 대해 불만이 많은 것이다. 그들이 예의 "거세게 고개를 젓는 사람들"이었던 것이다. 그리고 바로 그들로 하여 '오월'은 계속될 수 있을 것이다.

5. 오월의 형이상학 :
『광야』(정찬, 2002), 『청동조서』(김신운, 2001)

역사의 영혼은 권력의 영혼과 근원적으로 다르다. 이 서로 다른 생명의 영혼들은 마주 달리는 기차의 모습과 흡사하다. 역사의 변혁은 두 영혼의 충돌에서 일어난다. '5월광주'는 영혼의 전율스러운 충돌이었다. 『광야』를 세상 밖으로 내보내는 것은 그 충돌의 심연을 우리가 아직까지 제대로 들여다보지 못하고 있기 때문이다.

— 정찬, 『광야』, 문이당, 2002. 작가의 말

송기숙이 '학살자 처벌'이라고 하는 미해결의 과제, 그리고 '오월 주체'들의 개량화 과정에 대한 우회적 비판을 통해 '오월 효과'의 지속 근거를 확보하고 있다면, 정찬과 김신운은 '오월'에 대한 새로운 접근 방식을 제안함으로써, '오월' 담론의 영역을 확장시킨다. 제사題詞로 인용한 『광야』의 '작가의 말' 부분만 보더라도 우리는 『광야』에서 '오월'을 표현하는 어휘들이 이전의 작품들에서와는 다른 어떤 변화를 수반하고 있음을 금방 감지하게 되는데, 그것은 바로 '영혼', '권력', '생명', '충돌', '심연'과 같은 형이상학적 뉘앙스의 명사들, 그리고 '들여다보다'라고 하는 내면 지향적 동사의 사용이다. 당겨 말하자면, 정찬의 『광야』(2002, 문이당)와 김신운의 『청동조서』(2001, 문학과의식)는 '오월'의 영역을 형이상학적인 데까지 성큼 넓혀 놓는다. 가령 다음과 같은 구절을 보자.

광주가 다시 피로 물드는 것을 막기 위해서는 무기 반납이 불가피하다는 비항쟁파와, 그동안 흘렸던 피의 값을 얻기 전에는 무기를 반납할 수 없다는 항쟁파의 헤게모니 싸움은 치열했다. 그것은 일상 세계와 절대 세계의 충돌이었고, 삶과 꿈의 충돌이었다. 이 충돌을 융화시키는 공간은 불행히도 존재하지 않았다. 그들이 회의장에서 상대를 향해 빈번히 소리 지르고, 총을 들이대는 이유가 여기에 있었다. 하지만 절대는 일상의 무게를 견디지 못했다. 꿈이 삶을 이길 수

는 없는 법이다. 무기 회수가 질서 회복의 차원을 넘어서서 무장 해
제로 나아간 것은 필연이었다.

— 『광야』, 199쪽

　이 구절은 사실상 『광야』가 오월에 접근하는 방식을 가장 극명하게 보여준다. 총을 들고 싸웠던 시민군들은 이미 삶과 죽음, 즉 에로스(Eros)와 타나토스(Thanatos)가 아무런 구별 없이 혼융되어 있었던 '절대 상태'에 대한 경험을 가지고 있다. "산 자와 죽은 자의 경계가 허물어진 그 희귀한 세계는 너와 나의 구분을 무의미하게 만들었다. 너는 곧 나였고, 우리였다. 아무도 '너는 누구인가?'를 묻지 않았다"(209쪽). 그러나 막상 해방 광주가 이루어지자마자 사정은 달라진다. 잠시 죽음이 물러간 자리에 이제 일상의 세계가 다시 끼어들고, 그리하여 그 해방적인 카오스 상태는 '수습' 국면을 맞는다. '우리' 대신 다시 '나'가 등장하고, 그리하여 신분과 계급이 다시 문제되기 시작한다. 뒤늦게 나타난, 그래서 그 절대 상태를 경험하지 못한 비항쟁파와의 갈등은 바로 그런 이유로 전혀 피할 수 없는 것이 된다. 양자는 전혀 다른 세계에 속해 있었던 것이다.
　요는 지금 정찬이 「깃발」과는 완전히 다른 방식으로, 말하자면 항쟁파와 비항쟁파와의 헤게모니 싸움을 계급간 갈등으로 소급하는 대신에, 그것을 '절대 세계/일상 세계', 혹은 '삶/꿈'이라고 하는 형이상학적 이분대립으로 설명하고 있다는 사실이다. 달리 표현하자면, 정찬은 지금 '오월'의 사회학적 사실 복원을 시도하거나, 그것의 역사적 위상을 (진보사관에 입각하여)맥락화하는 대신, 죽음과 삶이라고 하는 형이상학적 문제를 '오월'에 끌어들여, 그것의 외연을 확장하고 있는 것이다. 그 결과 주인공 '박태민'의 싸움은 민주주의와 평등이라고 하는 가치를 수호하기

위한 것일 뿐만 아니라 동시에 '죽음'과 '삶'을 융합시키기 위한 싸움이 되기도 하고, 도예섭 신부의 순교는 지상과 천상의 구분을 와해시키는 '요한적 존재'의 상징이 된다. '오월'에 새로운 차원이 열리는 셈이다.

김신운의 『청동조서』는 여기서 한 발 더 나아간다. 『청동조서』의 무대가 되는 한반도 남쪽의 어느 도시는 이제 더 이상 1980년 광주라고 하는 역사특수적인 공간으로서의 의미를 상실할 정도로 추상화된다.

작품의 무대가 되는 이 도시에서는 여러 시간대가 고도로 중첩되고 병치되어 있어서 일상적이고 현실적인 시간감각이 통용되질 않는다. 가령 혁명위원회 간부 중 하나가 자신들의 연대聯隊는 "남해안의 섬에서 발생한 폭동진압 임무를 띠고 출동명령을 기다리고 있던 중"이었는데, "자기들의 임무는 명백히 동족상잔에 해당하는 것이기 때문에, 이 반민족적 처사에 항거하는 것이 자기들의 최후 선택일 수밖에 없었다."고 작금의 상황을 설명할 때, 이 도시는 60년쯤 저쪽의 여수·순천과 곧바로 연결된다. 그러나 이후에 선창가 매립지 광장에서 벌어진 반혁명분자들에 대한 공개재판은 금세 몇 년을 뛰어넘어 인공치하의 어떤 소도시를 연상케 하며, 게다가 혁명위원회에서 작성한 '혁명선언서'의 세 가지 내용, 즉 '민족 개조를 위한 역사적 사명', '정의로운 사회 건설', '보통인민들의 최대 행복'이란 구호들은 각각 유신정권과 5공, 그리고 6공이 내걸었던 통치 이념과 정확하게 일치한다. 이렇게 이 도시는 여순사건 이후 한반도에서 일어났던 모든 역사적 폭력의 시간대들이 한꺼번에 응축된 초현실적 초역사적 공간이 된다.

인물들 또한 마찬가지인데, 각각 고리대금업자, 신문 기자, 시인, 동화작가, 신부, 완구점 주인, 선원으로서의 직업을 가진 주요 등장 인물들은 모두 상당 부분 알레고리화되어 있고, 추상화되어 있어서, 구체적으로 특정 시기 특정 공간을 살았던 인물들로 보이질 않는다. 철필이나 필경사와 같은 초시대적인 문물들이 그대로 남아 있다거나, 신화적인 풍모로 내리는 비, 전갈, 거미, 안개와 같은 고대적 보조관념들의 잦은 사용 등의 문체적 특징들을 더한다면 이 소설은 확실히 카프카의 세계와 유사한 탈역사적 초현실 공간을 창출한다.

이를 통해 작가 김신운이 노리고 있는 효과는 명백하다. 김신운은 지금 '오월'을 역사특수적인 맥락 내에 확정시키는 역사학적 작업 대신, 헤로도투스의 역사 4단계설이라고 하는 신화적 역사관 속에 재배치하려는 신화학적 작업을 시도하고 있는 중이다. 다음을 보자.

> 고대 희랍인들의 해석에 의하자면, 세계는 처음 황금시대로 시작되었다. 인류만이 아니라 지상에서 생명 있는 모든 것들이 행복했던 시대였다. 황금시대가 끝나자 그보다 못한 은의 시대가 되었다. 그런데 은의 시대의 종말과 함께 청동인종이 출현했다. 물푸레나무에서 열매처럼 떨어진 족속으로, 그들은 최초로 청동제 무기를 사용했다. 그리고 육식을 하였으며, 게으르고 무자비하여 전쟁을 즐겼다.
>
> ―『청동조서』, 60쪽

신들의 시대까지는 아니더라도 호메로스의 『일리아드』와 『오딧세이아』가 다른 시기까지는 소급이 가능할 청동시대의 기나긴 보편사 속에 '오월'이 재배치된다. 그리하여 오월은 청동기시대의 무자비한 폭력성이 한반도 남쪽 어느 도시에서 다시 한 번 악의에 찬 본모습을 드러냈던 사건이 된다. 이런 관점에서 보자면, 굳이 '오월'이 다른 역사적 폭력들과 구별될 필요는 없다. 청동시대는 어느 시대 어느 장소에서건 조건만 주어지면 폭력을 일상화하고, 죽음의 축제를 벌이며, 무자비하게 전쟁을 일으킨다.

『청동조서』의 무대가 되는 그 남해의 소도시가 탈역사화되어, 중첩된 여러 시간대들이 뒤섞인 초현실적 공간으로 상정된 이유가 여기에 있다. 역사는 동일한 모습으로 반복된다. 크게 보면 각각의 역사적 시간대들이 모두 청동시대라고 하는 거대한 보편사의 한 계기에 불과하기 때문이다. 청동시대가 끝나지 않는 한, 나아가서는 그 이후에 오게 될 철기시대가 지나가기 전까지도, 폭력은 시대를 초월하여 반복된다. 김신운에게 '오월'은 '트로이 전쟁'이기도 했고, '4·3'이기도 했고, 아프간에 쏟아진 수많은 폭탄들이기도 했던 것이다. 그러니 그것들이 서로 중첩된다고 해서 달라질 건 없는 셈이다.

'오월'을 역사특수적인 맥락으로부터 유리시키고, 그리하여 '오월'을 궁극적으로는 형이상학적인 혹은 신화적인 사변 속으로 해소시키고 있지 않은가?라는 비판(이 글에서 깊이 다루지는 못하지만, 이런 질문은 사실상 중요한 질문임에 틀림없다)이 필요하다는 사실을 인정한다 하더라도, 우선은 반가운 일이다. 그간 '오월'은 너무 오래 1980년 주변을 벗어나지 못했기 때문이기도 하고, 지금 우리가 다루고 있는 것이 사회학이나 역사학 저작들이 아니라 '문학 작품'이기 때문이다. 문학은 많은 것을 허용한다. 정찬과 김신운의 시도로 하여 '오월'은 심연을 얻고, 광대무변한 시간을 얻는다.

6. 오월의 정신병리 :
「더 먼 곳에서 돌아오는 여자」(구효서, 2001)

> 청년이 약속을 지켜주었다면 어쨌든 이곳을 떠나지는 않았겠지, 그럼 지금쯤 나는 무얼 하는 여자로 커 있을까, 무얼 하는 사람으로 자라 있을까. 여자의 얼굴에 쓸쓸한 회한의 미소가 어렸다.
>
> — 구효서, 「더 먼 곳에서 돌아오는 여자」

거대한 역사적 폭력 앞에 속수무책으로 내몰렸던 개인들은 오랜 기간 동안 그 악몽에 시달리게 마련이다. 이런 사정으로 인하여 역사적 폭력의 소설화 작업 중 상당수가 외상적 경험의 정신병리학적 결과를 다루는 데 바쳐진다. 가장 쉬운 예로 소위 '전후세대'에 속하는 손창섭이나 장용학 같은 작가들의 작품 속 주인공들이 있겠다. 그들의 우울증(손창섭), 그들의 망상(장용학)은 모두 외상으로서의 전쟁 체험으로부터 기인한다. '오월'의 소설화 과정에서도 사정은 마찬가지인데, 『봄날』이전부터 이 주제는 상당한 수의 작품들에서 나타나고 있다. 그런 작품들로 정찬의 「완전한 영혼」, 이순원의 「얼굴」, 최윤의 「저기 소리 없이 한 점 꽃잎이 지고」, 공선옥의 「목마른 계절」, 한승원의 「어둠꽃」, 임철우의 단편 「봄날」 등이 있다.

이 작품들의 공통된 특징은 정신장애를 1980년 오월의 상처가 아직도 지속되고 있다는 증거로 삼고 있다는 점이다. '오월'을 온몸과 영혼으로 앓아 내고 있는 사람들이 존재하는 한 '오월'은 끝난 것이 아니다. 흥미로운 점은, 증상으로 미루어 보아 이 소설 속의 주인공들이 앓고 있는 장애가 대개 '강박'이란 사실이다. 프로이트에 따르면 '강박'의 요점은 '반복', 그것도 '고통스러운 반복'에 있다. 말하자면 지금의 장애에 원인을 제공했던 외상적 순간으로 끊임없이 되돌아가 반복적으로 그 외상적 순간을 재체험하는 증상이 바로 강박이다.

「완전한 영혼」의 '지성수'는 '오월' 이후, 일정한 조건만 주어지면 반복해서 비명을 듣는다. 「얼굴」의 '김주호'는 항쟁 당시 공수복을 입고 시민군을 진압중인 자신의 얼굴이 혹시나 자료화면에 녹화되지 않았을 지를 확인하기 위해 삼십 차례도 넘게 테이프를 되돌려 본다. 「저기 소리없이 한 점 꽃잎이 지고」의 '소녀'는 어머니의 몸에 구멍이 나고 목이 꺾여지던 순간의 기억 속으로 고집스럽게 되돌아가기를 아직도(!) 반복하고 있다. 그들 모두에게 '오월'은 지금도 여전히 '강박적으로' 되돌아온다.

그런 점에서, 그간 이 유형의 소설들에게 주어진 폄하적 평가들(항쟁을 개인화하고, 총체적인 진실에 접근하지 못한 채 병리적인 개체의 왜곡된 시야 속으로 축소시켜 버리고, 전체 역사 속에서 '오월'을 자리매김하지도 못한다는 식의)에도 불구하고 '오월은 지속되어야 한다'라는 당위 명제에 대해 이 유형의 소설들은 이미 충분히 답하고 있다고도 말할 수 있겠다. 지금 와서 읽더라도 이 유형의 작품들은 여전히 감동적인데, 아도르노적인 표현을 빌려 얘기하자면 이 작품들이 아우슈비츠 이후의 예술작품이라면 반드시 갖추어야 한다는 예의 그 '고통'의 문제를 제기하기 때문이라고 볼 수도 있겠다. 오월이 제아무리 제도화된다고 하더라도, 그들에게 오월은 끝없이, 고통스럽게 되돌아온다. 그렇다면 절대 '오월'은 끝나지 않는다.

이 유형의 작품들 중에서도 최윤의 「저기 소리 없이 한 점 꽃잎이 지고」(1988)의 경우는 특별한 주목을 요한다. 사실상 이 작품은 『봄날』 이전에 『봄날』 이후의 '오월문학'을 선취한 드문 예에 해당한다. 우선 이 작품은

'오월'에 대한 '여성적 글쓰기'의 거의 유일한 예이다. 말하자면 1990년대 이후의 급진적인 페미니즘과 '오월'을 접속시켜 얻을 수 있는 효과가 얼마나 충격적인 것인가를 미리 보여준다. 또한 이 소설이 차용하고 있는 다양한 시점들의 변화는 마치 돌림 노래 부르기와 같은 효과를 산출하면서, 내용 차원에서의 '강박'을 형식 차원에서의 '강박'과 결합시켜내는 실험의 성공적인 예를 보여주기도 한다. 그러나 오늘의 관심사는 아무래도 『봄날』 이후의 작업들에 있고, 또한 이 소설에 관해서는 이미 다른 글에서 자세하게 분석한 바 있으므로(『문학동네』 2000년 여름호에 실린 졸고, 「세 겹의 저주」 참조) 여기서는 더 이상의 언급을 피하기로 한다. 『봄날』 이후로 시선을 돌리자.

『봄날』 이후, 주목할 만한 이 유형의 소설로는 구효서의 「더 먼 곳에서 돌아오는 여자」(『현대문학』, 2001년 5월호)가 있다. 이 소설의 형식상 특징은 동일한 인물이 한 공간에서 두 개의 시간대를 동시에 경험하도록 사건들이 배치되어 있다는 점이다. 먼 곳으로부터 한 여자가 돌아왔다. 그녀를 스쳐 지나가는 사람들의 사투리로 보아 거기는 전라도 어느 지역이다. 그 여자와 동일한 공간에 한 소녀가 나타난다. 한참 후에 밝혀지지만 그 소녀와 여자는 동일인물이다.

연 날리기를 좋아하는 이 소녀의 할머니가 죽고, 고아가 되고, 입양되고, 양부에 의해 겁탈당하고, 포르노 배우의 처지까지 몰렸다가 다시 이곳으로 돌아오는 데에는 21년이 걸렸다. 여자는 지금 그 21년을 거슬러와서 자신의 불행의 시초를 확인하러 이곳에 와 있다. 소설의 말미까지 독자들은 이 여자의 고통스런 삶의 원인이 바로 '오월'이었음은 물론, 아예 이 소설이 '오월'에 관한 소설이란 사실조차도 파악할 수 없다. 한 청년이 소녀를 보육원으로 데려갈 참이었다. 그 청년만 왔더라면 그녀의 삶은 완전히 달라졌을 것이다. 그러나 청년은 약속을 지키지 않았고, 21년이 지난 오늘에서야 여자는 그 청년이 오지 못한 이유를 이해한다. 무심코 들어간 어떤 건물(오월 묘역이다)에서 그녀는 청년을 발견한다. 그러나 청년은 "무수한 금들로 갈라져 있었고, 그나마 일부는 유실되어 있었고, 갈라진 금들 사이엔 초콜릿같이 검고 진득거리는 피가 엉겨붙어 있었다." 청년은 1980년 오월 그날 죽었던 것이다.

21년이란 기나긴 시간을 거슬러, '오월'이 되돌아온다. 순간, 여자는 자신의 그 처참했던 미국에서의 21년이 바로 그해 오월에 시작되었음을 이해한다. 21년의 세월이 순식간에 무화되면서, '오월'은 현재성을 확보한다. 21년 전의 시간과 현재의 시간을 합쳐 놓음으로써 구효서는 오월을 '지금 여기'로 데려다 놓는 실험에 성공했던 것이다.

구효서의 이 작품은 그러므로 최윤의 소설이 그랬던 것처럼 '오월'과 소설 형식의 문제를 제기한다. 오월은 22년의 세월로부터 그냥 되돌아오지는 않는다. 그것을 되불러오려는, 그것을 영원한 강박으로 만들려는 작가들의 실험과 고안 없이는 말이다. 『봄날』 이후의 '오월'이 소설의 형식에 부과한 과제가 이것이다.

7. '효과'로서의 오월

1980년 오월에 대해 내가 아는 것은 단 하나, 그것이 지속되어야 한다는 것 외엔 없다. 문제는 그 지속의 방식일텐데, 『봄날』 이후로는, 아무리 생각해도 '재현'이나 '복원' 같은 어휘들이 그에 대한 적절한 답은 아닌 것만 같다.

　역사적 사실을 복원하려는 시도는 언제나 대상의 실체 혹은 본질과, 그것의 최종적인(그리고 '총체적인'!) 복원 가능성을 전제한다. 가령, 누가 더 본질에 근접하게 '오월'을 기록했는가? 누가 최종적으로 '오월'을 그 세부적 사실까지 정당하게 복원했는가? 누가 '오월'을 역사(대개 이렇게 지칭된 역사엔 종말목적이 있게 마련이다)적 문맥 속에서 정확하게 자리매김(주로 승리적 관점에서)했는가? 하는 질문들 속에는 '오월'은 최종적으로 복원가능한 본질을 갖는 것, 그리하여 그 복원작업은 응당 종결가능한 것이란 전제가 깔려 있다.

　그러나 '오월'이 갖는 본질, '오월정신', '오월의 참의미' 등으로 명명되는 그 실체를 가정하는 이상 '오월'은 언제나 체계화되고 분류되고 폐쇄된, 그래서 안정적인 구조 속으로 갇히고 만다. 왜냐하면 그러한 본질주의는 단 한 번의 '오월', 1980년 당대의 '오월'을 위해, 이후의 무수했던 '오월' 그리고 앞으로 더 무수히 다가올 '오월'에 대해 자신을 열어 두지 않기 때문이다. 알튀세르식으로 표현하면 지극히 '철학적'인 이러한 시도는 '오월'을 다만 하나의 의미를 가진, 그때의 열흘로 가정하지 않고서는 불가능하다.

　그런 의미에서 '광주는 아직도 제대로 밝혀지지 않았다'와 같은 당위적 발언들은, 당시에 총을 들고 직접 싸우지 않은 많은 이들을 주눅들게 할수는 있을 망정 '오월'이 세대를 넘어서 계속적으로 그 '효과'를 발휘하게 하는 데에는 그다지 도움이 되지 않아 보인다. 혹은 '광주는 아직도 계속되어야 한다'라는 선언체의 문장은 그에 걸맞는 시간적·공간적 확장의 몸짓들이 이루어지지 않는 한 아무런 내포를 갖지 않는 공허한 되풀이로밖에 들리질 않는다.

그러나 안타깝게도 그간 '오월' 기념사업의 주된 방향이 그러했고 진보적인 논자들이 '오월'을 논하는 방식도 그러했다. 사건을 역사화하려는 시도들(만)이 성공할 경우, 대개 그러한 성공은 의도와는 무관하게 한 사건의 기념비화, 제도화, 화석화에 기여했다는 점을 기억해야 한다. 22년이 훌쩍 지나버린 1980년 광주의 오월이 지금 그런 위기에 처해 있다.

그런 이유로, 우리는 '오월'이 세대를 넘어 그 효과를 지속하기 위해서는 아무래도 '탈피'가 필요하다고 본다. 즐겨 재생과 부활의 상징으로 소용되는 파충류들이 그렇듯이, 사뭇 달라진 패러다임과 문화 속에서도 '오월'이 그 생장을 거듭하기 위해서는 허물벗기가 필요하다. 이 말은 곧 '오월'이 '오월' 아닌 것들의 영역으로 외연을 확장해야 한다는 말이기도 하다. '오월'은 '오월'로부터 벗어나 '오월' 아닌 것들과 부딪쳐야 한다. 기념관과 유적지와 묘지를 벗어나 거리로 도심으로 스며들어가야 하고, 역사와 문자를 벗어나 일상의 생활과 다양한 매체들 속으로 진입해야 하며, 아직도 논란거리로 남아 있는 첨예한 문제들(가령 여성, 환경, 교육, 소수자운동 등등의)과도 해후해야 한다. '마주쳐야' 하고(알튀세르), '접속해야' (들뢰즈) 한다.

이제부터 '오월'은 그 '본질' 규명 작업 차원에서 접근할 것이 아니라, 그 '효과'의 지속성 차원에서 접근해야 하는 시점에 이른 것이다. 비약과 과도한 의미부여의 혐의를 무릅쓴 이유이다.

— 『내일을 여는 작가』 (2002년 여름호)

■ **김형중** 1968년 광주 출생. 전남대 문학박사. 2000년 『문학동네』 신인상 평론부문 당선으로 등단. 평론집으로 『켄타우로스의 비평』, 『변장한 유토피아』, 『단 한 권의 책』 등. 저서로 『소설과 정신분석』 등이 있다. 소천비평문학상 수상. 현재 조선대 국어국문학과 교수.

'5월'의 재구성과 의미화 방식에 대한 연구
― 소설의 경우[1]

정명중

1. 사건, 재현, 재구성

 애초 필자의 의도는 광주의 5월을 형상화한 소설, 이른바 5월소설의 원형적(또는 이념적) 구조 같은 것을 포착하는 것이었다. 궁극적으로 그것을 통해 5월소설의 범주에 드는 개별 텍스트들을 일관된 관점에서 조망할 수 있을 것으로 기대했다.
 그러나 5월소설 텍스트들을 다시금 꼼꼼히 읽어본 결과 그 의도가 막연

---

[1] 이 글은 본래 2006년에 출간된 『항쟁의 기억과 문화적 재현』(정근식·나간채 외, 선인)이라는 책에 실었던 것이다. 시간이 지난 후에 이 글을 다시 뜯어보니 논리적으로나 표현상으로 어색하고 애매한 부분이 적지 않았다. 그러나 원문의 의도와 뜻을 해치지 않는 범위 안에서 문장이나 표현만을 가다듬었다.

한 가설에서 비롯되었음을 깨달았다. 비단 5월소설 텍스트가 양적으로 광범위해서가 아니다. 5월을 소설화하려는 노력은 1984년부터 시작되었고, 당시의 사건이 남긴 충격에 비하면 썩 많은 작품이 나왔다고 보기 어렵다. 문제는 개별 텍스트들이 취하고 있는 형상화의 방법이 그 수준과 질은 논외로 하더라도, 다양한 스펙트럼을 갖는다는 점이다.

일관된 관점에서 텍스트들을 조망한다는 의도는 개별 텍스트들의 차이와 특수성을 간과하는 결과를 초래할 수 있었다. 따라서 5월소설의 원형적 구조 같은 것을 찾아 그것을 중심으로 놓고 각 텍스트들을 종별화하는 대신 보다 유연한 방식으로 5월소설 전체를 포괄할 수 있는 논의의 체계가 필요하다고 판단했다.

결국 필자는 시초의 사건은 역사(history)와 더불어 그 구성 요소가 변형되거나 왜곡되고 심지어 탈락할 수밖에 없다는 기초적인 명제에서 시작하기로 했다. 이로부터 일정한 사건은 이야기(story)로서의 소설에서도 동일한 과정을 겪게 된다는 점을 유추해냈다.

하나의 사건은 반드시 하나나 둘 혹은 그 이상의 이야기 또는 서사(narrative) 단위로 존재한다. 사건에 대한 증언이나 구술의 형식이 일종의 이야기이거나 서사인 이치이다. 마찬가지로 그러한 증언의 형식을 떠받치고 있거나 혹은 그것을 통해 사후적으로 구성되는 기억의 형식 또한 기본적으로 서사의 구조를 갖는다.

중요한 것은 이야기의 단위로 존재하는 사건(기억)은 이미 필연적으로 시초의 사건 그 자체와 동일하지 않다는 점이다(이야기의 관점에서 본다면 시초의 사건이란 것은 사후적으로 구성된 것이다). 따라서 소설 속의 사건은 사건 그 자체가 아니라 사건-이야기이며 그것은 이미 사건의 변형·왜곡이다.

게다가 어떤 특정의 사건(이야기)이 곧바로 일정한 의미로 전환되는 것은 아니다. 하나의 사건이 의미를 갖은 다른 사건(이야기)과의 계열 관계 속에서이다. 그러한 계열 안에서 사건들의 연속성 혹은 인과성이 만들어진다. 결국 특정한 사건(이야기)의 의미는 그러한 연속성 속에서 하나의 좌표로서 존재한다.

이렇듯 하나의 사건을 다른 사건과 연접시켜 사건들의 계열을 형성하는 것을 사건에 대한 재구성이라고 할 수 있다. 반면 그러한 재구성을 통해 포착된 사건들의 연속성 안에서 하나의 사건에 좌표를 부여하는 것을 다른 말로 의미화라고 부를 수 있겠다.

5월 역시 하나의 사건이다. 그것이 일정한 의미와 좌표를 지니기 위해서는 다양한 방식의 재구성과 의미화 절차가 뒤따라야 한다. 만약 그러한 절차가 없다면 5월은 그저 찰나적인 사건에 불과하고 기억에서 사라지는 무의미가 되고 말 것이다. 따라서 이 글의 목적은 하나의 사건으로서 80년 5월이 소설에서 어떻게 재구성되고 또는 의미화되는가를 살피는 것이다.

미리 언급할 게 있다. 이론의 여지가 있지만, 원론적으로 문학예술은 재현 혹은 표상의 양식이다. 재현이나 표상을 의미하는 단어인 'representation'은 어떤 사태의 '나타남(presentation)' 또는 '직접 있음'이 아니다. 언제나 '다시(접두사 re-)' 나타남이다. 곧 어떤 매개를 거친 사태의 다시 있음이다. 문학의 의장을 걸치고 등장한 특정 사건 역시 그것의 직접적 혹은 즉자적 현존이 아니라, 항시 다시 나타남일 수밖에 없다.

문학이 특정한 사건을 형상화한다는 것 자체가 이미 그 사건에 대한 재구성이다. 그것이 리얼리즘적 반영이론에 입각한 현실의 충실한(혹은 객관적) 묘사라 해도 사정은 변하지 않는다. 결국 문학의 미학적 스타일을 결정하는 다양한 기법들, 예컨대 리얼리즘적 수법이라거나 알레고리적 방식 또는 상징적 기법 등은 어떤 변별성을 나타내기보다는 사건을 다시 (re) 나타나게(present) 하는 매개들이라는 점에서 공통성을 갖는다.

따라서 이 글이 사건의 재구성과 의미화 방식에 대한 고찰이라고 할 때, 즉 텍스트들이 일정한 매개 장치를 동원해서, 그러한 행위가 무의식적이건 혹은 (목적)의식적이건 상관없이, 사건을 다시 나타나게 하는 방식과 그것의 궁극적 의미를 포착하고자 한다고 할 때, 각 개별 텍스트들에 고유한 문학적 기법이나 문예 미학적 자질들은 상대적으로 비중 있게 처리되지 못할 것이다.

2. '부채의식'의 두 가지 형태

1) '밖'의 시선과 전망주의

사건의 충격이 압도적일수록 게다가 그것이 일상적인 경험의 한계를 뛰어넘는 것이라면 그것을 언어화하거나 일정한 의미 단위로 분절하기란 쉬운 일이 아니다. 1980년 5월이라는 사건 역시 그렇다. 이 사건을 맨처음 경험한 사람들에게 이 사건은 어떠한 로고스(logos)의 형태도 불허하는 전대미문의 것이었다. 영탄과 절규—이른바 주체할 수 없는 파토스(pathos)의 흘러넘침이며, 시인 김준태의 시 「아아 광주여! 우리나라의 십자가여!」가 대표적이다— 외에 그 앞에서 할 수 있는 것은 아무것도 없다.

5월은 폭력과 죽음의 이미지로 점철돼 있다. 과도한 폭력과 급작스러운 죽음의 광경 앞에서 인간은 침묵한다. 우선은 살아야 한다는 원초적인 본능이 앞선다. 죽음의 공포를 이기지 못한 이들은 사건의 현장으로부터 달아나야 했다.

살아남았지만 그게 끝이 아니다. 생존의 안도감은 잠시, 이내 망자들에 대한 죄책감에 사무친다. 사건으로서 5월을 이후 일정한 로고스의 형태로 가공하기 전에 반드시 해결해야 할 문제가 바로 부채의식이었다. 초기 5월소설의 작가들은 광주에 대한 윤리적 책무와 그로 인한 정신적 심리적 갈등을 다양한 형태로 빚어놓았다.

초기 5월소설의 서사를 지탱하는 것은 이를테면 '나는 그곳에 있지 않았다'와 같은 형식의 술어이다. 그런데 이 술어에서 장소를 지시하는 '그곳'은 최소한 두 개의 의미를 갖는다. 우선 (a) '그곳'은 다소 추상적이고 상징화된 도시로서의 '광주'이다. 반면 (b) '그곳'은 간혹 '금남로' 혹은 '도청'이라는 아이콘으로 표상되는 '저항과 죽음의 구체적 공간'이기도 하다. 따라서 초기 5월소설을 지배하는 정서가 부채의식이었다고는 하지만 이른바 '그곳'을 어떤 의미로, 혹은 어떤 장소로 호명하고 포착하느냐에 따라 소설 속에서 묘사되고 있는 그러한 의식의 밀도는 사뭇 다를 수밖에 없다.

우선 (a)계열에 속하는 텍스트로는 이영옥의 「남으로 가는 헬리콥터」, 김남일의 「망명의 끝」, 홍인표의 「부활의 도시」 등을 꼽을 수 있겠다. 이 작품들은 모두 광주 '밖'의 시선에 의지하고 있음을 발견할 수 있다.

「남으로 가는 헬리콥터」의 소설적 공간은 전주이다. 주인공 '희수'는 38살의 평범한 교사이다. 이 작품은 주인공이 자신의 공수부대원 체험, 이른바 "살상만을 위해 존재하던 나날"[2])의 체험으로부터 광주의 참상을 간접적으로 유추해내는 데 그 특징이 있다.

한데 유추는 유추일 뿐이다. 희수는 광주의 참상을 실제 체험한 게 아니다. 따라서 그에 의해 예견되는 광주의 엄청난 폭력은 그 실체를 온전히 드러내지 못한다. 그는 폭력 일반에 대한 막연한 두려움 탓에 진저리치거나, 폭력을 두려워한다는 사실 그 자체를 놓고 자신의 소시민적 나약성과 무기력을 한탄할 뿐이다. 게다가 결론 부분에 가서 기껏 책임, 결단, 용기, 신념 따위의 수신修身 모럴을 주워 섬기고 있음이 퍽 거슬린다.

물론 이 작품의 문면에서 광주에 대한 부채의식을 끄집어내는 것은 어려운 일이 아니다. 그런데 희수의 의식에서 엿볼 수 있듯, 광주는 저항과 죽음의 구체적 공간으로서 호명되지 않는다. 뿐만 아니라 광주가 나약한 소시민의 자기비판을 위한 방편 정도로 취급되고 있다는 인상이 짙다.

「망명의 끝」 역시 비슷하다. 서울 모 대학의 운동권 출신이자 도피 생활 중인 주인공 '태근'은 당시 전국에 비상계엄이 확대되었다는 소식에 오직 달아날 생각만을 했던 자신에게 수치심을 느낀다. 한편 광주가 고립되었다는 사실에 대한 책임을 통감하지만, 그의 입장에서 선택할 수 있는 확실한 길(투쟁의 방법)이 없음을 알고 절망한다.

이 작품에서 수긍하기 힘든 대목은 정보과 형사인 '최가'에게 붙들려 가는 도중에 벼들이 뿌리를 내리고 있는 들판을 내려다본 주인공이 "아니다, 끝이 아니다. 이제부터 시작이다." 식으로 마음속에 새삼스레 희망이 싹텄다고 술회하는 부분이다. 이는 근거가 희박할 뿐만 아니라 말 그대로 느닷없는 전망(낙관주의)이 어떤 내적 과정 속에서 돌출되었는지 의문이다. 광주에 대한 부채의식의 강도와 그 진정성마저 다소 의심스러운 게 사실이다.

---

2) 이영옥, 「남으로 가는 헬리콥터」, 『일어서는 땅』(한승원 외), 인동, 1987. 123쪽.

반면 「부활의 도시」는 앞서 작품들과는 그 결이 다르다. 우선 광주 외곽에 위치한 교도소(광주교도소)의 교도관 '정현'의 시선으로 5월을 포착하려 했다는 점이 퍽 신선한 것이다(이 작품을 쓴 작가 홍인표 역시 당시 교도관이었음을 전기적인 사실을 통해 알 수 있다).

이 소설의 주요 무대인 교도소는 지리적(혹은 공간적)으로만 놓고 보자면 광주 '안'에 위치한 게 사실이다. 그러나 계엄 상태였던 만큼 중요 시설인 교도소를 방위해야 하는 직무 탓도 있겠지만, 계엄군의 통제 아래 묶여 정현은 교도소 밖으로 나갈 수 없었다. 그는 고립된 채 교도소 주변에서 '얼룩무늬'들(계엄군)에 의해 자행되는 폭력을 제3자의 위치에서 목격한다. 이는 주인공 스스로도 자신을 방관자라 칭하고 있거니와, 결과적으로 그를 광주 안에 있으면서도 밖에 놓이게 되는 결과를 낳는다. 이 작품 역시 공교롭게도 앞서 「망명의 끝」처럼 죄책감과 설득력이 약한 낙관주의가 어설피 결합돼 있는 형태로 끝맺는다.[3]

(a)계열 텍스트들의 일반적 특징을 추출하자면 우선 광주를 계기적으로 호명하거나 혹은 간접화하고 있다는 점이다. 따라서 그 속에서 표출되고 있는 부채의식의 밀도가 낮을 뿐만 아니라 그것이 섣부르거나 작위적인 전망주의와 결합됨으로써 소설적 리얼리티를 떨어뜨리고 있는 게 사실이다.

---

3) 주인공 '정현'은 소설의 말미에 다음처럼 말하고 있다.
   (…) 이 무서운 도시에 누군가가 불을 질러 활활 타고 있다. 이 오월의 밤에. 꺼질 줄 모르는 불꽃으로 변해 어두운 밤을 밝힐 것이다. 설사 모든 것이 불타 잿더미로 화한다 할지라도 민중들은 다시 부활할 것이다. 부활의 도시로 다시 새 꽃과 새로운 꿈이 날갯짓할 것이다. 그땐 나 같은 방관자도 응징 받아 마땅할 것이다.
   (홍인표, 「부활의 도시」, 『부활의 도시』(한승원 외), 인동, 1990. 134쪽.

2) 형제살해와 원죄의식

다음 (b)계열의 대표적인 작품으로 윤정모의 「밤길」 그리고 임철우의 「봄날」을 들 수 있다.

우선 「밤길」은 5월항쟁에 대한 군부의 엄격한 언론 통제를 염두에 둘 때, 비슷한 시기에 출간돼 탄압을 받았던 전남사회운동협의회 편, 황석영 기록의 『죽음을 넘어 시대의 어둠을 넘어』(풀빛, 1985)와 함께 5월항쟁의 소설화에 혈로를 뚫었던 작품이다.[4]

이 작품은 수습위원 '김 신부' 그리고 시민군 '요섭'이 최후의 결전을 뒤로 하고, 항쟁의 진상을 서울에 알려야 한다는 임무를 가지고 도청을 나와 광주를 탈출하는 이야기이다. 그러나 그들은 단순히 도피하는 것이 아님에도 불구하고 자신들의 행동에 대해 끊임없이 번민한다. 계엄군에 의해 비참한 최후를 맞게 될 동지들이 눈에 아른거리기 때문이다.

해서 요섭은 자신을 '족보에도 없는 비겁자'라 자책한다. 그리고 김 신부는 요섭에게 "우리도 지금 안전한 곳으로 대피하고 있는 게 아니란다. 거기에도 장벽은 있다. 그 장벽을 깨뜨려 달라는 임무가 우리에게 주어진 거야. 우린 그걸 해내야 돼. 비록 이 밤길이 영원히 끝나지 않는다 해도 이젠 서둘어야 한다."[5]라고 말하면서 소설은 끝난다. 그러나 이 작품이 앞서 언급한 (a)계열과는 달리 섣부른 전망의 제시로 부채의식을 상쇄하려는 경향은 나타나지 않는다는 점을 주목할 필요가 있다.

부채의식의 치열성이나 그 강도를 따질 때 우리는 임철우를, 특히 작품

---

4) 최원식, 「광주항쟁의 소설화」, 『창작과비평』, 창작과비평사, 1988. 여름. 287쪽.
5) 윤정모, 「밤길」, 『일어서는 땅』, 112쪽.

「봄날」을 결코 빠뜨릴 수 없다. 이 작품은 항쟁의 마지막 날 새벽, 친구인 '명부'가 죽음을 당하기 바로 전에 자신의 집을 찾아왔었고, 그가 애타게 문을 두드리는 소리를 빤히 들으면서도 자신은 꼼짝 않고 이불 속에 누워 있었다, 라고 믿는 '상주'의 일기가 중심 내용을 차지한다.

  항쟁이 종결된 후 상주는 누군가(물론 죽은 명부이다!)에게 쫓김을 당하고 있다는 피해망상에 사로잡혀 보낸다. 그러다가 결국은 온몸에다가 유리 조각을 긋는 식의 자해도 서슴지 않았다. 동생 '상희'가 전해 준 상주의 일기를 읽던 중 화자인 '나'가 환상처럼 떠올리는 상주의 자해 장면은 이 소설의 주제를 가장 압축적으로 전달하고 있다.

    크크크⋯ 상주가 기묘한 소리로 웃고 있었다. (주여, 나는 당신을 배신했습니다. 첫닭이 세 번을 울기도 전에 귀를 틀어막고 눈을 가리우고 입술을 닫아 당신을 부인했습니다. 그리고 이불 속에 드러누워 더러운 살덩이를 덜덜 떨고 있는 그 시각에 내 집 문전에서는 죄 없는 아벨의 머리가죽이 생채로 벗기움을 당하고 있었습니다.) 크크크크⋯ 상주의 손에 깨어진 거울 조각이 쥐어져 있었다. 그 유리 파편의 날카로운 끝을 벌거벗은 가슴팍에 가져가더니 이윽고 녀석은 천천히 살가죽 위에 붉은 줄을 그어갔다. (아벨은 내 머리 위에 향유를 부어주듯 저주를 남기고 갔습니다. 보소서. 이제 저주는 여기 이렇게 낙인으로 새겨지나이다. 내 손으로 걸어 잠근 대문의 기억을 위하여.) 상주의 가슴팍에 두 번째 줄이 그어졌다.(친구를 부인하기 위해 가로지른 그 완강한 빗장의 축복을 위하여.) 세 번째의 붉은 줄이 허벅지에 그려졌다. (그 새벽녘의 거리를 흥건히 적시던 우리들의 배신을 위하여.) 거울 조각은 네 번째 줄을 팔뚝에 그어 놓았다. 번들거리는 눈알과 상기된 상주의 얼굴이 눈앞으로 커다랗게 부풀어 오르며 달려 들어왔다. 크큭. 희미한 웃음이 그의 일그러진 입술 가장자리에 떠오르고 있었다. 어딘가 희열에 차 있는 듯한 불길한 웃음이었다.[6]

이 예문에서 알 수 있거니와 작가는 친구 명부를 죽게 내버려 두었다는 상주의 죄의식을 예수를 배반한 유다의 이미지 그리고 동생을 죽인 카인의 이미지와 중첩시켜 놓고 있다. 잘 아는 바와 같이 카인과 아벨의 이야기는 성서적 모티프의 중요한 요소로서 형제살해 콤플렉스를 반영하고 있다. 결국 상주의 죄의식은 "아무리 가슴을 쥐어뜯고, 풀어헤친 머리채로 통곡하며 뉘운친들"[7] 끝끝내 용서받을 수 없는, 이른바 영원히 상환 불가능한 부채로서, 기독교적 원죄의식으로까지 고양되고 있다.

그러나 이 작품에서 상주가 명부의 죽음을 방치했었다는 사실이 단지 상주의 강박이 만들어낸 환상인지, 아니면 실제로 그랬는지를 확인할 길이 없다. 결국 작품의 전체적 경향은 모호함 쪽으로 기울어지는데, 이는 작가의 의도임이 분명하다. 그러한 모호함이 원죄의식을 환기시키는 성서적 모티프와 결합됨으로써 "간신히 애써 덮어두려고 해왔던, 그래서 그것으로부터 보다 자유스러워지기를 간절하게 원했던 그 어둡고 고통스런 기억들이 뚜껑을 열고 한꺼번에 뛰어나올 것"[8] 같은 음울한 분위기를 형성한다.

(a)계열과 (b)계열은 뚜렷한 차이를 안고 있다. (a)계열의 경우 그 작가들의 면모를 보면 알 수 있듯이 그들은 이후 5월항쟁에 대한 뚜렷한 소설

---

6) 임철우, 「봄날」, 같은 책, 191~192쪽.
7) 같은 책, 193쪽.
8) 같은 책, 199쪽.

적 성과를 내지 못하고 있다. 그 진정성이 의심되는 부채의식과 어설픈 전망주의가 소설화의 길을 차단했다고 볼 수 있다. 반면 (b)계열 특히 임철우의 경우 부채의식의 치열성이 5월의 진상을 알려야 한다는 '증언의 욕구'로 이어지거니와(그 단초를 우리는 남편을 잃은 한 여인네의 구술 증언의 형식을 빌고 있는 작품 「어떤 넋두리」에서 확인할 수 있다), 그것의 지난한 여정이 장편 『봄날』(전5권)로 결실을 맺었음은 주지하는 바이다.

3. '가족' : 비극적 정서의 원천

1) '아비父' 부재의 문학

"그런께 사람이 야물어도 설 야물면은 못쓴다. 바람 부는 대로 따라서 살아야지 혼자서만 꼿꼿이 설라고 하면은 큰 바람에 꺾이고 말어. 혼자만 꺾이면 얼마나 좋게? 대개 보면은 딸린 식구들까지도 그 밑에 깔려서 쓰러지고 말더라."[9]

위 예문은 한승원의 「당신들의 몬도가네」의 일절이다. 그 자체가 거대한 비극의 결정체로 인식될 만큼 부침의 연속이었던 한국의 근현대사를 위의 대목만큼 단적으로 요약해주고 있는 예도 드물다.

---

9) 한승원, 「당신들의 몬도가네」, 같은 책, 224쪽.

한국의 근현대문학을 일러 보통 아비(父)부재의 문학이라고들 한다. 이 땅의 아비들은 일제 때 징용으로 끌려가 돌아오지 않거나, 해방 이후에는 좌우 대립에 휘말리다가 결국은 이념의 길을 선택하여 월북하거나, 아니면 입산하여 최후를 맞거나(빨치산 투쟁) 하는 식이었다. 그런 연유로 한국문학의 지배적인 정서가 바로 고아의식이거니와 그것은 아비 찾기 모티프와 결합되곤 한다.

그런데 문제는 아비의 부재는 가부장제적 구조가 상대적으로 강한 우리의 풍토에서 대개 가족의 해체("딸린 식구들까지도 그 밑에 깔려서 쓰러지고 말더라.")로 이어진다는 점이다. 따라서 한국 근현대사의 비극은 문학 속에서는 종종 가족의 부침으로 초점화(focalization)된다. 아울러 아비 부재로 인한 가족의 해체를 막아보려는 억척스럽고 모진 어미의 이미지가 상대적으로 부각되기도 한다. 그 과정에서 대개 어미는 아비를 대신하는 자식(장자)에 대해 비정상적으로 집착하는 경향을 보이곤 한다.

게다가 한국은 개인보다는 가족적 위계와 질서를 우위에 두는 유교적 전통이 여전히 강하게 남아 있다. 가족은 사회생활의 기본 단위일 뿐만 아니라, 모든 가치에 앞서서 반드시 지켜야 할 신성한 것으로 간주된다.

결국 한국 근현대사의 질곡이 가족의 해체를 동반했다는 경험적 위기 의식에 유교적 가족주의 모럴이 덧씌워지면서 가족이란 개념은 논리 이전에 페이소스(恨)를 자극하는 어떤 것으로 남게 된다. 따라서 가족을 어떤 식으로든 지켜내야 한다는 맹목적인 의지를, 그것이 자신의 가족만 무사하면 된다는 가족이기주의로 비화될 소지가 다분함에도 불구하고, 우리는 그 의지를 비판하기에 앞서서 측은지심으로 바라볼 수밖에 없다. 요컨대 가족은 비극적 정서의 원천인 셈이다.

이러한 맥락을 텍스트의 이면에 깔고 있는 5월소설들이 꽤 있다. 그러나 주의할 것은 이 경향의 텍스트들은 비극적 정서를 환기하기 위해 주로 텍스트 외적 상황에 의존한다는 점이다. 즉 가족과 관련한 시대사적 혹은 사유 관습적 맥락(원천)을 괄호 친다면 효과적으로 이해할 수 없는 작품들이다. 예컨대 문순태의 「일어서는 땅」, 김중태의 「모당」, 박호재의 「다시 거리에 서면」, 이명한의 「저격수」, 이삼교의 「그대 고운 시간」 등이 대표적이다.

「일어서는 땅」의 주인공 '박요셉'은 한국근현대사의 부침을 고스란히 떠안고 있는 인물이다. 그의 아버지는 일제 때 노무자로 끌려가 돌아오지 않았고, 그의 형은 여순사건 당시 목숨을 잃었다. 게다가 아들 '토마스'는 5월항쟁 당시에 행방불명이 되어 찾을 길이 없다.

이 소설은 겹침의 구조를 갖는다. 요셉의 어머니와 아내는 동일한 삶의 궤적을 밟는다. 어머니가 여순사건 당시 행방불명이 된 형을 실성한 듯 찾아나섰듯, 그의 아내 역시 과거 어머니의 형상으로 아들을 찾아 사지를 헤맨다. 게다가 항쟁이 종결된 이후에 아내는 아들을 잃은 슬픔에 절망한 나머지 일 년 중 열한 달을 거의 식물인간 지경에 있다가도 어김없이 5월만 되면 잠시 의식을 되찾아 아들 토마스를 찾아 광주로 향한다.

요셉의 형은 어머니의 유일한 희망이었다. 어머니는 형을 항구도시의 중학교에 보내기 위해 정수리의 머리칼이 닳아빠지도록, 날마다 미역이나 멸치를 이고 지리산 근동을 헤매며 억척스러운 삶을 살아왔다. 한편 형을 애타게 찾는 어머니가 요셉에게 "네 형을 못 찾으면 네 아버지도 만날 수 없단다. 네 형을 만나야 아버지도 만날 수 있는겨."라고 말한다. 결국 어머니에게 형은 부재하는 지아비를 대신하는 존재였던 셈이다.

그런데 항쟁 당시 요셉에게 아들 토마스를 찾아 나서는 아내의 모습은 영락없이 지난날의 어머니 모습이다. 또한 과거 어머니에게서 그랬듯이 아내 옆에서 왜소해진 자신의 모습을 발견한다.

물론 그가 어머니로부터 왜소함을 느꼈던 것은 당시 그가 어릴 때였고 어머니의 덩치가 컸던 탓만이 아니다. 그는 이른바 차남의식에 사로잡혀 있었던 것이다. 어머니는 장자인 형에게만 모든 에너지를 집중한다. 때문에 차남인 그는 소외된다. 형에 대한 미움이 그의 마음속에서 싹틀 수밖에 없다.[10]

그가 다시금 아내 옆에서 왜소해진 자신을 발견할 수밖에 없는 것은 그의 형과 아들 토마스가 교묘히 겹치기 때문이다. 그리고 이 작품 여러 곳에서 형과 토마스를 동일 선상에 놓고 있음을 발견할 수 있다. 예컨대 작가는 예전 형의 자취방 분위기와 토마스의 자취방 분위기를 병치시켜 놓거나, 형의 일기에 기록된 내용과 토마스의 일기에 기록된 그것이 거의 일치함을 제시하기도 한다.

중요한 사실은 그가 형을 찾아 헤매던 중 항구도시의 흙구덩이에 처박힌 형의 시체를 발견하지만 그대로 방치해 두고 집으로 돌아와 어머니에게 그 일을 숨겼다는 점이다. 이후 그는 하루도 마음 편한 날이 없었고, 심한 자괴심과 고통의 나날을 보내야 했으며 씻을 수 없는 오한으로 괴로워하게 된다.

요셉의 행동은 어머니의 관심을 독점했던 형에 대한 무의식적인 시기와 증오의 발로였다. 그가 훗날 형에 대한 씻을 수 없는 오한에 시달릴 수

---

[10] 아래 인용문은 그 좋은 예가 될 것이다.
"아버지가 보고 싶으면 네 형을 보거라. 너는 외삼촌을 닮고, 네 형은 아버지를 **빼다 박았다**."
어머니는 늘 그렇게 말했었다. 그리고 아버지를 닮은 형을 더 사랑하는 것 같이 느껴져, 때로는 의뭉스럽게 질투심이 뻗질러 오르기도 했었다.(문순태, 「일어서는 땅」, 같은 책, 29~30쪽.)

밖에 없는 이유는 차남의식이 형제살해 혹은 부친살해와 같은 근원적 원죄의식으로 치환되기 때문이다. 앞서 임철우의「봄날」에서 살펴본 바 있는 카인과 아벨 모티프의 변형인 셈이다. 더 중요한 사실은 형과 토마스가 겹쳐짐으로써 형에 대한 죄의식과 오한이 아들 토마스에게로 그대로 전이된다는 점이다. 아무튼 이 작품은 비극적 정서의 원천으로서의 가족이라는 맥락에 의존하는 전형적인 소설이 될 것임에 틀림없다.

2) 누이들의 수난

박호재의「다시 그 거리에 서면」은 광주가 해방된 날로부터 다시 계엄군이 광주를 장악하기까지의 약 일주일 동안 한 가족이 겪은 일을 다루고 있다. 주인공 '지숙'은 홀어미와 어린 두 남동생을 거느리면서 집안의 살림을 도맡는다. 그녀는 가족의 행복과 안락을 그 무엇보다도 소중한 것으로 여긴다.

반면 운동권 학생인 동생 '형석'은 누이의 그런 욕구를 소시민적 안정에 대한 염원으로 생각하여 단호히 거부한다. 그러다 형석은 항쟁에 참여하게 되고 막내 '형수'는 방위병으로 진압군 측에 동원된다. 형과 동생이 시위대 측과 진압군 측으로 서로 갈리게 되면서 이 소설은 두 동생의 안부를 염려하는 누이의 절박한 심리에 집중된다.

한데 이 작품이 독자들에게 얼마간의 호소력과 감동을 주는 것은 이른바 "형석에 대한 육친적 관심으로부터 광주항쟁의 정당성을 이해하게 되는 지숙의 의식발전과정을 설득력 있게 그리고 있는"[11] 데 있는 것 같지 않다. 물론 지숙의 변모과정이 이 소설의 참주제임에는 틀림없다.

그러나 이 작품의 호소력은 이미 '누이'라는 존재 그 자체가 불러일으키는 어떤 관습적 정서(혹은 집단적 무의식)에 빚지고 있다는 점에 주의해야 한다. 이 절의 모두에서 밝힌 바와 같이 한국의 근현대문학은 아비 부재의 문학이고 그 핵심에 고아의식이 놓여있거니와, 그러한 의식 속에서 누이의 존재란 이른바 변형된 모성母性의 상징일 뿐더러 상실의 시대에 마땅히 보존하고 지켜야 할 신성한 가치(순수성과 정결함)이다.

근대 초엽 이광수의 소설 『무정』으로까지 거슬러 올라가는 이러한 의식을 잘 아는 바와 같이 우리는 '누이 콤플렉스'라고 부른다. 아무튼 지숙 역시 변형된 모성성을 상징하거니와, 다음 대목이 이를 여실히 보여주고 있다.

> 그날, 장대비가 세차게 내리치던 날, 아버지를 묻고 돌아오는 산길에서 그 슬픔의 정체를 확실히 깨닫지도 못한 채, 넋 나간 모습의 민숭머리 너희들을 보고 내 가슴은 얼마나 고통스럽게 찢어질 듯했었는가? 빈한함으로 겪는 너희들의 고뇌가 가슴에 와 닿을 때마다 자신의 가슴은 얼마나 고통스럽게 찢어질 듯했었는가?[12]

지숙은 자신의 조부가 평생을 무지렁이로 땅마지기에 매달리다가 결국 쭉정이 같은 육신으로 병사하고만 사실을, 그리고 당숙이 참담하게 전쟁을 겪은 후 극심한 분열증에 시달리다가 객사하게 된 경위를 익히 알고 있다. 위 예문은 "불쾌한 점액질의 피막처럼 그들 가족을 언제나 구죽죽히 휩싸고 있는 그 가난과 그 부자유스러움"[13]에 치를 떠는 지숙이 아비의 죽

---

11) 최원식, 앞의 글, 290쪽.
12) 박호재, 「다시 그 거리에 서면」, 같은 책, 67쪽.

음이 장차 몰고 올 동생들의 고통을 미리 떠올리며 가슴앓이 하는 대목이다. 이 지점에서 지숙의 형상은 누이이면서 동시에 어미의 그것이다.

한국의 산업화 혹은 근대화 과정은 누이의 수난(또는 훼손)과 결부된다. 예컨대 1970~1980년대 소설에서 가족의 생계를 위해 도시의 공장으로 떠난 누이들, 또는 도시의 일자리를 전전하다가 결국은 카페의 여급으로 전락한 누이들이 수시로 등장한다(이른바 대중문학의 한 지류를 형성했던 '호스티스' 문학!).

그 구체적인 작품들을 여기서 다 열거할 수 없거니와, 중요한 것은 상실과 부재의 시대에 신성한 가치로 존재해야 할 누이가 훼손되는 것은 세계(=악)에 대한 분노와 증오를, 그리고 슬픔을 자아낸다는 점이다. 따라서 항쟁의 현장으로 형을 찾아 나섰던 누이가 돌아오지 않는 것으로 결말을 맺고 있는 「그대 고운 시간」은 순전히 이러한 맥락에 의지하고 있다고 해야 할 것이다.

이 소설의 화자는 11살의 소년이다. 그가 생각하기에도 아버지가 없는 집(역시 아비는 없다!)에서 형은 가장 큰 위안이다. 따라서 형이 다시 돌아오지 못한다는 것은 생각만 해도 끔찍한 일이다. 왜냐하면 형은 다름 아닌 아비이자 가부장이기 때문이다. 결국 누이가 형을 찾아 나섰지만, 얼마 뒤에 형만 돌아오고 누이는 돌아오지 않는다.

이와 같은 서사적 설정은 굉장히 낯익은 것이다. 이를테면 아비의 눈을 뜨게 하기 위해 자신을 희생한다는 심청의 모티프가 연상되기 때문이다. 따라서 「그대 고운 시간」이 발산하는 처연한 정서는 텍스트 외적 조건,

---

13) 같은 책, 67쪽.

이른바 누이콤플렉스나 심청의 모티프와 같은 집단적(원형적) 무의식 같은 것을 고려하지 않는다면 적이 무미건조한 것이 되고 말 것이다.

다음 모당母堂을 보도록 하자. 이 작품은 항쟁의 현장에서 뜻밖에 살아 돌아온 아들의 목숨을 끝내 지켜내기 위해 노심초사하는 여인이 주인공이다. 그녀의 남편은 박정희 군정의 폭압과 권력의 전횡에 맞서 빨갱이로 몰려 초주검을 당하고 감옥에서 반신불수로 요절했다. 따라서 그녀는 반드시 아들의 목숨만은 지켜야한다는 생각에 해안가 근처의 마을에 아들을 피신케 한다. 하지만 세상은 반드시 바뀌어야 하고, 자신은 언제든지 목숨을 버릴 수 있다고 대드는 아들을 보면서 그녀는 착잡해 한다. 그녀가 아들을 지켜야 한다는 거의 본능적인 의지는 다음 대목에 이르러 절정을 치닫는다.

> 가난한 천민의 신분으로 어렵사리 아들을 하나 얻어 기르게 되었는데 그 자식이 남달리 유난한 혈기와 무서운 힘으로 기를 세우는 게 보여서 그 부모는 늘상 근심이 떠나지 않았더란다. 한번은 시주승이 지나면서 혀를 끌끌 차고는 아까우이, 아들을 이대로 두었다간 필시 화를 당할 것이요, 해서 그날 밤으로 어머니는 잠든 아들의 어깨를 불인두로 지져 힘줄을 끊어 놓았다잖던가. 그녀는 아들을 그렇게라도 해서 목숨을 부지토록 해야만 할는지… 어떤 묘방이 서질 않았다.[14]

아들의 힘줄을 끊어 놓아서라도 자신의 옆에 두어야 할지도 모른다는 어미의 마음. 어느 면에서 모성적 보호본능이 정작 보호해야 할 대상에

---

14) 김중태, 「모당」, 같은 책, 178쪽.

대한 치명적인 폭력으로 전이될 수 있다는 아이러니를 발견할 수도 있을 것이다. 이른바 5월항쟁이 남겨 놓은 비극적 정서를 독자로 하여금 측은함을 촉발시키는 어미의 본능적 모성애로 환기시키고 있는 셈이다. 그런데 문제는 이 소설이 처절한 모성애를 겨냥한 것인지, 아니면 5월항쟁을 겨냥한 것인지 애매하다는 점이다.

3) 은유적 사유모델

5월의 문제를 가족사적 비극이나 가족적 모럴 차원에서 풀어내려는 의도를 특별히 문제 삼을 필요는 없을지도 모른다. 그러나 만약 그러한 의도가 자동화되고 관습화된 관념이나 어떤 무의식적 경향을 반영하고 있는 것은 아닌가, 라고 물었을 때 사태는 달라진다.

보편적으로 사람들은 눈앞에서 벌어지는 사건이 자신의 판단력 범위를 초과하는 것이라면, 게다가 그것이 너무도 급작스러운 것이라면 실어증과 흡사한 반응을 보인다. 우리가 충격이라거나 경악이라고 표현하는 것의 진상이다. 그런데 시간이 어느 정도 경과하게 되면 충격적인 사건의 정체가 도대체 무엇이었는가를 가늠해 보게 되는데, 기본적으로 자신에게 익숙한 경험의 범주로부터 이해의 단초를 끄집어내게 마련이다. 이를 달리 유사성의 원리 혹은 은유적 방식이라 지칭할 수 있겠다.

'5월'이라는 충격적인 사건을 두고도 동일한 말이 가능하다. 한국 근현대사의 질곡을 가족사적 비극으로 초점화하는 데 이미 익숙하다. 익숙하다는 점에서 그것은 일종의 관습이고 자동화된 인식이 분명하다. 관습화된 인식은 의식보다는 무의식 쪽에 가깝다고 해야 할 것이다. 아무튼 유사성의 원리에 의한다면 5월의 비극성 역시 가족사적 비극이라는 은유로 포착하는 것은 손쉬운 일이다.

아울러 한국 근현대사의 과정이 종종 가족의 해체와 함께 했다는 경험적 위기의식과 유교적 가족주의 모럴이 착종된 결과가 가족을 신성시하고 모든 가치의 비교우위로 삼으려는 경향으로 흘러갔음을 예측할 수 있다. 따라서 가족이 세계를 사유하고 인식하기 위한 기본 모델로서 기능한다는 사실 또한 어렵지 않게 유추할 수 있다. 따라서 사유의 중심인 가족으로부터 5월에 대한 이해의 실마리를 잡는 것은 퍽 당연한 일이다.

그렇지만 그것은 관습화되고 자동화된 것(무의식적인 것)이라는 사실에는 변함없다. 게다가 그로부터 파생되는 문제가 있다. 대개 역사소설을 포함한 장편소설 등에서 가족사(혹은 가계사)를 기본 단위로 해서 도도한 시대의 흐름을 포착하려는 시도들을 엿볼 수 있다. 간편한 예로 염상섭의 『삼대』를 들 수 있겠다. 대체적으로 그러한 장편들에서 가족사는 시대사적 의미와 자연스럽게 호환된다. 그게 가능한 이유는 장편소설 특유의 긴 호흡 덕분이다.

그러나 앞서 살펴 본 5월소설들은 공교롭게도 단편소설들이다. 따라서 가족사적 맥락이 압도하는 바람에 5월의 실제적인 모습은 이음새 없는 조각들로 제시되거나 하나의 풍문처럼 텍스트 주위를 떠돌 뿐이다. 예컨대 아래와 같은 대목은 이점을 잘 보여 주고 있다.

  (중략) 절망적이고도 참담한 소문들이 도시 변두리까지 우우 몰려다니기 시작했었다.
  "원 세상에…. 늙은 노인네들마저 머리통이 깨지든 말든 피가 철철 흐르도록 초죽음을 만들어 놓았다지 않수."

"체포된 여학생의 그곳을 칼로 도려내었대…."

"수백 명이 트럭에 실려 개처럼 끌려갔다는 거야. 아직 아무도 그들 소식을 알 수 없대."

"그들은 정말 우리들을 보기 흉한 딱정벌레쯤으로 아는 모양이야."

"누군가가 시켰을 거라구요. 우릴 다 죽이라고 말입니다."

"아니 왜요?"

"거추장스러우니까요. 아님 무슨 말 못할 흉계가 도사리고 있겠죠?"

"에이, 거짓말 마슈. 그들도 사람일진대…."

"헌데, 이놈의 난리가 언제쯤 끝이 날는지…?"

"큰일이 한번 터져야 될 거요. 외곽엔 이미 군인들이 새카맣게 몰려 있답니다."

"아이구, 그럼 모두 몰살이라도 시킬 모양이란 얘기요?"

"우리사 어쩔라구요. 저~쪽에 있는 사람들이 문제지."[15]

환언하면 5월의 실제적인 모습은 인물들 간의 대화 속에서 그 편린의 형태로 제시되고 있을 뿐, '전경화(foregrounding)' 되지 못하고 있다는 점이다. 물론 5월의 실제적인 모습을 전경화할 수 없었던 태반의 책임은 작가들한테 있지 않았고, 군부정권의 파쇼적인 억압체제에 있었다고 말하는 것은 사족일 게 분명하다.

---

15) 박호재, 「다시 그 거리에 서면」, 같은 책, 74쪽.

4. 서사적 지평의 확장

1) 사건들의 기계적 조합

앞선 두 개의 장에서 언급한 텍스트들 역시 5월이라는 사건을 일정한 방식으로 재구성하고 있음은 사실이다. 그러나 그러한 재구성이 즉자적이거나 혹은 무의식적(관습적)인 방식에 의존하고 있고, 대체적으로 죄의식이나 비극적 정서와 같은 다분히 정서적이거나 심정적인 차원을 건드리는 수준에 머물고 있음을 지적해 둘 필요가 있겠다.

물론 이와 같은 경향을 일방적으로 작품적 한계나 결함이라고는 말할 수는 없다. 문학이란 기본적으로 인간의 감정이나 정서에 뿌리를 두는 것이기 때문이다. 다만 문학 역시 그 성격은 다르지만 과학이나 철학과 같은 사유체계의 일종이라는 점에서 보면 감정이나 정서 그 이상의 것이 되어야 할 것임은 분명하다.

여기서 우리는 5월이라는 사건을 보다 의식적으로 혹은 어떤 목적의식 아래 재해석하거나 이념적 지평 위에 정초하려는 경향을 보여주는 일련의 작품들을 발견하게 된다. 이러한 계열에 드는 대표적인 작품들로 정도상의 「저기 아름다운 꽃 한 송이」, 홍희담의 「깃발」, 정찬의 「완전한 영혼」 등이 있다.

우선 「저기 아름다운 꽃 한 송이」를 보도록 하자. 이 작품의 주인공은 '목민'(이것은 법명이고 본명은 '영규'이다)이라는 인물이다. 화순의 탄광 노동자였던 그의 아버지는 해방 1주년 기념일에 미군에 의해 살해된다. 미국에 대한 분노로 치를 떨던 그는 백아산과 지리산 일대에서 전개되었던 빨치산 투쟁에 가담하지만 실패한다. 토벌작전으로부터 구사일생

도망쳐 나온 그는 나주의 모 암자에 칩거하며 자신의 신분을 가린 채 승려의 삶을 산다.

그 후 세월이 흘러 "더러운 난장판"인 현실 곧, "사바세계"[16]와 절연한 채 수도생활에만 전념하려던 그는 번민 끝에 5월항쟁의 현장으로 뛰어들어 플래카드 제작과 헌혈운동 그리고 환자수송 등의 일을 도맡는다. 그러다가 결국 그는 진압군의 총에 맞고 비장한 최후를 맞는다.

이것이 이 작품의 주요 골자이다. 작가의 의도가 노골적이다 싶을 만큼 선명하게 드러나고 있음이 특징이라면 특징이다. 이 작품은 빨치산 투쟁의 전력을 가진 목민을 주인공으로 내세워 그가 5월항쟁의 현장에서 목숨을 잃는다는 식으로 이야기를 전개함으로써 해방 직후의 빨치산 투쟁과 적어도 한 세대 이상의 시간적 격차를 지닌 5월항쟁을 '반미투쟁'이라는 1980년대 민중운동의 한 이념 아래 접목시키려는 의도를 보여주고 있다.

한국사회의 주요모순을 민족모순이나 분단모순으로 설명하는 것은 그것의 가부를 떠나 퍽 일반화된 논리이다. 범박하게 말해 빨치산 투쟁이나 5월항쟁 모두 분단이 낳은 산물이라 해도 아주 틀린 말은 아니다.

그러나 설령 그러한 역사적 사건들이 동일한 산물이라 하더라도 또는 그것들 사이의 구조적 상동성이 발견된다 하더라도 역사의 일반 이론으로는 포착할 수 없는 각각의 특수성과 고유성이 있게 마련이다. 그러한 사건들을 의도된 혹은 동일한 관념 위에 묶기 위해서는 각각의 사건이 갖는 고유성을 침해하지 않으면서도 시간적 격차를 상쇄할 수 있는 소설적 디테일이 마땅히 뒤따라야 한다.

---

16) 정도상, 「저기 아름다운 꽃 한 송이」, 『부활의 도시』, 209쪽.

그러한 요건을 충족시키려면 이 소설은 장편이었어야 마땅하다. 그러나 이 작품은 특이한 이력을 지닌 가공의 인물만을 앞세워 시간적 격차를 일거에 해소하는 한편 디테일에 대한 배려 없이 이 사건과 저 사건을 기계적으로 접목시키고 있을 뿐이다. 보다 정확하게 말하자면 그것은 접목이기보다는 일종의 콜라주이다.

따라서 이 작품에서 빨치산 투쟁 당시 대대장이 힘주어 강조했던 인민주의 곧, 항쟁의 현장에서 죽어가는 목민이 다시금 되새기는 "인민들은 언제나 옳았고 우리는 인민들의 염원을 모아 싸운다."라는 구호는 어떤 울림도 전해주지 않는 적이 공허한 것이 되고 말았다. 그 결과 이 작품 역시 소설적 리얼리티를 상당 부분 방기하고 있다는 혐의로부터 자유롭지 않다. 게다가 작품의 마지막 장면 곧, 인민주의를 부르짖는 대대장의 환청을 들으면서 웃음을 머금은 채 목민이 절명한다는 설정은 작가가 어떤 비장미를 통해 궁극적으로 미래에 대한 낙관적 전망과 연결될 수 있기를 기대한 것으로 판단되나, 그러한 전망이 매우 안이해 보이는 것은 숨길 수 없는 사실이다.

더욱이 주인공 목민이라는 인물 그 자체의 개연성조차 의심스럽다. 빨치산 투쟁 전력을 가진 인물이 신분을 위장한 채, 게다가 놀랍게도 광주에 사는 혈육인 사촌동생과의 인연만은 유지한 채 촘촘한 권력의 감시망(당시는 박정희 정권 시절이다!)을 따돌리면서 무려 40여 년 가까이 운둔 생활을 할 수 있었다는 설정을 도대체 어떻게 받아들여야 할까. 이 대목에 대한 그럴 듯한 해명을 작품에서는 발견할 수 없다.

또한 목민이 사촌동생과 유일하게 인연을 유지하고 있다는 설정 역시 작가의 작위임을 쉽게 알아차릴 수 있다. 작가는 소설의 모두에서 "승복을 입은 지난 세월 동안 끝내 잘라지지 않고, 질기고 끈끈하게 이어져온

사바세계의 유일한 인연"[17]인 광주에 사는 사촌동생의 존재를 강조하고 있다. 뿐만 아니라 이 작품은 사촌동생을 만나기 위해 금남로의 한 다방으로 향하던 도중 목민을 변민에 빠뜨리게 하는 시위대를 목격하는 것으로 묘사하고 있다. 이러한 정황을 놓고 볼 때, 목민이라는 인물은 빨치산 투쟁과 5월항쟁을 성급하게 접목하려는 의도에서 작가가 고안해낸 비현실적이고 개연성이 없는 인물처럼 보인다.[18]

작품 「저기 아름다운 꽃 한 송이」가 갖는 의의는 물론 5월을 한국 근현대사라는 보다 큰 역사적 지평으로 확장하고자 했다는 점이다. 그러나 앞서 지적한 여러 가지 결함들을 놓고 판단하거니와 이 작품은 5월을 역사적 지평으로 정당하게 확장하는 대신 역사적 사건들을 단지 기계적으로 조합하는 수준에 머물고 있다. 그렇게 된 원인을 여러 측면에서 짚어볼 수 있을 것이다. 그러나 작가 스스로도 강조하고 있거니와 '운동(정치)으로서의 문학'에 대한 작가 자신의 지향[19]이 과도한 이념(민중주의)적 강박을 불러일으켰고, 그것이 결과적으로 작위적이고 기계적인 작품을 산출해 놓았다고 할 수 있다.

---

17) 같은 책, 209쪽.
18) 따라서 정도상의 이 작품은 작가의 이전 작품인 「십오방 이야기」보다 더 안이한 것으로 평가될 수밖에 없다. 「십오방 이야기」는 감옥을 배경으로 한 소설이다. 전태일 기념일을 앞두고 옥중투쟁을 준비하고 있는 운동권 학생 김원태와 막노동으로 떠돌다 살인을 저질러 감옥에 들어온 신입자 김만복이 등장한다. 여기서 문제적인 인물은 김만복인데, 만복은 항쟁 당시 공수부대원이었고, 당시 시민군에 참여했던 동생 만수가 상관인 소대장에 의해 살해된다. 만복은 동생의 희생을 대학생들의 데모 탓으로 돌리고, 대학생에게 적의를 품는다. 그러던 중 소대장과 닮은 인물을 살해하게 되고 감옥에 들어오게 된다. 이 작품의 의의는 소설 속에 최초로 가해자를 등장시켰다는 점일 것이다. 그러나 문제는 운동권인 김원태와 공수부대원 김만복을 성급하게 하나의 연대로 묶어내면서 화해로 결말을 처리하고 있다는 점이다.

2) 관념(정치) 우위의 재해석

「저기 아름다운 꽃 한 송이」에서 확인되는 이념에 대한 강박을 보다 더 전형적으로 보여주고 있는 작품으로 홍희담의 문제작 「깃발」을 꼽아야 할 것이다.

작품 「깃발」은 항쟁의 와중인 1980년 5월 20일 택시운전사들의 차량 시위를 고비로 지식인과 학생 중심의 투쟁에서 노동자들 중심의 투쟁으로 갈리는 시점을 형상화한 소설이다. 곧 초기의 항쟁을 주도하던 야학 선생(지식인) '윤강일'이 퇴각하고 그 자리를 대신하여 여성 노동자 '형자'가 항쟁을 계속 주도한다는 내용으로 되어 있다. 이 작품에 대해 일찍이 최원식은 항쟁의 본질적 국면을 간명히 요약하고 있다고 상찬하고 있거니와 "끊임없이 흔들리는 지식인과 달리 민중은 그 존재 조건 때문에 그 어떠한 현상적 왜곡에도 불구하고 진정으로 혁명적일 수밖에 없다"[20]는 사실을 확인한다.

이 작품의 출현은 그야말로 획기적인 것이었다. 그 결과 문학은 "노동자계급의 당파성에 입각한 철저한 재해석"[21]이어야 함을 강조하는 소위

---

19) 정도상은 다음처럼 언급한다.
"1980년대의 작가는 철저히 민중적 세계관을 자신의 철학으로 삼고, 자신이 존재하고 있는 역사적 시 공간인 세계를 올바로 조망할 수 있어야 한다. 그리하여 하나의 인간으로서 존재하고 있는 세계가 어떤 절대폭력에 의하여 일방적으로 왜곡되어 있다면, 작가는 반드시 왜곡된 세계를 향해 투쟁의 기치를 드높이 올려야 할 것이다. 이것이 바로 역사변혁, 세계변혁의 일부분을 차지하는 문학이 담당해야 하고 또 작가가 담당해야 할 몫인 것이다. 만일 그것을 외면하고 여전히 왜곡된 세계를 정당한 것처럼 옹호하는 작가들이 있다면 그들은 훗날 역사의 준엄한 심판을 면하기 어려울 것이다. 그러므로 작가는 폭력과 공생하거나 민중에게 기생하여 문학행위를 해서는 안 된다."「십오방 이야기」작가의 말 중에서, 『일어서는 땅』, 293쪽.
20) 최원식, 앞의 글, 286쪽.
21) 이강은, 「광주민중항쟁에 대한 소시민적 문학관을 비판한다」, 『노동해방문학』, 노동문학사, 1989. 5. 168쪽.

'민중적 민족문학' 또는 '민주주의 민족문학' 노선으로부터 비상한 관심을 불러 모으기도 했다.

그러나 이 작품의 문제는 고은 시인이 이미 지적하고 있거니와 항쟁 주체로서의 노동자상의 강조가 "다른 계급의 의지와 양심에 대한 배타적인 입장이 실제와는 다르게 일용 노동자나 때밀이 등 룸펜프로(룸펜프롤레타리아 : 인용자)를 비롯한 어느 정도의 지식인의 역할을 아예 막아버리는 소승주의"[22]로 흐르고 있다는 점이다.

그러나 이 작품의 본질적인 문제는 작품의 내면을 잠식하고 있는 사회과학주의, 사실은 의사擬似-사회과학주의이다. 이를 가장 단적으로 보여주고 있는 장면이 바로 주인공 순분과 그녀의 일행이 항쟁 당시 부상자와 구속자 명단을 놓고 계급적으로 분류하면서 결국 여성 노동자 형자가 남긴 말을 회상하는 대목이다. 길지만 그 대목을 그대로 옮겨 보겠다.

> 유산자계급-엄밀한 의미에서 이 계급의 사람은 한 사람도 없다. 그러나 안정된 직업을 가진 사람들을 이 계급에 포함시켰다. 회사원, 축산업, 공무원 등.
> 지식인계급-재야인사, 운동권 청년, 교사, 대학생, 학생, 지적인 일에 종사하는 사람들 등등.
> 농민계급-농업에 종사하는 모든 사람들.
> 무산자계급-세 곳에 포함되지 않은 모든 사람들을 이 계급에 집어넣었다. 공원, 세차공, 음식점 배달원, 무직, 외판원, 타일공, 양복

---

[22] 고은, 「광주5월민중항쟁 이후의 문학」, 광주5월민중항쟁 10주년기념 전국학술대회 발표논문집 『광주5월민중항쟁』, 풀빛, 1990. 238쪽.

공, 세탁공, 청소부, 노점상, 점원, 가난한 주부, 운전수, 보일러공, 소상인, 막노동, 고물상, 행상, 용접공, 자개공, 목공, 구두닦이 등등.

유산자계급-34명

지식인계급-240명

농민계급-47명

무산자계급-822명

대략 71%가 무산자계급이었다. 지식인계급에 속하는 대부분의 숫자는 예비검속으로 붙잡혀간 사람들이었다. 붙잡혀가지 않았다면 모두 투쟁에 가담했었을까. 대답은 미지수이지만 운 좋게 검거를 모면한 사람들의 행동으로 기준해 본다면 가정은 나온다. 많은 사람들이 투쟁에서 이탈했을 것이다. 그렇다면 무산자계급의 퍼센트는 더 높아질 것이다. 80퍼센트, 90퍼센트. 결과를 놓고 보니 순분은 형자의 말이 새삼 떠올랐다. 그녀가 동료들에게 말했다.

"언니가 왜 그랬는지 이제야 알겠어."

"뭐라고 그랬는데?"

철순이가 눈을 빛내며 물었다. 영숙이, 미순이도 순분이를 주시했다.

"그때 언니가 말했어,"

순분은 말을 끊었다. 되살아난 듯 형자의 모습이 생생했다. (중략) 언니가 말했지.

"어떤 사람들이 이 항쟁에 가담했고 투쟁했고 죽었는가를 꼭 기억해야 돼. 그러면 너희들은 알게 될 거야. 어떤 사람들이 역사를 만들어 가는가를…… 그것은 곧 너희들의 힘이 될 거야."[23]

　보는 바와 같이 순분이 행하고 있는 계급 분류의 방식은 매우 엉성하고 어설픈 것이어서, 그러한 분류의 엄밀성이나 기준 따위를 묻는 게 난처하다. 직업이나 직종이 그것에 종사하는 당사자의 계급적 자질을 결정하는 것이라고 생각할 수 있을까.
　아무튼 순분은 조악한 계급 분류표에 따라 부상자와 구속자들을 나누어 배치한 다음 예비검속으로 붙잡혀 가지 않았다 하더라도 지식인들 대부분은 투쟁에 가담하지 않았을 것이라는 예단 아래(지식인에 대한 반감 아래) 항쟁에 가담하여 투쟁하고 죽어간 '어떤 사람들'은 퍼센티지 상으로만 봐도 명백하게 드러나듯 무산자계급 또는 노동자일 수밖에 없음을 선언하기에 이른다.
　이 작품의 미덕은 기존의 5월소설들과는 달리 "항쟁을 거기에 몸소 참여했던 사람의 눈으로 관찰"함으로써 "먼발치서 본 사람의 추상적인 괴로움, 자책감, 울분, 경악 등이 배제"되는 대신 "싸움을 이끌어 가던 당사자들의 싱싱한 언행이 풍성하게 담겨"[24] 있다는 점일 것이다. 그러나 그러한 참신성과 획기적인 성격에도 불구하고 결과적으로 설익은 노동자주의의 관철인 탓에 항쟁을 일면화하거나 편향된 시선으로 재구성하고 있음은 심각한 문제가 아닐 수 없다.
　게다가 이 작품에서 노동자주의의 관철이 설득력이 퍽 부족한 것이라는 점에서 작품 결말 부분에서 제시되고 있는 낙관주의적 전망은 억지스

---

23) 홍희담, 「깃발」, 『꽃잎처럼』(공선옥 외), 풀빛, 1996. 280~282쪽.
24) 김태현, 「광주민중항쟁과 문학」, 『그리움의 비평』, 민음사, 1991. 87쪽.

럽다. 작가 홍희담은 주인공 순분의 눈을 통해 자전거를 타고 출근을 서두르는 노동자들의 모습에서 힘차게 달리는 증기기관차를 연상해내도록, 그리고 그들의 펄럭이는 작업복에서 수없이 펄럭이는 '깃발'들의 환영을 발견해 내도록 한다.

앞서 정도상의 작품과 홍희담의 이 작품은 공히 '운동(정치)으로서의 문학'에 기대고 있고, 당대의 정치적 목표 또는 지평 위에서 5월의 재구성을 시도한 것이라는 공통점을 가지고 있다. 게다가 공교롭게도 어색한 전망주의라는 결함까지 공유하고 있는 게 사실이다. 따라서 이들 작품은 당대의 정치적 이슈가 전경화되는 반면 5월의 사실(fact)은 뒤로 후퇴해 버린다는 문제를 또한 동시에 안고 있다.

이것은 이 글의 3장에서 논의했던 바, 초기의 5월소설이 가족사적 맥락에 압도되는 바람에 5월의 실제적인 모습이 이음새 없는 조각들로 제시되거나 하나의 풍문처럼 텍스트 주위를 떠돌게 되었다는 식의 오류보다 더 심각한 것이기도 하다. 사실상 초기 5월소설이 지닌 그와 같은 오류는 정권의 통제라는 시대적 조건에 따른 필연적인 결과였다는 점에서 양해를 얻을 수 있다.

따라서 초기의 소설들을 두고 "항쟁이 남긴 후유증을 형상화하는, 즉 진실에 대한 우회적 접근의 방법을 통해 소설적 진실을 그려내는 양상"[25]이라는 평가 역시 가능한 것이다. 그러나 이들 작품은 5월의 사실에 접근할 수 있는 통로가 어느 정도 열리게 된 정치적 유화 국면기에 창작된 것들이었다는 점에서 초기 5월소설이 가진 결함 그 이상의 결함을 지닌 것이다.

---

25) 신덕룡, 「광주체험의 소설적 수용 양상」, 『문학과 진실의 아름다움』, 새미, 1998. 85쪽.

다음으로 죽음이나 종교와 같은 형이상학적인 주제를 주로 천착해 온 것으로 유명한 정찬의 소설 「완전한 영혼」을 보자. 이 작품은 항쟁 당시 청각을 잃은 '장인하'라는 인물의 삶과 죽음에 대한 변혁사상가 '지성수'의 관심을 중심으로 이야기가 전개된다. 작가는 1990년대 이후 변혁운동의 절망과 좌절로부터 벗어날 수 있는 대안으로서 장인하라는 인물을 내세우고 있는 것처럼 보인다.

1980년 5월 당시 인쇄소 식자공이었던 장인하는 공수부대원들에게 쫓기다 막다른 골목에서 연행 직전의 지성수를 구해낸다. 흥미로운 것은 힘없고 초라한 남자에 불과한 장인하가 지성수를 구하게 된 것은 어떤 완력을 사용해서가 아니라는 점이다. 그는 무턱대고 공수부대원들에게 다가가 총을 빼앗으려 했을 뿐이다. 곧 "그가 나타남으로써 폭력의 표적이 바뀌었을 뿐만 아니라, 어이없는 그의 행동이 군인들을 당황하게 만들었고, 결국 흉기를 든 그들의 손을 내려뜨리게"[26] 한 것이다.

결국 지성수는 장인하를 생명의 은인으로 여길 뿐만 아니라, 자신의 불완전함을 일깨우는 '완전한 영혼'의 소유자로 여긴다. 이 작품에서 지성수는 변혁운동을 이끌어왔던 "세계의 실체에 닿는 유일한 길 위에 서 있다고"[27] 믿는 예언자적 열정, 환언하면 계몽이성을 신봉했던 존재로 그려진다.

따라서 작가는 1990년대 변혁운동의 좌절이 그러한 계몽이성의 불완전함에서 온 것이고, 그러한 불완전함을 해소하는 한편 1990년대의 이념적(이데올로기적) 여백을 채울 수 있는 존재로 장인하를 제시하려는 듯하다. 그러한 장인하는 "완벽한 무사상적 인간, 악의 힘을 알지 못하는 인간, 혼

---

26) 정찬, 「완전한 영혼」, 『꽃잎처럼』, 75쪽.
27) 같은 책, 100쪽.

돈과 광기와 모순으로 가득 찬 세계를 볼 수 없는 인간"[28] 혹은 폭력적이고 동물적인 세계와 대척점에 놓여 있는 "식물적 정신"[29]의 소유자이다.

소위 식물적 정신이 과연 폭력적 현실에 효과적으로 대응할 수 있을까 또는 1990년대적 결핍과 불완전성을 상쇄할 수 있는 이념적 지위를 획득할 수 있을까, 하는 물음에 대한 답은 다른 논의가 필요하다. 정작 중요하게 지적되어야 할 것은 이 작품의 소설적 관심이 주로 어디에 놓여 있는가 하는 점이다.

이 작품은 1980년대 변혁운동의 이념에 대한 비판과 더불어 1990년대적 사유 모델의 제시인가, 아니면 5월 그 자체를 문제 삼고 있는가. 이 작품은 분명 앞서 언급한 정도상이나 홍희담의 작품과는 결이 다르다. 5월을 역사적 지평이나 정치적 관점에서 재구성하거나 재해석하는 대신 이른바 '영혼'의 문제라는 다소 형이상학적이고 관념적인 지평 속에 용해시키고 있기 때문이다. 그러나 그 결과는 비슷해 보인다. 어찌되었건 5월의 사실(fact)은 뒤로 후퇴해 버린다.[30]

---

[28] 같은 책, 93쪽.
[29] 같은 책, 94쪽.
[30] 이러한 징후는 역설적이게도 5월항쟁의 전 기간을 거의 빠짐없이 다루고 있는 정찬의 또 다른 작품인 장편 『광야』에서도 포착된다. 이 작품은 5월항쟁을 '죽음'의 문제로부터 이야기하고 있다. 그러나 유감스럽게도 작가가 말하는 죽음은 실제의 죽음도 항쟁의 현장에서 산화해 간 구체적인 '주검들'도 아니다. 작가는 5월을 역사의 영혼과 권력의 영혼 사이의 충돌이라는 다소 추상적이고 형이상학적인 언어로 번역해 내고자 한다. 문제는 그러한 관념적인 언어들이 소설을 압도하다 보니 5월 그 자체가 가지고 있을 질료성은 그 자취를 감추게 된다는 점이다. 예컨대 시민군 지도부의 일원인 '박태민'이나 공수부대원 '강선우' 그리고 항쟁에서의 죽음을 거룩한 순교의 차원으로 끌어올린 신부 '도예섭', 그 누구도 살아 있는 구체적인 인물로 다가오지 않는다. 다만 그들은 자신들이 떠안은 실제적인 역할과는 상관없이 모조리 작가의 형이상학적 관념의 통로 역할을 떠맡고 있다는 인상을 지울 수 없다. 동시에 이 소설 속에 등장하는 폭력이나 저항도 실제의 그것이 아니라 관념의 의상을 걸치고 있다.

3) 사실(fact)에 대한 집착

작가들이 5월의 의미를 역사적 혹은 정치적 아니면 관념적 지평 등으로 확장해 보려는 시도 자체를 나무랄 수는 없다. 그러나 그러한 시도가 자칫 5월에 관한 실체적 관심을 약화시키는 한편 5월을 간접적으로 혹은 계기적으로만 호명하게 되는 계기를 낳는 것이라면 안이하게 바라볼 게 아니다. 우리는 여기서 지평의 확장 혹은 재구성이나 재해석 자체를 완강하게 거부하는 작품들을 볼 수 있다. 임철우의 장편『봄날』(전 5권)과 문순태의 장편『그들의 새벽 1·2』이 그것이다.

임철우의 장편『봄날』은 5월항쟁 관련 각종 증언물 그리고 자신의 실제 체험을 바탕으로 순차적 시간 배열에 따라 항쟁 열흘 기간 동안의 사건을 거의 빠짐없이 기록하고 있다. 사실상 항쟁 열흘 기간은 산술적으로만 따지면 결코 긴 시간이 아니다. 그러나 이 열흘의 시간은 소설 속에서 동일한 시간대 안에 여러 시점들이 중첩하고 교차하게 됨으로써, 거기에다가 시간의 과도한 분절화를 거치게 되면서 인지적·경험적 시간의 범주를 넘어서는 시간의 무한한 지연(팽창)으로 탈바꿈하게 된다. 그러한 시간의 지연 위에서 서사적 경제성을 무시한 반복적인 폭력의 장면들이 쉴 새 없이 그리고 진저리치도록 출몰한다.

> 피. 그것은 피의 웅덩이였다. 인간의 몸뚱아리에서 그렇게 엄청난 양의 피가 쏟아져 나올 수 있다는 게 믿어지지가 않았다. 그 끔찍한 열다섯 개의 살덩어리들을 명치네 중대원들은 하나씩 논바닥으로 끌어내야 했다. 창자가 쏟아져 나오고 목이 덜렁 끊어져 버린 시체. 붉은 염료에 담긴 듯 긴 머리채가 온통 끈적한 핏물에 젖은 처녀. 무

려 수십 발의 총탄에 전신이 걸레쪽처럼 너덜너덜해진 어린 여학생도 있었다. 넓은 들판 한가운데인데도 코가 막힐 정도로 번지는 비릿한 피내음 때문에 명치는 몇 번이나 헛구역질을 했었다.[31]

임철우는 이 작품의「책을 내면서」에서 '사실'과 '상상력' 그 둘 사이에서 최대한 사실성에 의지하려 했다고 밝힌 바 있다. 따라서 위에 제시된 바와 같은 잔혹한 묘사들이 작품 속에 차고 넘치지만 실상 문학적(혹은 미적) 형상화라는 이름에 값하는 것을 의도적으로 포기하거나 유보하고 있음을 알아차릴 수 있다. 이른바 사실(fact)에 대한 욕구 곧, 5월을 '있는 그대로' 천착해야 한다는 욕구[32]가 허구(fiction)로서의 소설적 범주를 넘어서고 있거나 혹은 그 범주에 못 미치는 결과를 낳고 있다.

이 사실에 대한 욕구, 다른 말로 증언에 대한 욕구를 그저 작가의 창작 동기나 창작 배경 같은 것으로 간편하게 설명하는 것은 온당치 못하다. 이는 구두닦이 '박기동'과 같은 밑바닥 인생을 사는 인물들의 저항과 죽음의 과정을 통해 5월항쟁의 전모를 그린 문순태의『그들의 새벽』에 대해서도 동일한 말이 가능하다. 참고삼아 임철우의「책을 내면서」그리고 문순태의「작가 후기」중 일절을 각각 옮겨 본다.

---

31) 임철우,『봄날』제5권, 문학과지성사, 1998. 159쪽.
32) 이성욱은 임철우의 이러한 욕구를 사실을 그대로 재현해야 한다는 강한 염결성이라고 설명(이성욱,「오래 지속될 미래, 단절되지 않은 '광주'의 꿈 - 광주민중항쟁의 문학적 형상화에 대하여」,『문학포럼』, 광주전남민족문학작가회의, 1998. 65쪽.)하고 있으며, 정호웅은 기록해야 하고 증언해야 한다는 소명의식과 처절하여 차마 떠올릴 수 없는 것이라 하더라도 오히려 더 사실적으로 그림으로써 진실의 온전한 드러냄에 나가야 된다는 산문정신의 결합으로 설명(정호웅,「기록자와 창조자의 자리 : 임철우의『봄날』론」,『작가세계』, 1998. 5. 310쪽.)하기도 한다.

당시의 상황을 재현해 내는 작업 자체가 참으로 고통스런 반복체험에 다름없었다. 지난 10년 동안 나는 내내 5월 그 열흘의 시간을 수없이 다시 체험해야만 했고, 수많은 원혼들과 함께 잠들고 먹고 지내야 했다. 그러는 동안 가끔은 정서적으로나 정신적으로 몰라보게 피폐하여가는 듯한 내 자신을 깨닫고 깜짝깜짝 놀라기도 했다. 고통스런 기억의 반복 체험이란 것이 얼마나 사람을 소모시키는 것인지, 처음으로 알았다.[33]

(…) 앞으로는 5월에 대한 소설을 쓰지 않기로 결심했다. 그 첫 번째 이유는 대부분의 사람들로부터 5월문학은 이제 식상했다는 말이 너무너무 듣기 싫기 때문이다. 두 번째는 거대한 역사적 경직성 때문에 소설적 형상화가 너무 어렵다는 것을 실감했기 때문이다. 진실 드러내기와 문학적 형상화 사이에서 나는 그동안 많은 갈등을 겪었다. 진실 드러내기보다 소설미학에 치중하게 된다면 영령들의 죽음을 욕되게 할 수도 있기 때문이다. 이 소설을 쓰기 위해 많은 자료를 수집했으나 그 자료들은 소설미학을 확보하는 데는 오히려 방해가 되기도 했다.[34]

각각의 언급에서 알 수 있거니와 이 작가들을 억눌렀던 사실에 대한 욕구는 적지 않은 대가를 지불하고 나서야 실현될 수 있었음을 유추할 수 있다. 그들의 작품은 '소설읽기'의 재미로만 따지면 독자들로부터 외면

---

33) 임철우,「책을 내면서」,『봄날』제1권, 15쪽.
34) 문순태,「작가 후기」,『그들의 새벽 2』, 한길사, 2000. 347쪽.

당하기 딱 알맞다. 가볍고 세련된 감수성과 기발한 상상력으로 무장한 재미있고 매혹적인 소설들이 꽤 많다. 그런 소설들에 익숙한 이들에게 사실에 압도된 나머지 예술적 카타르시스나 미적 쾌감 따위와는 전혀 거리가 먼 작품들이 눈에 들어올 리 만무하다. 그럼에도 불구하고 그들은 소설미학을 희생하면서 게다가 심신의 피폐화를 감수하면서까지 5월의 사실에 매달렸다고 할 수 있다. 이는 무엇을 의미하는가.

무엇보다도 1984년(임철우의 단편 「봄날」)부터 지금에 이르는 5월의 소설화 과정에 어떤 결함이 내장되어 있었다는 점을 의미한다. 5월의 총체적 복원이라는 과제가 처음에는 정권의 통제에 의해, 또 나중에는 정권의 통제가 잦아들었지만 작가들이 목전의 정치적(이데올로기적) 과제에 몰두한 나머지 문학적 형상화의 우선순위에서 제외시키면서 실현될 수 없었다. 따라서 5월의 전모에 천착했던 임철우와 문순태의 작품은 이른바 '5월소설사' 그 자체에 대한 비판이라는 의의를 갖는다. 또한 역설적이게도 이들 작품은 5월소설사의 '원점'이기도 하다.

결국 이들 작품이 원점으로서의 의의를 갖는다면, 5월소설사의 정당한 발전을 위해 이들 작품 이전의 시점에서 거슬러 올라와 그것들을 비판하거나 판단하는 방식은 일단(전략적으로) 유보할 필요가 생긴다. 대신 이 작품들에 대한 온당한 평가와 비판은 그것들 이후 생산될 작품적 성과로부터 출발해야 한다. 따라서 이들 작품에 대해 우선은 그리고 잠정적으로 미학적 완성도나 예술적 성취도를 묻기에 앞서 공리적 판단이 유효하고 또 필요하다는 사실이 중요하다.

4. 트라우마와 그것의 극복

1) 분열증과 편집증

트라우마(trauma)란 특정한 사건을 경험한 사람들에게 남겨진 정신적 충격을 의미한다. 5월이라는 사건 역시 그것을 경험한 사람들에게 엄청난 충격을 남겼거니와, 5월소설에 포함되는 거의 모든 작품이 정도의 차이는 있을망정 그러한 트라우마의 실체나 징후를 보여주고 있는 게 사실이다. 그런데 이 장에서 논의하게 될 대상은 그러한 트라우마의 문제를 통해 5월의 재구성을 의도한 작품으로만 한정하기로 한다.

그 대표적인 작품으로 최윤의 「저기 소리 없이 한 점 꽃잎이 지고」를 들 수 있겠다. 이 작품은 항쟁의 현장에서 엄마의 죽음을 방치한 채 도망쳤다는 죄책감 탓에 정신분열증을 앓는 15세 소녀가 주인공이다. 또한 이 작품은 소녀의 분절된 기억의 파편들이 서술되는 부분과 소녀를 성적으로 학대했다가 고통스럽게 그녀를 그리워하며 오한에 시달리는 인부 '장씨'의 이야기 그리고 그녀의 행방을 추적하며 여러 곳을 헤매는 죽은 오빠의 친구들 곧 '우리'의 이야기가 교차하면서 음울하고 어두운 정서가 시종일관하는 복합구조의 소설이다. 특히 다음 대목은 이 소설의 주제를 잘 압축해주고 있다.

 (중략) 그녀의 무분별한 여정을 포착하기 위해서는 그녀의 가능한 내면으로 들어가야 했고, 그 속에 그녀와 같이 머무르면서 내면의 지시를 따라야 했다. 그것은 시간이 걸리는 작업이었다. 매번의 추적에서 그녀는 우리를 멀리멀리, 시간적으로, 공간적으로 앞지르는 수밖

에 없었고, 그 거리만큼 그녀의 흔적은 절망적으로 희미해졌다. 우리의 사랑하는 친구, 우리를 먼저 떠나버린 친구의 누이동생의 흔적은 이미 상실해 버린 꿈처럼 우리의 빈곤한 일상의 갈피에서 매 순간 생생한 상처로 되살아났다.[35]

그들이 그녀의 궤적을 추적하기란 불가능하다. 그녀의 흔적은 절망적으로 희미해진다. 그러나 그 흔적들이 완전히 사라지기는커녕 '매 순간 생생한 상처'로 되살아나서 그들은 "그녀를 찾아내지 않고는 그녀를 찾기 이전의 생활로 돌아갈 수가 없"[36]는 지경에 이른다. 그들은 "죽은 사람 이상의 고통을 줄 것임에 틀림"[37]없는 그런 고통과 상처를 고스란히 떠안은 채 심한 무기력증과 자학증을 견뎌야만 한다.

결국 이 작품은 상처란 결코 치유될 수 없을 뿐만 아니라 '우리'는(그리고 실제 이 작품을 읽은 독자들인 우리들은) 절망적인 폐쇄회로에 갇혀 그녀의 '내면'으로 들어가 그 '내면의 지시'를 따라 상처와 고통을 반복 체험할 수밖에 없음을(또 마땅히 그렇게 해야 함을) 강조하는 것처럼 보인다.

이처럼 절망적이고 비극적인 정서는 작품 전체를 관통하고 있는 바, 특히 순수성과 정결성의 상징인 누이의 훼손이라는 계기를 통해 고조된다. 소녀는 오빠를 닮은 인부 장 씨에게 성적으로 숱하게 유린당한다. 또한 "서천의 남자들이 겁 없이, 무상으로" 소녀를 범했다는 '김'의 증언 대목은 그 자체로 분노와 전율을 불러일으킨다.

---

[35] 최윤, 「저기 소리 없이 한 점 꽃잎이 지고」, 『꽃잎처럼』, 167쪽.
[36] 같은 책, 222쪽.
[37] 같은 책, 223쪽.

5월소설 중에는 최윤의 작품에서 보듯 피해자의 트라우마를 형상화하고 있는 것도 있지만, 가해자 측 인물의 고통과 좌절을 다루고 있는 것도 있다. 박원식의 「방패 뒤에서」, 한승원의 「어둠꽃」, 이순원의 「얼굴」 등이 그것이다.

「방패 뒤에서」는 그간 주목 받아왔던 소설은 아니다. 그러나 이 작품은 가해자 측의 인물을 주인공으로 내세워 그의 개인적이지만 비극적 종말을 맞기까지의 과정을 보여줌으로써, 그러한 과정이 실은 5월의 체험 그리고 그것이 남겨 놓은 상처와 결코 무관하지 않음을 말해주고 있다.

이 작품은 항쟁 당시 경찰기동대 내무반장이었던 '오치일'이라는 인물의 수기 내용이 중심을 이룬다. 오치일은 전형적인 룸펜이다. 기본적으로 그는 "돈 없고 학벌 없는" 자들이 "노상 깨어지게 생겨먹은"[38] 세상에 대해 원한(resentment)의 감정을 가지고 있다. 그런 그가 시위 진압에 투입되고 군중들의 맹렬한 모습에서 본능적인 공포를 경험한 이후에 세상에 대한 적개심을 드러낸다.

그러나 사건은 그가 시위대에 붙잡혀 사경을 헤매기 직전에야 수습대책위 사람들의 신원 보증으로 가까스로 풀려난 직후 시작된다. 이 극적인 체험은 오치일에게 씻을 수 없는 상처로 남는다. 이 상처는 그로 하여금 '불온한 무리들'로 표상되는 인간 일반에 대한 맹목적인 저주와 증오를 불러일으킨다.

문제는 그러한 저주와 증오가 총검으로 상징되는 '힘(권력)'에 대한 기형적이자 병적인 욕망으로 전이된다는 점이다. 처단하겠다던 학살자는 권

---

38) 박원식, 「방패 뒤에서」, 『부활의 도시』, 273쪽.

력의 우두머리를 차지하고 있고, 부정한 권력과 신문방송은 일심동체가 되어 있다. 따라서 그가 보기에 "총부리 거머쥔 무리들이 득세하기 마련이라는 것은 이 시대의 가장 보편적인, 일종의 진리인 것"[39]이 확실하다.

힘(권력)에 대한 병적인 욕망은 그를 한편으로는 힘 있는 자의 편에 서야 한다는 기회주의자로, 또 한편으로는 "자신에게 주어진 권한을 황금처럼 여기며 그것을 최대한 활용하고 시험하고" 동시에 그러한 권한을 통해 "숭배되어지기까지를 바라는"[40] 속물주의자로 변모시킨다.

그의 속물주의가 파국을 맞게 된 것은 전근 가게 된 초소의 장으로 부임하면서이다. 그는 대원들을 이유 없이 구타하고, 그들에게 굴욕적인 기합을 강요했다. 뿐만 아니라 자신만은 예외인 근무원칙을 그들이 따르도록 했다. 대원들은 그에게 저항했고, 이 일은 초소 내 소총 난사 사건으로 비화된다. 산속으로 달아난 자에게까지 총을 쏘았으며 자살을 기도했던 그는 결국 형장의 이슬로 사라진다. 비극적인 결말이 아닐 수 없다. 결국 이 작품은 비교적 이른 시기에 5월의 체험이 피해자는 물론이거니와 가해자 측에게도 하나의 커다란 상처로 자리 잡게 됨을 인식시켜준 소설이라 데 그 의의가 있다.

다음 이순원의 「얼굴」을 보자. 이 작품에는 직장에서 퇴근 후 돌아와 하는 일이라고는 5월 관련 비디오만을 되풀이해 보는 한 인물이 등장한다. 그 역시 항쟁 당시 공수부대원이었다. 그러나 그 사실을 자신의 어머니조차 모른다. 아무튼 그는 어느 비디오든 그 안의 화면은 물론 해설까지 외울 정도가 되었다. 물론 화면 어디에서도 자신의 모습을 발견할 수 없다.

---

[39] 같은 책, 282쪽.
[40] 같은 책, 287쪽.

그럼에도 불구하고 그는 그 속 어딘가에 총을 겨냥하고 있거나 곤봉을 휘두르고 있는 자신의 모습이 금방 튀어나올 것만 같은 강박 탓에 비디오 보는 일을 중단하지 못한다.

그의 증상은 일종의 편집증이다. 이 증상은 주위의 동료나 타인들이 자신의 과거를 알고 몰래 비난하거나 비웃는 것이 아닌가 하는 막연한 피해의식으로 이어진다. 급기야 정상적인 생활이 불가능한 심각한 대인 기피 증상을 보이며 그는 사회로부터 스스로 유폐된다.

그 역시 자신의 과거를 합리화해 보려 노력한다. 이를테면 그가 5월의 현장에 가게 된 것은 나라의 부름을 받고 군에 입대한, "더럽게도 운이 없어 그곳으로 차출된 한 익명의 공수부대원"이었기 때문이며, "그렇게 차출되어 그 자리에 서게 되면 집단적인 무의식 속에 누구라도 그런 짐승 같은 행동을 했을 것"[41]이라고 자위한다.

그러나 그래봐야 헛일이다. 왜냐하면 역사적 비극의 핵심에 닿는 사실을 깨닫기 때문이다. 즉 그는 자신 또한 "분명 물리적 가해자였으면서도 또 다른 정신적 피해자"[42]였다는 사실을 누구에도 말할 수 없고, 피해자들은 언젠가 "'폭도'의 누명을 벗고 복권되어도"[43] 그는 "영원히 그러하지 못할 것"이다. 그의 과오는 용서받을 수 없다. 게다가 그 역시 정신적 피해자이지만 그 상처를 치유할 수도 없다.

---

41) 이순원, 「얼굴」, 『꽃잎처럼』, 120쪽.
42) 같은 책, 133쪽.
43) 같은 책, 135쪽.

2) 유폐된 개인들의 치유 형식

그렇다면 그것이 피해자의 것이건 또는 가해자의 것이건 5월이 남겨 놓은 트라우마를 치유할 수 있는 길은 없는가. 이 물음에 대한 해답을 그야말로 '개인적인' 모럴 수준에서, 필연적으로 개인적일 수밖에 없는 모럴 수준에서, 제시한 소설이 있다. 바로 한승원의 「어둠꽃」이 그것이다.

이 작품의 주인공 '종남' 역시 「얼굴」의 주인공처럼 공수부대원이었고 그 사실을 가족이나 친척에게 말한 적이 없다. 특이한 것은 종남은 정신 질환을 앓는 '순애'를 아내로 맞아야 하며 결코 그녀를 버려서는 안 된다는 강박관념을 지니고 있다. 그는 항쟁의 후유증으로 정신을 놓아버린 한 여자, 도청 앞 분수대에서 춤을 추며 쇼를 벌인 미친 여자와 순애를 동일시한다. 그리고 순애의 정신분열을 자신의 탓으로 돌린다.

그는 아내를 치료하기 위해 정신과 의사를 찾는다. 그러나 정작 자신의 정신병증은 이야기조차 해 볼 수 없다. 그는 절망스럽다. 그 역시도 대인기피증, 피해망상, 고립감에 시달리고 있는 피해자이기 때문이다.

순애가 앓고 있는 정신질환의 원인은 복합적이다. 우선 다섯 살 때 겪은 아비의 폭력에 대한 공포가 무의식에 잠재돼 있다. 잠재된 공포는 애인이자 시민군이었던 '이 군'을 죽인 공수부대원 소위 '얼룩무늬' 옷에 대한 공포로 전이된다. 이는 남자 일반에 대한 공포감을 낳는다. 이것이 의사가 종남에게 설명한 내용의 전부이다. 그리고 의사는 아내를 치료할 수 있는 방법은 아내의 모든 것을 남편이 더러워하지 않는 것뿐임을 덧붙인다.

그러나 빠진 부분이 있다. 순애는 고교 시절 해수욕장에서 두 불량배한테 윤간을 당한 과거가 있다. 그러나 의사는 이 사실을 종남에게 숨긴다. 이른바 '순결 콤플렉스'가 지배적인 이데올로기의 하나인 한국사회에서

의사의 그러한 처신은 오히려 이해할 만하다. 보다 근본적인 문제는 다음 대목에 이르러서이다.

> 그는 속으로 투덜거리며 골목길을 걸어 들어가곤 했다.
> "우리 갈라서요. 나 미쳤어요. 더러운 여자여요."
> 아내는 자기의 몸을 미친 듯이 탐하곤 하는 그에게 몸을 맡긴 채 이렇게 지껄였다. 마침내는 해수욕장엘 가서 윤간당한 일까지도 털어놓았다. 그는 자기의 아내가 그런 일을 당했다는 사실이 그렇게 반가울 수가 없었다. 자기가 저지른 죄악하고 어쩌면 상쇄를 시킬 수 있을지 모른다는 생각에서였다.
> "미치지 않은 사람이 어디 있어? 더럽지 않은 연놈들이 어디 있어?"[44]

종남의 이상 심리를 어떻게 이해해야 할까. 자신이 저지른 '죄악'과 아내가 저지른 '죄악'은 결코 동일한 것이 아니다. 그래서도 안 된다. 아내의 죄악은 사실 죄악이 아니고 피해이고 상처이기 때문이다.
 그러나 그가 아내의 고백을 듣고 그토록 반가울 수 있었던 이유는 무엇일까. 그것은 순결 이데올로기가 지배적인 사회에서 '더러운 여자'의 더러움을 알지만 그 더러움조차 형벌처럼 견뎌내면서("더럽지 않은 연놈들이 어디 있어?") 자신의 죄악을 치유함과 동시에 구원받을 수 있다는 발상인데, 그것은 위악적이다 못해 비참한 것이다.

---

44) 한승원, 「어둠꽃」, 『부활의 도시』, 48쪽.

이러한 바탕 위에서 이루어지는 상처의 치유 혹은 화해와 용서는 불완전하고 게다가 거짓이다. 참으로 궁색하고 가엾기조차 한 그러한 방식의 치유와 용서를 제시한 작가에게 비난의 화살을 돌려야 할까. 그렇지 않다. 차라리 역사적 비극이 남겨 놓은 상처를 '순전히' 개인들이 유폐된 채 밀교적인 방식으로 치유할 수밖에 없도록 만든 사회의 구조적 또는 제도적 맥락을 문제 삼아야 할 것이다.

작가 한승원이 제시했던 치유의 방식이 비단 작가적 오류나 결함에서 비롯된 것이 아님을 여실히 증명해주고 있는 작품이 있다. 바로 송기숙의 작품 『오월의 미소』이다.

『오월의 미소』는 항쟁 당시 시민군이었던 '정찬우'를 축으로 두 개의 이야기로 나뉜다. 하나는 항쟁의 현장에 있었던 모든 사람들이 설사 진압군이었다 하더라도 동일한 피해자라는 인식 아래 피해자들끼리의 화해를 보여주고 있다. 화해의 방식은 피해자 '영선'과 가해자였던 '김성보'의 영혼결혼식이라는 형태를 취한다. 나머지 하나는 시민군이었던 '김중만'이 5월 책임자 중의 하나인 '하치호'를 쇠파이프로 살해하게 되는 과정을 담고 있다.

이 작품은 이른바 '화해'의 서사와 '응징'의 서사가 동일한 소설적 공간 내에서 서로 길항하고 있는 형국이다. 따라서 서사적 전개의 필요에 따라 이 작품은 두 개의 이야기로 나뉜다기보다는 봉합될 수 없는 두 개의 이질적인 가치(지향)가 서사를 결과적으로 둘로 쪼개 놓았다고 해야 옳다. 화해는 영혼결혼식이라는 집단적이며 종교(무속)적인 의례(굿판)의 형식을 통해서 이루어진다. 반면 응징은 '테러리즘'이라는 극히 개별화된 폭력의 방식으로 수행되고 있다. 화해의 형식과 응징의 형식 사이의 괴리 또는 불균형은 불가피한 일이다. 그것은 궁극적으로 한국의 역사적 현실이 안고 있는 기형성의 충실한 반영이기 때문이다.

『오월의 미소』는 상처받은 개인들의 원한과 아픔을 해결할 수 있는 공적 장치(그것은 물론 국가 장치와는 다르다)의 결핍, 이른바 집단과 개인을 매개하고 조정하는 사회적 공적 형식 혹은 제도의 부재를 웅변하고 있는 것이다. 따라서 이 작품은 화해와 응징, 그 어느 것도 실상은 완전하게 해결되지 않았음을, 그것이 여전히 미완의 과제임을 말하고 있는 셈이다.[45]

5. '예술성'의 획득을 위하여

일찍이 김현은 다음과 같이 말한 바 있다.

> 광주 체험은 그러나 너무도 압도적이어서 그것을 시화시키는데, 시인들은 큰 고통을 겪는다. 광주를 노래하는 순간, 그 노래는 체험의 절실함을 잃고, 자꾸만 수사가 되려고 한다. 성실한 시인들의 고뇌는 거기에서 나온다. 광주에 대해 눈을 감을 수 없다. 그렇다고 절실하게 느껴지지 않는 시를 시라고 발표할 수도 없다. 그 고뇌를 예

---

[45] 범인종적 국민투표에 의해 남아프리카 공화국에서 출범한 '진실과화해위원회(TRC ; Truth and Reeonciliation Commission)'는 따라서 시사하는 바가 많다. 이 위원회는 아파르트헤이트(흑백인종주의) 시대에 자행된 폭력과 인권 유린 사태의 가해자와 피해자의 증언을 이끌어내어 그러한 사태를 전국민적 심판에 회부하는 역할을 했다. 피해자들에 대한 보상이나 가해자들에 대한 처벌 혹은 사면이 사회적 합의에 의해 이루어질 수 있는 계기를 마련할 수 있었다는 점이 이 위원회의 커다란 의의일 것이다.

술적으로 현명하게 헤치고 나온 시인들은 불행하게 많지 않다.[46]

'시'를 '소설'로 '시화詩化'를 '소설화'로 그리고 '시인'을 '소설가'로 바꾸어도 아무런 하자가 없을 줄로 안다. 위 대목은 이 시대의 모든 예술 또는 예술가의 운명과 임무에 관한 보편적 지침임에 틀림없기 때문이다. 요컨대 '체험(진실)'과 '수사(미적 형식)' 사이의 괴리나 부조화가 예술적 고뇌의 핵심인데, 그 고뇌를 현명하게 헤쳐 나갔을 때만이 예술은 그 빛을 발할 수 있다는 것이다.

20여 년에 이르는 5월소설사의 여정 역시 체험과 수사 사이의 갈등으로 채워져 있을 것이 분명하다. 그것이 5월을 소설화하려 했던 작가들의 가슴을 체증처럼 찍어 누른 고뇌와 번민의 본질이기도 했을 것이다. 하지만 작가들은 수사보다는 체험 쪽에 무게를 실을 수밖에 없었다. 그들은 역사의 요청에 따라 '현명한' 혹은 '성실한' 작가이길 포기했던 것이다. 그래서 간혹 자신들의 작품이 체험에서 더 나아가 그것이 하나의 운동(정치) 에너지로 승화되길 간곡하게 바랐던 것 또한 사실이다. 그러한 욕구가 체험을 구성하는 실체적 사실에 대한 방기와 직무유기를 낳았다 하더라도, 그것은 5월의 체험이 근본적으로 응축하고 있는 '초超-경험성'으로부터 비롯된다는 사실을 감안한다면 과오이자 동시에 필연이다.

다행히 임철우의 『봄날』과 같은 작품은 5월의 총체적 복원이라는 역사적이자 소설적인 과제가 긴 우회의 과정을 거쳤지만 완수되었음을, 이제는 다른 과제가 필요하게 되었음을 알려 주고 있다.

---

46) 김현, 「보이는 심연과 안 보이는 역사 전망」, 『전체에 대한 통찰』, 나남, 1990. 416~417쪽.

그러나 5월소설사 안에서 5월을 형상화하고 재구성하기 위해 동원할 수 있는 방법들과 실험들이 모조리 바닥난 것처럼 보이는 게 사실이다. 따라서 '5월문학은 식상하다'는 소리를 듣기 싫어 앞으로는 5월소설을 쓰지 않겠다는 문순태의 불만은 충분히 수긍하고도 남는다. 그렇지만 이를 액면 그대로 받아들이고 또 그렇게 생각해서는 안 된다. 비로소 5월을 놓고 체험과 수사 사이의 괴리와 갈등을 본격적으로 겪어야 하는 시점이 바로 지금이기 때문이다. 그러한 갈등 속에서 체험의 식상함을 일소하고 수사의 혁신을 통해 예술성을 획득해야 한다는 과제가 새롭게 제기되기 때문이다. 체험의 원심력과 구심력을 적절히 조절할 줄 알면서 5월을 예술적으로 현명하게 헤쳐 나올 작가들이 진정 필요할 때이다.

이 글은 5월이라는 사건이 일정한 의미를 획득하기 위해서는 다양한 방식의 재구성과 의미화 절차를 거치게 될 것이라는 관점에서 5월이 소설 속에서 어떤 방식으로 재구성되고 의미화되는가를 살펴보았다. 지금껏 논의한 것을 간략하게 정리해 보면 다음과 같다.

초기의 5월소설에 해당하는 작품들의 지배적인 정서는 부채의식이었다. 그러한 의식을 담고 있는 소설들은 항쟁의 공간이었던 '광주'를 주로 어떠한 의미로 호명해 내느냐에 따라 두 개의 계열로 나누어짐을 보았다. 곧 추상적이고 상징화된 도시인가, 아니면 금남로 혹은 도청이라는 아이콘으로 표상되는 저항과 죽음의 구체적 공간인가에 따라 부채의식의 강도나 소설적 리얼리티가 결정됨을 확인했다.

5월소설의 주류적 정서는 비극성인데, 그러한 정서를 드러내기 위해 5월을 주로 가족사적 비극으로 초점화하고 있음을 확인했다. 아울러 비극성을 고조시키기 위한 장치로서 누이 콤플렉스와 같은 집단적이고 원형적인 무의식이 개입되고 있음도 포착했다. 그러나 이러한 계열에 드는 소설들이 가족사적 맥락에 압도되는 바람에 5월의 실제적 모습을 전경화시키지 못하고 있음을 지적했다.

  5월을 보다 의식적으로 혹은 어떤 목적의식 아래 재해석하거나 이념적 지평 위에 정초하려는 경향을 보여주는 소설들을 살펴보았다. 그러나 그러한 작품들은 작가들이 목전의 정치적(이데올로기적) 과제에 몰두한 나머지 문학적 형상화의 우선순위에서 제외시키면서 5월의 총체적 복원이라는 과제를 실현할 수 없었다는 한계가 지적되었다.

  마지막으로 5월을 그것이 남겨 놓은 트라우마의 문제로 소설적 재구성을 시도한 작품들을 살펴보았다. 상처받은 개인들의 원한과 아픔을 해결할 수 있는 공적 장치가 부재한 상태에서 트라우마의 치유와 극복의 문제는 소설적 차원에서는 실현될 수 없음을 확인했다.

— 『항쟁의 기억과 문화적 재현』 (2006년), 2013년 원고 일부 수정

■ **정명중** 1970년 광주 출생. 전남대 문학박사. 저서로 『육체의 사상, 사상의 육체』, 『항쟁의 기억과 문화적 재현』(공저), 『5·18 그리고 역사』(공저), 『감성담론의 세 층위』(공저) 등. 논문으로 「파시즘과 감성동원」, 「5월의 기억과 부끄러움」, 「길 없는 청춘의 서사」, 「지속의 시간과 고통의 연대」 등. 전남대 5·18연구소 및 문화예술특성화사업단 전임연구원 역임. 현재 전남대 호남학연구원 교수.

오래 지속될 미래, 단절되지 않는 '광주'의 꿈
― 광주민중항쟁의 문학적 형상화에 대하여

이성욱

1980년 5월 18일부터 5월 27일까지 일어난 광주에서의 민중항쟁은 비록 열흘간의 사건이었지만 그 시간적 길이는 1980년대 전체의 압축이었고 그 의미는 1980년대 질풍노도의 반란적 에너지가 자신의 존재증명을 위해 언제나 회귀하던 언덕으로 자리했다. 1980년대, 전두환 군사정권과 싸우고자 했던 사람들에게는 적어도 그랬다. 얼음왕국과 불기둥이 서로 한 치도 물러설 수 없는 면도날 같은 긴장 위에서 맞겨룸으로 일관하던 그 1980년대, 학살자의 압제에 반란과 전복을 꿈꾸던 사람들에게 그 반란에의 맹약과 서원은 언제나 '광주'라는 두 글자 앞에서 이루어졌다. 광주민중항쟁 열흘간 광주 시민들이 보여주었던 눈물겨운 인간의 우애와 공동체의 형상은, 말하자면 그들이 꿈꾸는 이상적 사회의 현실적 투시물이었다. 그때 '광주'라는 두 글자는 퍼덕퍼덕 살아뛰는 저항적 생명력의 결정이었다는 것을 부인할 사람은 없을 터이다. 그리고 20여 년이 흐른 지금, 그러나 광주는 이제 어느덧 '기념'의 자리로 물러나고 있다. 아니 그런 자리로 옮겨져야 한다는 무언의 압력을 받는 느낌이기조차 하다. 용서와 화해의 언표는 난무하지만 정작 그 지시하는 내용은 텅 비어 있는 채, 그냥 껍데기만의 '신화'로 남으라는 강요를 받고 있는 것 같다는 말이다.

새삼스러운 이야기지만 광주민중항쟁은 1970년대와 그 이후를 갈라놓는 날카로운 분기점이었다. 부르주아 민주주의와 막연한 자유주의에의 열망으로 요약되는 1970년대까지의 반정부운동은 희대의 야만적 학살에 의해 좌절한다. 요컨대 자기재생산을 위해서는 얼마든지 야만의 극단을 선택할 수 있는 지배와 권력의 벌거벗은 속성을 가장 직접적인 방식으로 확인한 것이다. 반미를 기저로 삼는 반제국주의, 좌파 이데올로기의 대중적 확산 그리고 사회주의적 지향을 통한 구체적인 변혁 사상과 조직화로 설명되는 1980년대의 대세는 바로 1970년대적 열망의 멸절 과정인 '광주'의 산물이자 동시에 '광주 이후'의 이정표였던 셈이다. '광주'는, 따라서 80년대를 살아가는 사람들에게 대략 두 갈래의 함의로 작용하고 있었다. 하나가 깊은 도덕적 죄의식 및 부채감의 환유물이라면 다른 하나는 현실 정치 및 권력 행위의 본질에 대한 인식 확대의 결정적인 준거였다. 1980년대 문학의 한 주류라 할 수 있는 민족·민중문학이 당대의 핵심적 기획으로 간주하던 이른바 '변혁에의 복무'라는 명제 역시 예의 준거를 기반으로 삼았던 것은 어쩌면 당연한 바였다. 또한 시각을 달리하여 이른바 자유주의 문학을 살펴보더라도 그 역시 광주라는 화두에서 마냥 자유로울 수는 없었다.

그러나 광주 문제에 대한 문학적 형상화라는, 일견 시대적 요청과 당위로 받아들여질 법한 맥락의 정당성 여부와는 별개로 그런 요청에 당대의 문학이 얼마나 충실히 화답하고 있었는가를 다시금 점검해 보면 유감스럽게도 많은 공백이 있음을 확인하게 된다. 물론 '광주'에 대한 문학적 형상화가 광주민중항쟁을 직접적인 소재로 취해야 이루어지는 것임은 아닐 것이다. 광주민중항쟁의 함의가 1980년대 이후 남한 사회의 바람직한 진전에 모두 관련된다면 1980년대 내내 전개되었던 전 국민의 민주화 의지와 좀 더 나은 사회에 대한 열망도 그리고 1980년대 중반부터 폭발적으로 확장된 노동자 계급을 비롯한 기층민중의 대중적 세력화도 광주민중항쟁의 직·간접적인 산물일 터이다.

그렇기에 이 산물의 맥락이 여러 소설작업에 중대한 성찰의 계기로 작용하고 반영되었다면, 넓게 보아 그것 역시 광주민중항쟁의 문학적 문맥화로 받아들여질 수도 있을 법하다. 하지만 문제를 그런 식으로 해석한다 하더라도 그것은 말 그대로 넓은 의미의 성긴 망으로 걷어 올릴 때 그러한 것이다. 사안을 엄정하게 가려 본다면 결국 광주 문제에 대한 그간의 문학적 형상화가 부실하다는 사실을 인정할 수밖에 없게 된다. 특히나 '광주'를 1980년대 문학의 발원처로 여기던 민족·민중문학에서조차 그렇다는 사실은 유다른 소회를 자아내게도 한다.

양과 질 공히 만족스럽지 못한 까닭을 찾아볼 경우, 우리는 먼저 광주민중항쟁 이후 항쟁의 의미, 개념 등이 1980년대 변혁운동의 특정 범주 및 관점에 의해 재구성되는 과정을 주목해야 한다. 상술했다시피 1980년대 변혁운동은 광주민중항쟁의 뼈저린 경험을 통해 운동의 내용과 방법이 이전과 달라야 한다는 점을 자각한다. 맑스주의에 기초하는 급진적 해방프로젝트가 그것인 바는 주지하는 대로이다. 계급투쟁 중심성을 핵심으로 하는 맑스주의는 당연히 광주민중항쟁을 계급투쟁론의 문맥에서 재해석하고자 했다. 광주항쟁 경험을 향후 계급투쟁의 교두보이자 이념적 거점으로 삼고자 하는 태도는 그런 재해석에 있어 자연스러운 과정이었을 것이다. 이는 어찌 보면 당연한 소치일 수도 있다. 우리 경우만이 아니라 맑스주의적 변혁론의 지평에서는 '파리꼬뮌'을 비롯한 세계 역사상의 모든 항쟁들은 예의 계급투쟁론적 재구성의 과정을 거친다는 점에서 그렇다.

하지만 특정 시각을 통한 과거의 현재화라는, 바꿔 말해 재구성이라는 범주의 개념적 지위가 정당한가 하는 점과는 별개로 그 재구성 작업이 재구성 대상의 진실을 얼마나 충분히 포착하고 있는가 하는 점은 언제나 근본적인 질문이 된다. 광주민중항쟁에 대한 재구성 관점과 방법이 '광주의 진실'을 제대로 반영하고 있는가 하는 점은 그런 의미에서 아무리 강조해도 지나치지 않은 질문이다. 과거형으로서의 항쟁 체험을 현재화시키고자 하는 재구성 노력 자체는 실상 항쟁의 연속성을 성취한다는 점에서 소중한 일이기도 하다. 하지만 문제는 재구성 과정 속에서 과거 사실이 굴절되거나 실용적 목적에 의한 가감 등이 발생할 때 일어난다. 또한 고의성은 없다하더라도 태도와 방법의 오류 때문에 발생하는 문제도 마찬가지이다.

정리하자면 1980년대의 계급투쟁 담론이 꾀한 급진적 해방프로젝트와 광주민중항쟁의 의미론적 결합을 위한 재구성 논리는 광주민중항쟁을 당대의 담론적, 실천적 전략 생산을 위해 일종의 생산질료가 되어야 한다는 생각에서 출발했다.

그러나 그런 재구성 과정이 예의 생산질료가 내포하고 있는, 그것만의 고유한 진실과 논리, 즉 광주민중항쟁의 '독자적'인 진실을 전면적으로 파악하는 가운데 이루어진 것이 아니라는 점에서 일단의 문제를 낳았다. 정치적, 계급론적 선택과 배제의 불가피한 논리를 밟게 되면서 '광주'의 의미의 깊이와 넓이가 상대적으로 축소되거나 사상되는 측면이 상당했던 것이다. 말하자면 계급투쟁 담론의 중심성으로 광주를 호출하고 또 그 범역으로만 환원하고자 하는 태도와 방법으로 인해 그 범역 밖의 것은 부차적인 혹은 부분적 변수로 방치해 버렸다는 것이다. 물론 광주민중항쟁에 계급투쟁의 성격이 삼투되어 있지 않은 것은 아니다. 하지만 그것만으로는 항쟁의 전면적 성격과 개별적 진실을 포괄할 수는 없는 노릇이었다. 이런 경향은 급기야 '광주'의 위상을 해석의 대상으로만 국한하는 역기능을 낳기도 했다.

광주민중항쟁은 이처럼 계급투쟁 혹은 거대담론 중심성의 향도 아래 의미의 '과잉결정'을 겪게 되었다. 중복되는 말이지만 예의 해방프로젝트가 광주민중항쟁의 세례 속에서 출발했다는 점에서 '광주'에 대해 계급투쟁론적 해석을 수행하는 일은 그것대로 의의가 있기도 하고 또 불가피한 과정이라고 볼 수도 있다. 하지만 그렇다고 하더라도 그 출발점에 대한 보다 복합적이고 심층적 진실 규명에의 충분한 노력이 수반되지 않는 가운데 전개되는 해방전략이라면, 그것은 많은 경우 '광주'를 특정 담론에 의한 당위전제로 고정시켜 버리기 십상이다. 그럴 경우 만약 역사현실의 변화에 따라 계급투쟁 중심성이 약화되거나 기각되는 형국에 이르면 당위전제는 어느덧 부당전제로 전환되어 버린다. 여기서 문제가 되는 것은 이 당위전제와 부당전제 사이의 동요와 균열이 결국 광주민중항쟁의 역사적 진실을 밝히는 일에 있어서도 균열을 일으킨다는 점이다.

광주항쟁의 고유성에 대한 소설화가 부실하다는 점, 특히나 민족·민중문학의 작업이 그렇다는 점은 앞에서 이야기한 맥락과 무관하지 않다. 광주항쟁에 대한 문학 자체로서의 문제의식과 총체적 서사화가 진득히 사고되기도 전에 계급론적 관점에 의한 '광주의 해석' 경향을 쉽게 받아들인 점이 그런 부실함의 원인으로 작용했다고 볼 수 있다는 것이다. 그러다 보니 눈앞에 벌어지는 일에 대한 형상화와 일단 과거의 일로 간주되는 '광주' 형상화 사이에 일련의 우선 순위를 매기게 되고 설혹 광주를 문학화한다 해도 광주를 계기적으로 호명하는 일에 익숙해져 간 것이다. 광주민중항쟁을 소위 '각성된 노동자의 눈' 혹은 노동자계급 당파성의 관점으로 재구성해 보고자 한 홍희담의 「깃발」나 「이제금 저 달이」 같은 작품은 그런 점에서 다중적인 평가의 대상이 된다 하겠다. 이 작품이 광주 관련 문학의 새로운 지평 확장인 동시에 소중한 수확인 것만은 어김없는 사실이지만 이 작품을 둘러싼 논쟁이 거개 노동자계급 당파성의 충실성 여부만을 중요 논점으로 삼았다는 점에서도 그렇거니와 작품을 볼 때도 앞에서 언급한 계급론적 환원주의의 혐의에서 아주 자유롭지는 못한 점에서도 그렇다.

정리하자면 1980년대 중반까지의 광주 관련 작품들은 일종의 부채의식이나 죄의식이 창작동기로 작용했던 반면 1980년대 후반부터의 작품은 대개 '광주'를 노동자계급 당파성 혹은 민중적 현실주의라는 해석체계로 재구성하고자 하는 과정과 긴밀히 연관된다. 계급론적 시각에 의한 광주의 재구성, 재의미화는 계급론적 해석체계 밖에 존재하는 '광주'를 방치하는 우를 범한다. 광주에서 일어난 일의 실제가 충분히 가려지기 전에 수행된 재구성으로서의 광주의 특정한 개념화 작업은 상황변화에 따라 새로운 재개념화 과정으로 나아간다. 그런 개념이 재재념화 과정 속에서 '광주'의 추상 수준은 더욱 상승되고 그 실제는 더욱 응축되었다. 상승은 땅에서 일어난 사건의 구체성과 역방향을 타기 쉽다. 다시 말해 땅에서의 일이 충분히 파악되기 전에 추상의 공간으로 '증류'되기 십상이다. 광주 관련 소설을 비롯한 모든 소설은 자신의 존재를 구체성의 확보를 통해 증명하게 마련이다. 광주에 대한 전면적인 서사가 그간 제대로 성취되지 못한 것은 결국 '광주 소설'들이 구체보다는 추상 쪽으로 기울어졌기 때문이라고 할 수 있는 것이다.

광주 관련 소설이 만족스럽지 않은 이유는 다른 맥락을 통해서도 추정 가능하다. 군말이지만 예술은 상상력의 후예이다. 서사문학 역시 마찬가지이다. 상상력의 서사적 조형은 자신이 취하는 소재나 대상에 대한 일정한 거리 확보를 통해 움직이기 시작한다. 우리는 이를 비판적 거리 혹은 방법적 성찰의 간격이라 말한다. 이 거리는 소설쓰기의 밑받침이 되는 객관성을 탑재하는 데에 필수적인 요건이 된다.

소설에서 대상에 대해 객관성과 성찰의 거리를 확보한다 함은 한편으로 대상과의 지나친 정서적 밀착을 경계하는 일이기도 하다. 상상력이라는 것 역시 자의적인 정서의 분비물이 아니라, 이를테면 감성적 판단과 오성적 판단의 종합이라 한다면, 이 상상력의 가동 역시 예의 객관성과 따로 떨어져 노는 것이 아님은 당연할 터이다. 그런 점에서 특정한 역사적 사건에 대한 서사를 만날 때 우리는 대개 두 가지 기대지평을 가지게 된다. 하나가 그 역사적 사건의 실체적 진실(이 진실이라는 언사가 때로는 모호함의 곤란을 야기하기도 하지만, 우리가 마냥 상대주의에 빠지지 않는 바에야 그것의 사실적, 의미론적 진실을 규정하지 못할 바는 아니다)의 복원이라면 다른 하나는 미학적 완성도이다. 이는 물론 역사현실에 대한 재현과 환기에 있어 서사적 글쓰기만이 내장하고 있는 독자적 기능과 효과에 대한 오랜 믿음으로 인해서이다.

광주민중항쟁에 대한 그간의 소설화에 대해서도 마찬가지로 우리는 그런 기대지평을 갖는다. 하지만 그 기대는, 뒤에서 이야기할 임철우의 장편 『봄날』이 나오기 전까지 유보될 수밖에 없었다. 어떤 실용적 목적에 의해 써진 것도 아니고 또한 소설 초년생들도 아닌, 서사의 역량이 상당한 작가들의 작품들을 대했을 때 그렇다는 것은 사실 의문거리이다. 우리는 그 까닭을 예의 미학적 거리의 부재에서 찾아볼 수 있다. 이 거리의 부재는 작가가 마주하고 있는 묘사 대상의 사실성 자체에 내재해 있는 어떤 에너지의 엄청남이 작가를 덮어버리거나 압도하기 때문에 일어나는 현상이라 추정해 볼 수 있는 것이다. 예의 에너지는 가공할 야만, 유례없는 비극성, 그로 인한 충격의 강도 등으로 구성된다고 하겠다.

그런 까닭에 묘사대상을 가로지르고 있는 비극성의 엄청난 에너지는 작가에게 충격의 극대치로 이항되고, 작가와 묘사대상의 관계에 있어 작가가 자신을 강타하는 그 대상의 충격적 속성을 넘어서지 못할 경우가 얼마든지 일어날 수 있다(죄책감, 부재의식 등도 그 충격의 사후효과이다). 광주의 참혹은 작가에게 말문을 막히게 하는 경악 그 자체였다. 말문이 막히는 일은 언어적 재현 이전에 지극히 직접적인 정서의 감응 상태를 야기한다.

서사에 있어서의 미학적 거리의 확보는 묘사대상으로부터 정서적으로 상대적인 자유가 전제될 때 가능하다. 그러나 묘사대상이어야 할 특정 사건의 충격성이 작가의 경악이나 혼절 같은 정서 형태를 야기할 경우 그것은 묘사대상과 정서적으로 너무 밀착되어 버리는 셈이 된다. 그때 서사의 조형을 위한 미학적 거리 및 객관성의 획득은 상당한 곤란을 겪게 된다. 객관성의 산출 요건인 대상에 대한 냉정한 관찰자로 존재하기 어려운 경우 묘사대상에 대한 문학언어로서의 의미화 과정이 상당히 곤란할 것이라는 점은 그다지 어렵지 않게 예상된다. 장편 『봄날』의 집필을 끝낸 임철우가 "이건 아무래도 내 작품이 아닌 것 같다. 쓰는 내내 보이지 않는 어떤 것들에 구속당해 있었다. 자유는 없었다. 십 년 동안 자신이 파괴되는 느낌이었다. 어쩌면 나는 그저 대리인에 지나지 않았는지 모르겠다.

그 열흘 동안 억울하게 죽음을 당한 수많은 사람들…… 남들한테는 소설이지만 나에게는 아직도 현실이다. 수없이 더듬고 주물러야 하는 현실"이었다고 토로하는 대목도 심층적으로는 그런 문맥으로 읽힌다.

광주민중항쟁은 그 이후, 이념과 정치적 태도 여하에 상관없이 적어도 육체적, 정신적 자유와 인간의 구원을 간구하는 작가들이라면 누구도 비켜갈 수 없는 화두였을 것이다. 1980년대 중반에 제출된 임철우의 「직선과 독가스」, 「불임기」 등을 비롯해 여타 작가들의 광주 관련 중단편들이 나오기 시작한다. 1980년대 중반은 한편으로는 군사정권에 대한 저항의 강도가 점차 고양되던 시기였지만 그럼에도 광주 문제에 대한 여하한 언급이나 담론은 여전히 재갈 물려 있던 일종의 교착기라 할 수 있다. 따라서 광주를 소설형식으로 온전히 복구한다는 것이 마냥 쉬운 일은 아니었다. 광주를 다룬 초기 소설들이 그 제재나 형상화에 있어 우화적 방법이나 부분적 묘사로 에둘러 갈 수밖에 없었던 까닭도 그런 상황에 연루된다 하겠다. 이후 1980년대 후반에 이르면 파시즘의 부분적 무력화에 힘입어 광주 관련 소설작업이 상대적으로 활발해진다.

광주에 대한 소설화는 먼저 폭로와 고발의 형태를 취한다. 모든 언로가 차단당한 상태에서는 소설이 광주항쟁에 대한 증언과 실록을 대신해야 한다는 의무감이 그런 태도를 낳았다고 하겠다. 그 고발의 밑바닥에는 모두 깊은 죄의식이 관류하고 있었다. 이웃과 형제 그리고 동료가 악마의 야만과 광기에 의해 철저히 파괴되고 죽어가는 데도 자신은 아무것도 안 했거나 할 수 없었다는 무기력에의 회오, 이유야 어떻든 결과적으로 광주학살에 조력한 것일지도 모른다는 깊은 죄의식 등이 그때 발표된 작품들의 표면에 공공연히 드러난다. 그런 점에서 그 작품들은 작가의 글쓰기라기보다는 어쩌면 동시대를 살아가는 한 사람으로서 행할 수 있는 죄갚음의 형식들이었는지도 모를 일이다.

한편 작품에 따라 희생자 혹은 피해자 시점 중심으로 구성된 작품 또는 내부자와 외부자의 시점을 구분하여 '5월 광주'를 묘사하는 등 그 형식은 다양하게 변주되었다. 아울러 몇 작품은 광주민중항쟁의 통시적 확장을 꾀하기도 했다. 그런 작품은 항쟁이 단순히 일회적이고 우발적인 사건이 아니라 한국 현대사를 횡단하고 있는 분단모순의 연장선 위에서 중층 결정된 것이라는 문제의식을 내보인다. 문순태의 「일어서는 땅」같은 작품이 그런 유형이라 하겠다.

여기서 작가는 여순반란사건과 광주민중항쟁에서 각각 아버지와 아들을 잃어버리는 화자를 등장시켜 분단으로 인한 비극의 양상에 광주의 비극을 포개 놓는다. 단편에서 그런 커다란 사건들의 통합적 효과가 제대로 나타날 수는 없지만, 그럼에도 비극의 대물림이라는 밑그림은 일정한 설득력을 지닌다. 거기다 광주의 환난 속에서 스스로 작은 십자가형을 선택하는 화자의 아들 '토마스'(영세명)를 구두닦이라는 기층민중으로 설정하여 광주민중항쟁의 계급적 성격의 일단까지 포괄하려는 시도마저 내비치고 있다. 이런 대목을 대하다 보면 작은 틀에다 지나치게 큰 이야기를 담으려 한다는 과욕을 지적하고자 하는 생각보다 제한된 조건 속에서나마 광주의 진실을 모두 이야기하고자 하는 작가의 어떤 소명론적 강박 같은 것을 느끼게 된다. 광주항쟁에서 아들을 잃은 여인과 그 여인에게 연루되어 있는 분단문제를 드러내는 한승원 「당신들의 몬도가네」도 유사한 형태의 소설이라 할 수 있다.

견실한 감명을 주는 박호재의 「다시 그 거리에 서면」 같은 작품은 광주항쟁 열흘 간을 광주 안에서 보낸 한 가족의 눈으로 조망하고 있다는 점에서 내부자 시점의 소설이라 할 수 있다. 이 소설에서 그려지는 광주의 비극성 역시 참담한 실감으로 다가오지만 동시에 '형석'으로 대변되는 살아남은 자의 고통이 광주 이후 얼마나 더 욕된 고통으로 남을까 하는 점을 자연스레 환기시키거니와 그런 점은 독자들의 안타까움을 더욱 자아내게 한다.

윤정모의 「밤길」 역시 살아남은 자의 시선을 빌린 소설이다(김 신부와 요섭은 광주의 참상을 서울에 알리기 위해 도청 함락 이전 광주를 빠져 나온다). 이 소설에서 무엇보다 당시 독자들의 마음을 아득하게 만들었던 대목은, 광주의 아비규환을 빠져 나온 김 신부와 요섭이 당도한 다른 지역의 광경이다. 이를테면 그 지역은 "신명을 내는지 들까부는지 알 수 없는 여가수의 노래가 전파상의 확성기를 깍깍 울려"대고 지나는 행인은 "모두가 너무나 태평한 모습"에 젖어 있다. 야만의 광폭함 앞에서 절망적으로 죽어가는 광주와 별로 멀지도 않은 지역의 일상이 그리도 '태평한 모습'으로 흘러가는 것은 광주의 고립성이나 절박함과 너무나 비교되어 광주의 현실을 실로 비극적으로 부각시키거니와 그런 까닭에 독자들로 하여금 자신도 혹시 바로 그때 그런 일상을 보내고 있지는 않았는가 하는 자책감을 불러일으키기도 한다. 이런 광경은 당시 광주 밖의 사람과 광주 안의 사람들이 얼마나 다른 현실을 겪어야 했는지, 그렇기에 그것은 얼마나 더 기막힌 일인가 하는 점을 환기시키면서 광주의 비극성을 더욱 고조시킨다. 약간은 다른 맥락이지만 광주 소식을 부분적으로 전해들은 사람들이 생필품을 사재기하는 모습(이영옥, 「남으로 가는 헬리콥터」) 역시 비극성의 가중효과를 낳는다. 한편 형은 진압군으로 동생은 시위대로 나오고, 그러다 형에 의해 동생이 살해되는 이야기를 그린 정도상의 「십오방 이야기」는 광주항쟁의 표면적 가해자인 공수부대원을 등장시킨다는 점에서 인상적이었다. 이는 한편으로 광주항쟁의 전모를 그리기 위해서는 전방위적 시각이 동원되어야 한다는 요구에 대한 부응이라 할 수 있다.

고발과 분노의 토로 그리고 죄의식에서 출발하는 작품들은 민주화운동이 더욱 상승되어 가는 새로운 국면 속에서 일정한 변화를 요구받게 된다. 국면의 변화는 광주민중항쟁에 대한 간접적인 혹은 부분적인 묘사를 넘어 항쟁의 전모와 진실이 총체적으로 재현되어야 한다는 요구를 하게 된다. 아울러 광주민중항쟁에 대한 인식의 전환을 요청하는 맑스주의적 계급문학론의 부각은 광주에 대한 간접적 묘사가 오히려 광주 문제에 대한 인식의 교란과 균열이라는 역기능으로 작용한다는 생각을 낳는다. 그런 과정에서 출현한 작품이 홍희담의 「깃발」과 「이제금 저 달이」다.

「깃발」은 계급운동이 한창 고조되던 시기에 발표되었다는 점과 계급론이 우리 사회의 주요담론으로 부상하는 맥락 그리고 노동자계급을 항쟁의 중심으로 삼고자 하는 작가의 의도 등이 상호 맞물려 상당한 주목과 논쟁을 유발한다. 그 논쟁은 대개 「깃발」의 사실성과 노동자계급 당파성의 관철 여부에 관해서였다. 요약하자면 '형자'나 여타 노동자에 대한 묘사는 1988년 경에나 출현할 법한 노동자형을 시간 이동시켜 1980년에 대입시켜 놓은 것이기에 현실성이 없다는 지적에서부터 그들이 계급 이론적 차원에서 요구되는 교과서 류의 노동자형으로 묘사되어 있기에 리얼리티가 훼손된다는 지적에 이르기까지 대개 노동자계급 당파성의 관철 여부를 놓고 벌어진 논쟁이었다. 앞에서 이야기 한 것처럼 「깃발」에 관련된 논의 역시 계급론적 재구성 방식만을 준거로 삼다 보니 일종의 계급 환원론으로 기울어지고 마는 결과를 초래하기도 했다. 현존 사회주의가 도괴하고, 1990년대라는 경쾌한 시대가 도래하자 소설은 거의 '광주'에서 철수한다. 그러나 그 공백의 시간 속에서 우리는 역설적으로 '광주의 진실'에 가장 가까운 장편과 조우한다. 임철우의 『봄날』이 그것이다. 우리는 『봄날』을 만나고서야 비로소 '5월 광주'의 핵심으로 들어갈 수 있게 되었다. 그동안 "흉흉한 풍문"과 곡해의 바다 위에 외로히 떠 있던 "절해의 고도"에 발을 내딛을 수 있게 된 것이다. 그 고도에 상륙하는 순간 우리는, 광주민중항쟁 이후 20여 년에 가까운 시간의 격절감도 채 느낄 새 없이 곧바로 혈흔이 낭자하고 야만이 범람하는 현장 한복판에 낙하된다. 그간 중단편을 통해, 기록물을 통해 혹은 논문을 통해 단지 광주민중항쟁의 앞면, 겉면 또는 밑면 등만을 분산적으로 보아 온 우리들은 순식간에 항쟁의 입체공간 속으로 이항되는 것이다. 『봄날』은 그 재앙의 현장 한복판으로 우리를 호출하여 광주의 열흘을 보게 하는 것이 아니라 겪게 만든다.

 이 작품은 광주에 관련된 작가 자신의 작품들만이 아니라 그동안 나온 광주민중항쟁 관련 문학 전체를 그러모은 통합물이다. 비유하자면 1980년대 광주 관련 중단편들의 지류가 『봄날』이라는 큰강으로 이제 합류하게 된 것이다. 알다시피 임철우만큼 광주 문제에 줄기차게 매달려 온 작가도 없다. 많은 작가들이 광주 문제에서 일찌감치 철수한 이후에도 그의 일관된 문학적 서원은 오로지 '광주에서부터!'였다.

 그런데 일견 보고문학으로 읽혀질 법한 이 소설을 광주 관련 소설의 통합물로 본다는 것에 대해 이의를 제기할 수도 있다. 동일한 소재나 대상에 대한 글쓰기의 경우 사실에 대한 보고나 실록 작성으로서의 글쓰기가 먼저 있고 나서 미학적 효과물로서의 문학작품이 뒤를 잇는다는 식의 무슨 법칙이 따로 있는 것은 아니지만 대개 그런 순서를 밟아 오는 것 또한 상례인 점에서 보면 그런 이의가 가능할 법도 하다. 임철우 자신의 글쓰기도 어찌 보면 순서가 거꾸로 되어 있는 것처럼 보인다. 임철우에게 있어서나 문단 전체에 있어서나 광주 문제에 관한 거의 최초의 작품이자, 그러나 상당히 우의적인 방법을 차용했던 「직선과 독가스」, 「불임기」,

「사산하는 여름」 등은 오히려 『봄날』 이후에나 나올 법한 소설들이기에 그렇다. 알레고리적 방편을 사실주의 방법이나 미학적 장치의 한계를 넘어서고자 하는 문제의식에서 출발하는 것이라 보는 문학적 통념이나 상식에 충실한 경우라면 그렇게 생각할 수도 있다. 그러나 어떤 예술 특유의 문법이나 효과를 통한 광주의 서사화는 임철우에게 상당히 저어되는 문제이다.

아직은 광주 문제에 대한 서사화의 조건이 마땅찮다는 판단 때문에도 그렇거니와 무엇보다 지금 중요한 것은 또 광주의 서사화를 위해서라도 선행되어야 할 일은 광주의 진실이 온전히 밝혀져야 한다는 신념 때문에도 그렇다. 작가의 각종 인터뷰, 『봄날』의 서문을 비롯한 여러 대목들에서 그런 점은 상세히 설명된다.

작가 스스로 밝히고 있듯이 광주민중항쟁에 대한 그의 글쓰기는 살아남은 자의 슬픔과 고통, 그로부터 간단없이 솟아나는 죄의식, 증언을 통한 죄갚음 의식으로 묶인다. 더구나 그의 죄의식과 자책감의 속내는 광주에 대한 여러 사람들의 그것과 또한 다르다. 그 다름은 그의 육성에서 이렇게 확인된다.

> 나는 아주 개인적으로 5월항쟁에 대한 부채도 있어요. 대학생이었으면서, 친구와 선후배들이 거기 있었는데도, 나는 막상 중요한 시기에 아무것도 못했어요. 그 죄의식, 부채의식이 지금까지 나를 붙잡고 있었고, 나를 지탱해줬지요.
> — 월간 『말』, 권두 인터뷰 16쪽

계엄군의 최후의 진압작전이 개시되기 직전인 26일 밤 열시 반경, P(작가의 친구— 필자)에게서 세 번째 전화를 받았다. ……"어쩌면 마지막이 될지 몰라서, 너한테 목소리나마 전하려고 전화했다. 나, 별로 후회하지 않는다. 요 며칠 동안, 난생 처음으로 사는 것처럼 열심히 살았던 것 같은 생각이 들어. 그뿐이야."

— 자전소설 「낙서, 길에 대하여」, 『문학동네』, 1998년 봄호

P는 작가의 친밀한 벗이다. 이 묘사는 그에게 닥쳐온 광주의 시험을 재현해 놓은 것이다. 『봄날』에서도 동일하게 묘사되는 위 대목은 작가에게 평생에 걸친 죄의식의 깊디깊은 불도장을 새겨 놓는다. 베드로는 새벽이 오기까지 그리스도를 세 번 부인하고 살아남는다. 그러고는 가슴을 치고 땅을 치며 통곡한다. 자신의 배반과 배덕에 대하여, 베드로는 이후 그리스도와 마찬가지로 십자가에 매달린다. 임철우의 분신일지 모르는 『봄날』의 병기는 벗의 죽음이 다가오던 순간 세 번 고개를 돌린다. 그 후 임철우에게 문학을 통한 광주의 증언은 자신의 배반과 비겁함에 대한 죄갚음인 동시에 보속의 도정이었던 것이다.

이런 맥락이 작가와 광주항쟁 사이의 특별한 관계에서 빚어지는 양상이라면 광주에 대한 그의 집착은 또다른 이유로도 설명된다. 아래와 같은 말은 광주에 대한 우리의 여전한 곡해와 무감각을 불러 깨우는 언급인 바, 바로 그런 점이 그가 『봄날』을 완성시키지 않을 수 없던 객관적 까닭이기도 하다.

"광주항쟁에 대한 논문이나 정리된 기록은 나와 있어요. 그러나 그 기록에는 사실만 나와 있을 뿐 그때의 분위기나 사람들의 심정, 그 고통, 슬픔 같은 것들은 고스란히 빠져 있어요… 그 비극의 깊이

를 몰라요. 진보적 지식인도 말입니다."

— 월간 『말』, 권두 인터뷰 18~19쪽

    무엇보다 그것이 이렇듯 쉽사리 잊혀지고 정략적으로 정리되어 가는 현실에 대해서, 그리고 광주 시민들에겐 여전히 피눈물 솟구치는 '현실'이 타인들에게는 이미 정리되어진 한낱 '과거'일 뿐이어야 하는 이 비정한 세태에 대해서 말이다.

— 자전소설 「낙서, 길에 대하여」, 『문학동네』 1998년 봄호, 60~61쪽

  광주에 대한 추상적 이해, 성급한 망각, 정략적 이용 등도 그렇지만, 임철우가 보기에 광주 밖 사람들은 광주를 알기는 하지만 광주의 비극을 알지 못하고, 비극을 알기는 하지만 비극의 깊이는 알지 못하기에 결국 이렇게 말하는 것으로 본다.

    "쯧, 기대했던 것보다는 별것도 아닌 걸."

— 「관광객들」, 『달빛밟기』, 116쪽

  망월동 묘역에 처음 가 본 사람들, 어찌 생각하면 우리 모두를 은유하는 '관광객들'의 위와 같은 말은 광주항쟁 열흘간, 총칼에 죽어 간 사람들 그리고 지금까지 숨 막히는 죄의식으로 살아가는 사람들의 참담함과 자연스레 오버랩된다. 관광객의 말을 다소 비약시켜 해석하자면 관광객으로 은유되는 외부인의 눈에는 혹여 광주민중항쟁이 일종의 역사적 스펙타클로만 존재하는 것이 아닌가 하는 의문을 불러일으킨다. 스펙타클은 그 규모가 크면 클수록 볼만하다고 생각하는 법, 그래서 만약 외부인

들에게 광주가 이제는 하나의 스펙타클로 자리 잡았다면 그들이 도대체 광주항쟁에서 기대하는 것은 무엇인가 하는 근원적인 회의를 갖게 된다. 이쨌든 광주민중항쟁은 여전히 곡해와 편견의 자리 안에 가로 놓여 있다는 것이 작가의 생각인 셈이다.

그의 『봄날』은 결국 광주에 대한 지속적인 곡해와 편견을 바로잡고자 하는 열망과 동시에 광주에 대한 부채를 일부분이나마 갚아 나가는 제의 성격의 결합으로 생산된 것이다. 이 작품이 보고문학에 근사하게 된 까닭도, 광주민중항쟁의 사실을 '정확히' 증언, 재현하고자 하는 견결한 의지도 모두 거기에 근원을 둔다 하겠다.

증언과 정확한 기록에의 강렬한 집착은 재현이라기보다는 재연에 가깝게 만들고 그 재연은 한편으로 일종의 염결성이 전환된 형태이다.[1] 그가 이 작품에서 문학적 상상력을 상당 부분 유보하게 되는 이유도 결국 광주의 진실과 깊이를 '사실 그대로' 재현해야 한다는 강한 염결성 때문이라는 말이다. 그 염결성의 순도는, 가령 소설에서 도청 함락 시간이 묘사의 편의상 실제의 도청 함락 과정의 시간과 다소 달라지자 그것을 각주 처리하여 그 실제 시간을 정확히 밝혀 놓은 대목에 이르면 실로 극대화된다.[2] 물론 이 작품이 자칫 건조해지기 쉬운 증언과 기록적 글쓰기만으로 축성되어 있는 것은 아니다. 집필 와중에 몇번이나 울음을 컥컥 삼켜야 했다는 작가의 심정이 충분히 공감되고도 남게 인물과 사건의 그물 속에 서정적, 서사적 효과는 간단없이 방출된다. 특히 도청 함락 직전 결단과 인간적 고뇌가 교차하는 시민군들의 행동과 내면에 대한 묘사는 어떤 소설보

---

1) 작가는 그것을 스스로 편집증에 가까운 것이라 한다. 자전소설 「낙서, 길에 대하여」, 같은 책 60쪽.
2) 『봄날』 5권, 379쪽.

다 더 진한 감동을 불러일으키고 있는 바이다.

　광주민중항쟁은 광주 시민 대 군사파시즘 및 미국의 제3세계 고강도정책 사이의 모순과 길항의 폭발이다. 물론 광주 시민이라는 집합에 재야 및 학생을 포함하는 지식인과 기층민중의 구분이 존재하는 것은 사실이다. 항쟁 이후 '5월 광주'에 대한 변혁론적 관점에서의 해석이 이 양자 사이의 계급론적 구분에 기반하고 있었다는 점은 앞에서 언급한 바 있다. 하지만 그런 차이에 대한 해석 이전에 먼저 파악되어야 할 문제는 광주항쟁 열흘간의 구체적 변모이다. 이 면모의 구축을 위해 작가는 그간 나왔던 각종 증언과 자신의 체험을 순차적 시각 배열로 사건화한다. 그리고 그 사건의 성격에 가장 적절한 인물들을 사건의 전달자로 배치한다. 이 인물은 허구성이 가미된 인물과 실제 인물의 병존으로 혼재되어 있는데 허구적 인물의 경우 한편으로는 광주민중항쟁을 바라보는 작가의 시론적인 관점[3]이 반영되기도 한다. 그에 비해 실제 인물에 대한 묘사는 통상 소설 전개의 필수적 요건이라 하는 성격의 발전 측면이 부재한 형편인데 이는 사실에 대한 충실한 재현이라는 원칙이 허구의 개입을 최대한 막고 있기 때문일 터이다.

　다중 시점 형식이 이미 광주 문제에 대한 입체적인 묘사 의지를 반영하는 것이기도 하지만 그 입체성은 몇몇 개성으로 유형화되는 인물의 묘사를 통해 공고화된다. 이 입체성이 빛나는 것은 광주항쟁에 관련된 어떤 사람이건, 요컨대 온건파든 강경파든, 어떤 계급, 계층이든 혹은 광주에

---

3) 광주 문제를 분단 문제의 대물림으로 보는 시각이 그것인데 이는 한 씨 가족사를 통해 드러나기도 한다. 한편 공수부대원이나 지휘관급 인물들의 발언이나 통념도 철저한 반공이데올로기에서 출발한다는 점에서 이와 관련된다 하겠다.

서 벌어지고 있는 일에 대해 어떤 생각을 소유하고 있는 사람이건 그 나름의 진실을 가지고 있다는 작가의 균형 잡힌 사고로 인해서이다. "작은 불꽃들 하나" 하나의 존재가 "수백 수천 수만의 불기둥이 되고, 마침내 거대한 불의 강"이라는 놀라운 공동체를 이룬다는 생각도 작은 불꽃 하나의 의미가 소홀히 취급되어서는 수만의 불기둥은 있을 수 없다는 예의 균형 잡힌 사유의 발로이다. 그런 사유가 가능하기에 재야 및 학생을 포함하는 지식인, 온건파, 강경파, 성직자, 기층 민중 등의 서로 다른 체험과 관점 등이 서로 차이짐에도 그 모든 것을 해방공동체의 소중한 골격들로 평가하게 되는 것이다.

실제도 그랬지만 소설에서도 윤상현[*]은 그 유형 중 가장 도드라지는 인물이다. 마지막까지 도청을 사수하다 계엄군의 총에 맞아 죽는 드라마틱한 측면에서부터 지식인의 성격과 노동자계급의 정서 등이 두루 통합되어 있는 인물이라는 점에서도 그렇다. 하지만 윤상현을 주목하는 까닭은 그의 영웅적 면모가 주는 매혹 때문이 아니다. 그의 관점과 행동이 바로 광주의 본질과 진실의 복합적인 측면을 아주 적절하게, 동시에 절절하게 보여주기 때문이다. 이를테면 윤상현에 관련된 다음과 같은 묘사들은 무참한 비극성과 해방공동체의 환희라는 광주항쟁의 양극단적인 측면과 그것이 혼성되어 완성되는 광주항쟁의 중층적 면모를 곡진하게 보여준다.[4)]

---

* 편집자 주: 1980년 5월 광주항쟁 당시 시민군 지도자 '윤상원'을 지칭하는 소설 속 작중인물이다.
4) 본격소설의 관점으로 보면 윤상현이 작가의 메가폰 역할을 한다고 비판할 수도 있다. 그러나 『봄날』의 특수한 성격을 감안한다면 그런 비판은 그다지 실효성이 있을 것 같지는 않다. 오히려 윤상현을 광주의 메가폰으로 보는 게 나을 듯싶다.

1) 난 민중의 혼을, 폭발력을 믿고 싶네. 아니, 확실히 믿네. 자네도 지난 며칠 동안의 그 놀라운 싸움을 보지 않았나? 누구도 예상하지 못했던 엄청난 일이 우리들 속에서 일어난 거야. 그것만으로 우린 이미 절반쯤 승리한 것인지도 몰라.

— 『봄날』 5권, 139쪽

2) 저희들에겐 아직도 찾아야 할 그 무엇인가가 남아 있는 것 같습니다. 지난 며칠 동안 저희들은 참으로 많은 죽음들과 고귀한 희생들을 보아 왔습니다. 그리고 지금껏 저희들이 살아온 모든 시간들을 다 합쳐도 얻지 못할 소중한 교훈들을 그 이름없는 수많은 사람들을 통해 저희는 배웠습니다. 죽음보다 더 소중한 그 어떤 것이 세상에 있다는 사실을 말입니다…… 저희들이 여기 남으려고 하는 것은 바로 그래서인지도 모릅니다. 이 자리를 텅 비어둔 채로, 그냥 아무런 흔적조차 없이 저희들은 이곳을 고스란히 내줄 수는 없습니다. 그것만이 저 수많은 고귀한 희생들을 헛되지 않게 할 수 있는 것이라 믿기 때문입니다. ……어르신들 너무 걱정하지 마십시오. 어차피 이 싸움을 마무리할 누군가가 필요합니다. 어느 누군가가 지금 이 자리를 지켜야 한다면. ……그렇다면 기꺼이 저희들이 남겠습니다. 다만 그것뿐입니다.

— 『봄날』 5권, 363~364쪽

3) 결국 이렇게 끝나고 마는 것인가. 그 어디서고 끝내 구원의 손길 하나 내밀어 주지 않은 채로, 이렇게 우리들은 죽어가야 한다는 말인가. 이 도시만 끝내 버림받고 마는 것인가. ……서울이여! 부산,

대전, 인천, 대구여! 당신들이 달려와 주기를 우리는 기다렸다. …맨주먹만으로 수백 수천의 총구를 향해 미친 듯 달려나가면서도, 참혹하게 죽어 간 자식의 시신을 껴안고 가슴이 찢어지도록 몸부림치고 통곡하면서도, 그래도, 그래도 그 기다림이 있었기에 우리는 절망하지 않을 수 있었다. ……아아, 지금 당신들은 도대체 무얼 하고 있는가. 왜 이 도시를 잊어버렸는가. 우리는 이렇게 죽어 가고 있는데, 지금 당신들의 잠자리는 평안한가. 당신들이 꾸는 꿈은 아름다운가. 그대들과 우리들은 이 순간 얼마나 아득하게 멀리 떨어져 있는 것인가.

− 『봄날』 5권, 398~399쪽

4) 윤상현은 말없이 광장을 내려다보았다. 먹물 같은 어둠이 무겁게 가라앉아 있을 뿐 광장은 텅 비어 있었다. 그러나 윤상현은 저 열흘 동안의 뜨거운 싸움을 또렷하게 기억하고 있었다. 한덩어리로 격렬하게 끓어넘치며 밀물처럼 저 광장으로 쏟아져 나오던 수만 수십만의 사람들을. 그들의 노도와 같은 함성을 저마다 가슴속에 간직한, 한겨울 보리싹마냥 작고도 지순한 인간애의 불꽃, 자유와 정의와 생명을 향한 그리움의 불꽃들을. 그리고 그 작은 불꽃들 하나가 모여 수백 수천 수만의 불기둥이 되고, 마침내 거대한 불의 강을 이루며 뜨겁게 굽이쳐 흘러가는, 그 찬란한 인간의 신화를. 그리움과 희망의 신화를

− 『봄날』 5권, 401쪽

'민중의 혼'을 운운하는 1)에서부터 나머지 인용문 전체를 앞뒤 맥락 없이 잘라서 보면 이른바 민중성에 대한 교과서적이고 도식적인 설명의

반복으로 읽힐 수도 있고 또 윤상현의 주관적 열망이 반영된 것으로 비칠 법도 하다. 그러나 『봄날』 전체에 한땀 한땀 꼭꼭 박혀 있는 '5월 광주'의 유례없는 야만성과 그에 극한적으로 비교되는 광주 민중의 놀라운 인간애의 흐름을 곰곰이 되새겨보면 그것이 도식성의 반영이기는커녕 얼마나 핍진한 현실의 반영인가를 알게 된다. 그 반영을 경유하지 않고서는 광주민중항쟁에 깃들어 있는 가치와 의미의 보편성에 다다를 수 없는 것이다.

윤상현의 독백과, 인용문 4)와 같은 그에 대한 묘사 등은 결국 광주민중항쟁의 핵심을 이루고 있다. 한편으로는 짧은 기간 동안이지만 광주 시민들이 자신의 희생과 헌신을 뭇사람들에게 열어젖혀 보여주었던 해방 공동체의 역사적 실현이 그것이다. 그것은 인간에의 가없는 신뢰와 기쁨이다. 다른 하나는 인용문 3)에서 드러나는 것처럼 형제와 이웃이 죽어 가는 데도 누구 하나 그들의 팔을 잡아 주지 않던 비극의 절정이 그것이다. 그것은 인간에 대한 맹렬한 절망이다. 광주는 이렇듯 상반되는 두 기둥이 그래도 서로를 의지하며 서 있던 아름다운 세상이었다.

어쨌든 싸움은 끝난다. 도청을 사수하던 사람들은 사살당하거나 체포당하고 수많은 광주 사람들은 그날 새벽 깊은 자괴감에 몸을 떨었다. 하지만 도청을 사수하던 사람들은 자신들이 사수하고자 했던 것이 도청이 아니라는 것을 잘 알고 있었다. 싸움은 일단 패배할 것이고 도청은 함락될 것이라는 점을 누구보다 잘 알고 있었던 것이다. 그럼에도 그들이 도청을 사수하고자 했던 까닭은 그 도청의 사수가 결국에는 '5월 광주'의 사수로 승화될 것이라는 점을 깨닫고 있었기 때문이다. 아니 알았다기보다 그렇게 간곡한 기대를 했다고 보는 것이 더 온당할 터이다. 자신들은 비록 죽어 가지만 그 죽음이 만약 하나의 가치를 지닐 수 있다면 훗날이나마 '5월 광주'의 귀한 가치가 전해지고 사람들이 그것을 소중히 받아들여 주기를 기대했을 것이다. 그들의 기대와 희망이 옳았다는 것은 이제 누구도 부인하지 못한다.『봄날』은 바로 그 기대와 희망을 저버릴 수 없는 작가가 스스로 진혼의 만신이 되어 풀어낸 우리 시대의 비극적 역설이다. 비극이 가장 찬란한 희망으로 자태를 바꾼다는 점에서.

 '5월 광주'의 서사화가 가야 할 길은 아직 멀다.『봄날』은 작가 스스로 '광주문학'의 노둣돌이기를 바란다.『봄날』이후의 광주 관련 소설은 이제 두 가지 과제를 감당해야 한다.『봄날』이 광주 '안'의 총체적 구현이라면 그 이후 작품은 광주 안을 밖과 만나게 해서, 정히 안팎의 총체적 지평에 도달해야 하는 과제를 안는다는 뜻에서 그렇다. 동시에 점점 희미해져 가고 도적질 당하고 있는 광주민중항쟁의 엄중한 함의를, 말의 참된 뜻을 통해 언제나 당대화시켜야 하는 이중의 과제를 떠안게 된다는 점에서도 그렇다. 그런 일은『봄날』보다 더욱 어려울 수 있다. 하지만 그것이 이루어지지 못한다면『봄날』에 무슨 의미가 남겠는가? 임철우가 만들어 놓은 노둣돌을 밟고서 더 높고, 더 구체적이고 더 복잡한 총체성의 광활한 지평에 올라서는 일이 가능할 때 비로소 '5월 광주'의 서사는 제 모습을 펼칠 수 있을 것이다. 그때 광주는 오래 지속될 미래의 단절되지 않는 꿈으로 계속 남을 수 있을 것이다. 도청 함락 전야, 꺼칠한 시민군들이 마지막 담배를 나누며 바라보았던 어두운 창공의 별빛은 바로 그런 꿈의 결정結晶이 아니었을까?

−1998년 광주전남민족문학작가회의 주최 5월 심포지엄 발제문,『비평의 길』(2004년)

■ **이성욱** 1960년 부산 출생. 연세대 문학박사. 1989년에『실천문학』에「반미 문학의 전개과정과 과제」를 기고하며 등단. 문학비평뿐 아니라 패션, 건축, 스포츠, 대중문화, 풍속 등 당대의 문화 전반을 아우르는 전방위적 비평가로 활약했다. 주요 저서로『비평의 길』,『한국 근대문학과 도시문화』,『리베로를 꿈꾸는 비평』,『쇼쇼쇼 김추자, 선데이서울 게다가 긴급조치』 등이 있다. 2002년 11월 13일 타계했다.

아직 채우지 못한 재현의 빈자리

김소연

 『5월문학총서』 희곡부문에 수록된 13편의 작품들은 희곡뿐만 아니라 영화시나리오, 시극, 노래극, 뮤지컬, 판소리 등 다양한 극문학 작품들을 수록하고 있다. 희곡도 마당극, (전통적인) 드라마, 희극 등 다양한 장르이다. 이러한 다양성 속에서 이 책의 수록작들을 관통하는 특징을 꼽자면, 「넋풀이 굿」과 「햄릿4」를 제외하고, 1980년 5월 18일부터 27일까지 10일간의 항쟁을 적지 않은 비중으로 재현하고 있다는 것이다.
 「일어서는 사람들」, 「금희의 오월」, 「어미와 참꽃」, 판소리 「오월 광주」, 「봄날」, 「짬뽕」, 뮤지컬 「화려한 휴가」는 프롤로그와 에필로그라 할 서사자의 역할을 제외하면 작품 전체가 10일간의 항쟁을 그려가는 것이거나, 항쟁의 전개에 따라 드라마가 전개된다. 물론 「부활의 노래」나 「푸르른 날에」는 현재와 과거를 오가며 드라마가 전개되고 항쟁 이후의 사건이 적지 않은 비중을 차지하지만, 역시 10일간의 항쟁이 비교적 구체적으로 재현되며 드라마의 전개와 긴밀한 관계를 맺고 있다.「부활의 노래」를 수록하는 반면「꽃잎」이나「박하사탕」이 제외된 이유, 영화「화려한 휴가」가 아닌 뮤지컬「화려한 휴가」가 수록된 이유일 것이다. 하여 이 책은 무엇보다 다양한 극형식에서 5·18민주화운동이 어떻게 재현되고 있는가를 살펴볼 수 있는 특징을 갖는다.

1. 5·18민주화운동의 제도화와 극문학

또 하나의 특징은, 이 책의 수록작들은 모두 음반, 공연, 영화 등으로 제작되어 유통, 상연되었다는 점이다. 특히 초기작일수록 극문학으로 창작되었다기보다는 상연을 전제로 한 대본에 가깝다. 1982년 발표된「넋풀이 굿」은 항쟁 중에 목숨을 잃은 윤상원과 박기순의 영혼결혼식으로 전개된다. 1988년에 발표된「일어서는 사람들」의 첫째마당은 꼽추와 곰배팔이의 춤극으로 전개되며 항쟁을 다루고 있는 둘째마당과 셋째마당에서도 항쟁의 많은 장면이 군무로 이루어져 있다. 여기에 수록된 대본은 사후적으로 춤극과 군무의 구성을 정리한 것이다. 1990년「햄릿4」는 연출가 기국서가 세익스피어의『햄릿』을 상연을 전제로 완전히 새롭게 고쳐 쓴 작품이다. 기국서의「햄릿」연작은 1981년에 시작되는데, 원작의 사건과 인물은 부조리하고 불합리한 세상과 그 앞에서의 갈등으로 해체 재구성된다. 그 과정에서 구체적인 사건이나 장면을 재현하고 있지 않음에도 기국서 특유의 스타일로 포착된 한국사회의 현실이 강렬하게 환기된다. 무대 가득 여기저기 흩어져 있는 인형은 너무도 분명하게 5·18민주화운동의 학살을 떠올리게 한다.

상연을 전제로 한, 혹은 상연 후 정리된 대본에 가깝다는 특징은, 이 책의 수록작들에 대한 좀 더 세심한 읽기를 필요로 한다. 「넋풀이 굿」은 왜 노래극으로 만들어졌는지, 「금희의 오월」 제3장 시장 사람들의 장면에서 벌어지는 질펀한 너스레는 어디에서 기인하는지, 「오월 광주」가 판소리라는 형식에 산문적 아니리와 사실적인 음향, 노래 등을 어떻게 배치하고 있는지 등 문자의 여백과 행간을 적극적으로 읽어 갈 필요가 있다.

한편 1980년대 초반부터 2010년까지 30여 년간의 작품들이 망라되면서 1980년 이후 5·18민주화운동의 전개과정을 생각해 볼 수 있다. 5·18민주화운동은 1980년 5월 18일부터 27일까지 광주에서 벌어졌던 시민항쟁을 일컫는다. 그러나 이 사건은 비단 1980년 5월에 시작되어 종료된 사건이 아니다. 1980년 5월 27일 전남도청 진압 후에도 항쟁 참여자들에 대한 수사과정에서의 고문, 계엄이라는 폭력적 상황에서 치러진 군사재판과 처벌, 형 만료 후에도 계속된 불법적인 탄압 그리고 무엇보다 사건에 대한 철저한 왜곡과 은폐 등이 계속됐다. 그에 따라 탄압과 왜곡에 대한 싸움 역시 계속됐다. 이러한 전개과정은 진실 규명이라든가, 명예회복과 같은 1980년 5월의 사건에만 한정되지 않는, 우리 사회의 여러 문제들과 연관되어 있다.

항쟁의 전개과정을 비중 있게 재현하고 있는 수록작들은 모두 1988년 이후 발표된 작품들이다. 1981년에 시작된 기국서의 「햄릿」 연작이나 1982년에 발표된 「넋풀이 굿」은 항쟁에 대한 구체적인 재현이 없다. 그런데 왜 1988년에 이르러서야 항쟁의 전개를 조망하는 작품들이 등장하는가. 1988년은 '5·18광주민주화운동 진상조사특별위원회'(이하 5·18특위)가 발족된 때이다. 이후 '5·18민주화운동 등에 관한 특별법'(이하 5·18특별법)이 제정되고, 두 전직 대통령의 내란죄가 확정되고, 기념일이 제정되는 등 그동안 왜곡되고 은폐됐던 사건의 진실을 밝히고 그것을 공식화하는 과정들이 전개된다. 1982년 노래극 「넋풀이 굿」이 가정용 녹음기로 제작되어 '불법음반'으로 발표되었던 데에서 〈꽃잎〉(1996), 〈화려한 휴가〉(2007)와 같은 상업영화가 제작되고 성공하는 과정은 5·18민주화운동이 제도적으로 기입되는, 우리 사회의 민주주의에 대한 이해와 실천 그리고 제도화와 무관하지 않다. 이 책에 수록된 작품들은 그러한 과정과 맥락을 같이 하면서 5·18민주화운동을 계속 고쳐 써 가는 과정을 보여준다.

그러나 제도화 과정에서 남겨진 문제들 또한 적지 않다. 두 전직대통령의 재판과정에서도 그리고 2007년 국방부 과거사진상규명위원회의 보고서에서도 여전히 발포명령자는 밝혀지지 않았다. 정부가 공식적으로 인정한 154명이라는 사망자수는 암매장 등의 의혹을 풀고 있지 못하다. 문제는 아직 채 밝혀지지 않은 사건의 진실만이 아니다. 두 전직 대통령은 불과 1년의 형기도 마치지 않고 '정치적' 결단으로 사면되었다. 5·18민주화운동이 국가기념일로 지정되면서 기념식에서 불러왔던 〈님을 위한 행진곡〉을 두고 논란이 벌어지고, 국책사업인 아시아문화의전당 건설 과정에서 광주항쟁의 마지막 격전지였던 옛 전남도청 철거를 놓고 광주 안에서 큰 갈등을 겪었다. 사건의 진상뿐만 아니라 광주를 기억한다는 것은 무엇인지, 그것을 어떻게 기억해야 할지에 대한 질문은 여전히 계속되고 있다. 이러한 진행형의 문제들 또한 직간접적으로 5·18의 재현에 영향을 미친다. 하여 30여 년이 지난 지금도 여전히 현재진행형의 사건인 5·18민주화운동을 다룬다는 것은, 우리 사회의 이해와 실천 속에서 이 엄청난 사건을 어떻게 재현할 것인가, 어떻게 기억할 것인가, 어떻게 현재화할 것인가를 두고 이루어지는 여러 시도들이 된다.

2. '말해야 한다' 와 '말할 수 없다'

이 책에 수록된 작품 중 가장 먼저 발표된 「넋풀이 굿」(황석영 외)은 5·18민주화운동이 재현되는 초기 양상을 보여준다. 노래극 「넋풀이 굿」은 1982년 6월에 광주시 북구 운암동 작가 황석영의 자택에서 비밀리에 공동제작으로 만들어진 작품으로 1980년 5월 당시 항쟁지도부(시민군 대변인)로 활동하고 도청에서 숨을 거둔 윤상원과 노동야학운동을 전개하다 1978년 12월 26일 연탄가스 중독사고로 목숨을 잃은 박기순과의 영혼결혼식(1982. 2. 20.)을 배경으로 전개된다. 대본 중에 등장하는 노래는 황석영이 백기완의 시집 등에서 몇 구절의 시를 골라 노래 가사용으로 수정하고 곡을 붙여 연주했다. 그러나 라이브 공연을 한 것이 아니다. 황석영의 집에서 낭독과 연주를 가정용 녹음기로 녹음하여 테이프로 제작되었고 2,000여 개의 테이프는 전국 대학가에 배포되었다.[1] 노래극을 테이프에 담아 발표한 작품으로는 김민기의 「공장의 불빛」(1978)이 있다.

이 작품에서는 10일간의 항쟁에 대한 어떠한 묘사도 등장하지 않는다. 8개의 장은 젊은 나이에 목숨을 잃은 영혼들에 대한 회상으로 시작하여, 무당의 초혼굿에 이어지고, 문병란의 「부활의 노래」가 낭송되며, 하나 된 두 영혼이 남은 사람들에게 전하는 당부의 말 그리고 〈님을 위한 행진곡〉으로 맺는다. 사전에 창작동기를 미리 알지 않는다면 이 영혼 결혼식의 두 남녀가 누구인지, 그들은 왜 죽었는지, 대본만으로는 알 수 없다. 유일한 단서라면 "천둥인지 지둥인지 그런 큰일에 죽었으니"라는 어머니의

---

1) 전용호, 「황석영은 어떻게 '5월 광주'의 대변인이 되었나?」, 〈프레시안〉, 2010년 12월 30일.

말이다. 그러나 그뿐이다. 더구나 이 작품에서 슬픔은 최대한 억제되어 있다. 자식을 잃은 어미는 영혼결혼식에 축복을 주고 친구들은 그들과의 즐거웠던 추억을 회상한다. 물론 축복과 회상에는 슬픔이 배여 있지만 말이다. 애면글면한 슬픔이 물러서는 대신 이 작품을 지배하는 것은 비장미이다. 그런데 그 비장미는 「부활의 노래」나 〈님을 위한 행진곡〉의 장중함에서만 비롯되는 것은 아니다. 앞서 말했듯이 이 작품의 구성은 단순하다. 각 장의 전개도 구체적인 사건이나 인물을 재현하지 않은 채 많은 여백을 가지고 있다. 그런데 그 여백은 노래극이라는 형식에서 비롯되는 것이 아니다. (이는 하종오의 시극 「어미와 참꽃」(황루시, 김호태 공동연출)과 비교할 때 더욱 뚜렷이 드러난다. 「어미와 참꽃」에 대해서는 후술한다.) 1982년은 여전히 폭력적인 상황이었고, 항쟁의 기억은 너무도 또렷한 시절이다. 바로 이러한 상황에서 '여백'은 말할 수 없다와 말해야 한다의 갈등을 드러낸다. 이 갈등은 비단 외적인 억압의 문제만은 아니다. 여전히 생생한 학살의 기억은 '말하다'라는 재현의 거리를 가질 수 없을 만큼 압도적이다. 그러나 또한 그 압도적인 비극은 '말하다'는 재현을 통해서만 벗어날 수 있다. 「넋풀이 굿」은 '재현'에 대한 이러한 갈등을 노래극이라는 형식과 여백을 통해 보여준다.

말할 수 없는 것과 말해야 하는 것의 갈등이라는 점에서는, 이 책에 수록되지 않았지만, 1년 앞서 공연된 1981년 '극단 광대'가 공연한 「호랑이 놀이」도 기억할 필요가 있다. 「호랑이 놀이」는 코커국의 호랑이와 그 졸개라 할 만만국의 이타거, 전귀, 금귀, 분귀 등이 등장하는 우의극으로 해방 이후부터 당시까지 현대정치사를 풍자하는 작품이다. 연극은 코커국의 새로운 대리인 칼돌이와 포수가 대결을 벌이고 결국 포수가 죽음을 맞는 것으로 끝을 맺는다. 남아 있는 대본으로 볼 때, 이 장면에서 5·18민주화운동을 떠올리기는 쉽지 않다. 우의극이라 하더라도 말이다. 그러나 풍물놀이의 진풀이를 응용하여 춤으로 표현된 대결과 죽음은 바로 전해에 벌어진 항쟁이라는 것이, 공연현장에서는 매우 직접적으로 환기된다.[2] 이 역시 말할 수 없다와 말해야 한다의 갈등이 만들어 내는 여백이다. 「넋풀이 굿」과 「호랑이 놀이」에서 '여백'은 항쟁을 가장 구체적으로 가장 직접적으로 드러내는 극형식이라 할 수 있다.

3. 압도하는 비극 넘어, 해방광주

1988년 놀이패 신명의 「일어서는 사람들」(공동창작, 김정희 연출)과 극단 토박이의 「금희의 오월」(박효선 작·연출)이 서울에서 개최된 제1회 민족극한마당에서 공연되었을 때 관객들은 충격에 휩싸였다. 당시까지도 5·18민주화운동은 5월이면 대학가의 대자보나 사진전, 다큐멘터리 상영회 등으로 사건의 대략적인 윤곽만이 알려져 있을 뿐이었다. 황석영이 대표집필 한 『죽음을 넘어 시대의 어둠을 넘어』가 1985년에 출판되면서 항쟁의 전모가 좀 더 전해졌지만 이 역시 비합법 출판물이었다. 항쟁 중에는 교통과 통신이 차단된 채 철저히 고립되어 있었고 그 이후에도 정권의 철저한 통제와 탄압 속에서 사건의 진상을 알리는 것조차 어려웠던 것이다. 이 두 작품에 대한 충격은 몇몇 자료로 접할 수 없었던 항쟁의 과정,

---

2) 박영정, 「광주 전남 지역의 마당굿 운동에 대하여」, 『전라도 마당굿 대본집』, 들불, 1989년.

항쟁을 치러낸 '사람들'을 바로 눈앞에서 펼쳐 보인다는 것이다.

「넋풀이 굿」과 「호랑이 놀이」와 달리 이제 더 이상 말해야 한다와 말할 수 없다의 갈등은 없다. 「금희의 오월」은 광주항쟁에서 오빠를 잃은 금희가 10일간의 항쟁을 회상하는 액자틀 구성이다. 그러나 금희는 첫 장면에서만 등장한다. 항쟁의 과정이 순차적으로 전개되는 각 장과 장 사이에는 녹음으로 처리된 금희의 해설이 삽입된다. 이러한 액자틀 구성은 이 연극을 어떤 허구적 사건이 아닌 금희의 '증언'이라는 것으로 받아들이게 한다(연극에 등장하는 금희의 오빠 이정연은 당시 전남대 학생으로 항쟁에 참여했다가 죽음을 맞은 실제 인물이다.). 이는 영상자료와 해설, 학생들의 투쟁장면 등 항쟁의 전개를 다큐멘터리 식으로 충실히 재현하는 연출에서도 강조된다. 물론 이 연극은 다큐멘터리 연극이 아니다. 광주항쟁의 실제 과정을 충실히 재현한다고 하지만, 사실에 근거한 픽션이다. 「금희의 오월」이 사건의 충실한 재현에 그치는 것은 아니다. 이 모든 과정과 사건들에서 금희와 가족들의 이야기, 아버지가 일하고 있는 시장 상인들을 통한 평범한 광주 시민의 이야기, 항쟁의 일선에 나선 학생 노동자 등의 이야기가 항쟁의 전개과정 속에서 펼쳐진다. 관객들은 어떠한 사건이 어떻게 벌어졌나 라는 사실을 확인하는 데에 그치는 것이 아니라 항쟁을 치러냈던 사람들의 다양한 모습을 통해 광주항쟁을 입체적으로 이해하게 되는 것이다.[3] 그런 점에서 많은 평자들이 이야기해 왔듯이, 이 작품의 가장 빼어난 장면은 제5장 시장 사람들이다. 이 장면은 공수부대의 무차별한 학살에 대항하여 시민들이 돌과 화염병으로 반격을 시작할 즈음, 시장 사람

---

3) 이영미, 「80년대 후반 민족극운동의 시작」, 『민족예술운동의 역사와 이론』, 한길사, 1991. 299쪽.

들이 주먹밥과 화염병, 피켓을 만들어 리어카에 싣고 금남로로 출발하는 과정을 그리고 있다. 질펀한 남도 말과 해학적인 인물들은, 이때까지 각인되어 왔던 광주항쟁의 압도적인 비극성과는 전혀 다른 것이었다. 물론 이 작품에서도 예의 비극성은 작품 전체에서 큰 비중을 차지한다. 그러나 광주항쟁은 학살과 희생의 사건이 아니라, 저항과 해방의 성취였다는 것을 이 장면은 빼어나게 형상화한다. 홍성담의 판화 「대동세상」(1984)에서 보았던 해방광주의 단면이 활인화로 되살아나는 듯한 장면이다.

한편 「일어서는 사람들」(공동창작, 김정희 연출)은 전혀 다른 접근을 보여준다. 이 작품의 주인공은 항쟁에 참여했다가 죽음을 맞는 아들 오일팔이 아니라 그의 부모들인 꼽추와 곰배팔이다. 연극은 꼽추와 곰배팔이가 서로 만나 사랑을 나누고 가정을 이루어 아이를 낳는 장면으로 시작되고, 항쟁에 참여했던 아들 오일팔의 시신을 수습하는 과정이 꼽추와 곰배팔이의 뒤틀린 몸이 풀리는 굿으로 이어지면서 끝난다. 그리고 분노와 같은 북소리를 울리는 북춤이 에필로그처럼 펼쳐진다. 물론 이 작품에서도 광주항쟁의 과정이 그려진다. 그러나 「금희의 오월」과 달리 항쟁의 중요한 과정은 풍물굿의 진풀이를 바탕으로 한 춤으로 전개된다. 「호랑이 놀이」의 칼돌이와 포수의 대결에 비해 구체적인 과정이 그려지지만 말이다.

이러한 전개는 다분히 설화적 구성을 보여준다고 할 수 있다.[4] 병신과 몸의 풀림 등도 억압받는 민중과 해방이라는 관념적 도식으로 보일 수 있다. 그러나 이 작품은 설화적 상징, 관념적 도식을 물러 세우는 역동성이 충만하다. 「금희의 오월」이 금희의 회상이라는 액자구조를 통해 사건의

---

4) 이영미, 위의 글, 301쪽.

전체적인 모습을 조망한다면, 이 작품은 훨씬 더 성큼 떨어져 나와 광주항쟁을 바라본다. 바로 이 거리 때문에 관념성이 지적될 수도 있다. 그런데 텅 빈 무대 위에 휘몰아치는 풍물장단을 타며 온몸이 비틀린 꼽추와 곰배팔이가 등장할 때, 그들은 관념적 구도에 앞서 눈앞에 현현하는 생생한 존재로 다가온다. 그 생생한 존재는 비틀린 몸에도 불구하고, 아니 너무도 당당하게, 노동하고 사랑한다. 비틀린 몸이 서러워 울기도 하지만, 그 모든 것들이 삶에 대한 긍정과 당당함으로 다가온다. 이러한 시선은 병신춤 등 우리의 전통연희가 담지하고 있는 것이다. 미처 문자로 포착되지 못한 춤사위에서는 그 연관성이 좀 더 뚜렷하다. 그러나 이 작품에서는 예의 민중주의적 시선이, 관념적이라 할 수 있는 그 거리가, 광주항쟁이라는 매우 구체적 사건 속에서 압도하는 죽음마저 넘어서는 삶의 강렬함으로 다가온다. 하여 「금희의 오월」이나 홍성담의 판화 「대동세상」 등에서 보았던 것처럼, 광주항쟁이 죽음의 사건이 아니라 삶의 사건이라는 점을 웅변한다. 그리고 그것은 비단 광주항쟁만이 아니라, 모든 억압과 그 억압에 대한 저항이 꺾을 수 없는 생명력이라는 것을 웅변한다.

바로 이듬해에 발표된 「어미와 참꽃」(하종오 작, 황루시 김호태 공동연출)은 5·18민주화운동에서 아들을 잃은 어미를 화자로 하여 전개된다.[5] 현재 시점에서 어미의 회상으로 시작되는 도입부는 「금희의 오월」의 액자구조와 같다. 그러나 「금희의 오월」의 회상은 도입부에서만 제시되며, 장과 장 사이 드라마의 밖에 존재하는 반면, 이 작품은 어미의 회상에서 시작되어 항쟁에 뛰어든 자식을 둔 어미가 겪는 광주항쟁의 이야기로 전개된다.

---

5) 이 작품은 1989년 공연되었다. 그러나 공연에 대한 자료를 확인하지 못해 하종오 시극집의 대본을 토대로 분석했다.

「어미와 참꽃」은 기존의 작품들과 달리 극문학이라는 형식에 충실하다. 기존의 작품들이 다양한 연극적 형식, 다양한 공연언어로 형상화했던 폭력과 저항 그것이 남긴 상처 등을 문학적 언어로 포착한다. '어미'는 광주항쟁의 처연한 비극을 단단하게 붙잡아내는 문학적 장치라고도 할 수 있다.

1990년에 발표된 판소리 「오월 광주」(임진택 대본·작창)도 판소리의 장르적 특징에 충실하면서도 새로운 시도들이 돋보인다. 1인의 소리꾼과 1인의 고수가 소리와 장단을 주고받으며 전개하는 판소리는 표현이 제한적인 것 같지만 그렇지 않다. 판소리는 장단의 변화와 창의 표현력만이 아니라 아니리, 발림으로 풍부한 표현을 가지고 있다. 「오월 광주」는 '창'의 변화무쌍한 표현만이 아니라 행진곡 풍의 노래, 다큐멘터리 사진, 광주항쟁 과정의 논쟁을 재현하는 산문적 아니리 등 다양한 매체와 표현방식을 통해 판소리의 표현의 가능성을 더욱 확장한다. 이러한 형식적 시도들 속에서 이 작품은 그간 항쟁을 재현하는 다양한 관점과 성취를 적극적으로 끌어들인다. 하여 처연한 슬픔, 해방광주의 역동성, 항쟁의 전개를 두고 벌어지는 치열한 논쟁 등 광주항쟁의 과정을 판소리라는 형식에서 입체적으로 그려 낸다.

영화 〈부활의 노래〉(이정국 각본·연출)는 5·18민주화운동을 다룬 첫 장편영화이다. 1980년 당시 전남대 총학생회장으로 5·18직전까지 시위를 주도했던 박관현을 모델로 했다. 박관현은 5월 17일 비상계엄령이 전국적으로 확대되고 보안사가 재야인사들을 체포하는 등 시국이 얼어붙자 광주를 빠져나간다. 그리고 전혀 예상치도 못했던 10일간의 항쟁이 벌어진 것이다. 박관현은 긴 도피생활에 접어들고 1982년 내란주요임무종사 혐의로 체포 수감된 후 감옥에서 단식투쟁을 벌이다가 숨진다. 영화의 등장인물과 사건은 픽션이지만 영화의 전개는 박관현의 이러한 동선을 그대로 따른다. 따라서 이 작품은 광주항쟁으로 이어지는 1980년 봄의 민주화의 요구를 비중 있게 다루게 되고 항쟁 이후의 긴 도피생활에서 항쟁 이후의 고통과 탄압도 비중 있게 그려진다. 즉 이 작품은 박관현이라는 한 인물을 조명하는 것이면서 10일간의 항쟁에 국한하지 않고 전후의 맥락 속에서 항쟁을 조명해 가는 작품이다. 「부활의 노래」의 이러한 관심은, 1990년대 이후 5·18민주화운동의 '재현'에서 떠오르는 새로운 문제의식의 맹아를 보여준다.

4. 지속되는 고통과 죄의식

1990년대에 들어서면 5·18민주화운동에 대한 극적 재현의 문제는 한 고비를 넘기고 선회한다. 이전까지 창작된 작품들이 광주항쟁을 '어떻게' 재현할 것인가의 문제에 몰두했다면, 그래서 1988년부터 1990년까지 광주항쟁의 전모를 다루는 작품들이 쏟아져 나왔다면, 1990년 이후에는 광주항쟁이 어떻게 지속되고 있는가에 대한 질문이 두드러진다. 상업영화로도 성공한 「꽃잎」(장문일 장선우 각본, 장선우 연출)이, '우리들'이 소녀를 찾는 여정으로 전개되는 것에서도 그러한 문제의식이 드러난다.

1993년에 발표된 「모란꽃」(박효선 작·연출)은 5·18민주화운동이 80년 5월에 완료된 사건이 아니라는 점을 분명하게 보여준다. 이 작품의 주인공은 광주항쟁에 참여했다가 체포되어 모진 고문을 당하고 여전히 그 후유증에 시달리고 있는 인물이다. 그가 겪고 있는 후유증은 정신적 외상만이 아니라 육체적인 고통까지 수반하는 것이다. 거기다가 계속되는 탄압과 '폭도들'이라는 사건의 왜곡과 은폐는 가족관계마저도 파괴한다. 연극은 이렇게 큰 고통을 겪고 있는 주인공의 치료를 위한 심리극이다.

무대 위에는 심리극을 진행하는 감독과 주인공, 장면의 재현을 돕는 보조자아들이 등장한다. 감독은 주인공의 진술을 돕기 위해 주인공에게 구체적인 질문을 던지고 상황의 재현을 요구한다. 주인공의 진술에 따라 광주항쟁의 과정, 계속된 탄압, 체포 후 조사과정에서의 혹독한 고문 등이 무대 위에서 재현된다. 그런데 이 연극에서 '재현'은 객관적 현실을 드러내기 위한 것이 아니다. 이 연극에서의 재현은 치료의 과정으로 주인공이 스스로 자신의 상황을 객관화하는 과정이다. 따라서 관객들은 불 꺼진 객석에 앉아 무대를 지켜보고 있는 지워진 존재가 아니다. 주인공의 '말하기', '재현'을 지켜보는 심리극의 참여자가 된다. 지켜보는 것만이 아니라 때때로 관객들은 구체적인 역할을 수행하기도 하다. 주인공이 시댁식구들에게 자신의 심정을 토로하는 장면에서 감독은 보조자아가 아닌 관객들에게 시댁식구들의 역할을 부탁한다. 주인공의 말하기를 돕기 위해 관객 중 한 사람을 시어머니, 다른 한 사람을 시누이라고 정해주는 것이다. 그렇다고 역할을 부여받은 관객들이 상황에 대한 어떤 액션이나 리액션을 하는 것은 아니다. 그저 주인공의 말을 듣는다. 그러나 이러한 연출은 이 심리극에서 관객의 역할이 무엇인지, 듣는 자, 지켜보는 자가 이 고통의 서사에서 어떠한 역할을 하는지를 분명하게 드러내면서 광주항쟁의 고통을 현재화한다.

5·18민주화운동 20주년을 맞는 2000년 봄에는 「봄날」(임철우 원작·각색, 김아라 연출)과 「오월의 신부」(황지우 작시, 김광림 연출)가 나란히 무대에 올랐다. 연극계의 주목되는 작가 연출가들이 참여하는 20주년 기념극이라는 점에서 공연 당시 문화면의 적지 않은 화제가 되었다.

「봄날」은 광주시가 직접 기획, 제작한 5·18민주화운동 20주년 기념극이다. 이 작품도「금희의 오월」처럼 현재에서 과거를 회상하는 액자구조이다.「금희의 오월」에서 이 액자구조는 금희의 '증언'을 강조한다면 이 작품에서는 '현재'라는 시점을 부각한다. 연극을 여는 프롤로그는 항쟁에 참여했던 다양한 입장의 여러 목소리로 구성된다. 프롤로그의 이러한 구성은 연극의 전편에 걸쳐 특정한 인물의 시선을 부각하지 않고 다양한 시선과 입장을 충실하게 재현하는 극의 전개에로 이어진다. 시위에 참여하는 시민들, 총을 든 시민군들, 항쟁 지도부나 수습위원들만이 아니라 진압군으로 참여한 군인들에 대한 묘사에도 상당한 비중을 할애한다. 그리고 무대 위에는 이제까지 등장하지 않았던 진압군의 진압장면이 여러 차례 재현된다.[6] 연극은 마치 다큐멘터리의 증언처럼 당시 시민군으로 참여했던 이, 진압군으로 참여했던 이의 나레이션이 교차한다. 이러한 상반된 시선의 교차를 통해 연극은 희생자이건 가해자이건 광주항쟁에 가해진 폭력이 모두에게 얼마나 끔찍한 비극인가를 그려 간다.

그런데 항쟁의 전 과정과 항쟁에 참여했던 여러 입장들, 관점들을 세세하게 재현하겠다는 강박이 느껴지기도 한다. 항쟁의 세세한 전개과정을 그려 가기 위해 총 20개의 장이 구성되고 거기에 프롤로그와 에필로그가 덧붙여졌다. 장과 장 사이에는 당시의 자료 화면을 삽입한다거나 라디오 방송을 재연하는 등 사실성에 충실하고자 한다. 각 장의 전개에서도 상황

---

6) 〈부활의 노래〉, 〈꽃잎〉 등 영화에서는 전남도청이나 금남로에서 진압군과 시민군이 대치하는 장면에 공을 들이는 반면, 연극에서는 그러한 스펙터클이 강조되지 않았다. 진압군의 대오는 상징적으로 처리되거나 부분적 으로만 묘사되어 왔다. 그것은 한편으로 제작 규모에서 비롯된 것이기도 하고, 학살에 대한 고통스러운 기억 때문이기도 하다.

이나 사건을 재현하기보다는 다수의 인물들이 상황을 증언하는 방식을 취한다. 그러다보니 임철우의 소설을 원작으로 하고 있음에도 1980년대 중반에 출판된 르포『죽음을 넘어 시대의 어둠을 넘어』(황석영 대표 집필)에 더 가깝게 느껴진다. 「봄날」의 가장 주목되는 장면은 작품의 마지막에 이르러 이들의 길고 고통스러운 회상을 끝내고 도달하는 결론이다. 작은 원을 그리면서 각각의 인물들을 비추는 탑조명 밑에서 이들의 마지막 증언은 이렇다. 광주는 1980년 오월에도 그리고 지금도 여전히 고립되어 있다.

　1980년대의 작품들이 광주항쟁에 대한 비극적 기억을 해방광주의 기억으로, 죽음의 기억을 충만한 삶의 기억으로 극복하고자 했다면, 「봄날」은 다시 사건의 폭력성과 비극성을 부각한다. 회상이라는 극의 구조에서 드러나는 '현재'는 살아남은 자의 회한과 고통의 공간이다. 「오월의 신부」에서는 살아남은 자의 죄의식이 좀 더 확장된다. 이 작품은 제목과 달리 시인의 시적 은유보다는 처절한 참회의 무대였다. 마치 아우슈비츠의 수용소를 연상하게 하는 삼면이 나무 마루로 둘러쳐진 무대에서는 광주항쟁의 비극과 살아남은 자의 회한과 고통이 가득했다. (이는 황지우의 시극 대본을 무대화하는 과정에서 더 강화된 것이기도 하다.) 폭력 앞에 무기력했다는 죄의식은 비단 연극만이 아니라 5·18민주화운동을 직접 겪었던 세대들, 특히 지식인들에게서는 보편적으로 드러나는 양상이다. 문승현의 〈오월의 노래〉, 장선우의 〈꽃잎〉, 이창동의 〈박하사탕〉이 그렇다. 광주항쟁을 바라보는 이러한 시선은, 구체적인 역사적 사건에 대한 사유라기보다는 역사적 폭력 앞에 무기력한 자기 존재의 사유에 더 가깝다.

5. 광주 오월을 기억한다는 것

 2000년 이후에 발표되는 작품들의 특징은 은폐되고 왜곡된 진실을 알려야 한다는 강박에서 자유롭다. 5·18특위를 비롯해 5·18특별법의 제정 그리고 이어진 기념사업을 통해 진상규명과 기록화 작업이 이어지고 있기 때문이다. 물론 여전히 발포명령자는 밝혀지지 않았고, '광주소요사태'나 '불순분자들의 난동'으로 당시의 사건을 기억하는 언어들이 출몰한다. 그런가 하면 사건과 직접적 관련이 있는 전직 대통령은 "5·18 운동은 유언비어가 진범이다. '경상도 군인들이 광주 시민들 씨를 말리러 왔다'는 등 유언비어를 듣고 시민이 무기고를 습격했다"고 자신의 회고록에 적어놓고 있다. 따라서 2000년대 이후의 작품에서 두드러지는 것은, 광주항쟁이 지금 우리에게 무엇인가라는 질문이다.

 「짬뽕」(윤정환 작·연출)은 "짬뽕 한 그릇 때문에 광주항쟁이 일어났다?"는 연극의 카피처럼 매우 발랄한 희극적 발상으로 전개된다. 이 작품은 5월 18일 항쟁이 시작되기 직전 허름한 중국집 춘래원에서 시작된다. 그렇다고 이 작은 중국집에 1980년 봄의 열기가 스며 있는 것도 아니다. 주문이 오고 배달을 다녀오고 이런저런 손님들의 소소한 에피소드가 희극적 활기 속에 전개된다. 이러한 출발은 이 작품이 광주항쟁의 전모를 재현한다거나 진실을 밝히고자 하는 데에 큰 관심이 없는 것처럼 보인다. 실제로 연극의 상당 부분은 칠팔십년대 복고스타일의 희극적 재현, 어리숙한 하층민 캐릭터의 좌충우돌이다. 사건의 전개 역시 상황에 대한 사소한 작은 오해가 계속 오해를 불러들이면서 복잡화되는 전형적인 희극 플롯이다. 그런데 관습적인 희극이 도달하는 해피엔딩과 달리, 도무지 역사의 격랑과는 아무런 관계도 없는 것 같은 이 작은 중국집의 주인장 오누이와 이들의 연인들은 어느 새 항쟁의 한복판으로 들어서게 되고 죽음을 맞는다. 여느 소극장 코미디극처럼 관객들은 시종 웃음을 터뜨린다. 그러나 끝내는 이 가슴 아픈 비극에 도달하고 만다. 「짬뽕」은 평범한 그리고 약한 사람들의 삶과 5·18이라는 폭력적 역사가 어떻게 조우하는가를 소박하지만 설득력 있게 그려 간다. 2004년 초연 이래 매년 5월이면 관객들과 만나고 있다.

「짬뽕」이 광주항쟁을 그려가는 이러한 시선과 방식은 영화 〈화려한 휴가〉에서도 마찬가지이다. 앞서 제작되었던 〈부활의 노래〉, 〈꽃잎〉, 〈박하사탕〉이 항쟁 이후의 상처를 비중 있게 다루고 있는 반면, 영화 〈화려한 휴가〉는 항쟁을 재현에 집중한다. 특히 진압군의 작전명을 제목으로 한 이 영화는 진압군의 무자비한 폭력을 상당히 구체적으로 재현한다. 영화의 전개는 이미 다큐멘터리나 르포 등을 통해 이미 알고 있는 사실들이지만 영화에 재현된 사건은 충격적이다. 영화는 폭력의 잔인함 그 자체에 밀착된 재현을 보여준다. 그런데 이렇게 항쟁 중에 진압군이 자행한 폭력에 천착하는 이 영화의 시작은 평범한 휴일의 데이트 장면이다. 영화의 이러한 출발은 영화에서 전개되는 진압군의 폭력적 사건들의 비극성을 부조한다.

광주항쟁을 재현하는 이러한 시선은 항쟁의 전후 맥락을 제거한 채, 폭력과 희생만을 강조하는 것으로 보일 수 있다. 「짬뽕」의 마지막 장면에 이르기까지 연극은 춘래원의 주인이자 주방장인 신작로가 왜 자신이 사랑하는 사람들을 모두 잃게 되었는가에 대해 묻지 않고 답하지 않는다. 그러나 이러한 연극의 전개는 한편으로 그간 제도적으로 진행되어 온 진상규명과 명예회복 작업에도 불구하고, 그러한 제도화의 과정에서 광주항쟁에 대한 기억이 탈색되어가는 현실에 대한 극적 발언이자 전략이라고도 할 수 있다. 세세한 진상과 거대한 역사적 의의를 정돈하기에 앞서 우리는 정말 이 사건에 대해, 이 사건이 어떠한 폭력이었는가에 대해 알고 있는가라는 질문인 것이다.

　이 책에 수록되지는 않았지만 2008년에 공연된 「충분히 애도되지 못한 슬픔」(최치언 작, 박상현 연출)은 광주항쟁에 대한 재현에서 주목되는 성취를 보여준다. 「짬뽕」에서와 마찬가지로 이 작품에서도 밑바닥 인생들이 광주항쟁에 휘말려 들어가는 과정이 전개된다. 세수, 띨빡, 타짜. 하릴없는 세 명의 청춘들은 교통사고를 위장하여 합의금으로 한밑천을 잡겠다는 공갈사기를 모의한다. 그런데 이들의 모의는 도무지 성공할 성싶지 않게 어리숙한 데다가 이들이 일을 치르고자 하는 지금은 시위대의 시위가 격화되고 군인들의 진압이 시작되는 항쟁의 한복판이다. 그들의 계획은 계속 빗나가고 예상치 못한 상황 속에서 오인과 오인을 거듭하면서 이들 역시 광주항쟁의 한복판에 휘말려들게 된다. 세 청년의 오인은 이들의 어리숙함 때문일 수도 있다. 그러나 다른 한편 이들의 오인은 항쟁의 폭력성을 부조하는 극적 장치이기도 하다. 군인들이 시민들을 총칼로 학살하는 폭력이란 도무지 납득할 수 없는 현실인 것이다. 물론 연극은 이러한 주장을 직접적으로 펼치지 않는다. 정신병을 앓고 있는 띨박은, 자신을 외계인의 침략을 막기 위한 우주평화자위단이라고 믿고 있는데, 지금 벌어지고 있는 현실을 외계인의 침략으로 믿는다. 연극은 어느 순간 점점 환상으로 빠져들고 마지막에 이르러서는 띨박의 믿음처럼 정말 외계인이 등장한다. 자, 이것은 어느 정신병자의 얼토당토않는 환상인가. 그렇지 않다. 도리어 오인과 환상이 뒤엉키면서 빠져드는 미궁은 현실적 사건들을 재현하는 작품들이 미처 말하지 않았던 불가해한 폭력적 현실을 드러낸다. 그리고 이 연극이 도달하는 미궁은 지금 광주항쟁이 놓여 있는 역사적 현실과 잇닿는다. 학살은 있었지만, 학살의 책임자는 없는 미궁 같은 현실 말이다.

「일어서는 사람들」과 「금희의 오월」 이후 광주의 연극집단들의 주요한 문제의식은 광주항쟁의 현재화였다. 박효선은 집요할 정도로 지속되는 상처, 끝나지 않은 항쟁을 환기해 왔다. 「언젠가 봄날에」(놀이패 신명, 박강의 연출)는 「일어서는 사람들」을 만들었던 극단 신명이 다시 만든 오월극으로 침잠하는 기억에 대한 연극적 사유라 할 수 있다. 이 작품에서는 5·18에 행방불명된 아들을 기다리고 있는 단골네의 이야기와 항쟁 당시 암매장된 세 명의 혼령들의 이야기가 교차된다. 이제 항쟁에 대한 기억은 암매장된 혼령들처럼 찾을 수 없을 만큼 깊숙이 침잠해 있다. 그럼에도 불구하고 단골네는 오늘도 어김없이 도청 앞 은행나무를 찾아와 오지 않는 아들의 소식을 기다린다. 이 작품에서 단골네의 서사는 상당한 비중을 차지한다. 그녀의 삶의 내력은 비단 광주항쟁이라는 역사적 사건에만 한정된 것이 아니다. 모질고 모진 삶의 고통을 그러나 그녀는 걸쭉한 입담으로 풀어가며 연극의 찰진 활기를 만들어 낸다. 남도 단골네의 걸쭉한 입담이 잊혀가는 것에 대한 슬픔을 부조하고 혼령들의 놀이 같은 장면들이 여전히 밝혀지지 않은 광주의 진실을 환기시킨다.

「푸르른 날에」(정경진 작, 고선웅 각색 연출)는 항쟁을 증언하고 해석하고자 한다기보다는 항쟁이 남긴 상처의 치유에 더 큰 관심이 있는 작품이라고 할 수 있다. 앞서 언급한 「모란꽃」도 상처에 대한 치유를 이야기하지만 「모란꽃」의 치유는 현실을 대면하고 정확하게 인식하는 것에서 출발한다. 반면 이 작품에서 치유는 온갖 번뇌의 끈을 끊어내는 종교적 깨달음으로 그려시고, 그로써 갈등은 화해에 이른다. 영화를 각색한 뮤지컬 「화려한 휴가」가 영화와 달리 프롤로그와 에필로그에서 항쟁 중에 부모를 잃은 하늘의 결혼이라는 모티브가 등장하는데, 이 역시 갈등과 고통으로부터의 안식이라는 작가적 기원이라 할 수 있다. 「푸르른 날에」가 종교적 깨달음과 화해에 다다르지만, 그렇다고 해서 종교적 수행을 그리는 작품은 아니다. 연극은 주인공인 민호가 항쟁에 참여하는 과정, 항쟁 이후 동료들을 부인하게 되는 고통스러운 고문, 그렇게 무너져 버린 자신에 대한 혐오로 스스로를 파괴해 가는 모습 등 민호와 주변 인물들이 겪게 되는 고통을 낱낱이 전개한다. 이러한 점은 고선웅의 각색과 연출에서 특유의 양식적인 연기와 장면만들기를 통해 좀 더 분명하게 전개된다. 연극이 도달하는 종교적 구원이라는 결말이 문학적 관념에 그치고 있는 희곡의 한계가 공연에서도 그대로 이어지는 아쉬움도 있지만, 처절한 고통에 대한 낱낱의 증언이라는 점에서는 주목되는 작품이다.

특히 「푸르른 날에」의 도청에서의 마지막 밤은 광주항쟁의 재현에서 의미 있는 시선과 해석을 보여준다. 이제까지의 많은 작품들에서 계엄군의 진압이 벌어지기 직전 도청의 장면은 처참한 비극을 앞에 둔 이들의 두려움과 절망 그리고 그것을 뚫고 다지는 역사적 당위에 대한 결연한 의지와 비장함으로 그려졌다. 그러나 이 작품에서 결연한 의지와 절망을 견뎌내는 비장함은 없다. 「푸르른 날에」의 도청의 장면은 '빨간 구두 아가씨~'를 흥얼거리는 노랫소리로 시작된다. 계엄군의 진압이 예고되어 있는 고요한 밤의 정적과 굵은 저음의 노랫소리가 대비되고 그 긴장감은 무대를 가득 채우고 있는 두려움과 절망감으로 이어진다. 이어 패배에도 불구하고 역사의 당위를 토로할 바로 그 순간, 무대 위의 배우들은 두려움과 절망에 휩싸여 있는 인물을 빠져나와 김남주의 「학살」을 낭송한다. 한 구절 한 구절을 나누어 낭송하는 목소리와 바닥을 쿵쿵 울리는 발 구르는 소리는 점점 모여들어 극장 가득 차오르고, 극장을 흔들면서 차오르는 소리는 어느 새 어떠한 폭력과 은폐와 왜곡도 꺾을 수 없는 분노가 되어 객석을 압도한다. 이제까지의 많은 작품들이 폭력의 잔혹함, 희생의 비극, 역사 앞에서의 비장함을 그려 왔다면 「푸르른 날에」의 이 장면은 잔혹한 폭력에 대한 분노야말로 그 수많은 희생에도 불구하고 총을 들고 싸웠던 항쟁의 동력이라는 것을 명료하고도 강력하게 환기한다. 우리가 지금도 여전히 광주항쟁을 기억해야 하는 것은 그 분노, 모든 폭력에 대한 분노, 모든 억압에 대한 분노를 기억해야 하기 때문이라는 것을 연극은 어느 순간 주장하고 있는 것이다.

이 책에 수록된 13편의 작품들, 그리고 수록하지 않은 또 다른 작품들을 살펴보면서 남는 의문은 항쟁의 서사가 반복된다는 것이다. 물론 2000년대 작품에서는 재현에 대한 강박에서 놓여나면서 새로운 서사가 등장하고 있지만, 폭력과 저항과 희생의 서사를 벗어나지 못하는 것도 사실이다. 비록 간헐적이나마 새로운 작품들이 만들어지면서도 계속 맴돌고 있는 이 지점은 무엇일까.

생각해 보면 지금까지 살펴본 작품들이 광주항쟁에 대해 여전히 묻고 있지 않은 질문이 있다. 그것은 폭력에 대한 질문이다. 이 엄청난 희생과 처절한 저항과 오랜 고통이 시작되는 그 폭력은 무엇인가. 「호랑이 이야기」나 「일어서는 사람들」에서는 그것은 권력욕에 눈이 먼 위험한 칼춤이었다고 말한다. 5·18특별법에 의한 재판과정에서는 쿠데타의 부당함에 대한 판결이 있었다. 자, 그럼 더 이상 폭력에 대한 질문은 남아 있지 않는 것일까. 발포 명령자를 명명백백히 밝힌다면 폭력은 다 해명되는 것일까. 부당한 권력에서 비롯된 폭력이라면 정당한 권력에 의해 치유될 수 있는 것일까. 이러한 질문에 대한 답을 내리기에 이 글은 성글다. 그러나 폭력과 저항과 희생의 서사를 맴도는 광주항쟁에 대한 재현을 보면서, 폭력에 대한 질문이 떠올랐다는 것을 기록할 필요는 있겠다. 아직도 채워지지 않는 재현의 빈자리는 폭력에 대한 깊은 성찰이라는 것을.

— 미발표 신작 원고(2013년)

■ **김소연** 1968년 인천 출생. 한국예술종합학교 연극원 졸업. 주요 평론으로 「이 철없는 애비를 어찌할까」, 「2000년대 젊은 예술의 궤적」, 「국립극단은 한국연극에서 무엇인가?」 등 다수. 『컬쳐뉴스』 편집장, 한국문화예술위원회 다원예술소위원 역임. 현재 계간 『연극평론』 편집위원으로 일하면서 연극을 비롯한 공연예술 현장의 작품 비평 및 공연예술정책에 대한 연구를 하고 있다.

편집자의 말

1980년 오월을 통과한 사람들을 통칭 5·18세대라고 칭한다. 이는 그 시절을 통과한 사람들이 얼마간의 편차는 있다 하더라도 일시에 전체적인 세계관의 붕괴와 정립을 경험함으로써 세계를 보는 눈이 일정 정도 공통성을 띠기 때문일 것이다. 그 고통의 심연을 통과하면서 사람들은 우리가 살고 있는 세계를 지탱하는 근본 버팀대가 실은 믿을 만한 것이 아니라는 것을 공유했던 것은 아닌가 싶다.

혈맹이라 여겨졌던 미국의 실체를 들여다보게 되었고 우리의 일상생활은 강대국의 전략적 필요성에 의해 자행된 분단의 긴 동굴 속에 존재해 왔다는 것을 실감하게 되었다. 더구나 그 암흑의 동굴에선 같은 민족끼리이면서도 철저하게 찢겨진 상태였으며 우리들 자신은 분단 이데올로기에 의해 배양된 적개심의 숙주였다는 것도 깨달았다.

그런 깨달음의 말을 가장 먼저 제기한 것은 우리의 문학에서는 시였다. 긴 이야기를 허용치 않는 엄청난 비극에서 단말마의 어휘로 겨우 뱉어낼 수 있었던 신음의 언어가 더듬거리며 발음되기 시작했고 그 신음의 자리를 벗어나면서 우리들은 구체적인 서사의 틀 속에서 우리의 주소가 어디이고 어디로 가야할 것인가를 말하기 시작했다.

시와 소설의 절망적인 몸부림이 지나고 난 자리에서 봄이 오면 꽃을 피우듯 새로이 건설할 것은 무엇이며 아픈 다리를 서로 기대며 가야할 길이 어디인가를 가늠하기 시작했다. 그러한 모색들은 다시 시와 소설의 구체적인 언어 속에서 갱생의 길을 찾으며 함께 어우러져 기왕의 문학개념을 송두리째 재음미하면서 문학이 근원적으로 지니고 있던 운동개념을 회복하였다.

그리하여 1980년대 내내 우리의 문학은 우리 사회 전체의 모든 영역에서 새로이 건설할 것과 타파해야할 인습이 무엇인지 가차 없이 싸우고 다시 부둥켜안으면서 이른바 새로운 역사시대를 열었다. 피투성이의 포복 끝에 새로운 천지가 열리는가 싶었지만 그러나 그것은 짙은 먹구름 속에서 잠시 빛나던 햇빛은 아니었던가, 몇 번이고 회의하게 하는 또 다른 배반의 시대가 전개되기도 했다.

그렇지만 그것은 그 이전의 시대와는 다른 의미의 좌절이었고 암흑이었다. 이제 정치적 민주주의는 상식이 되었고 군부는 더 이상 그 폭력성을 다수 민중들에게 행사해서는 안 된다는 인식이 어느 정도 보편화된 것은 아닌가 한다. 또한 여전히 주변 강대국들의 입김이 사라진 것은 아니로되 그 국가들 사이에서 우리민족의 새로운 길은 어떻게 어디서 구해야 하는 것인가 정도는 모두에게 공유되어 있는 것이 아닌가 한다.

실로 광주의 오월은 위대하였다. 어떤 이는 그 오월이 이루어낸 것을 세계 인권사적 맥락에 정위시켜 냉전시대라는 20세기 후반 세계패권시대의 구조에 대한 항거이면서 동시에 서구중심의 인권의 축을 아시아로 끌어당기는 커다란 역할을 했다고 평가할 만큼 자랑스러운 역사였다.

그 자랑스러운 역사를 결국 쟁취해낸 것은 바로 민중의 역량이었지만 문학의 역할 또한 자부심을 느낄 만큼 각고의 노력이 경주되었던 것도 어김없는 사실이다. 시와 소설의 영역에서 이를 이룩한 성과는 이미 지난해에 숙고하며 이루어졌고 이제 우리는 오월에 대한 그간의 평론과 논문을 통해 이를 끌어당기고 밀고 간 성과들을 정리하여 선보인다.

평론선을 기획하면서 전체 문학에 대한 총론격의 글과 시에 대한 총론의 글을 새로이 청탁하였다. 김형수, 황현산 두 분께 감사를 표한다. 5월에 대한 시는 물론 전체 우리 시문학의 최고의 성과라 할 수 있는 김남주 시인에 대한 글도 새로이 청탁하였다. 이러한 보완작업은 그동안 이미 간행된 5·18문학에 대한 종합적인 평론서를 감안한 것이었다. 이미 5월의 시편에 대한 이황직의 글과 이은봉의 글은 광주 5·18시에 대한 전체적 개관 그리고 김준태, 황지우 시인의 성과를 담고 있어 이를 수용하였고, 항쟁 당시의 문학적 궤적은 물론 이후의 문학적 전망을 제기한 고은의 글은 여전히 새로운 문제를 제기하고 있다는 생각에 1부의 시에 관한 글로 구성하였다.

2부의 소설 영역은 광주항쟁 당시의 상황을 다룬 소설은 물론 그 이후의 여러 가지 문제를 심도 깊게 논의한 글들로 구성하였다. 임철우를 비롯한 많은 서사일꾼들의 땀들이 새로이 조명되고 우리의 삶으로 뒤바뀌어 삶의 생기로 돌아왔으면 한다. 더하여 광주항쟁의 실체와 그 이후의 전망을 모색하면서 희곡의 형식으로도 많은 작품들이 써지고 무대에 올려졌던 바 이를 종합적으로 포괄할 필요성이 제기되어 김소연의 글을 새로이 추가하였다.

광주 5월이 세계 인권사에 새로운 이정표를 이미 세웠다는 평가도 있지만 아직은 그러한 지평에 이르기에 부족한 부분도 없지 않다는 생각이다. 모쪼록 이러한 작업이 그러한 큰 작업에 조그만 몫이라도 감당하기를 바란다.

2013년 5월을 앞두고…
5월문학총서간행위원회 평론부문
편집자문위원 임헌영, 책임편집위원 강형철

5월문학총서간행위원회

간행위원장 고은

고문 및 간행위원
한국작가회의 상임고문
신경림, 송기숙, 백낙청, 염무웅, 현기영

5·18기념재단 역대 이사장
조비오, 이기홍, 김동원, 강신석, 박석무, 이홍길, 윤광장, 김준태

추진위원장
오재일

편집자문위원
임헌영, 윤정모, 나종영, 박인배

책임편집위원
강형철, 김형수, 이승철, 전용호

5월문학총서·4

평론

초판 1쇄 찍은 날 2013년 4월 25일
초판 1쇄 펴낸 날 2013년 4월 30일

엮은이 5월문학총서간행위원회

펴낸곳 5·18기념재단
주　소 502-260 광주광역시 서구 내방로 152(쌍촌동) 5·18기념문화관 1층
전　화 062-360-0518
팩　스 062-360-0519
홈페이지 www.518.org

만든곳 문학들
주　소 501-841 광주광역시 동구 천변우로 487(학동) 2층
전　화 062-651-6968
팩　스 062-651-9690
이메일 munhakdle@hanmail.net
등　록 2005년 8월 24일 제2005 1-2호

값 20,000원
ISBN 978-89-92680-73-8
ISBN 978-89-92680-04-2 (SET)